U0901260

太钢年鉴

2014

太钢史志鉴编辑委员会　编

方志出版社

图书在版编目（CIP）数据

太钢年鉴：2014/太钢史志鉴编辑委员会编．—北京：方志出版社，2014.9
ISBN 978-7-5144-1399-1

Ⅰ.①太… Ⅱ.①太… Ⅲ.①钢铁厂—太原市—2014—年鉴 Ⅳ.①F426.31-54

中国版本图书馆 CIP 数据核字（2014）第231579号

太钢年鉴（2014）

编　　者：太钢史志鉴编辑委员会
责任编辑：黄　彦

出 版 人：冀祥德
出 版 者：方志出版社
地址　北京市朝阳区潘家园东里9号（国家方志馆4层）
邮编　100021
网址　http：//www.fzph.org
发　　行：方志出版社发行中心
电话（010）67110500
经　　销：各地新华书店
印　　刷：北京联兴盛业印刷股份有限公司

开　　本：889×1194　1/16
印　　张：24
字　　数：655千字
版　　次：2014年9月第1版　2014年9月第1次印刷
印　　数：001-500册

ISBN 978-7-5144-1399-1/F·144　　定价：230.00元

编辑说明

《太钢年鉴》是全面记录太原钢铁(集团)有限公司(简称太钢)发展历程的综合性年度资料工具书。《太钢年鉴(2014)》是1984年创刊之后连续编纂出版的第30部,着重反映太钢2013年在实践企业核心价值观,坚持做强主业,延伸发展,多元发展,绿色发展,和谐发展,建设全球最具竞争力的不锈钢企业,成为国内一流,世界著名的大型企业集团过程中物质文明和精神文明建设的新举措、新进展、新变化。

《太钢年鉴(2014)》保持原有的框架结构,仍为特载、概述、专记、大事记、人物、专文、经营绩效、科技质量成果录、行政工作、党群工作、厂矿企业、文化、群众团体、人事与机构、表彰、媒体看太钢、附录17个栏目,部分栏目配发照片和图表。

《太钢年鉴(2014)》分文本图书与光盘两种载体出版。

《太钢年鉴(2014)》的出版,得到了太钢各单位的大力支持,在此表示真挚的感谢。

由于编者水平有限,疏误之处,敬请读者批评指正。

太钢史志鉴编辑委员会

《太钢年鉴》编辑部

2014年4月

太钢史志鉴编辑委员会

《太钢年鉴》编辑部

董事长致辞 DONGSHIZHANG ZHICI

2013年，面对严峻挑战，全体干部职工咬定战略目标，坚持做强主业、延伸发展、多元发展、绿色发展、和谐发展，不畏艰难，积极进取，奋发有为，创造出了不凡业绩。公司重点项目快速推进，品种结构持续优化，资源保障能力显著提升，降本增效成绩突出，多元产业稳步发展，绿色发展创新水平，和谐企业建设取得实效，综合竞争力进一步增强。

2014年，市场形势依然十分严峻，我们要继续坚定战略自信、文化自信、队伍自信和能力自信，深入贯彻落实党的十八大和十八届三中全会精神，以深化改革为统领，以提升经营绩效为主线，以科技创新为支撑，以品种质量为重点，以对标挖潜为方法，传递市场压力，增强干部动力，激发全员活力，快速提升公司综合竞争力。

我们要全面深化各项改革，加快由生产经营型向价值经营型转变。建立以市场价值为核心的预算考评体系，发挥市场倒逼机制，督促各单位直面市场、改善绩效。加快劳动用工、干部人事、收入分配三项制度改革，以价值贡献决定干部进退、职工收入。加快运营管控体系改革，推进信息化支撑下的管理精细化，全面提升运营质量和效率。

我们要始终把安全生产放在第一位。牢固树立安全发展理念，敬畏生命、敬畏责任、敬畏制度，严格安全生产监督考核，把安全责任落实到岗位、落实到人头，构建起包括安全生产、消防、交通等要素，岗位职工和协力人员在内的大安全工作格局，建设平安太钢。

我们要加快打造绿色发展升级版。恪守生态文明责任，强化环保法制意识，提高环保法治化管理水平。用最严格的标准、最严厉的监管、最严肃的考核，进一步推进污染点源治理，打造更高水平的绿色示范钢厂，实现与城市的和谐共融。

我们要全力以赴提质增效。坚持创新驱动，优化品种结构，打好质量攻坚战，提升质量竞争力。推动市场、技术、生产、服务深度融合，构建起布局合理、反应敏捷、极具竞争力的营销体系。抓好项目建设和达产达效，不断巩固全球不锈钢业界的领导者地位。加快发展多元产业，形成新的竞争优势和效益增长点。

我们要上下同欲，用辛勤劳动和智慧创造幸福生活。继续发扬艰苦奋斗精神，坚持难中求进、难中有为，齐心协力对标挖潜、创造价值、共享成果，提高生活品质。全面加强队伍建设，办好民生实事，实现职工与公司的共同成长。

让我们乘着十八届三中全会的东风，改革创新，凝心聚力，攻坚克难，推动公司不断加快转型跨越发展，早日实现战略目标，成就太钢梦想！

董事长：

目 录

董事长致辞

特 载

中共中央政治局常委、国务院副总理张高丽到太钢调研 …… 2
中共中央政治局委员、天津市委书记孙春兰率天津市党政代表团到太钢参观考察 …… 3
山西省委副书记、代省长李小鹏到太钢调研 …… 3
山西省委常委、组织部部长汤涛慰问王一德院士 …… 4
山西省委常委、省纪委书记李兆前就开展党的群众路线教育实践活动到太钢调研 …… 4
山西省副省长王一新到太钢调研 …… 5
山西省国资委主任、党委书记朱晓明到太钢调研 …… 6
国务院安委会督查组到太钢进行安全生产综合督查 …… 6
山西省委常委、省纪委书记李兆前到太钢调研 …… 7
国家质检总局副局长梅克保到太钢检查指导工作 …… 8
山西省委督导组到太钢指导党的群众路线教育实践活动 …… 9

概 述

太原钢铁(集团)有限公司党委工作概述 …… 12
太原钢铁(集团)有限公司行政工作概述 …… 15

专 记

太钢集团财务有限公司揭牌仪式举行 …… 18
太钢与永济电机签订战略合作协议 …… 18
太钢党的群众路线教育实践活动全面展开 …… 19
太钢与北科大共建工程实践教育中心 …… 20
太钢集团与北京碧水源“联姻” …… 21
太钢领导班子召开党的群众路线教育实践活动专题民主生活会 …… 22
太钢处于社会责任领先者行列,位居钢铁行业首位 …… 23
太钢举办学习贯彻党的十八届三中全会精神辅导报告会 …… 24

大事记

太钢大事记 …… 26

人 物

2013 年度太钢全国五一劳动奖章获奖员工 …… 36
2013 年度太钢山西省特级劳动模范获奖员工 …… 36
2013 年度太钢山西省劳动模范获奖员工 …… 37
2013 年度太钢特级劳动模范 …… 39
2013 年度太钢优秀科技工作者 …… 42

2013 年度感动太钢人物 …………………… 43

专 文

充分发挥政治优势 凝聚深化改革的正能量
——在集团公司党委十届七次、不锈钢股份公司党委二届七次全委(扩大)会议上的工作报告 ………………… 杨海贵 46
改革创新 凝心聚力
加快公司提质增效升级步伐
——在集团公司十七届三次职代会上的行政工作报告 ………………… 高祥明 51
营造精益制造文化 创新科技质量机制
全面提升公司科技质量水平
——在2014 年公司科技质量工作会议上的工作报告 …………………… 高祥明 62
认清形势 深化改革 狠抓落实
全力提升公司经营绩效
——在不锈钢股份公司二届三次职代会上的行政工作报告 …………… 张志方 68
投身改革 推动发展
在公司提质增效升级中建功立业
——在集团公司第十七届、不锈钢股份公司第二届第三次职工代表大会上的工作报告
………………………… 王继光 74

经营绩效

2013 年太钢(集团)有限公司主要经济指标完成情况 ……………………………… 80
2013 年太钢(集团)有限公司各大类固定资产原值、累计折旧、净值汇总表 ……… 82
2013 年太钢(集团)有限公司利润表 ……… 83
2013 年太钢(集团)有限公司主要财务指标表 …………………………………… 84

科技质量成果录

2013 年太钢获省部级科技成果项目 ……… 86
2013 年太钢获省部优秀工程设计奖项目 ………………………………… 87
2013 年太钢获中国钢铁工业协会、中国质量协会冶金工业分会产品奖项目 ……… 87
2013 年太钢获中国质量协会质量技术奖优秀奖项目 ………………………………… 88
2013 年太钢获中国质量协会质量技术奖优秀六西格玛项目 ………………………… 88
2013 年太钢获全国优秀 QC 成果、全国质量信得过班组项目 ………………………… 88
2013 年太钢获中国质量协会冶金分会优秀 QC 成果 …………………………………… 89
2013 年太钢获山西省优秀 QC 成果 ………… 89
2013 年钢材新开发产品 …………………… 90
2013 年太钢获冶金企业管理现代化创新成果名单 ………………………………… 91
2013 年度太钢管理现代化创新成果名录 … 92

行政工作

·系统创新·
概况 ………………………………………… 96
集团管控 …………………………………… 96
风险管理 …………………………………… 96
流程优化 …………………………………… 96
体系管理 …………………………………… 96
信息化建设 ………………………………… 96
生活后勤 …………………………………… 96
计生爱委 …………………………………… 96
管理创新成果 ……………………………… 96

·法制管理·
概况 ………………………………………… 97

法制工作 …… 97
合同管理 …… 97
法律服务 …… 97
商标基础管理 …… 97
诉讼事务工作 …… 97
国际化法律服务体系取得成效 …… 98
法制宣传教育工作 …… 98
法律顾问队伍建设工作 …… 98

·人力资源管理·

概况 …… 98
组织管理 …… 98
人力配置 …… 99
薪酬激励 …… 99
绩效改善 …… 99
高层次人才培养 …… 100
辅助性生产外协管理 …… 100
职工保险工作 …… 100

·计财管理·

概况 …… 100
完善全面预算管理体系 …… 100
资金管理 …… 101
投资管理 …… 101
税务筹划及管理 …… 101
土地矿权管理 …… 102
财务基础管理 …… 102
信息化建设 …… 102

·规划发展管理·

概况 …… 102
并购重组 …… 103
战略投资 …… 103
立项审核 …… 103
项目报批 …… 103

·安全生产管理·

概况 …… 103
职业健康安全管理体系 …… 104
安全评价和审计 …… 104
安全效能监察 …… 104
专项整治暨百日安全生产大检查 …… 104
重大危险源与应急救援 …… 104
安全“三同时” …… 105
岗位达标建设 …… 105
安全文化建设 …… 105
安全防护认定 …… 105

·审计管理·

概况 …… 105
绩效指标 …… 106
经营管理审计 …… 106
厂(部)长离任审计 …… 106
专项审计 …… 106
工程审计 …… 106
年度财务报表决算审计 …… 106
审计信息化管理 …… 106

·科研管理·

概况 …… 107
专利成果 …… 107
新产品开发 …… 107
工艺改善优化 …… 108
实验室能力建设 …… 109
企业文化建设 …… 109

·能源与环保管理·

概况 …… 109
重点指标完成 …… 109
环评和环保“三同时” …… 109
能源管理 …… 110
环保管理 …… 110
政策争取 …… 111
获奖情况 …… 111

·新材料事业管理·
概况 …… 111
水处理膜项目 …… 111

·工程项目管理·
概况 …… 112
规范管理 …… 112
安全管理 …… 112
工程质量 …… 112
工程进度 …… 113
预结算管理 …… 113
合同管理 …… 114
设计管理 …… 114
功能考核 …… 114

·档案管理·
概况 …… 114
重点项目工程档案验收 …… 114
档案管理基础工作 …… 115
保密工作 …… 115
档案编研 …… 115

·医疗卫生管理·
概况 …… 116
主要指标完成情况 …… 116
迎新院区大楼建成并投入使用 …… 116
太原市120太钢总医院急救站成立 …… 116
学科建设 …… 116
人才队伍建设 …… 116
健康管理 …… 117

·离退休职工管理·
概况 …… 117
救助帮扶和送温暖慰问工作 …… 117
为老服务管理 …… 118
老年朋友精神文化生活 …… 118
基层组织建设工作 …… 118
社情民意工作 …… 118
老年大学 …… 119
阵地建设 …… 119
强化管理创新 …… 119

·职工教育及培训管理·
概况 …… 119
职工培训工作 …… 119
岗位能力标准编制及员工职业技能测评工作 …… 121
学历教育工作 …… 121
职业技能鉴定工作 …… 121

·企业文化工作·
概况 …… 121
敬业度评估 …… 121
推进公司文化落地 …… 121
开展企业文化主题绘画创作活动 …… 121
开展文化实践活动 …… 122
编制发布报告 …… 122
塑造品牌形象 …… 122
“公众开放日”活动 …… 122
VI管控 …… 122
企业文化研究成果 …… 123

·综合管理·
概况 …… 123
机要文审 …… 123
会务管理 …… 123
外事管理 …… 123
公务接待 …… 123
信访稳定 …… 124
机关事务管理 …… 124

党群工作

·纪检监察工作·
概况 …… 126

正风肃纪 …… 126
效能监察 …… 126
稽查工作 …… 126
反腐倡廉教育 …… 126
系统监督 …… 127
查办案件 …… 127
廉洁风险防控 …… 127
队伍建设 …… 127

·组织工作·

概况 …… 128
党的群众路线教育实践活动 …… 128
干部队伍建设 …… 129
人才队伍建设 …… 130
深入学习贯彻党的十八大精神 …… 130
创先争优活动 …… 131
基层党组织建设活动 …… 131
党员队伍建设活动 …… 132
组织部门自身建设 …… 133

·宣传、统战工作·

概况 …… 134
理论武装工作 …… 134
宣传教育工作 …… 134
思想政治工作和精神文明建设 …… 134
网络建设和管理 …… 134
统一战线工作 …… 135

·保卫管理·

概况 …… 135
基础管理 …… 135
构建“制度+科技”治安防控体系 …… 135
落实“0123”管控模式 …… 136
安全专项整治 …… 136
消防安全管理 …… 136
道路交通管理 …… 137
要害部位管理 …… 137
改善企业治安环境 …… 137
维护稳定 …… 138
综合治理 …… 138
专业安全培训 …… 138
勤务保障 …… 138

·人民武装管理·

概况 …… 138
民兵军事训练 …… 139
复员转业军人培养 …… 139
军训及成果应用 …… 139
拥军优属 …… 139
参建工作 …… 139
人防管理 …… 140
主要荣誉 …… 140

·政策法规研究·

概况 …… 140
重要文稿 …… 140
政策法规研究 …… 140
调查研究 …… 140
信息采编 …… 141
在线倾听 …… 141
密码通讯 …… 141

·工会工作·

概况 …… 141
生产保护工作 …… 142
民主管理工作 …… 142
权益保障工作 …… 143
文体活动工作 …… 143
工会自身建设 …… 144

·共青团工作·

概况 …… 145
青年思想教育 …… 145
青年人才培养 …… 145
青工岗位实践 …… 145
青年公益行动 …… 146

青年文化建设 …… 146
团的组织建设 …… 146

·机关党委工作·
概况 …… 147
思想建设 …… 147
组织建设 …… 147
作风建设 …… 148
企业文化建设 …… 149
群众工作 …… 149

厂矿企业

分公司

·太原钢铁(集团)有限公司矿业分公司·
概况 …… 152
生产经营 …… 152
生产组织 …… 152
工程建设 …… 152
降本增效工作 …… 153
设备管理 …… 153
安全工作 …… 154
质量管理 …… 154
人力资源管理 …… 155
环境保护和节能减排 …… 155
党建工作 …… 155
和谐矿山建设 …… 156

·太原钢铁(集团)有限公司矿业分公司峨口铁矿·
概况 …… 156
主要生产指标 …… 157
主要经营指标 …… 157
安全管理 …… 157
绩效体系管理 …… 157
生产组织管理 …… 157
工艺质量管理 …… 157
设备能源管理 …… 157
节能减排 …… 158
重点工程建设 …… 158
党群工作 …… 158
改革成果共享 …… 159

·太原钢铁(集团)有限公司矿业分公司尖山铁矿·
概况 …… 159
生产经营 …… 159
专业管理 …… 160
自主管理 …… 160
队伍建设 …… 161

·太原钢铁(集团)有限公司矿业分公司东山石灰石矿·
概况 …… 161
安全管理 …… 162
生产管理 …… 162
质量管理 …… 162
设备管理 …… 163
制度管理 …… 163
技术创新 …… 163
产品研发 …… 163
5S 管理 …… 163
党群建设 …… 163

·太原钢铁(集团)有限公司复合材料厂·
概况 …… 163
重点工程项目 …… 164
生产过程管控 …… 164
安全工作 …… 164
5S 工作 …… 164
设备与环保管理 …… 164
工艺技术成果 …… 164

基础工作 …… 165
和谐建设 …… 165

·太原钢铁(集团)有限公司矿业分公司地质工程勘察公司·
概况 …… 165
主要生产指标 …… 165
地质勘察成果 …… 165
资质证办理 …… 166
安全管理 …… 166
质量管理 …… 166
职业健康 …… 166
党群建设 …… 166

控股子公司

山西太钢不锈钢股份有限公司

概述 …… 167

·证券与投资者关系管理·
概况 …… 167
公司治理 …… 168
信息披露 …… 168
投资者关系 …… 168
再融资工作 …… 168
证券市场研究工作 …… 169
荣誉情况 …… 169

·制造与质量管理·
概况 …… 169
生产管理 …… 170
技术质量管理 …… 170

·设备管理·
概况 …… 171
设备管理经济技术指标完成情况 …… 172
设备管理体系基础建设 …… 172
设备运行管理 …… 172
设备检修管理 …… 173
专项工作 …… 173
防治自然灾害 …… 174
厂容绿化管理 …… 174

·财务管理·
概况 …… 175
为公司经营献策 …… 175
降本增效工作 …… 175
制定经济责任制变革方案 …… 175
开展竞争力对标 …… 175
成本管理 …… 176
资金管理 …… 176
信息化建设 …… 176
项目投资管理 …… 176
财务基础工作管理 …… 176
经济政策研究 …… 177
财务信息披露 …… 177
子公司经营管理 …… 177
风险防控 …… 177

·销售管理·
概况 …… 177
营销指标 …… 178
产品和市场开发情况 …… 178
销售管理 …… 178
营销管理工作 …… 178

·原料采购管理·
概况 …… 179
采购保供 …… 179
管理改革 …… 179
非钢社会贸易 …… 180

仓储物流 …… 180
质量管理 …… 180
安全管控 …… 180
人才建设 …… 181
党政建设 …… 181

·设备物资采购管理·
概况 …… 181
项目管理 …… 181
降低实物库占 …… 181
优化采购管理 …… 182
提升修旧比例 …… 182
进口件国产化 …… 182
消化利用废次钢材 …… 182
优化信息化管理 …… 182
仓储管理 …… 182
基础管理 …… 182
党建工作 …… 183

·废钢铁采购管理·
概况 …… 183
规范经营流程 …… 183
采购降本增效 …… 183
多元经营创效 …… 184
废钢回收 …… 184

·军工与核电产品管理·
概况 …… 184
核电产品开发 …… 184
军工产品开发及管理 …… 184

·山西太钢不锈钢股份有限公司焦化厂·
概况 …… 184
生产管理 …… 185
技术质量管理 …… 185
设备管理 …… 185
环保管理 …… 186
安全管理 …… 186
综合管理 …… 186
工程管理 …… 186
党群管理 …… 186
企业文化建设 …… 187

·山西太钢不锈钢股份有限公司炼铁厂·
概况 …… 187
生产管理与物流保供 …… 187
成本管理 …… 187
技术管理 …… 188
质量管理 …… 188
科研项目管理 …… 189
综合管理 …… 189
设备管理 …… 189
重点工程 …… 189
安全工作 …… 189
综合治理 …… 190
党群工作 …… 190

·山西太钢不锈钢股份有限公司炼钢一厂·
概况 …… 190
队伍建设 …… 190
生产经营 …… 190
安全管理 …… 190
技术质量 …… 191
降本增效 …… 191
设备管理 …… 191
技改工作 …… 191
党建工作 …… 191
文化建设 …… 191

·山西太钢不锈钢股份有限公司炼钢二厂·
概况 …… 192
队伍建设 …… 192
管理创新 …… 192
安全管理 …… 192
生产组织 …… 192
技术质量 …… 192

设备管理 …… 193
节能降本 …… 193
技改工程 …… 193
党建工作 …… 193

·山西太钢不锈钢股份有限公司型材厂·
概况 …… 193
生产经营 …… 194
安全管理 …… 194
质量管理 …… 194
新产品开发 …… 195
设备管理 …… 195
绿色发展 …… 195
队伍建设 …… 196
公益活动 …… 196

·山西太钢不锈钢股份有限公司热轧厂·
概况 …… 196
主要指标完成情况 …… 196
不锈中板实物质量 …… 196
产品开发与重点品种 …… 197
生产运营 …… 197
设备管理 …… 197
安全管控 …… 197
基础管理 …… 197

·山西太钢不锈钢股份有限公司冷轧硅钢厂·
概况 …… 198
安全管理 …… 198
生产组织 …… 198
产品开发 …… 198
产品实物质量 …… 199
设备能源环保管理 …… 199
工程项目管理 …… 199
基础管理 …… 199
人员配置 …… 199
培训工作 …… 199
党建工作 …… 199
企业文化建设 …… 200

·山西太钢不锈钢股份有限公司不锈线材厂·
概况 …… 200
安全管理 …… 200
生产经营 …… 200
技术质量 …… 201
设备能源管理 …… 201
队伍建设 …… 201
基础管理 …… 201
技改工作 …… 202

·山西太钢不锈钢股份有限公司冷轧厂·
概况 …… 202
生产组织 …… 202
品种结构 …… 202
质量指标 …… 202
成本控制 …… 202
项目建设 …… 202
职工文化 …… 202
职工敬业度 …… 203

·山西太钢不锈钢股份有限公司热连轧厂·
概况 …… 203
运营绩效 …… 203
产品质量 …… 203
技术创新 …… 203
安全生产 …… 203
设备管理 …… 204
降本增效 …… 204
人力资源 …… 204
党群工作 …… 204

·山西太钢不锈钢股份有限公司物流中心·
概况 …… 204
运营绩效 …… 204
物流组织 …… 204
安全管理 …… 205

工程建设 …… 205
设备技术 …… 205
党群工作 …… 205

·山西太钢不锈钢股份有限公司能源动力总厂·
概况 …… 206
生产经营 …… 206
安全管理 …… 206
设备管理 …… 206
技术创新 …… 207
技改工程 …… 207
和谐发展 …… 207

·山西太钢不锈钢股份有限公司加工厂·
概况 …… 207
关键工序稳定保供 …… 208
降本增效 …… 208
超细粉二期建成投产 …… 208
环境治理 …… 209
优化专业管理 …… 209
开展教育实践活动 …… 209

·山西太钢不锈钢股份有限公司自动化公司·
概况 …… 209
年度指标完成情况 …… 210
科研开发 …… 210
信息化建设 …… 210
自动化专业管理 …… 210
计量专业管理 …… 210
通信专业管理 …… 211
安全管理 …… 211
基础管理 …… 211
文化建设 …… 211

·山西太钢不锈钢钢管有限公司·
概况 …… 212
基础管理 …… 212
生产组织 …… 212
设备管理 …… 213
质量管理 …… 213
产品开发 …… 213
成本管理 …… 213
安全工作 …… 214
队伍建设 …… 214
党群工作 …… 214

·山西太钢不锈钢精密带钢有限公司·
概况 …… 215
生产经营 …… 215
技术质量 …… 215
新产品开发 …… 215
设备管理 …… 215
党群工作 …… 215
基础管理 …… 216

太钢集团临汾钢铁有限公司（山西新临钢钢铁有限公司）

概况 …… 216
生产经营 …… 216
降本增效工作 …… 216
科技质量工作 …… 217
技改工程 …… 217
安全环保 …… 217
重组业务流程工作 …… 218
淘汰落后设备与土地规划利用工作 …… 218
企业文化建设 …… 218
党群工作 …… 218

太钢（集团）修建有限责任公司

概况 …… 219
工程管理 …… 219

安全管理 …… 219
质量管理 …… 220
基础管理 …… 220
资源配置 …… 220
队伍建设 …… 220
民生建设 …… 220

山西世茂商务中心有限公司

概况 …… 221
经营指标 …… 221

山西太钢保险代理有限公司

概况 …… 221
经营业绩 …… 222

太原钢铁(集团)不锈钢工业园有限公司

概况 …… 222
生产经营 …… 222

山西钢盛房地产开发有限公司

概况 …… 223
太钢城郊森林公园项目进展 …… 223

山西太钢万邦炉料有限公司

概况 …… 223
项目进展 …… 223
项目管理 …… 224
采购工作 …… 224
队伍建设 …… 224
规范管理 …… 224
控制各类风险 …… 224
项目建设保障 …… 224
试车工作 …… 225
控制项目投资 …… 225
树立形象 …… 225

山西太钢鑫磊资源有限公司

概况 …… 225
工程项目进展 …… 225
生产组织 …… 226
安全管理 …… 226
党建工作 …… 226
和谐矿山建设 …… 226

太钢集团财务有限公司

概况 …… 226
经营指标 …… 227
人民币资金池 …… 227
票据资金池 …… 227
外币资金池 …… 227
电子商业汇票 …… 227
基础业务 …… 227
风险管控 …… 227
信息管理系统 …… 228
制度建设 …… 228
人力资源管理 …… 228

山西太钢泥屯生态农业有限公司

概况 …… 228

全资子公司

·山西太钢工程技术有限公司·

概况 …… 228
生产经营 …… 229
新型业务培育 …… 229
技术质量 …… 229
创新成果 …… 229
基础管理 …… 230
企业文化 …… 230

·太钢集团岚县矿业有限公司·

概况 …… 230
经营绩效 …… 230
安全工作 …… 230
设备能源 …… 230
工程管理 …… 231
党群工作 …… 231

·山西太钢房地产开发有限公司·

概况 …… 231
房地产开发项目 …… 231
宿舍区隐患整改 …… 231
改善职工居住环境 …… 231
宿舍区物业管理 …… 231
管理创新工作 …… 232
配合太原市城市建设工程 …… 232

·山西太钢投资有限公司·

概况 …… 232
经营管理 …… 232
投资工作 …… 232

·山西太钢能源有限公司·

概况 …… 233
整合煤矿进展 …… 233

·太原钢铁(集团)国际经济贸易有限公司·

概况 …… 233
经营指标 …… 233
基础管理 …… 233
业务发展 …… 234
境外公司 …… 234

·太原钢铁(集团)粉煤灰综合利用有限公司·

概况 …… 234
生产经营 …… 234
新产品推广 …… 234
重点工程 …… 234
挖潜增效 …… 235
产品质量改善 …… 235
管理技术创新 …… 235
设备管理 …… 235
安全管控 …… 235

·太原钢铁(集团)公司福利总厂·

概况 …… 235
生产经营 …… 236
民生改善 …… 236
安全工作 …… 236
宣传教育 …… 236

·太原钢铁(集团)电气设备修造有限公司·

概况 …… 236
业务拓展 …… 236
保障生产 …… 237
安全管控 …… 237
风险防控 …… 237
企业文化 …… 237

·山西钢科碳材料有限公司·

概况 …… 237
重点项目 …… 237
公司运营 …… 237

党建工作 …… 238

· 太原钢铁(集团)线材制品有限公司 ·

概况 …… 238
确保职工队伍家属和谐稳定 …… 238
确保职工生活正常运转 …… 238
宿舍区平房改造 …… 238
后记 …… 238

相对控股子公司

· 山西正通钢铁资源有限公司 ·

概况 …… 239

· 土耳其铬业公司 ·

概况 …… 239

· 山西晋非投资有限公司 ·

概况 …… 239
招商引资 …… 241

合营 · 联营公司

· 中色太钢镍业有限公司 ·

概况 …… 241
项目生产 …… 241
采购销售 …… 242
攻关创新 …… 242
降本增效 …… 242

· 山西阿克斯轧辊有限公司 ·

概况 …… 243
生产经营 …… 243
技术创新 …… 243

· 比欧西气体有限公司 ·

概况 …… 243
安全工作 …… 243
生产经营 …… 243
党群工作 …… 244

· 山西禄纬堡太钢耐火材料有限公司 ·

概况 …… 244
生产组织 …… 244
产品质量 …… 244
安全环保 …… 245
降本增效 …… 245
设备管理 …… 245
文化建设 …… 246

· 山西太钢哈斯科科技有限公司 ·

概况 …… 246
项目建设 …… 246
生产经营 …… 246

文　化

刊　物

·《太钢政工》·

概况 …… 248
栏目及内容 …… 248
年度特点 …… 248

·《太钢经济与管理》·

概况 …… 249
版面设计 …… 249
栏目设置 …… 249

·《太钢科技》·
概况 …… 249
栏目设置 …… 249

·《太钢译文》·
概况 …… 250
刊登内容 …… 250

新闻媒体

·太钢新闻中心·
概况 …… 251
取得的成绩 …… 251
新闻宣传工作 …… 251
报纸业务 …… 251
电视业务 …… 251
稿件质量提升工作 …… 252

群众团体

·科协·
概况 …… 254
科协活动 …… 254
学术活动 …… 254
“讲、比”活动 …… 254

·太钢残疾人联合会·
概况 …… 254
暖人心工程 …… 254
获得荣誉 …… 254
文体活动 …… 254
信访维权工作 …… 254
宣传信息工作 …… 254

人事与机构

2013 年太原钢铁(集团)有限公司组织机构图 …… 256
2013 年山西太钢不锈钢股份有限公司组织机构图 …… 257
2013 年太原钢铁(集团)有限公司参股公司一览表 …… 258
2013 年山西太钢不锈钢股份有限公司子公司一览表 …… 259
2013 年太原钢铁(集团)有限公司董事会成员名单 …… 261
2013 年太原钢铁(集团)有限公司党委常委成员名单 …… 262
2013 年太原钢铁(集团)有限公司经理层领导名单 …… 262
2013 年山西太钢不锈钢股份有限公司经理层领导名单 …… 263
2013 年太原钢铁(集团)有限公司经理助理级领导名单 …… 263
2013 年太原钢铁(集团)有限公司处级领导干部名单(党政合署部门) …… 264
2013 年太原钢铁(集团)有限公司处级领导干部名单(党群) …… 265
2013 年太原钢铁(集团)有限公司处级领导干部名单(行政) …… 271

表　彰

太钢获 2013 年度山西省劳模大会表彰名单 …… 284
太钢 2013 年度劳模大会表彰名单 …… 284
中共太原钢铁(集团)有限公司委员会 2013 年度“七一”表彰名单 …… 293
太钢 2013 年度工会工作模范集体、优秀个人表彰名单 …… 299

太钢 2013 年度女职工先进集体和先进个人表彰名单 …… 304
太钢第 34 届职工技术比武表彰名单 …… 307
共青团太原钢铁(集团)有限公司委员会 2013 年度“五四”表彰名单 …… 312
太钢(集团)公司 2013 年度安全生产先进名单 …… 316
山西太钢不锈钢股份有限公司 2013 年度安全生产先进名单 …… 317

媒体看太钢

2013 年部分社会媒体对太钢的报道 …… 322

附　录

重要文件索引

2013 年国家各部委、山西省、太原市下发有关太钢文件目录索引 …… 332
2013 年太原钢铁(集团)有限公司部分上呈文件目录索引 …… 333
2013 年太原钢铁(集团)有限公司部分党委文件目录索引 …… 342
2013 年太原钢铁(集团)有限公司部分行政文件目录索引 …… 343
2013 年太原钢铁(集团)有限公司部分党政联发文件目录索引 …… 345
2013 年太原钢铁(集团)有限公司部分办公室文件目录索引 …… 345
2013 年山西太钢不锈钢股份有限公司部分上呈文件目录索引 …… 347
2013 年山西太钢不锈钢股份有限公司部分党委文件目录索引 …… 349
2013 年山西太钢不锈钢股份有限公司部分行政文件目录索引 …… 350
2013 年山西太钢不锈钢股份有限公司部分办公室文件目录索引 …… 353

规章制度

太原钢铁(集团)有限公司 2013 年度集体合同 …… 354
太原钢铁(集团)有限公司 2013 年度女职工特殊劳动保护专项集体合同 …… 359
太原钢铁(集团)有限公司 2013 年度工资专项集体合同 …… 361

特　载

TE ZAI

中共中央政治局常委、国务院副总理张高丽到太钢调研

4月6日,中共中央政治局常委、国务院副总理张高丽到太钢调研。

太钢董事长李晓波、党委书记杨海贵、集团公司总经理高祥明迎候在炼铁厂4350立方米高炉平台上。

15时40分,张高丽一行到达高炉平台,在高炉出铁口前,李晓波介绍了高炉的生产运行和节能环保情况。李晓波说:"太钢4350立方米高炉是我国最大的高炉之一,运行效率和节能环保水平很高。在过去,钢铁企业的炼铁现场环境不好,工人非常辛苦。现在,通过技术创新和管理强化,我们现场环境很干净。钢铁企业完全可以把环保问题解决好,关键是要舍得投入。"随后,张高丽走向前,从出铁探视口看下去。李晓波介绍:"高炉的粉尘经除尘设备得到处理,现场既没有味道,也没有粉尘,安全也有保证。"张高丽频频点头说:"现在的生产现场环境真是很好。"

走出高炉平台,张高丽一行停留在太钢绿色发展的展板前。李晓波简要汇报了太钢循环经济和节能减排的情况。他说,太钢是一个1934年建厂的老企业,绿色发展是钢厂面临的最大问题。这些年来,太钢通过自主创新,实施了一大批国际先进水平的节能减排和循环经济工艺技术,现在,太钢关键节能环保指标行业领先,有的也是世界上最好的。张高丽说:"你们做得非常好。"当李晓波讲到太钢利用余热余压发电已经占到用电量的33%时,张高丽高兴地说:"现在做到33%了,真不错。"

张高丽来到高炉主控室,看到精神饱满的职工们在精心操作时,关切地询问职工的倒班等工作情况。李晓波一一做了回答。李晓波说,现在,高炉已经实现了自动化操作,现场操作人员已不再是传统意义上的炼铁工人。张高丽点点头,接着又问到:"现在,太钢能做到负能炼钢吗?"李晓波回答道:"转炉负能炼钢没有问题。"

之后,张高丽一行来到不锈冷轧厂。在产品展示区,张高丽一边仔细观看展示区的产品,一边详细询问产品的性能、用途和市场情况。他说:"我之前看过很多冷轧厂,今天看到你们的冷轧厂水平很高。目前国内钢铁产能严重过剩,要把那些落后的产能坚决地淘汰掉。太钢的品种,包括循环经济都搞的很好。要发展像太钢这样高水平的企业,努力提高全国钢铁业的发展水平。"

沿着不锈冷轧厂新光亮板生产线,张高丽仔细询问车间的噪音控制水平、生产设备以及产品出口情况,鼓励太钢继续做好新产品开发,提高产品的市场竞争力和效益,提升企业综合竞争力。

参观结束时,张高丽握着李晓波的手说,太钢现在的发展水平,特别是不锈钢领域的发展水平,已经比较高了,品种又多,竞争力也强,绿色发展水平也很高,已经成为花园式工厂。下一步,太钢要继续瞄准高端市场,谋求高端发展。同时,要继续推进节能减排和循环经济,挖掘潜力,努力做得更好。

(燕　英　石　鹰)

中共中央政治局委员、天津市委书记孙春兰率天津市党政代表团到太钢参观考察

5月22日,中共中央政治局委员、天津市委书记孙春兰率领天津市党政代表团到太钢参观考察。

在不锈冷轧厂产品展台前,太钢董事长李晓波向代表团一行汇报了太钢发展情况。

孙春兰仔细观看了展区的产品,当了解到太钢产品在石油化工、核电、电站锅炉、电力、轨道交通、汽车船舶桥梁、航空航天、民用等领域得到广泛应用情况时,对太钢依靠科技创新和技术进步,改进工艺技术,优化品种结构,实现逆势增长的做法给予充分肯定,她希望太钢继续扩大高端特色产品的研发推广力度,持续提升企业核心竞争力。

沿着生产线,孙春兰询问了太钢与天津的交流合作情况。李晓波说,太钢与天津大无缝投资有限公司建立了良好的合作关系,共同出资设立了天津太钢天管不锈钢有限公司,已形成年产40万吨高等级不锈钢板的能力。天津港已经成为太钢重要的出口物流通道,成为太钢产品走向世界的主要门户。孙春兰听后十分高兴。

考察结束时,孙春兰说:"太钢是一个有着近80年历史的老厂,技术改造高标准,企业管理现代化,厂区环境优美、漂亮,太钢了不起。太钢进军高端市场,实现了产业升级。你们在天津积极投资兴业,为天津的快速发展做出了贡献。天津将一如既往地为太钢做大做强提供帮助。"

(陈 涛 牛建红)

山西省委副书记、代省长李小鹏到太钢调研

1月10日,山西省委副书记、代省长李小鹏深入太钢硅钢冷连轧技术改造工程施工现场进行调研。

李小鹏详细询问了太钢"十二五"重点工程投资和产品结构调整项目建设情况、安全生产情况和生产经营情况。提出了:要进一步加快工程建设,让工程尽快投产,不断提高项目投资回报率,为全省加快转型再作出贡献;进一步抓好企业安全生产的同时,也要抓好项目建设冬季施工保护措施的落实,确保冬季施工安全;进一步提高资本收益率,实现企业效益和职工收入的双丰收,为山西省转型跨越发展作出突出贡献。

(芦文晓)

山西省委常委、组织部部长汤涛慰问王一德院士

2月8日，山西省委常委、组织部部长汤涛慰问中国工程院院士、太钢集团公司董事会规划委员会副主任王一德。

在王一德家，汤涛详细了解了王一德院士工作、生活情况，转达了省委、省政府对院士、专家的关心和问候，并送上了慰问金。汤涛说，山西省的转型跨越发展离不开科技人员的辛勤工作，希望你们能一如既往地投身科研事业，为持续提升全省科研水平，推动经济社会发展作出更大贡献。

王一德感谢省委、省政府的关心和问候，表示一定会努力工作，为太钢及全省转型跨越发展作出应有的贡献。

（边　震）

山西省委常委、省纪委书记李兆前就开展党的群众路线教育实践活动到太钢调研

6月26日，山西省委常委、省纪委书记李兆前到太钢与太钢领导班子成员进行座谈，听取太钢对省委领导班子及班子成员的意见，并就全省开展党的群众路线教育实践活动征集建议。

座谈中，太钢领导班子成员先后发言。大家结合太钢实际，围绕教育实践活动开展、转型综改试验区建设、进一步转变政府职能、提高行政审批效率、推动传统产业升级等话题提出意见和建议。李兆前认真听取发言，不时询问有关情况，与太钢领导互动交流。他表示，调研组将认真整理归纳意见和建议，尽快向省委及活动领导组汇报，切实把大家的意见和建议体现到教育实践活动当中去。

李兆前在讲话中强调，要充分认识教育实践活动的重要意义，将活动的开展与迎接当前挑战、应对严峻形势紧密结合起来，与抓好生产经营建设紧密结合起来，确保两不误、两促进。要明确教育实践活动的目标要求，在贯彻落实中央、省委决策部署的基础上，提出适合自身特点的办法措施，将任务目标体现到每一项具体工作中，落实到每一个领导班子、每一名党员干部身上，确保活动全覆盖、见实效。要坚持领导干部带头的原则，领导班子成员要将自己作为普通党员、普通干部，开展批评与自我批评，认真剖析问题，真正做到“红红脸”、“出出汗”，解决好作风方面存在的突出问题，为太钢的健康快速发展奠定良好的基础。

（牛建红）

山西省副省长王一新到太钢调研

7月11日,山西省副省长王一新率队到太钢调研。

太钢领导李晓波、高祥明、柴志勇、谢力在炼铁厂4350立方米高炉前迎接王一新一行。太钢董事长李晓波详细介绍了高炉的运营状况。王一新一边听,一边关切地询问高炉利用系数多少,自动化控制水平如何。在出铁口附近,王一新饶有兴趣地走上前,观察出铁状况并询问铁水温度。在高炉自动化控制室,李晓波说,4350立方米高炉是世界上装备水平最先进的高炉之一,具有很高的运行效率和节能环保水平,包括高炉余压发电,炼铁过程中有害气体回收利用、炉渣加工制水泥等,实现了生产的循环利用。当听到利用高炉余压余热每年可发电5亿多度,王一新点头称赞。

随后,王一新前往不锈冷轧厂、2250毫米热连轧生产线、型材厂以及财务公司。每到一处,王一新都仔细询问生产运营状况、生产工艺及产品用途,并叮嘱要面向市场,开拓进取、勇于创新,实现企业做大做强。

参观结束后,李晓波向王一新汇报了太钢的生产经营情况。

听取汇报后,王一新高兴地说,这次调研对太钢有了深入的了解,也留下了深刻的印象。作为一个老钢铁企业,太钢园林式的工厂环境,面向市场、不断创新的活力,良好的质量、成本控制水平,强劲的科研开发实力在国内都十分优秀。太钢能取得这样的成绩,是几代干部职工锐意进取、共同努力的结果,值得共同学习。

对于太钢的发展,王一新寄予厚望。他说,下一步,太钢还应当"以钢为基",夯实基础,不断提升自身的综合竞争力;加快转型升级的步伐,实现钢铁产品结构优化调整,瞄准高端市场,增加高附加值、高技术含量产品的生产比例,提高下游产品的深加工水平;同时,坚持走多元发展路子,从制造业向高端的综合型企业转型,加快发展现代金融、贸易、物流、工程技术等产业,实现多元业务与以钢为基的协同发展。

(谢利坤)

山西省国资委主任、党委书记朱晓明到太钢调研

7月12日,山西省国资委主任、党委书记朱晓明到太钢调研并组织召开座谈会,征求太钢党员和职工群众对省国资委领导班子及成员在形式主义、官僚主义、享乐主义和奢靡之风等方面存在的突出问题及省国资委开展党的群众路线教育实践活动的意见和建议。太钢党委书记杨海贵、集团公司总经理高祥明、不锈钢股份公司总经理张志方以及各层面代表参加了座谈。

会上,太钢领导、机关部(室)代表、基层单位党员干部代表、党员代表、职工群众代表分别做了发言,对省国资委开展党的群众路线教育实践活动提出了相应的意见和建议。

在认真听取发言后,朱晓明指出,太钢与省国资委同为山西省第一批开展党的群众路线教育实践活动的单位,认真贯彻落实中央、省委的部署和要求,扎实开展好党的群众路线教育实践活动是我们双方共同的课题。他强调,无论政府机关负责同志,还是企事业单位领导干部的身上,都不同程度地存在"四风"方面的问题,开展党的群众路线教育实践活动首先要聚焦"四风",找准问题症结,切实整改落实。对于太钢这样的大企业、大集团,这次党的群众路线教育实践活动也是调动干部职工积极性、提高企业竞争力的良好机会,要紧密结合自身实际,把开展教育实践活动与推进企业中心工作紧密结合起来,突出抓好安全生产和企业运营工作,这样才能保持住逆势增长的势头,加快推进转型跨越发展。

(牛建红)

国务院安委会督查组到太钢进行安全生产综合督查

8月19日,人力资源和社会保障部副部长杨志明率领国务院安委会第五综合督查组到太钢进行安全生产综合督查。

杨志明一行先后深入4350立方米高炉和炼钢二厂北区,实地检查安全生产工作。

在4350立方米高炉,太钢董事长李晓波介绍了高炉的生产工艺和危险因素,并围绕高炉安全管理和危险辨识等工作进行了重点汇报。他说,高炉作为高温、高压充斥着有害气体的压力容器,生产中,我们通过日常点检和严格的管理,把"没事当有事、小事当大事、别人的事当自己的事"来抓,做好日常维护和煤气管理,严防爆炸和中毒事故发生。杨志明说,要认真吸取同行业相关事故教训,仔细分析原因,警醒自己。在高炉运行中要采取有效措施,严防爆炸事故发生,同时,也要强化煤气管理,做好物流

过程管控,防止其他事故发生。

在炼钢二厂北区,杨志明详细了解了转炉工艺和日常安全管理。李晓波介绍说,我们的炼钢工艺发生了巨大变化,实现了全自动操作,并且将煤气、余热及蒸汽等能源全部回收,为生产提供了重大安全保证的同时,还实现了能源的再利用。杨志明听后说,太钢在不锈钢领域占据重要位置,生产了众多的精美产品,要充分发挥技术装备优势来抓安全生产,不断强化安全意识,克服麻痹思想,通过细致的管理不断提升安全发展水平。

杨志明对太钢近年来安全生产工作给予了肯定。他强调,太钢要依靠技术装备优势实现科技兴安,提升企业安全发展水平。各层级干部要严格落实安全责任,与职工一同查找身边的危险源,做到横向到边、纵向到底,一丝不苟地为安全负责、为自己和同伴的安全负责,保证人员和设备安全、制度健全完善、管理有效,推动安全生产从持续好转向稳定好转转变,真正把太钢打造成本质安全型企业,为生产创造良好的安全环境。

(宋维东)

山西省委常委、省纪委书记李兆前到太钢调研

8月22日,山西省委常委、省纪委书记李兆前深入太钢生产建设一线,就开展党的群众路线教育实践活动进行调研。太钢董事长李晓波,党委书记杨海贵,集团公司总经理高祥明,党委副书记、纪委书记韩瑞平及有关部门与单位负责人参加调研。

在硅钢冷连轧项目和不锈钢冷连轧项目施工现场,李兆前一行认真听取了这两个项目建设情况汇报。他一边听取汇报,一边询问建设项目具体情况。在不锈钢冷连轧项目施工现场,李兆前还就设备如何调整、维护等细节问题与专业人员深入交换了意见。

随后,李兆前一行又来到不锈冷轧厂宽幅光亮线作业现场,与光亮线操作工进行了亲切交谈,并就不锈冷轧厂领导班子及成员党的群众路线教育实践活动开展情况进行调研。

李兆前对太钢的技术创新及人才队伍建设十分关注,在太钢技术中心调研时,他要求太钢结合党的群众路线教育实践活动,进一步做好技术创新与人才培养工作,并勉励技术人员多出成绩,多拿大奖。

李兆前指出,企业结构调整以及面临的其他问题,不能仅靠3个月集中的党的群众路线教育实践活动来解决,但基本的群众观点必须要有。他强调,要准确把握总体要求,无论查找问题、剖析问题.还是解决问题,都要让群众把脉,让群众监督。凡是能够及早解决的要尽快解决,一时还不具备条件的要制定规划逐步解决,要注重把党员干部在活动中激发出来的工作热情转化为加快转型跨越发展的动力。要进一步结合企业生产经营实际,依靠群众的智慧,凝聚群众的力量,充分发挥和调动职工群众的主动

性、积极性、创造性，真正依靠群众办企业，与群众共享企业发展成果，为企业长远发展提供后劲，努力把太钢打造成百年优秀企业。

（郭世强）

国家质检总局副局长梅克保到太钢检查指导工作

9月17日，国家质检总局副局长梅克保率检查组到太钢，重点对太钢安全生产管理进行检查指导。

太钢总经理高祥明向检查组汇报了太钢的生产运营概况、安全生产管理模式以及特种设备生产管理模式。

听取汇报后，梅克保对太钢的绿色发展、产品质量、安全生产管理给予高度评价。他说，太钢经过70多年的发展，已经成为特大型钢铁联合企业，质量综合指标、技术创新能力、工艺装备水平都令人欣喜。尤其是在钢铁业经营困难的形势下取得较好的经营业绩，与太钢先进的管理理念、经营思路以及干部职工的努力是分不开的。在谈到绿色发展时，梅克保说太钢干净、整洁的厂区环境给他留下了深刻的印象，特别是吨钢能耗、废弃物循环利用等均达到了国际一流水平，是钢铁企业绿色发展的典范。

谈到安全生产管理工作，梅克保强调，安全生产是企业发展的重中之重，不能有丝毫的松懈和麻痹。安全生产关键是抓好安全生产责任制的落实，既要有完备的制度考核，又要有严格、明确的责任追究。太钢的安全生产管控模式尤其是特种设备管理形成了一个系统、完备的体系，值得其他企业学习借鉴。他希望太钢进一步加强管理，不断创新完善管理模式，为其他企业提供更多的质量控制、安全管理方面的经验。

梅克保一行参观了炼铁厂4350立方米高炉和不锈冷轧厂新线。在4350立方米高炉前，李晓波详细介绍了高炉的运营状况。他说，4350立方米高炉是世界上装备水平最先进的高炉之一，具有很高的运行效率和节能环保水平，包括高炉余压发电，炼铁过程中有害气体回收利用、炉渣加工制水泥等，都实现了循环利用。梅克保一边听，一边关切地询问各项生产指标。在不锈冷轧厂李晓波向梅克保详细介绍了太钢不锈钢产品的生产工艺、用途及特性，以及太钢近年来坚持做强主业、延伸发展、绿色发展、和谐发展的企业发展思路。听完介绍后，梅克保点头称赞。在一卷卷堆放整齐的成品卷前，梅克保驻足仔细观看，不时地向工作人员询问产品的用途及特性，并要求大家一定要严格质量控制，把产品做精、做细。

（谢利坤）

山西省委督导组到太钢指导党的群众路线教育实践活动

10月10日，山西省委党的群众路线教育实践活动第7督导组组长石正明、副组长孙兆岚一行6人到太钢督查指导，听取太钢党的群众路线教育实践活动开展情况及下一步工作安排，并对深入开展党的群众路线教育实践活动提出指导意见。太钢领导班子成员参加会议。

太钢党委书记杨海贵从切实查摆“四风”问题、深入开展谈心谈话、认真撰写分析材料、坚持做到边查边改四个方面汇报了前一阶段太钢开展党的群众路线教育实践活动的主要做法和成效。

石正明表示，党的群众路线教育实践活动开展以来，太钢领导班子和广大党员领导干部带头学习查摆、带头整改实践，充分发挥了示范带头作用。太钢领导班子和衷共济，相互理解，相互支持，是一个团结干事、坚强有力的战斗集体。广大党员领导干部勤政务实，清正廉洁，始终保持艰苦创业的精神状态，使企业在做强做大的同时，职工群众生活水平有了明显提高。太钢坚持把开展党的群众路线教育实践活动与推动生产经营建设统筹安排，做到了“两手抓、两促进”。特别是在当前严峻的经济形势下，太钢全体干部职工认真贯彻落实省委、省政府的决策部署，知难而进，攻坚克难，特别是高端发展迈出了新步伐，综合竞争力有了新提高。

石正明传达了省委督导组工作会议精神。他强调，山西省党的群众路线教育实践活动已进入查摆问题、开展批评环节。这一环节的核心任务是组织召开一次高质量的专题民主生活会。我们要认真贯彻落实习近平总书记在河北省委常委班子专题民主生活会上的重要讲话精神，认真学习借鉴河北省委常委班子专题民主生活会的好经验和好做法，进一步振奋精神，再接再厉，组织开好专题民主生活会，确保质量高、效果好。

就如何开好专题民主生活会，石正明强调，一是要抓观念，把学习教育贯穿活动始终，通过反复学、深入学，进一步提高思想认识，纠正对解决“四风”问题影响发展、无关大局的错误观念。特别是要重点学习习近平总书记在河北省委常委班子专题民主生活会时的重要讲话，进一步提高开展批评与自我批评的自觉性，为开好专题民主生活会奠定基础。二是要抓重点，继续把聚焦反对“四风”作为活动的重中之重，对前一阶段查找出的“四风”问题进行“回头看”，继续广泛征求意见，把“四风”问题进一步找准、找实、找具体。三是抓关键，认真做好前期准备工作，以整风的精神召开一次高质量的专题民主生活会。要通过群众提、自己找、互相帮、集体议等方式，广泛听取各方意见，把问题找出来。要亲自撰写民主生活会对照检查材料，敢于直面问题、切中要害，勇于剖析根源、触及灵魂，把问题摆出来。民主生活会召开前，要开展多层次、全方位的谈心谈话活动，把问题讲出来。开好民主生活会，要用好批评和自我批评这个武器，把问题提出来。一把手要发挥示范表率作用，消除思想顾虑，用好批评和自我批评的武器，在“深”和“实”上下功夫。四是要抓长远，对职工群众反映强烈的突出问题认真整改，建立科学、管用的长效机制，实现作风建设制度化、规范化和常态化。

石正明希望太钢通过深入开展教育实践活动实现“三个转变”，即干部作风明显转变、单位风气明显转变、发展环境明显转变；达到“三个提高”，即企业转型跨越发展的势头不断提高、企业经营业绩不断提高、职工群众的生活水平不断提高；力争“三个满意”，即省委省政府满意、党员干部满意、职工群众满意。

督导组还就撰写对照检查材料的相关事宜进行了具体指导。

（陈　涛）

概　述

GAI SHU

太原钢铁（集团）有限公司党委工作概述

杨海贵

2013年，公司各级党组织以党的十八大和十八届三中全会精神为统领，紧紧围绕中心工作，以改革创新的精神，全面提高党的建设科学化水平，充分发挥政治核心作用，促进了生产经营建设和改革发展稳定各项任务的完成，为公司转型跨越发展提供了坚强的思想、政治和组织保证。

党的群众路线教育实践活动扎实开展。公司是全省首批开展教育实践活动的单位，是由省委常委直接联系的大型企业。公司党委结合实际，把握要领，规范引导，扎实推进教育实践活动。确立了"以活动促进为民务实清廉，以实事彰显为民务实清廉，以制度保障为民务实清廉"的工作思路；制定了三阶段18个环节的活动实施方案，突出重点，环环相扣，务实有效推进。先后召开各类座谈会50余次，组织个别谈话750人次，发放调查问卷980份，征集意见建议4061条。公司中心组成员赴渣山公园和袁家村铁矿参观学习、深入研讨。召开各级领导班子民主生活会，认真开展批评与自我批评，会议情况向职工群众通报，接受职工群众监督。公司领导班子认真查摆了12个方面的突出问题，制定了整改方案，提出了18个整改落实项目，逐项落实负责人、承办单位和完成时限，以重点突破推动作风整体好转。公司集中开展了文山会海、机关作风、超标配车等7类专项整治，查处了个别领导干部顶风违纪案件，清退公车6辆，"三公"经费支出同比下降18.94%。加强制度建设，落实中央八项规定，规范干部婚丧喜庆事宜，已经出台和正在修订的制度达18项。对涉及群众利益的事，能改即改、立说立行，提高职工群众满意度。公司教育实践活动的做法和成效得到省委和督导组的充分肯定。

宣传思想工作和精神文明建设特色鲜明。认真学习宣传党的十八大和十八届三中全会精神，举办了十八大报告和党章知识竞赛等活动。大力开展形势任务宣传教育，以"重点工程聚焦、增强危机感，强化对标找差、道德素养大家谈、"安全大家谈"等为主题，开展各层级的学习讨论活动。结合"安全生产月、世界环境日、质量月”等开展形式多样的主题宣传教育活动，增强了全员的危机意识和责任意识。坚持不懈地开展典型宣传，培育和挖掘身边的“闪光点”和典型事例，持续开展“感动太钢人物”评选活动，宣传了一大批优秀团队和先进个人的感人事迹和可贵精神，弘扬了积极、健康、向上的道德风尚。对外宣传力度进一步加大，新兴媒体建设有了新的加强，职工和社会关切得到积极回应，为公司改革发展营造了良好的外部环境。公司全年创建文明单元280个，3个单位成为省级文明单位，《太钢日报》连续五年入选山西省一级报纸，公司获“全省思想政治工作优秀单位”荣誉。

领导班子和干部队伍建设成效显著。两级党委中心组集中学习5次，公司党委中心组专题学习11次，加强对政治理论和党的路线方针政策的学习。李晓波董事长先后两次为两级党委中心组成员作专题辅导报告，统一了思想、凝聚了人心。举办了4期党员领导干部理论培训班，组织完成省管干部调训和在线网络学习，提升干部队伍的综合素质。强化预算落实的监督检查，督促领导干部提高预算执行力。开展“干部上讲台、培训到现场”活动，提高领导干部的履职能力。改进基层单位综合考评办法，对各级领导班子和干部开展多维度评价，为选人用人提供真实依据。坚持德才兼备、以德为先、注重实绩、群众公认的原则，调整中层以上领导干部29人次，干部队伍结构不断优化。推进干部选拔任用“一报告两评议”工作，规范干部任用管理。组织职工代表民主评议领导干部，中层以上干部优秀和称职率达99%。开展干部人事档案专项清理审核登记，审核认定了1190名干部的“三龄两历一身份”信息。

基层组织和党员队伍建设不断加强。按照设计载体、跟踪评价、互动交流、案例表彰的工作步骤，深化“三个转化”创新实践活动，各级党组织建立活动载体815个，形成典型案例103个，吸引了广大党员积极参与，推动公司管理提升。开展党员标兵“选育树”活动，优化党员标兵发现选拔、培养提升的长效机制。开展党委书记履行党建责任“联述联评联考”工作，评价结果纳入绩效考评体系。实施党员争优计划，促进党员队伍素质提升。全年培训党员4500人，圆满完成“万名党员轮训工程”。按照“双向培养”的思路，发展新党员212名。开展职工民主评议各级党组织和全体党员工作，处理不合格党员5名。开展困难党员救助帮扶工作，组织慰问老党员和生活困难党员131名，发放慰问救助金11.3万元。开展组工干部“四带头、四过硬”活动，组织队伍建设得到加强。

党风建设和反腐倡廉工作稳步推进。认真落实党风廉政建设责任制，加强反腐倡廉警示教育，开展“廉洁从业、从我做起”主题宣传月活动，增强干部职工的廉洁自律意识。深化廉洁风险排查防控工作，出台廉洁风险预警和处置办法，建立了覆盖全公司的三级防控网络，有效监督权力运行。围绕公司中心工作开展效能立项监察，为提高效率、改进管理、挖潜增效做出了突出贡献；招投标监察制止违规招标40次，监标率100%；围绕重点工程项目、备品备件管理、单身公寓清退整治、退伍军人分配、拖欠农民工工资等事项进行专项监察，进一步规范了管理、健全了制度。加大对原燃材料系统的稽查力度，取消供应商资格7个，追缴和挽回经济损失3188.4万元。对12个单位进行巡视督察，发现各类问题84项，提出整改意见189条。坚决查处违纪违法案件，全年共党纪政纪处分53人，组织处理118人。深入推进检企共建，加大预防和打击犯罪的力度。“山西企廉网太钢子网”上线运行，搭建了企业信息公开的新平台。

企业文化和职工队伍建设取得新成果。引入国际先进理念和方法，结合实际，扎实开展敬业度评估工作，引导各单位找准突出问题，深入查找原因，制定整改措施，成为有效提升单位和职工整体素质的重要抓手。开展“我们身边的闪光点”、“太钢人画太钢”、“向基层送文化”等主题活动，推动文化落地。发布社会责任报告和可持续发展报告，树立了公司良好的社会形象。公司获“改革开放35周年企业文化竞争力30强”称号。组织开展形式多样的劳动竞赛活动，激发职工的积极性和创造性。开展

“金点子杯”合理化建议活动，征集经济技术新成果751项。职工创新工作室总数达到21个，完成创新课题214项。全公司2.5万名职工参加了189个工种的技术比武活动，1017名职工完成了“闯关竞赛”网络自主学习，岗位练兵、岗位成才蔚然成风。以巡回报告团、报告文学等多种形式大力宣传劳模先进事迹，用身边先进典型引导和带动职工。举办首届乒羽联赛、全民健身和文艺汇演、慰问演出等文体活动，丰富了职工文化生活。各级共青团组织深入开展思想状况调研、标准化操作演练和英语知识竞赛等活动，服务青年职工成长成才。

*和谐稳定工作有了新进步。*加强对稳定工作的领导和指导，畅通信访渠道，全年接待来访176批次、853人次。组织8次领导干部民主接待日活动，对职工群众反映的70个问题全部予以答复处理。跟踪督办195条职代会提案，答复处理率100%。组织线材公司职工依法审议企业破产预案和职工安置方案，切实维护职工权益。坚持开展困难职工帮扶和“金秋助学”活动，发放救助金2023万元。组织太原市首个“环保组织开放日”，持续开展“公众开放日”活动，9000余名社会各界人士走进太钢感受变化，提高了公司的知名度和美誉度。公司统战、离退休、医疗卫生、治安保卫、民兵武装等方面都结合自身特点开展工作，取得明显成效，为公司生产经营、和谐稳定发挥了积极作用。

下一步，公司党委将深入贯彻落实党的十八大和十八届三中全会精神，围绕公司生产经营建设和改革发展稳定中心任务，以全面深化改革为统领，巩固和发展教育实践活动成果，持续推进党建工作的体系化和长效化建设，加快提升党的建设科学化水平，传递市场压力，增强干部动力，激发全员活力，为实现年度奋斗目标、加快转型跨越发展提供坚强的思想、政治和组织保证。

太原钢铁（集团）有限公司行政工作概述

高祥明

2013 年，面对异常艰难的经营形势，公司发挥优势，攻坚克难，取得了来之不易的发展业绩。

一是生产经营稳健运行。全年产钢 998.93 万吨，比上年下降 1.36%，其中不锈钢 322.56 万吨，比上年增长 3.85%。实现营业收入 1460.18 亿元，比上年增长 3.88%；实现利润 5.02 亿元，比上年增长 24.88%；实现税金 20.97 亿元，比上年增长2.39%。

二是重点项目快速推进。股份公司的中频感应炉、免酸洗板生产线、铬钢专用酸洗线、9 号焦炉、6 号高炉等“十二五”重点项目建成投产；不锈钢冷连轧、硅钢冷连轧、高速铁路用钢技术改造等重点项目正加紧实施，2014 年上半年将陆续投产。晋中高碳铬铁项目小球烧结已进入热负荷试车阶段，冶炼部分的设备安装正在收尾与调试，预计 2014 年 3 月底投产。峨口铁矿露天转地下开采工程、尖山铁矿改扩建工程正加快推进。不锈钢工业园 10 万平方米加工配送中心项目陆续投产，新增钢材加工配送能力 50 万吨。

三是品种结构持续优化。在全球不锈钢企业普遍开工不足的情况下，公司产销率达到 99.29%。全年出口钢材 67.81 万吨，比上年增长 26.37%，其中出口不锈钢 48.46 万吨，比上年增长 40.55%，创历史最好水平。罐箱行业用钢、造币钢、排气系统用钢、超纯铁素体、纯铁、双高硅钢、冷轧用料、汽车用钢产销量均有较大幅度增长。两类三种产品用于嫦娥三号月球探测器及运载火箭关键部位；双相不锈钢钢筋新型材料独家中标港珠澳大桥工程。太钢不锈荣获首届中国质量奖提名奖，是钢铁行业和山西省唯一获此殊荣的企业。

四是资源保障能力显著提升。尖山铁矿、峨口铁矿精矿粉及球团产量全面完成预算。岚县矿业公司达产势头迅猛，全年产精矿粉 411 万吨、球团 165 万吨，分别超预算 41 万吨和 15 万吨。盂县鑫磊、复合材料厂回转窑顺利投产并达产达效，冶金白灰、轻烧白云石实现了稳产保供。

五是降本增效成绩突出。加强采购对标，主要原燃料采购紧贴市场、减少环节、比价优选，为公司成本改善做出了突出贡献。加强工艺攻关，铁前工序逐步加大低成本的自产精矿粉用量，从 8 月份开始实现了全精粉烧结；炼钢工序大量配加铬镍生铁、不锈钢基料等廉价炉料，纯镍使用占比同比下降6个百分点。优化资金结构，财务费用比预算水平降低27.23%。

六是多元产业稳步发展。工程技术产业实现收入比上年增长29.19%，利润增长24.47%。新材料开发取得突破，高端碳纤维项目开始热负荷试车，非晶带材生产线试制出非晶合金带材用中间合金；公司与北京碧水源合作，开始筹建年产100万平方米的高性能膜材料及膜组件生产基地，打造承接膜处理工程、特许经营水处理项目等业务发展平台。财务公司充分发挥金融服务职能，成立不到一年创效8200多万元，业务不断拓展，功能逐步显现。贸易、投资、房地产、医疗卫生、世茂商务中心等业务持续成长。

七是绿色发展创新水平。哈斯科钢渣综合利用工程已基本建成，部分生产线投入运行；高炉矿渣超细粉二期项目投产，总处理量达到270万吨；建成省内第一条发电机组脱硫石膏处理线，年可消化电厂脱硫石膏25万吨，生产建筑石膏及水泥缓凝剂18万吨，既减少排放、循环利用资源，又极大地保护环境和植被，必将在全省起到良好的示范效应。加强节能减排，烟粉尘、SO_2、COD排放等环保指标比上年全面改善。在行业内率先启动PM2.5减量工作，努力减少PM2.5污染危害。推进不锈钢钢渣冷却设施改造，解决了冷却过程中污染物排放长期不能有效控制的行业难题。攻克了高炉冲渣水余热回收这一世界性难关，新增城市供热面积700多万平方米，公司集中供热总面积达到1400万平方米，惠及太原市14万个家庭。

八是和谐企业建设取得实效。总医院综合住院大楼投用，医疗条件明显改善。22宿舍、线材小区高层住宅全面封顶，进入内外装修阶段。新建的冷轧生活服务区投入使用，厂区食堂、澡堂及相关生活配套设施显著改善。设置厂区内公共自行车网点35个、厂区外部网点41个，方便职工绿色出行。大力推进"0123"安全管控模式，安全管理基础进一步夯实。探索企业与职工共同发展的新路径，推出了首席师制度，完成了第一批首席师评选聘任工作，职工的职业发展通道更加宽广；实施了首次年度"职工敬业度评估"工作，理清了影响职工敬业度的关键要素，明确了下一步工作的抓手和措施；在炼钢二厂、热连轧厂、岚县矿业公司试点启动了职工"职业技能测评"工作，试点单位建立起了全系列职工技能标准和测评题库，为职工技能提升和岗位调整奠定了坚实基础，职工队伍建设取得了新进步。

同时，基本完成了线材公司破产工作，规避了金融担保风险，消除了不稳定因素，减少了公司的经济损失，为推动各分子公司成为自我约束、自我发展、自负盈亏的经营主体，提供了借鉴，积累了经验。另外，公司企业文化、效能监察、廉政建设、治安保卫、民兵武装、离退休职工管理等工作也都取得了明显进步。特别是党的群众路线教育实践活动的深入开展，促进了干部作风的明显转变，为公司的改革发展稳定提供了坚强保证。

下一步，公司将深入贯彻落实党的十八大和十八届三中全会精神，以深化改革为统领，以提升经营绩效为主线，以科技创新为支撑，以品种质量为重点，以对标挖潜为方法，传递市场压力，增强干部动力，激发全员活力，快速提升公司综合竞争力。

专　记

ZHUAN JI

太钢集团财务有限公司揭牌仪式举行

1月31日,太钢集团财务有限公司(以下简称太钢财务公司)揭牌仪式在花园国际大酒店举行。揭牌仪式由公司党委书记杨海贵主持。

集团公司总会计师、太钢财务公司董事长韩珍堂介绍了财务公司的筹建情况。

中国银监会山西监管局党委委员、纪委书记祁绍斌宣读了太钢财务公司开业批复书,并向太钢财务公司总经理张晓东颁发了金融许可证。

中国财务公司协会副秘书长李清军、中国人民银行太原中心支行货币信贷处副处长郝建军分别作了讲话,他们一致表示,太钢财务公司的成立标志着太钢又站在新的历史起点上,该公司将对太钢整合金融资源,降低财务成本,提高资金运作效率,增强管控力和投融资能力产生深远影响。希望太钢财务公司依法经营、规范经营、诚信经营,进一步规范管理,优化运行机制,健全风险防控体系,提高业务人员素质,加强信息化系统建设,尽快发挥职能,早日跨入国内优秀财务公司行列。

太钢集团公司总经理高祥明在讲话中表示,组建财务公司,是太钢加强资金集中管控、加快多元发展、实现产融结合,进一步提高集团综合竞争力的战略举措。太钢财务公司的揭牌既是一个标志,又是一个起点,希望今后加强管理、严控风险、追求卓越,公司各成员单位也要按照相关规定积极主动协助财务公司做好工作,同时希望继续得到相关部门及领导的指导和支持,打造行业领先、国内一流的企业财务公司。

太钢董事长李晓波与李清军、山西省政府金融工作办公室副主任竟晖及中国工商银行山西省分行行长周玮,共同为太钢集团财务有限公司揭牌。

(蒋淑芬)

太钢与永济电机签订战略合作协议

4月26日,太原钢铁(集团)有限公司董事长李晓波与永济新时速电机电器有限责任公司董事长兼总经理徐印平代表双方企业签订了战略合作协议。签字仪式在花园国际大酒店举行。不锈钢股份公司总经理张志方、副总经理高建兵,公司相关副总级领导和部门人员,永济电机的其他代表出席了签字仪式。

张志方说,太钢十分珍视双方的合作关系。长期的友好合作使双方结下了深厚的友谊,为下一步

开展全方位战略合作打下了坚实基础。目前，在国家政策推动下，电机企业迎来了新的发展机遇，产品以高效化为特征的升级换代即将开始。太钢硅钢冷连轧工程的快速推进也将以这一机遇为契机，进一步发挥自身的生产和技术优势，为永济电机在钢材使用方面提供更多的选择。此外，太钢还将以更加优惠的价格、更好的技术支持和更加完善的售后服务，回报永济电机一直以来对太钢的厚爱。希望双方今后在钢材供应、废钢回收、控制器使用方面展开更加深入广泛的互惠合作，共同书写优势企业强强联合的新篇章。

徐印平说，太钢是一个值得信赖的企业，拥有雄厚的研发实力和可靠的质保能力。多年来，太钢所提供的独特产品和完善的服务为永济电机产品升级和市场竞争能力提升以巨大支持。双方在各自领域代表着行业先进水平，有着良好合作基础和广泛的合作空间。此协议的签订将为双方进一步扩大合作领域，促进双方快速发展产生深远而积极的影响。今后，双方将更好地实现强强联合，打造最具竞争实力的产业链，为山西省和行业的发展做出更大贡献。

（石　鹰）

太钢党的群众路线教育实践活动全面展开

8月2日，太钢以视频会议的形式召开了深入开展党的群众路线教育实践活动动员大会，贯彻落实中央、省委有关会议精神和习近平总书记、省委书记袁纯清的重要讲话精神，对全面开展党的群众路线教育实践活动进行安排部署，动员广大党员领导干部切实加强党的作风建设，以优良的作风凝聚党心民心，为公司加快转型跨越发展提供良好的群众基础、作风保证和力量源泉。

大会在自动化公司四楼会议室设主会场，在各单位设分会场。省委教育实践活动第七督导组组长石正民、副组长孙兆岚、督导组成员戎爱国、李云云、孟艳春，公司领导李晓波、杨海贵、高祥明、侯进平、王新平、韩瑞平、王继光、张志方、柴志勇、彭存根、高建兵、王百东，原公司领导吴晓程，公司副总级领导，各单位主要负责人，公司党的十八大代表、省第十次党代会代表、省人大代表，公司党的群众路线教育实践活动领导小组办公室和督导组成员在主会场参会。

公司党委副书记王新平主持会议。公司党委副书记、纪委书记韩瑞平宣读了《太钢党委深入开展党的群众路线教育实践活动实施方案》。公司党委书记杨海贵就深入开展党的群众路线教育实践活动进行了动员部署。

石正民强调,省委教育实践活动第七督导组将切实履行好督导组的工作职责,紧紧依靠太钢党委开展工作,把好的作风贯穿督导全过程。

根据督导组安排,动员大会还在规定范围内对公司领导班子及成员进行了民主评议。

(陈　涛)

太钢与北科大共建工程实践教育中心

9月24日,太原钢铁(集团)有限公司与北京科技大学共建的国家级工程实践教育中心揭牌仪式在花园国际大酒店举行。

北京科技大学校长张欣欣、副校长张跃,太钢董事长李晓波,集团公司总经理高祥明,不锈钢股份公司总经理张志方,集团公司董事会规划委员会副主任王一德院士,以及双方相关领导出席了揭牌仪式。张欣欣、李晓波共同为工程实践教育中心揭牌。

北科大高等工程师学院常务副院长刘立介绍了"卓越计划"进展情况、工程实践教育中心筹建情况及方案,高祥明宣读了工程实践教育中心管委会人员名单,张跃为企业指导教师颁发证书。

北科大与太钢共建的国家级工程实践教育中心,是太钢校企联合培养人才的一个新的里程碑。北科大是有深厚文化底蕴、卓越发展成就的著名学府,多年来,北科大在源源不断为太钢输送人才的同时,在科学研究、人才培养等方面给予了太钢多方面的支持和帮助。未来,太钢要巩固不锈钢业界的领军地位,增强综合竞争力,成为国内一流、世界著名的大型企业集团,更需要优秀人才做支撑。双方以此为契机,进一步巩固和扩大友好合作,树立校企合作典范。

(郭世强)

太钢集团与北京碧水源“联姻”

10 月 25 日，太钢集团公司与北京碧水源科技股份有限公司高性能膜材料研发制造及水务工程战略业务启动暨山西太钢碧水源环保科技有限公司成立仪式，在花园国际大酒店会议室举行。太钢董事长李晓波，集团公司总经理高祥明、副总经理周宜洲及公司相关副总级领导，北京碧水源科技股份有限公司董事长文剑平、副总经理刘剑雄、程发彬等参加了仪式。

签字仪式由周宜洲主持。

李晓波说，碧水源公司是国内著名的水处理公司，有着水处理膜的技术研发、生产和工程实践等许多业绩，同时，也是一家成长非常迅速的创业公司。太钢这些年一直致力于企业绿色发展、转型发展，是国内第一家引入膜法水处理的钢铁企业，积累了一些水处理生产和运营的经验。这次“联姻”，是双方正式进入水处理研发及工程领域的结果。对于这一环境效益和经济效益“双丰收”的朝阳产业，太钢充满了信心。希望今后双方的合作能够向更多的企业、产业、区域拓展，成为太钢转型发展的又一具体实践。

文剑平说，太钢在新材料研制、节能环保等方面都有很强的超前意识，并且也取得了一定的成绩，为引领钢铁行业可持续发展做出了一定的贡献，这是碧水源公司非常愿意与太钢合作的出发点。太钢是生产不锈钢的龙头企业，碧水源公司能与太钢合作，共同为山西地区的资源开发、经济发展出力，也是碧水源公司的荣幸。他表示，非常有信心做好这一合作项目，让优秀的水处理技术和产品依托太钢这样雄厚的大企业在山西生根开花，为企业、为山西乃至全国，提供更多的水处理解决方案。

工程技术公司经理白灵宝与北京碧水源科技股份有限公司副总经理程发彬代表双方企业就股东协议、公司章程等内容签字。

（石　鹰）

太钢领导班子召开党的群众路线教育实践活动专题民主生活会

11月1日至2日，太钢领导班子召开党的群众路线教育实践活动专题民主生活会。山西省委常委、省纪委书记李兆前全程参加会议并作重要讲话。省委第七督导组组长石正民、副组长孙兆岚等督导组全体成员到会指导。

太钢党委书记杨海贵主持召开专题民主生活会，并代表太钢领导班子作全面对照检查。

班子成员分别进行了个人对照检查，并认真开展了批评和自我批评。每位班子成员对照检查发言后，其他班子成员提出批评意见。大家在批评和自我批评中端正态度、抛开面子，相互教育、相互启发、相互警醒，真正涤荡了灵魂、强化了党性。

通报了在遵守党的政治纪律、落实中央八项规定和省委四个实施办法、转变工作作风方面的情况，查摆了"四风"方面存在的重点工作不够务实、管理变革结合实际不紧密、攻坚克难不够顽强、干部管理失之于宽、"三公"经费控制不严不细、对铺张浪费行为约束不力等12个突出问题，深刻剖析了原因，并从加强理论学习，坚定理想信念；坚持以人为本，加快改善民生；深化管理变革，激发企业活力；加强班子和干部队伍建设，形成长效机制；保持艰苦奋斗作风，推进转型跨越发展等五个方面提出了努力方向和整改措施。

在民主生活会上，李兆前就发挥国有企业党组织政治优势、推进管理体制机制创新、加强企业党风廉政建设等进行了点评，并作了重要讲话。他强调，发扬整风精神，运用批评和自我批评这个武器，是开好民主生活会的关键。要抓好问题的整改落实，通过改作风、强自身、树形象，善始善终抓好教育实践活动，让职工群众看到实实在在的成效，为企业转型跨越发展提供组织保证、作风保证和纪律保证。

李兆前指出，这次民主生活会是一个良好的开端，有整改落实、建章立制环节，要对查摆出来的问题逐项研究，细化解决方案，明确时限要求，一个一个加以整改，做到善始善终。他强调，一是要着力强化理想信念，进一步夯实执政基础。要从世界观、人生观、价值观这个"总开关"入手，不断增强"三个自信"，始终把共产主义理想信念作为人生永恒的追求，并体现在振兴民族不锈钢工业、建设全球最具竞争力的不锈钢企业和国内一流、世界著名的大型企业集团的奋斗中。二是要着力强化宗旨意识，进一步突出群众关切。要坚持开门搞整改，整改内容让群众知道，整改过程让群众监督，整改效果让群众评判，真正依靠群众办企业，与群众共享企业发展成果。三是要着力强化改革创新，进一步推进企业发展。要树立"钉钉子"的精神，在加快项目建设、优化品种结构、推动科技创新、实施人才战略、挖潜降本增效等方面迎难而上，改革创新，加快企业转型跨越。四是要强化建章立制，进一步发挥制度作用。要严格执行和模范遵守民主集中制、"三重一大"制度和廉洁自律各项制度，按照中央和省委要求，结合企业实际，出台"硬杠杠"，设置"高压线"和"红线"，形成长效机制。

省委第七督导组组长石正民对太钢领导班子民主生活会给予了高度评价，并就下一步工作提出要求。一是要建立完善党内民主生活会制度，坚持领导班子自身建设常态化；二是要突出重点、讲求实效，进一步抓好整改落实；三是要着眼长远、标本兼治，抓好建章立制；四是要解决突出问题，凝心聚力，当好转型跨越发展的排头兵。

杨海贵在总结讲话中指出，通过这次专题民主生活会，领导班子成员进一步统一了思想、提高了认识、增进了团结，对于更好地推进太钢转型跨越发展意义重大。他强调，要认真学习贯彻落实李兆前书记和石正民组长的重要讲话精神，不断把教育实践活动引向深入。他要求，一是要加强学习教育。班子成员要进一步端正学习态度，提高思想认识，增强政治意识，自觉锤炼党性，摆正自己的世界观、人生观、价值观，树立正确的政绩观。二是要加强整改落实。班子成员不仅要逐项整改自身存在的个性化问题，更要从班子建设、企业发展的角度推动系统性、全局性问题的整改，以实实在在的成效取信于职工群众。三是要加快机制创新。要切实贯彻民主集中制原则，进一步规范“三重一大”决策程序，健全领导班子建设长效机制，经常开展批评与自我批评，不断增强班子的凝聚力、战斗力。四是要加强转型跨越。要把开展活动与推动工作紧密结合起来，以群众满意、市场认可为标准，实现太钢更好更快发展，不辜负企业干部职工的重托，不辜负省委、省政府的期望。

（《太钢日报》记者）

太钢处于社会责任领先者行列，位居钢铁行业首位

11 月 14 日，中国社会科学院在北京发布 2013 年《企业社会责任蓝皮书》，评价了国企 100 强、民企 100 强和外企 100 强共 300 家企业的社会责任管理现状和社会责任信息披露水平。在中国 100 强国有企业社会责任排序中，太原钢铁（集团）有限公司社会责任发展指数排名第 20 位，属于“领先者”企业行列，位于钢铁行业第一位。

（杨林汇）

太钢举办学习贯彻党的十八届三中全会精神辅导报告会

12 月 2 日，太钢以视频会议的形式举办学习贯彻党的十八届三中全会精神辅导报告会，公司党委书记杨海贵主持会议。

太钢董事长李晓波作专题辅导报告，传达党的十八届三中全会精神，深入分析当前的市场形势和公司现状，对全面深化改革进行安排和动员。

李晓波深入分析了当前国际国内宏观经济形势和钢铁行业的形势。结合钢铁行业和公司改革发展实际，对党的十八届三中全会精神进行了深入、系统地解读和阐述。指出，公司当前和今后一个时期工作的指导思想是：深入贯彻落实党的十八大和十八届三中全会精神，以深化改革为统领，以提升经营绩效为主线，以科技创新为支撑，以品种质量为重点，以对标挖潜为方法，传递市场压力，增强干部动力，激发全员活力，快速提升公司综合竞争力。

杨海贵在总结讲话中提出三点要求。一是要认清形势，统一思想，凝聚深化改革的共识。二是要抓好班子，带好队伍，夯实长远发展的根基。三是要强化落实，务求实效，创造转型跨越新业绩。各单位、各部门要立即行动起来，对照报告中的思路、观点和要求，进一步细化方案，切实抓好各项任务的分解落实；要组织开展学习讨论活动，加大宣传报道力度，在全公司大力营造坚定信心、正视差距、深化改革、迎难而上的浓厚氛围，推动公司向着战略目标奋力前行。

（《太钢日报》记者）

大事记

DA SHI JI

太钢大事记

1月

4 日，中央办公厅、国务院办公厅联合督查组到太钢就学习贯彻党的十八大精神、解决人民群众切身利益问题的情况进行督查指导。

8 日，太钢召开 2012 年度安全生产表彰暨 2013 年安全工作会议，表彰 2012 年度安全生产先进单位、先进集体和先进个人。

10 日，山西省委副书记、代省长李小鹏到太钢调研产品结构调整重点工程建设情况。

同日，太钢获“山西十大优秀环保企业”称号。

11 日，太钢举行不锈钢冷连轧项目、硅钢冷连轧项目新磨床签字仪式。

15 日，太原钢铁(集团)有限公司董事会 2013 年度第一次会议召开。会议听取并审议了集团公司总经理高祥明关于 2012 年工作完成情况和 2013 年工作安排的报告，审议了 2012 年预算执行情况和 2013 年全面预算(草案)。

16 日，太钢召开 2013 年迎春新闻座谈会。山西省委宣传部副部长郭玉福出席。

同日，太钢双相不锈钢中标港珠澳大桥。

17 日，太钢集团公司党委十届、不锈钢股份公司党委二届六次全委(扩大)会议召开。公司党委书记杨海贵作了题为《深入学习贯彻党的十八大精神，把党的政治优势转化为竞争优势》的党委工作报告。

18 日，太钢集团公司十七届、不锈钢股份公司二届职代会第二次会议召开。集团公司总经理高祥明作了题为《全面激发活力和创造力，加快提升公司综合竞争力的步伐》的行政工作报告。不锈钢股份公司总经理刘复兴作了题为《改革创新，凝神聚力，攻坚克难，以价值创造新作为奋力实现全年各项任务目标》的工作报告。公司工会主席王继光作了题为《全面履行职代会各项职责，团结动员广大职工为提升公司综合竞争力而奋斗》的工作报告。

同日，太钢《难造块铁矿资源制备优质炼铁炉料的关键技术》与《现代轧制技术、装备和产品

研发创新平台》两项目获国家科学技术进步二等奖。

19 日，太钢获“2012 中国创造力产品”奖。

21 日，太钢集团公司十七届、不锈钢股份公司二届职代会第二次会议闭幕。会议民主评议了公司领导班子成员。会议通过并签订了集团公司 2013 年度《集体合同》、《工资专项集体合同》、《女职工特殊劳动保护专项集体合同》；通过并签订了不锈钢股份公司 2013 年度《集体合同》、《工资专项集体合同》、《女职工特殊劳动保护专项集体合同》。会议通过了公司职代会专门委员会及平等协商职工方代表调整名单。会议宣读并通过了集团公司十七届职代会第二次会议决议和不锈钢股份公司二届职代会第二次会议决议。

31 日，太钢集团财务有限公司揭牌。

2 月

7 日，太钢举行 2013 年迎春座谈会。

8 日，山西省委常委、组织部部长汤涛慰问王一德院士。

14 日，太钢工程技术公司承建的新疆中泰化学 100 万吨电石项目石灰窑工程 1 号窑点火成功。

17 日，太钢获山西省“2012 年度重点工程工作先进企业”称号。

20 日，太钢工程技术公司承建的新疆中泰化学 100 万吨电石项目石灰窑工程 1 号窑顺利产出合格产品。

23 日至 25 日，太钢举行“不锈之春”元宵灯会，展出由公司 34 个单位制作的 34 组彩灯。

3 月

1 日，太原市委副书记、代市长耿彦波到太钢调研。

4 日，2012 年度“感动太钢人物”颁奖仪式举行。对 9 名“感动太钢人物”进行表彰。

6 日，太钢举行纪念“三八”国际劳动妇女节 103 周年暨表彰会。

8 日，太钢董事长李晓波参加十二届全国人大一次会议并在山西代表团全体会议上发言。

19 日，太钢哈斯科钢渣综合利用项目超细粉生产线投产。

20 日，《财富》发布 2013 年“中国企业社会责任排行榜”，太钢不锈列中国本土公司社会责任十强。

22日，太钢召开传达贯彻全国“两会”精神大会，李晓波传达了全国“两会”精神和省委传达贯彻全国人大政协“两会”会议精神。

同日，太钢召开2013年党风廉政建设大会。总结2012年党风廉政建设工作，对2013年工作进行安排部署。会议表彰了2012年度落实党风廉政建设责任制优秀领导班子和优秀领导干部，表彰了2012年度效能监察优秀项目。公司领导为受表彰的先进集体、优秀项目和先进个人颁奖。

25日，太钢召开2013年科技质量工作会议。

26日，太钢不锈钢管通过美国石油学会评审并取得了证书。

4月

3日，太钢集团公司召开2012年全面预算评价总结暨2013年效率提升推进会。

6日，中共中央政治局常委、国务院副总理张高丽在国家工业和信息化部部长苗圩、环境保护部部长周生贤、国家发展和改革委员会副主任兼能源局局长吴新雄，中共山西省委书记、省人大常委会主任袁纯清，省委副书记、省长李小鹏等的陪同下到太钢调研。

19日，太钢召开庆祝“五一”暨劳模先进表彰大会。

24日，太钢被工业和信息化部确定为2013年度全国“质量标杆”。

25日，山西太钢不锈钢股份有限公司发布公告：刘复兴辞去公司董事、总经理职务，张志方任公司总经理。

26 日，太原钢铁（集团）有限公司与永济新时速电机电器有限责任公司签订战略合作协议。

27 日，国务院国资委副主任姜志刚到太钢调研。

同日，太钢召开纪念建团 91 周年暨“五四”运动 94 周年表彰大会。

5 月

7 日，太钢领导接见受全国、省、市表彰的先进集体代表和个人。

10 日，太钢领导与干部职工到钢盛城郊森林公园景区参加义务植树活动。

17 日，太钢党委书记杨海贵，集团公司副总经理侯进平，公司工会主席王继光看望福利总厂残疾职工。

18 日，太钢董事长李晓波当选“新晋商十大经济人物”。

19 日，太钢先进不锈钢材料国家重点实验室通过建设验收。

22 日，中共中央政治局委员、天津市委书记孙春兰率天津市党政代表团到太钢参观考察。

6 月

5 日，太钢首发《安全文化手册》。

11 日 17 时 38 分，太钢产品助“神十”飞入太空。

19 日，太钢董事长李晓波、党委书记杨海贵、集团公司副总经理周宜洲、不锈钢股份公司总经理张志方到生产车间、建设工地看望高温岗位职工。

21 日，太钢召开安全生产大检查动员会暨三季度安全生产工作会议。会议要求：认真贯彻落实党中央、国务院、省委、省政府领导指示精神，扎实开展安全生产大检查。

25日，花园国际大酒店举行五星级饭店揭牌仪式。

同日，太钢研制的大厚度铜 + 不锈钢复合板通过了ITER计划国际组织、欧洲核子中心及中科院等中外专家组成员进行的现场验收。

25日至27日，太钢党委书记杨海贵，党委副书记王新平，党委副书记、纪委书记韩瑞平看望慰问生活困难党员。

26日，山西省委常委、省纪委书记李兆前就开展党的群众路线教育实践活动到太钢调研。

28日，太钢召开纪念中国共产党成立92周年暨“创先争优”表彰大会。

7月

1日，太钢冷轧硅钢常化线激光焊机签字仪式举行。

8日，第二届“钢花杯”职工文化艺术节开幕。本届职工艺术节以“中国梦 · 劳动美”为主题，时间从7月初开始至9月底结束。

10日，太钢与阳煤化工股份有限公司签署战略合作框架协议。

11日，山西省副省长王一新到太钢调研。

12日，由太钢自主设计和制造的国内首条钢卷表面免酸洗处理线在太钢投产。

同日，山西省国资委主任、党委书记朱晓明到太钢调研，并就开展党的群众路线教育实践活动征求意见建议。

15日，太钢自主设计制造、自主集成创新的不锈钢铬钢连续酸洗线热负荷试车一次成功，结束了同类生产线依赖国外设计制造和引进的历史。

16日，财富中文网公布2013年中国企业500强排行榜，山西太钢不锈钢股份有限公司排名第36位，居于入选中国500强的10家省内企业之首，在入围钢铁行业中排名第3位。

17日，太钢召开党委常委（扩大）会议，研究讨论太钢党的群众路线教育实践活动实施方案及相关事宜。

18 日至 23 日，太钢领导班子成员及副总级党员领导干部分别到各单位，就开展党的群众路线教育实践活动进行集中调研并征求意见。

22 日，世界处理能力最大的矿渣超细粉生产线在太钢建成投产。

26 日，太钢集团公司召开 2013 年上半年预算完成情况分析会议，总结上半年工作及取得的成绩，剖析生产经营管理中存在的突出问题，动员全体干部职工全面提高竞争力。

8 月

2 日，太钢召开深入开展党的群众路线教育实践活动动员大会。公司党委副书记、纪委书记韩瑞平宣读了《太钢党委深入开展党的群众路线教育实践活动实施方案》，公司党委书记杨海贵就深入开展党的群众路线教育实践活动进行了动员部署。

6 日，太钢董事会召开 2013 年度第二次会议。

7 日，太钢建立领导班子成员教育实践活动联系点。

8 日，北京洛可可设计集团入驻不锈钢工业园。

9 日，太钢举行党的群众路线教育实践活动专题报告会。山西省委党校副校长高健生应邀作报告。

同日，张志方任太原钢铁(集团)有限公司党委常委。

15 日，太钢召开 2013 年老龄工作会议。

19 日，国务院安委会督察组到太钢进行安全生产综合督察，实地检查了 4350 立方米高炉和炼钢二厂北区安全生产工作。

22 日，山西省委常委、省纪委书记李兆前就开展党的群众路线教育实践活动到太钢进行调研。

23 日，太钢被工业和信息化部评为重点行业清洁生产示范企业。

9 月

1 日，太钢“质量月”活动正式启动。

5 日，太钢党委中心组开展“厉行节约，反对浪费”专题学习讨论。

10日，太钢党委中心组赴袁家村铁矿进行专题学习。中心组成员先后来到采矿平台、破碎站、磨磁浮选工序、热电车间、尾矿库和水源地，实地了解项目建设情况，感受矿山建设成果。此次专题学习是公司深入开展党的群众路线教育实践活动的重要环节和“自选动作”。

12日，太钢不锈与上海电机厂签署战略合作协议。

17日，国家质检总局副局长梅克保率检查组到太钢，对太钢安全生产管理进行了检查指导。

23日，山西省经信委主任张华龙到太钢调研。

24日，太原钢铁（集团）有限公司与北京科技大学共建的国家级工程实践教育中心揭牌。

同日，太钢总医院心脑血管疾病诊治中心暨太原市120太钢总医院急救站成立。

29日，第二届“钢花杯”职工文化艺术节闭幕。本次职工文化艺术节历时3个月，36家单位1000余名选手参加，参赛节目及作品近500个，吸引3万余职工、家属观看。

30日，太钢举行迎“国庆”全民健身汇演。

10月

9日，按照山西省委党的群众路线教育实践活动领导小组和省委督导组的要求，太钢领导班子成员集中学习河北省委常委班子专题民主生活会的经验。

10日，山西省委党的群众路线教育实践活动督导组到太钢指导群众路线教育实践活动。

12日，太钢召开庆祝重阳节暨老年工作先进表彰大会。会议对敬老文明号集体、敬老助老模范个人、为老服务先进集体、为老服务先进个人、敬老服务先进集体、敬老服务先进个人、互敬互爱孝敬老人先进个人、健康长寿老人进行了表彰。

15日，太钢面向社会公开环保信息。

18日，太钢召开领导班子成员学习会，专题学习习近平总书记在指导河北省委常委班子专题民主生活会时的重要讲话精神。

22 日，太钢出台《关于规范婚丧喜庆事宜的规定》。

25 日，太钢集团公司与北京碧水源科技股份有限公司举行高性能膜材料研发制造及水务工程战略业务启动暨山西太钢碧水源环保科技有限公司成立仪式。

同日，太钢举行党的群众路线教育实践活动先进事迹报告会。

同日，太钢绿色发展题材作品摘取中国新闻奖。

30 日，太钢成为武宿综合保税区首家具备运营资质企业。

31 日，太原市委副书记、市长耿彦波到太钢现场办公。

同日，太钢关心下一代工作委员会召开成立 20 周年总结表彰会。大会追授王坚、授予全国劳模李双良“太钢关心下一代工作功勋奖”。

11 月

1 日至 2 日，太钢领导班子召开党的群众路线教育实践活动专题民主生活会。山西省委常委、省纪委书记李兆前参加并作重要讲话。

2 日，太钢总医院综合住院楼建成投运。

6 日，太钢集团财务有限公司经国家外汇管理局山西省分局批准，获得即期结售汇业务经营资格。

14 日，中国社会科学院在北京发布 2013 年《企业社会责任蓝皮书》，太钢处于社会责任领先者行列，位居钢铁行业第一位。

19 日，太钢举行“慈善一日捐”活动。

21 日，国家发改委调研组到太钢调研。参观了炼铁厂、能源动力总厂和不锈冷轧厂。

25 日，太钢党委发出通知，要求公司各级党组织、广大党员和干部职工认真学习宣传贯彻党的十八届三中全会精神，以实际行动锐意改革，攻坚克难，全面推进公司转型跨越发展。

12 月

2 日，太钢举办学习贯彻党的十八届三中全会精神辅导报告会，李晓波作专题辅导报告。

2 日 2 时 17 分，“中国探月”运载火箭载着嫦娥三号成功进入预定轨道。嫦娥三号月球探测器及运载火箭使用了太钢两类三种产品，太钢产品助力“嫦娥”飞天。

3 日，中国特钢企业协会九届四次会员大会在太钢召开。

5 日，山西转型综改试验区建设全国示范性劳动竞赛在太钢省级转型重大项目不锈钢冷连轧项目建设工地启动。

同日，中华全国总工会党组纪检组组长、书记处书记王瑞生看望了全国劳模李双良。

15 日，太钢应诉泰国不锈钢冷轧产品反倾销胜诉。

16 日，太钢不锈荣获首届中国质量奖提名奖。

18 日，山西省委督导组指导太钢整改落实建章立制工作。

26 日，太钢举办经典诗词朗诵会，纪念毛泽东诞辰 120 周年。

31 日，太钢不锈钢热轧中板、铁道车辆用 LZ50 钢车轴及钢坯获中钢协冶金产品实物质量认定“金杯奖”。

冶金产品实物质量认定证书
金杯奖

（档案管理部）

人　物

RENWU

2013 年度太钢全国五一劳动奖章获奖员工

杨海贵　中共党员　研究生　高级政工师　太钢党委书记、副董事长

杨海贵作为太钢党委书记，以身作则认真落实党中央、省委和省国资委党委的工作部署，扎实开展党的群众路线教育实践活动，创新推进党的建设各项工作，推动太钢实现了逆势增长、稳健发展。2013 年，太钢全年产不锈钢 322 万吨，连续五年雄踞全球第一；实现营业收入 1460 亿元，实现利税 26 亿元，企业综合竞争力进一步增强。

作为省属大型国有企业，太钢利用山西省转型综改试验区的发展机遇，找准“先行先试”的突破口和着力点，三年累计完成投资 500 多亿元，加快推进一批结构调整、产业延伸、多元发展、循环经济重点项目。在这一过程中，杨海贵团结带领广大党员干部职工，坚定信心，迎难而上，充分发挥党组织的政治核心作用、战斗堡垒作用、领导干部的示范表率作用、党员的先锋模范作用，攻坚克难，开拓创新，确保了 20 多个结构调整和循环经济项目顺利投产，每年增加产值 130 多亿元，太钢绿色发展达到行业领先水平。

在杨海贵的组织领导下，太钢党建工作取得了显著成绩，得到了中央、省委和各方的高度认可。太钢荣获“全国党务公开工作联系点先进单位”、“全国模范劳动关系和谐企业”等称号。杨海贵本人先后荣获“全国纪检监察系统先进工作者”、“山西省优秀思想政治工作者”、“山西省功勋企业家”、“山西省优秀共产党员”、“山西省五一劳动奖章”等荣誉称号。

（公司工会）

2013 年度太钢山西省特级劳动模范获奖员工

米子军　中共党员　岚县矿业有限公司经理、党委书记 袁家村铁矿项目经理部常务副经理

在米子军的精心组织下，太钢突破了微细粒红磁混合铁矿的选矿技术难题，为开发利用袁家村铁矿 12.6亿吨复杂难选的呆滞资源创造了技术条件。

2010 年 8 月袁家村铁矿项目全面开工建设，2012 年底全系列全流程投入试生产，比设计工期提前了 20 个月，是国内第一个一次建成的 2000 万吨级铁矿采选联合矿山。2013 年试生产铁精矿 411 万吨和球团矿 165 万吨。2013 年末，铁精矿日产水平达到 2 万吨以上，达到设计产能的 90%。袁家村铁矿建设和试车投产的速度创造了国内冶金矿山发展史上的新水平。在项目建设过程中，培育形成了“艰苦创业、自主创新、勇于担当、团结协作、追求卓越”的袁矿精神，成为新时期的太钢矿山精神。

2013 年，米子军先后荣获太原市劳动模范和山西省个人三等功一次。以米子军为第一完成人的技术成果“微细粒复杂难选红磁混合铁矿选矿技术开发及 2200 万 t/a 选矿装备集成”获太钢

科学技术特等奖，同时该项目经山西省科技厅组织的专家委员会鉴定，总体达到国际领先水平。

（公司工会）

2013年度太钢山西省劳动模范获奖员工

孟庆亮　中共党员　矿业分公司尖山铁矿运输作业区大车司机

孟庆亮1994年从事车队修理工作，2006年担任运矿大车司机。多年来，孟庆亮工作不懈怠，严格控制车速，无任何超速现象和安全事故发生。

运矿大车司机岗位是矿山生产组织的重要纽带。孟庆亮年均作业率70%，拉运产量连续五年居作业区第一，达294.54万吨。孟庆亮爱钻研技术，凭着多年修理经验，成为了行业内的降本增效能手。五年来共提出改善提案65项，整改率100%，运用效果明显。其中：对75131大车轮边一级行星轮架修旧改造，节约费用49.4万元；实施的增压器左侧装置自制防火挡板改造，彻底消除了重大火灾隐患，为运矿大车的安全运行奠定了基础；同时孟庆亮积极参与危险辨识、事故案例讨论、安全培训、教育及宣传等活动。在党员"一对一"帮扶活动中，主动请缨帮扶其他职工，起到了表率作用，营造了良好的团队氛围。

孟庆亮先后获矿业公司安全生产先进工作者、矿业公司优秀共产党员、矿业公司矿山标兵、矿业公司劳动模范、太钢劳动模范、太原市劳动模范等荣誉。

王钢平　中共党员　岚县矿业有限公司副经理

王钢平主要分管工程建设和生活后勤工作。组织工艺完善项目，为生产创造有利条件。为彻底解决环水水质差的问题，提高精矿收率，新增环水澄清池处理系统和超滤处理系统。王钢平首先从设计设备着手，优化设计、工艺和设备选型，节约了投资，缩短了工期，保障了质量，满足了生产。

王钢平积极组织了尾矿排洪系统消力池、强磁加药间工程、2号溢洪塔工程、截渗墙及次新水回收系统等工程；为公司每月节省水费40余万元、解决了设备材料无处存放的问题，解决了生产过程中暴露的问题。

王钢平接管后勤工作后，首先从食堂的管理进行改革，实行后厨作业与运营分离，经营户只负责后厨作业，按核定的工日结算；保障部统一负责物品采购，食堂派伙管员日常管理，后厨作业与运营管理有效分离；改善职工伙食质量及饮食条件，力求伙食菜品、主食汤料品种多样，荤素搭配，职工按需购买，避免浪费。后厨及就餐环境实行5S管理，干净卫生，井井有条；不求利润也不能亏损并保障物美价廉，得到广大职工的好评。

在治安管理方面，王钢平首先进行切分上

岗,划分两单位的岗位区域、业务范围,明确责任。同时,加强内部管理,集中军训,制定制度,标准化上岗、执勤,加强对保安公司考核及护矿队员的培训与管理。已运行一年,收到了明显的效果。

杨仁兴　中共党员　自动化公司 MES 研发室高级工程师

杨仁兴长期从事信息化系统研发应用和信息化系统实施工作,完成了多项太钢信息化重点项目。杨仁兴是太钢 MES 系统首席工程师和山西省国资委党委联系的高级专家。

杨仁兴先后带领团队自主研发了型材、钢管、精带三厂 MES 系统,新炼钢仓储运输管理系统,不锈冷轧厂全线条码系统等多个信息化项目的设计和实施,为太钢节约项目经费和创效 7000 余万元。申报国家发明专利 3 项、太钢科技成果 3 项和太钢合理化建议 7 项。其中《实现基于属性的生产订单与物料匹配功能,降低非计划量》项目获太钢合理化建议二等奖,《无缝不锈钢管退火自动组批系统设计与开发》和《新炼钢 - 新热轧热装直装计划开发与优化》项目荣立太钢节能减排竞赛二等功,《热连轧 1549 轧制计划系统开发与优化》项目荣立太钢节能减排竞赛三等功,《径锻产线生产管理系统研发》和《钢铁行业全流程检化验实验室管理信息系统》项目获太钢科学技术三等奖,《太钢生产与物流信息化系统开发》项目获冶金科学技术二等奖。

杨仁兴在全国、省市各项技能比武大赛中,分获太原市和山西省职工技能大赛计算机程序设计员竞赛冠军;连续两届获太钢技术比武计算机编程员冠军。先后荣获太钢先进工作者、太钢五四青年奖章、太原市青年创新岗位能手、太原市技术能手、太原市劳动模范、山西省杰出青年岗位能手、山西省职工优秀技术带头人、三晋技术能手和山西省五一劳动奖章等荣誉。

（公司工会）

2013 年度太钢特级劳动模范

杨朝刚　中共党员　炼铁厂厂长助理

杨朝刚负责全厂烧结生产、物流组织和烧结系统安全工作。2013 年，通过研究攻关使三烧、四烧实现全精粉烧结生产。对配矿、提机速试验中的难题进行改进，烧结矿平均转鼓强度明显提高。经过生产试验及研究，形成了全精粉高机速烧结技术，进口粉配比较上年大幅度下降。炼铁新项目投产后，通过改进检修模式，有效减少了停机时间。组织三烧烧结机机头星轮齿坂、滑道等关键部位的更换，圆满完成了三烧烧结机中修任务，下半年系统作业率创新高。组织完成四烧点火炉更换，提高了煤气系统安全性，更为全精粉烧结点火提温、改善质量控制创造了有利条件。

韩小强　炼钢二厂冶炼三作业区 AOD 丁班班长

作为一名班组长，韩小强用心经营，细心琢磨每一名职工的特点，把最合适的岗位交给最合适的职工，使班组形成了强大的工作战斗力。带领的班组在厂开展的不锈钢降本增效、提升不锈钢全成分命中率、提升 304 系不锈钢质量水平、提升钢水冶炼纯净度、减少不锈钢铸坯异常下线等劳动竞赛中，屡次取得骄人成绩。所带班组在全年经济责任制综合指标排名四班第一。特别是冶炼工序不锈钢 A 坯比例四班排名第一。全年班组在不锈钢全成分精控合格率、304 系钢种氩耗指标、不锈钢冷轧不合格率、AOD 出钢钢水量稳定合格率、钢水在 LF 炉和 LTS 不加 Cr 铁比率等指标方面，多次获作业区第一名。全年三等指标达到了优秀水平。韩小强连续三年获厂劳动模范，连续两年获公司劳动模范称号。

李　竹　中共党员　不锈冷轧厂窄幅轧制作业区 7 号轧机丙班班长

作为冷轧不锈轧钢工的领军人物，李竹创新轧制工艺，总结出多项操作法，主要有带钢头尾“直升法、直降法”、“高速轧制板形控制法”、“松、平、送、旋、推换辊法”等，使得平均轧制速度提升了 15%，板形合格率达新水平，轧机运行效率提升 25%。自主编写《轧制 0.25mm 薄板操作要领》，严格控制不锈钢薄板厚度误差，薄板轧制保持着厂最薄规格的纪录。成功轧制了抗菌钢 0.3 毫米钛板、焊丝料等系列新品种。提出的先进操作法和工艺制度均被写入作业指导书在全厂推广。发挥技术骨干的“传帮带”作用，所带徒弟在公司冷轧不锈钢轧钢工比武中获得亚军。所带领班组荣获太钢五星级班组称号。李竹连续三届夺得公司技术比武状元,荣获太钢劳动模范称号。

俞　光　中共党员 营销部海外业务部经理

俞光带领营销部海外业务部全年出口不锈钢同比增长40.55%,出口量稳居国内不锈钢行业第一,实现了逆势增长、量价齐升的效果。坚持以价值增值为导向,细分区域市场,开展差异化营销,全年欧美等国家的高端、高价值市场份额大幅提升。积极开发国际高端客户,不锈钢产品供应给国际知名企业,提高了公司品牌知名度。着力优化出口品种结构,高等级BA板和超纯铁素体不锈钢等高附加值产品出口量实现成倍增长。不锈钢出口业绩的突破性增长,成为了公司年度营销工作的一个闪亮点。

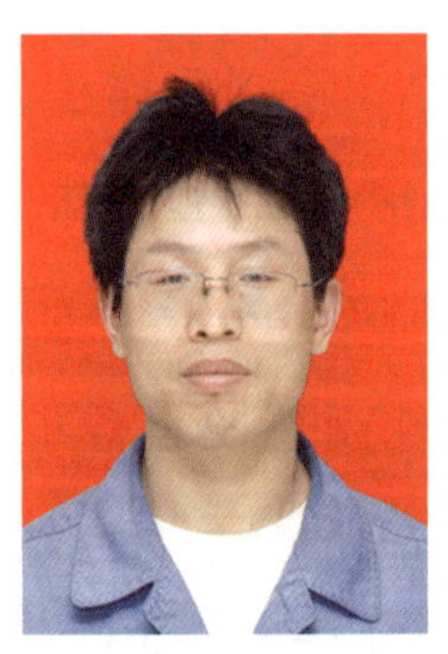

白晋钢　中共党员 技术中心工艺改善室主任

白晋钢为推进关键技术的重大突破以实现生产成本的降低,在氧化物冶金技术开发、连铸替代模铸工艺开发、产品关键质量等方面,进行现场跟踪与深入研究,破解了重点品种连铸、冶炼工艺技术方面的难点。一次成功开发出高碳高锰钢连铸工艺、解决了高锰高铝钢铸坯纵裂问题、打通了T91连铸替代模铸生产路线,为公司盈利性产品增量提供了技术支撑。参加研究的"高速列车用不锈钢车厢板工艺技术与产品应用"及"高强度宽幅不锈钢热压模板冷轧生产工艺技术开发"课题项目,分获冶金一等奖和公司科技二等奖。曾先后获公司优秀党员标兵和感动太钢人物提名奖。

薛玲珑　中共党员　医疗卫生部(总医院)消化内科主任

薛玲珑组织开展了消化道肿瘤内镜下结扎治疗、消化道间质瘤内窥镜下挖除术及消化道肿瘤超声内镜T分期诊断等多项新技术,技术水平达国内先进。负责消化道早癌筛查和十二指肠镜诊疗2项院级诊疗项目,完成消化道早癌筛查9000余例,发现消化道早癌28例;完成十二指肠镜诊疗280余人次,有效的减轻了患者的病痛,减低了患者的医疗费用。两项诊疗项目无论从完成数量还是质量上均创历年最高水平。负责完成的"无痛内镜下NBI对食管高位胃黏膜异位诊断价值"课题获冶金医学三等奖,同期发表中华级论文1篇。全年诊治微创治疗及抢救患者达600余人次,树立了良好的医德榜样。

耿德昌　中共党员　东山矿回转窑作业区主管

2013年,耿德昌带领作业区职工发扬艰苦奋斗、追求卓越的矿山精神,出色地完成了年度各项生产经营指标。精细化管理,节能降耗成绩显著。组织点检员开展"延长回转窑检修周期,缩短检修时间"课题攻关,使定检周期从30

天延长至40天，全年3座窑减少定检9次，为回转窑产量预算的完成提供了保障。成立攻关小组，优化工艺操作，提高新品合格率，全年回转窑生产低碳灰合格率达到新水平。认真做好每位职工的思想动态，对作业区特困职工进行深入摸底调查，对大病、住院、结婚、丧假职工做到家中慰问，被誉为职工的贴心人。

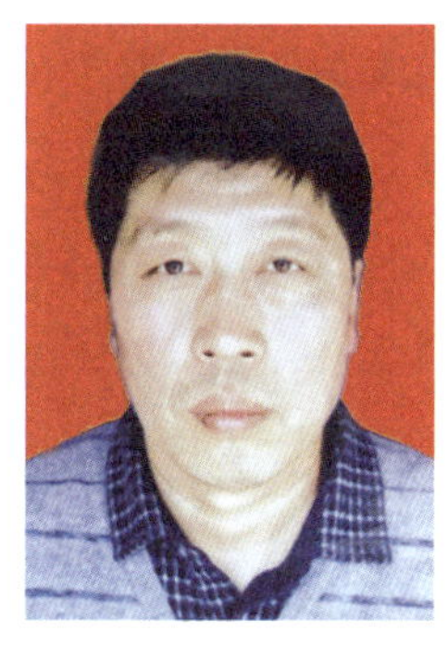

崔建春　中共党员　岚县矿业有限公司球团部主任

在崔建春的带领下，岚矿球团项目从2012年12月31日第一次联动试车到2013年6月达产，仅用了短短6个月时间，创造了国内冶金矿山建设史上的奇迹。积极组织技术改造，开展全红矿烧结工艺技术攻关，先后完成了生球投笼实验、隔墙增高改造、优化风门开度等项目，摸索出一套适合红矿焙烧的理论，球团试生产走上了稳产顺畅的轨道，球团矿产量稳定提高，超预算目标要求。细化量化“0123”安全管控模式，做到指标分解、层层落实，实现了全年安全生产无事故。

李战生　中共党员　临钢公司中板事业部总经理助理

2013年，李战生以提升中板工序关键绩效指标为核心，瞄准行业先进水平，奋力对标赶超，中厚板双经销同比增长13%。推进准时制生产模式，使精轧“零等待”时间比上年降低15分钟/班，综合机时产量较上年提高18.66吨/小时；不锈钢合同产出率较上年提高3.04%。调整加热工艺，使不锈钢在粗轧阶段上翘趋势得到改善。全年中板工序不锈钢非计划率较上年降低0.5%。开拓三辊库及18号门黑材切割区，科学合理组织切割物料的分流。利用热处理回矫、上线回切及待料间隙，对精整火切区在制品集中处理。至年底，CD跨库存比5月份降低11000吨。

杨连宏　中共党员　热连轧厂厂长、党委书记

2013年，杨连宏带领全厂职工瞄准预算目标，狠抓落实，全年产钢量比上年增加20.08万吨。实施不锈钢、碳钢薄化攻关，进一步拓宽和优化品种结构，开发拓展高强钢新规格，实现耐磨卷板、高强度磁轭钢等碳钢高等级新品的批量供货。严细过程管控、实施质量预警，质量异议月均损失比上年降低4.5万元，质量预算完成率同比提高1.64%。设备故障时间比上年降低140.74小时，全年降本3900万元。持续优化人力资源配置，完成轧线操检合一工作，稳步推进协力回归。持续提升现场安全管控程度，安全消防实现各类事故为零。以“承诺一方、凝聚一片”活动为载体，建立了关爱凝聚职工群众的工作机制，有效激发了职工工作的主动性和创造性。

（公司工会）

2013 年度太钢优秀科技工作者

秦丽雁　技术中心　成绩优异的高级工程师

秦丽雁长期从事不锈钢耐蚀性分析和实验室基础研究，开发了多项不锈钢腐蚀研究测试技术，提升了太钢不锈钢腐蚀基础研究能力。秦丽雁带领团队开发了400系不锈钢高效酸洗工艺技术，从机理上解决了高级不锈钢生产过程中的酸洗瓶颈问题，实现了不锈钢高效环保酸洗。承担完成了不锈钢新产品开发过程中多项基础研究课题，系统地研究了公司不锈钢耐蚀性存在的问题，为公司不锈钢新产品研发、推广应用以及质量提升提供了技术支撑。

李志宏　自动化公司　高级工程师

李志宏长期致力于太钢自动控制系统的设计与现场调试工作，先后参加高炉、矿山等公司重点项目三电一体化控制系统的设计、编程和调试，完成多项科研攻关课题。李志宏主持的袁家村铁矿全流程过程自动化控制系统设计，突破了选矿关键工艺的行业性控制技术瓶颈，形成多项重大创新，达到国际领先水平，为提高太钢铁精矿资源自给能力和持续发展做出了积极贡献，为国家黑色和有色冶金矿山选矿生产提供了全流程优化控制解决方案。

郭永亮　热连轧厂　工程师

郭永亮组织完成了304系和T4003宽幅不锈钢热轧卷规格薄化，生产规格达到世界领先水平，实现宽幅极限规格市场的绝对占有。在郭永亮的努力下，宽幅镍钢热轧卷表面质量显著提高，满足了单轧程BA板用料需求，实现了罐箱行业316L热卷取代进口。郭永亮全面创新工艺方案，推进品种开发，实现了宽幅超纯铁素体不锈钢、高碳马氏体及薄规格3Cr13、焊带钢全系列品种、双相不锈钢的稳定批量生产。

彭文明　临钢中板事业部　高级工程师

彭文明依靠技术创新提升装备运行水平，贡献突出。彭文明主持完成了滚切式双边剪、标印机等技术改造项目，攻克了精轧压下直流电机励磁线包频繁烧损、粗轧机机架辊技术等技术难题，年创效1200多万元。《三轴三偏心滚切式双边剪控制过程研究及改进》、《中厚板往复式四辊精轧机控制系统研究及改进》两项成果经集团公司鉴定分别达到国际和国内先进水平。

（人力资源部）

2013 年度感动太钢人物

温慧玲　内退职工

温慧玲，公司一名普通内退职工。20 多年坚持照顾体弱多病的婆婆的事迹在赵庄地区传为佳话。2007 年，婆婆类风湿病情加重，离不开人，温慧玲就办理了内退，专心服侍婆婆。洗衣、做饭、捏脚、擦身、剪指甲、买药换药、照顾大小便……事无巨细，日复一日，从未间断。温慧玲用一颗至孝之心换来了家庭的和睦幸福，也印证了“婆母就是娘”的中国传统孝道。

寇海涛　营销部青岛销售公司员工

2013 年 4 月 29 日下午，营销部青岛销售公司员工寇海涛途经青岛第二海水浴场时，看到一名女游客被困在了离海岸十几米远的礁石上，涨潮的海水随时危及游客的生命，同伴急哭了，岸边百名游客不敢涉水营救。紧急时刻，寇海涛凭着自己的水性和胆气，主动下海施救。在冰冷的海水和汹涌的海浪中，不顾手腿划伤的疼痛，与另一名外国友人艰难游向礁石，一起将遇险女游客救到岸上。寇海涛救人的事迹在社会上广为传播。

鲁铁柱　尖山铁矿运输作业区 521 号大车车长

十几年来，鲁铁柱面对先天脑瘫的儿子一直不离不弃，毅然承担起做父亲的责任。无数次的治疗、巨额的医药费没有压垮鲁铁柱。通过不懈的努力和坚持，儿子现已能脱离轮椅，拄着双拐行走。在孩子治疗期间，鲁铁柱依然坚守作业岗位，实现了安全生产，创造了出色的业绩。

铁永红　峨口铁矿选矿部设备维护员

峨口铁矿选矿部设备组长铁永红虽因左眼失明无光感而身负 5 级工伤，但 8 年来情定矿山，靠着一股“琢磨劲”，处处以先人一步的学习精神和工作作风，不断超越自我，成长为峨口铁矿设备管理创新带头人。铁永红用行动印证了“做事先做人，万事勤为先”的人生箴言。

闫世峰　物流中心路车作业区调车工

无论刮风下雨、沙尘雪霜，闫世峰在露天的工作环境和单调的工作节奏中一干就是8年多，3000多个日日夜夜，用零次事故，专业第1名的优异成绩证明了自己对这个“不起眼”岗位的专注。即使面对女儿治病产生高额医药费和需要人照顾的现实，闫世峰也始终坚守工作岗位，坚持做到了零请假，从没有过迟到、早退……一个个数字串起一曲动人的奉献之歌。

陈福山　内退职工

年近花甲的太钢内退职工陈福山，20多年默默助残，给患有先天心脏病的聋人筹款治病，帮助痴迷绘画却有先天性脑瘫的孩子在艺术的道路上一路前行，组织聋人招聘会，圆了他们的就业梦，成立爱心手语志愿者协会，组织聋人旅游……大爱之举，擎起助残事业的一片晴空。

蓄水池救人群体（钢管公司职工韩亮田、贾建兵，禄纬堡太钢耐火材料公司职工张琪，钢企公司职工张秀成，修建公司职工魏金明，炼铁厂职工贺运强，城北分局保安庞喜元，以及执勤民警、社区居民）

2013年1月30日16时许，两名儿童在大同路钢城公寓旁的蓄水池冰面玩耍时不慎落水，听到呼救，钢管公司职工韩亮田、贾建兵，禄纬堡太钢耐火材料公司职工张琪，钢企公司职工张秀成，修建公司职工魏金明，炼铁厂职工贺运强，城北分局保安庞喜元，以及执勤民警、社区居民在最短时间到达现场，展开了一场生死大营救，最终成功救起冰水中的两名儿童。救人群体受到太原市委的通报表扬，并荣获太原市见义勇为先进集体和“太原好人”称号。

（公司宣传部）

专　文

ZHUAN WEN

充分发挥政治优势　凝聚深化改革的正能量

——在集团公司党委十届七次、不锈钢股份公司党委
二届七次全委(扩大)会议上的工作报告

(2014年1月9日)

杨海贵

同志们:

现在,我代表公司党委常委会向全会报告工作,请审议。

一、2013年工作回顾

2013年,公司各级党组织以党的十八大和十八届三中全会精神为统领,紧紧围绕中心工作,以改革创新的精神,全面提高党的建设科学化水平,充分发挥政治核心作用,促进了生产经营建设和改革发展稳定各项任务的完成,为公司转型跨越发展提供了坚强的思想、政治和组织保证。

党的群众路线教育实践活动扎实开展。公司是全省首批开展教育实践活动的单位,是由省委常委直接联系的大型企业。公司党委结合实际,把握要领,规范引导,扎实推进教育实践活动。确立了"以活动促进为民务实清廉,以实事彰显为民务实清廉,以制度保障为民务实清廉"的工作思路;制定了三阶段18个环节的活动实施方案,突出重点,环环相扣,务实有效推进。先后召开各类座谈会50余次,组织个别谈话750人次,发放调查问卷980份,征集意见建议4061条。公司中心组成员赴渣山公园和袁家村铁矿参观学习、深入研讨。召开各级领导班子民主生活会,认真开展批评与自我批评,会议情况向职工群众通报,接受职工群众监督。公司领导班子认真查摆了12个方面的突出问题,制定了整改方案,提出了18个整改落实项目,逐项落实负责人、承办单位和完成时限,以重点突破推动作风整体好转。公司集中开展了文山会海、机关作风、超标配车等7类专项整治,查处了个别领导干部顶风违纪案件,清退公车6辆,"三公"经费支出同比下降18.94%。加强制度建设,落实中央八项规定,规范干部婚丧喜庆事宜,已经出台和正在修订的制度达18项。对涉及群众利益的事,能改即改、立说立行,提高职工群众满意度。公司教育实践活动的做法和成效得到省委和督导组的充分肯定。

宣传思想工作和精神文明建设特色鲜明。认真学习宣传党的十八大和十八届三中全会精神,举办了十八大报告和党章知识竞赛等活动。大力开展形势任务宣传教育,以"重点工程聚焦"、"增强危机感,强化对标找差"、"道德素养大家谈"、"安全大家谈"等为主题,开展各层级的学习讨论活动。结合"安全生产月"、"世界环境日"、"质量月"等开展形式多样的主题宣传教育活动,增强了全员的危机意识和责任意识。坚持不懈地开展典型宣传,培育和挖掘身边的"闪光点"和典型事例,持续开展"感动太钢人物"评选活动,宣传了一大批优秀团队和先进个人的感人事迹和可贵精神,弘扬了积极、健康、向上的道德风尚。对外宣传力度进一步加大,新兴媒体建设有了新的加强,职工和社会关切得到积极回应,为公司改革发展营造了良好的外部环境。公司全年创建文明单元280个,3个单位成为省级文明单位,《太钢日报》连续五年入选山西省一级报纸,公司获"全省思想政治工作优秀单位"荣誉。

领导班子和干部队伍建设成效显著。两级党委中心组集中学习5次,公司党委中心组专题学习11次,加强对政治理论和党的路线方针政策的学习。李晓波董事长先后两次为两级党委中心组成员作专

题辅导报告，统一了思想、凝聚了人心。举办了4期党员领导干部理论培训班，组织完成省管干部调训和在线网络学习，提升干部队伍的综合素质。强化预算落实的监督检查，督促领导干部提高预算执行力。开展“干部上讲台、培训到现场”活动，提高领导干部的履职能力。改进基层单位综合考评办法，对各级领导班子和干部开展多维度评价，为选人用人提供真实依据。坚持德才兼备、以德为先、注重实绩、群众公认的原则，调整中层以上领导干部29人次，干部队伍结构不断优化。推进干部选拔任用“一报告两评议”工作，规范干部任用管理。组织职工代表民主评议领导干部，中层以上干部优秀和称职率达99%。开展干部人事档案专项清理审核登记，审核认定了1190名干部的“三龄两历一身份”信息。

基层组织和党员队伍建设不断加强。按照设计载体、跟踪评价、互动交流、案例表彰的工作步骤，深化“三个转化”创新实践活动，各级党组织建立活动载体815个，形成典型案例103个，吸引了广大党员积极参与，推动公司管理提升。开展党员标兵“选育树”活动，优化党员标兵发现选拔、培养提升的长效机制。开展党委书记履行党建责任“联述联评联考”工作，评价结果纳入绩效考评体系。实施党员争优计划，促进党员队伍素质提升。全年培训党员4500人，圆满完成“万名党员轮训工程”。按照“双向培养”的思路，发展新党员212名。开展职工民主评议各级党组织和全体党员工作，处理不合格党员5名。开展困难党员救助帮扶工作，组织慰问老党员和生活困难党员131名，发放慰问救助金11.3万元。开展组工干部“四带头、四过硬”活动，组织队伍建设得到加强。

党风建设和反腐倡廉工作稳步推进。认真落实党风廉政建设责任制，加强反腐倡廉警示教育，开展“廉洁从业、从我做起”主题宣传月活动，增强干部职工的廉洁自律意识。深化廉洁风险排查防控工作，出台廉洁风险预警和处置办法，建立了覆盖全公司的三级防控网络，有效监督权力运行。围绕公司中心工作开展效能立项监察，为提高效率、改进管理、挖潜增效做出了突出贡献；招投标监察制止违规招标40次，监标率100%；围绕重点工程项目、备品备件管理、单身公寓清退整治、退伍军人分配、拖欠农民工工资等事项进行专项监察，进一步规范了管理、健全了制度。加大对原燃材料系统的稽查力度，取消供应商资格7个，追缴和挽回经济损失3188.4万元。对12个单位进行巡视督察，发现各类问题84项，提出整改意见189条。坚决查处违纪违法案件，全年共党纪政纪处分53人，组织处理118人。深入推进检企共建，加大预防和打击犯罪的力度。“山西企廉网太钢子网”上线运行，搭建了企业信息公开的新平台。

企业文化和职工队伍建设取得新成果。引入国际先进理念和方法，结合实际，扎实开展敬业度评估工作，引导各单位找准突出问题，深入查找原因，制定整改措施，成为有效提升单位和职工整体素质的重要抓手。开展“我们身边的闪光点”、“太钢人画太钢”、“向基层送文化”等主题活动，推动文化落地。发布社会责任报告和可持续发展报告，树立了公司良好的社会形象。公司获“改革开放35周年企业文化竞争力30强”称号。组织开展形式多样的劳动竞赛活动，激发职工的积极性和创造性。开展“金点子杯”合理化建议活动，征集经济技术新成果751项。职工创新工作室总数达到21个，完成创新课题214项。全公司2.5万名职工参加了189个工种的技术比武活动，1017名职工完成了“闯关竞赛”网络自主学习，岗位练兵、岗位成才蔚然成风。以巡回报告团、报告文学等多种形式大力宣传劳模先进事迹，用身边先进典型引导和带动职工。举办首届乒羽联赛、全民健身和文艺汇演、慰问演出等文体活动，丰富了职工文化生活。各级共青团组织深入开展思想状况调研、标准化操作演练和英语知识竞赛等活动，服务青年职工成长成才。

和谐稳定工作有了新进步。加强对稳定工作的领导和指导，畅通信访渠道，全年接待来访176批次、853人次。组织8次领导干部民主接待日活动，对职工群众反映的70个问题全部予以答复处理。

跟踪督办195条职代会提案,答复处理率100%。组织线材公司职工依法审议企业破产预案和职工安置方案,切实维护职工权益。坚持开展困难职工帮扶和“金秋助学”活动,发放救助金2023万元。组织太原市首个“环保组织开放日”,持续开展“公众开放日”活动,9000余名社会各界人士走进太钢感受变化,提高了公司的知名度和美誉度。公司统战、离退休、医疗卫生、治安保卫、民兵武装等方面都结合自身特点开展工作,取得明显成效,为公司生产经营、和谐稳定发挥了积极作用。

必须清醒地看到,目前工作中还存在许多问题和差距,主要是:有些领导干部的精神状态和工作方法还不能完全适应市场竞争的要求,精神懈怠问题有待进一步解决,领导能力有待进一步提升,群众观念有待进一步增强,作风有待进一步改进;部分单位对基层党组织建设重视不够,活动内容和方式结合实际创新不足,还不能很好地适应党员的新要求;有的党员工作缺乏主动性和创造性,危机感和责任感不强,不能发挥应有的先锋模范作用。这些问题,要高度重视,认真加以解决。

二、2014年党委工作安排

当前,钢铁行业的严峻形势还在加剧,我们必须充分认识困难的长期性、艰巨性,做好打持久战、攻坚战的准备。走出困境,改革才是出路,改革才是办法。我们要把思想和行动统一到全面深化改革的大局上来,解放思想,大胆创新,兴利除弊,扎实推进公司的各项改革事业。

2014年党委工作的指导思想是:深入贯彻落实党的十八大和十八届三中全会精神,围绕公司生产经营建设和改革发展稳定中心任务,以全面深化改革为统领,巩固和发展教育实践活动成果,持续推进党建工作的体系化和长效化建设,加快提升党的建设科学化水平,传递市场压力,增强干部动力,激发全员活力,为实现年度奋斗目标、加快转型跨越发展提供坚强的思想、政治和组织保证。

重点工作任务是:

(一)有效传递市场压力,营造想改革、敢改革、能改革的良好氛围

各级党组织要担负起政治责任,全面准确领会十八届三中全会的新思想、新论断、新举措,坚持在战略上勇于进取,战术上稳扎稳打,正确推进改革,有序推进改革,协调推进改革。

加强对改革的政治引导。要按照参与决策、带头执行、有效监督的要求,充分发挥现代企业制度下党组织的政治核心作用,共同研究制定改革方案,参与改革的具体工作,做到同步设计、分步实施、稳步推进。改革的关键问题、重要步骤,党政部门要科学决策、统一行动,党委主要部门要全程参与。改革过程坚持职工代表大会制度,落实职工民主决策权、民主管理权、民主监督权。改革结果要充分维护职工群众的正当利益,落实全心全意依靠工人阶级的基本方针,体现职工群众的主人翁地位。要在全面深化改革的过程当中加强和改进思想政治工作,使思想政治工作融入做强主业、延伸发展、多元发展、绿色发展、和谐发展的各个领域,避免造成“两张皮”和“一手硬、一手软”的问题。

抓好形势任务宣传教育。要围绕公司目标任务大力宣传面临的严峻形势和竞争态势,大力宣传公司发展的优势和潜力,教育引导干部职工坚定战略自信、文化自信、队伍自信和能力自信,始终保持迎难而上、奋发有为的精神状态。要有效传递市场压力,教育引导干部职工认清形势、正视差距,增强发展的危机感和改革的紧迫感。要让干部职工认识到,改革创新是解放和发展企业生产力,解放和增强企业活力的重要途径,实现稳中求进、逆势发展,必须加大改革创新的力度。要让干部职工认识到,一切幸福源于辛勤劳动,只有齐心协力、埋头苦干,才能战胜困难,与企业共同成长。要充分发挥宣传思想工作鼓舞人、凝聚人、激励人的作用,创新方式方法,找准切入点和着力点,增强吸引力和感染力,让职工群众爱听爱看、产生共鸣。

维护和谐稳定的工作大局。改革的顺利推进离不开和谐稳定的发展环境。要严格落实稳定工作责任制，按照“分级负责、归口管理”，“谁主管、谁负责”的原则，做好和谐稳定工作。建立网络舆情应急响应机制，积极引导公司内外部网络舆论，实行舆情互动，澄清不实传言，满足网民知情权。牢记群众利益无小事，及时妥善办理信访案件，切实解决事关职工群众切身利益的问题，做到有案快速办结、有事快速化解。强化矛盾排查调处工作，立足抓早、抓小，积极预防，把问题解决在基层，解决在内部，解决在萌芽状态。职能部门要树立稳定工作大局意识，在出台政策、制定方案时，广泛征求意见，做好统筹规划，杜绝和减少不稳定因素。

（二）切实增强干部动力，打造支持改革、参与改革、推进改革的干部队伍

深化改革，领导干部是关键。要坚持用改革事业凝聚干部、用改革实践锻炼干部、用改革成绩考评干部，促进领导干部成为勇于改革、善于改革的先锋模范。

坚持实践锻炼。要坚持党管干部原则，深化干部人事制度改革，构建有效管用、简便易行的选人用人机制，使各方面的优秀干部充分涌现。搭建干部成长平台，拓宽职业发展渠道，有计划、多岗位、长时间地锻炼干部，提高干部应对困难、驾驭复杂局面的能力。大胆突破年龄、资历、学历限制条件，给勇于担当、业绩突出、清正廉洁的优秀干部更宽的条件、更多的机遇，使其发挥更大的作用。加大干部轮岗交流力度，重点对任职经历单一、同岗位工作时间较长的干部进行轮岗锻炼，提高干部综合素质。选拔优秀干部到重点工程和新业务领域锻炼，提高从基层选拔后备干部的比例，建设数量充足、素质优良、专业配套、结构合理的后备干部队伍。

突出监督管理。要完善从严管理干部队伍制度，把监督管理贯穿于干部选拔任用、考核评价的全过程。改革和完善干部考核评价管理制度，建立干部“实绩档案”，对干部履行岗位职责、完成工作任务、参与急难险重工作的情况记录在案，并进行业绩跟踪和绩点累计。完善干部选拔任用程序，坚持正职提名副职制度。健全干部经常性监督机制，落实“一报告两评议”、民主测评制度，及时调整群众满意率低的领导班子和工作不在状态、不胜任现职的领导干部。健全改进作风的常态化制度，进一步密切党群干群关系。

强化学习培训。要完善领导干部学习培训规划，大兴学习之风，增强工作本领。继续深入开展党的十八大和十八届三中全会精神的学习宣传，突出学习贯彻习近平总书记一系列重要讲话精神，教育各级领导干部坚定理想信念，坚持正确政治方向，提高战略思维能力、综合决策能力、驾驭全局能力，提高新形势下的领导工作水平。坚持分类分级、全员培训原则，以提高政策执行、推动发展、服务群众、促进和谐能力为重点，加强各级干部的综合培训工作。坚持开放办学、开门办学，继续开展“干部上讲台、培训到基层”工作，促进干部素质和职工素质“双提升”。加强培训能力建设，积极开展个性化定制培训，提高培训工作的实效性。

（三）充分激发全员活力，开创听民意、聚民智、惠民生的改革局面

实现好、维护好、发展好职工群众的根本利益，是改革的出发点和落脚点，只有让改革成果更多更公平地惠及全体职工群众，深化改革才能大有作为。

用文化培育人。要把加强企业文化建设作为创新党建工作的重要内容，切实推进文化落地，促进职工行为养成，全面推进全员素质提升工程，提高职工敬业度和职业技能。培育和实践社会主义核心价值观，大力弘扬李双良精神和“艰苦创业、自主创新、勇于担当、甘于奉献、团结协作、追求卓越”的袁家村铁矿精神，继续做好“劳动模范”、“优秀共产党员标兵”、“感动太钢人物”等先进典型的选树工作，用身边的榜样教育和带动身边的人。本着厉行节约的原则，开展好建厂 80 周年系列庆典和建功献礼活

动，回顾公司奋斗历程和取得的巨大成就，展望更加美好的发展前景，凝聚人心、鼓舞士气、再创辉煌。

用改革激励人。要积极稳妥推进收入分配、生活后勤系统等方面的改革，让全体职工公平共享改革成果。要建立健全职工权益保障机制，维护好职工群众的正当利益，构建和谐稳定劳动关系。拓宽员工成长通道，构建人才培养集聚机制，突破"官本位"意识，扫除身份障碍，让人人都有成长成才、脱颖而出的机会，让各类人才都有施展才华的广阔天地。创新开展全员岗位练兵、技术比武、合理化建议和劳动竞赛等各种群众性创新创效活动，激励员工爱岗敬业、建功立业。要关心青年职工成长，在工作和生活中给予他们更多的帮助，鼓励他们早日成才，发挥好青年职工的生力军作用，使企业充满朝气、蓬勃向上。

用关爱凝聚人。要关心职工冷暖，办好职工住房、医疗卫生条件、业余文化生活改善等民生实事，不断提高职工生活品质。在改革过程中更要关注弱势群体，做好"送温暖"、困难职工救助、大病特困职工救助、"金秋助学"、老党员和生活困难党员帮扶等扶贫济困工作。要畅通民意沟通渠道，建立领导干部联系群众制度，讲求领导干部民主接待日活动效果，发挥好"在线倾听"的监督功能，对职工群众反映的问题，件件有落实，事事有回应。要把严格要求和悉心关怀紧密结合起来，注重对员工的人文关怀和心理疏导，创造团结协作、愉快工作的良好氛围。

（四）提高党建科学化水平，为深化改革提供坚强保证

加强和改进党的自身建设，是深化改革的重要内容。要采取一系列新的举措提高党建科学化水平，增强党的自我净化、自我完善、自我革新、自我提高能力。

完善党建工作体系。要坚持公司党建工作的基本思路：围绕"一个中心"，建设"四支队伍"，完善"五大体系"，创新工作方法，形成标准化管理、规范化运作、制度化落实、长效化推进的工作新格局，开创具有太钢特色的党建工作新局面。要把服务群众、做好群众工作作为党建工作的重要任务和基本职责，善于从政治的角度做人的工作，集中精力做好思想教育和组织监督工作，推动公司转型跨越发展。党群各部门要深入基层调查研究，主动搭建党建工作载体，时刻关注热点和职工需求点，解决好影响和制约党建的突出问题，推动基层党组织和广大党员扎实开展工作。

巩固作风建设成果。进一步引深党的群众路线教育实践活动，做好整改落实和建章立制工作，确保各项制度切合实际、指导有力、长期管用，确保整改过程群众参与、整改成效群众受益、整改结果群众满意。抓紧制定修订一批重要党内制度规定，形成涵盖党的工作主要领域、适应公司发展需要的党内制度体系框架。完善"三重一大"决策机制，畅通职工诉求表达机制，统筹制定领导干部基层调研、职务消费管理、谈心谈话等制度，做到有章可循、有规可依。持之以恒落实中央八项规定精神，坚决纠正"四风"问题，教育党员干部增强自我约束，坚守做人做事"底线"，严防触碰"红线"，将干部作风建设一抓到底、防止反弹，形成长效机制。

加大反腐倡廉力度。增强忧患意识、风险意识、责任意识，树立长期作战思想，贯彻中央惩防体系建设五年规划，研究制定公司的实施办法。进一步健全体制机制，注重源头治理，铲除腐败现象滋生的土壤。持续深化效能监察，着力解决影响和制约公司生产经营建设的突出问题。坚持抓早抓小，对党员干部身上暴露出的问题早发现、早提醒，加强警示教育。狠抓纪律建设，确保纪律刚性约束，保证公司政令畅通。严格落实党风廉政建设责任制，严肃问责落实不力的单位和个人。加大案件查处力度，打击各类腐败行为，以反腐倡廉的实际成效推进廉洁太钢建设。

同志们，艰难困苦，玉汝于成。让我们坚定信心，克难奋进，凝聚起深化改革的正能量，推动公司圆满实现年度奋斗目标，以优异成绩迎接建厂80周年！

改革创新　凝心聚力
加快公司提质增效升级步伐

——在集团公司十七届三次职代会上的行政工作报告

（2014年1月10日）

高 祥 明

各位代表，同志们：

现在，我向大会作集团行政工作报告，请审议。

一、2013年工作回顾

2013年，面对异常艰难的经营形势，公司发挥优势，攻坚克难，取得了来之不易的发展业绩。

一是生产经营稳健运行。全年产钢998.93万吨，比上年下降1.36%，其中不锈钢322.56万吨，比上年增长3.85%。实现营业收入1460.18亿元，比上年增长3.88%；实现利润5.02亿元，比上年增长24.88%；实现税金20.97亿元，比上年增长2.39%。

二是重点项目快速推进。股份公司的中频感应炉、免酸洗板生产线、铬钢专用酸洗线、9号焦炉、6号高炉等"十二五"重点项目建成投产；不锈钢冷连轧、硅钢冷连轧、高速铁路用钢技术改造等重点项目正加紧实施，2014年上半年将陆续投产。晋中高碳铬铁项目小球烧结已进入热负荷试车阶段，冶炼部分的设备安装正在收尾与调试，预计2014年3月底投产。峨口铁矿露天转地下开采工程、尖山铁矿改扩建工程正加快推进。不锈钢工业园10万平方米加工配送中心项目陆续投产，新增钢材加工配送能力50万吨。

三是品种结构持续优化。在全球不锈钢企业普遍开工不足的情况下，公司产销率达到99.29%。全年出口钢材67.81万吨，比上年增长26.37%，其中出口不锈钢48.46万吨，比上年增长40.55%，创历史最好水平。罐箱行业用钢、造币钢、排气系统用钢、超纯铁素体、纯铁、双高硅钢、冷轧用料、汽车用钢产销量均有较大幅度增长。两类三种产品用于嫦娥三号月球探测器及运载火箭关键部位；双相不锈钢钢筋新型材料独家中标港珠澳大桥工程。太钢不锈荣获首届中国质量奖提名奖，是钢铁行业和山西省唯一获此殊荣的企业。

四是资源保障能力显著提升。尖山铁矿、峨口铁矿精矿粉及球团产量全面完成预算。岚县矿业公司达产势头迅猛，全年产精矿粉411万吨、球团165万吨，分别超预算41万吨和15万吨。盂县鑫磊、复合材料厂回转窑顺利投产并达产达效，冶金白灰、轻烧白云石实现了稳产保供。

五是降本增效成绩突出。加强采购对标，主要原燃料采购紧贴市场、减少环节、比价优选，为公司成本改善做出了突出贡献。加强工艺攻关，铁前工序逐步加大低成本的自产精矿粉用量，从8月份开始实现了全精粉烧结；炼钢工序大量配加铬镍生铁、不锈钢基料等廉价炉料，纯镍使用占比同比下降6个百分点。优化资金结构，财务费用比预算水平降低27.23%。

六是多元产业稳步发展。工程技术产业实现收入比上年增长29.19%，利润增长24.47%。新材料开发取得突破，高端碳纤维项目开始热负荷试车，非晶带材生产线试制出非晶合金带材用中间合金；公司与北京碧水源合作，开始筹建年产100万平方米的高性能膜材料及膜组件生产基地，打造承接膜处理工程、特许经营水处理项目等业务发展平台。财务公司充分发挥金融服务职能，成立不到一年创效8200多万元，业务不断拓展，功能逐步显现。贸易、投资、房地产、医疗卫生、世茂商务中心等业务持续成长。

七是绿色发展创新水平。哈斯科钢渣综合利用工程已基本建成，部分生产线投入运行；高炉矿渣超细粉二期项目投产，总处理量达到270万吨；建成省内第一条发电机组脱硫石膏处理线，年可消化电厂脱硫石膏25万吨，生产建筑石膏及水泥缓凝剂18万吨，既减少排放、循环利用资源，又极大地保护环境和植被，必将在全省起到良好的示范效应。加强节能减排，烟粉尘、SO_2、COD排放等环保指标比上年全面改善。在行业内率先启动PM2.5减量工作，努力减少PM2.5污染危害。推进不锈钢钢渣冷却设施改造，解决了冷却过程中污染物排放长期不能有效控制的行业难题。攻克了高炉冲渣水余热回收这一世界性难关，新增城市供热面积700多万平方米，公司集中供热总面积达到1400万平方米，惠及太原市14万个家庭。

八是和谐企业建设取得实效。总医院综合住院大楼投用，医疗条件明显改善。22宿舍、线材小区高层住宅全面封顶，进入内外装修阶段。新建的冷轧生活服务区投入使用，厂区食堂、澡堂及相关生活配套设施显著改善。设置厂区内公共自行车网点35个、厂区外部网点41个，方便职工绿色出行。大力推进"0123"安全管控模式，安全管理基础进一步夯实。探索企业与职工共同发展的新路径，推出了首席师制度，完成了第一批首席师评选聘任工作，职工的职业发展通道更加宽广；实施了首次年度"职工敬业度评估"工作，理清了影响职工敬业度的关键要素，明确了下一步工作的抓手和措施；在炼钢二厂、热连轧厂、岚县矿业公司试点启动了职工"职业技能测评"工作，试点单位建立起了全系列职工技能标准和测评题库，为职工技能提升和岗位调整奠定了坚实基础，职工队伍建设取得了新进步。

同时，基本完成了线材公司破产工作，规避了金融担保风险，消除了不稳定因素，减少了公司的经济损失，为推动各分子公司成为自我约束、自我发展、自负盈亏的经营主体，提供了借鉴，积累了经验。另外，公司企业文化、效能监察、廉政建设、治安保卫、民兵武装、离退休职工管理等工作也都取得了明显进步。特别是党的群众路线教育实践活动的深入开展，促进了干部作风的明显转变，为公司的改革发展稳定提供了坚强保证。

二、当前和今后一个时期的工作思路

2014年是公司建厂80周年。回顾80年奋斗历程，展望未来发展前景，我们既要有自豪感，又要有危机感。

八十年来，历经一代代太钢人的辛勤耕耘和奋力拼搏，公司不断发展壮大，成为全球品种规格最全、工艺装备水平最高、规模最大的不锈钢企业，创造了许多发展奇迹，形成了资源能源、技术装备、职工队伍、绿色发展等方面的综合优势，奠定了未来发展的坚实基础。现在，历史的接力棒已握在我们这一代太钢人手中，我们必须勇于担当、不辱使命、接续奋斗，把迎接公司八十华诞的喜悦与自豪，转化为推动太钢基业长青、永续发展的坚定信心与强大动力。

我们应该认识到，前进的道路并非一帆风顺，公司仍面临着许多困难和挑战。从外部经营环境来看，宏观经济形势依然复杂多变，中国钢铁工业经过数十年的高速成长，现已进入发展的调整期，产能严重过剩，竞争异常惨烈，经营十分艰难。从公司内部来看，我们在总结成绩、看到优势的同时，更应清醒看到存在的问题，切实增强责任感、危机感和紧迫感。归结起来，我们的问题主要表现在：

一是价值创造能力不强。主要是科技创新支撑乏力，品种结构的调整跟不上市场需求的变化，产品质量的提升难以适应竞争形势。商业模式创新不够，服务用户能力不强，由制造商向服务商转型缓慢。多元业务占比小，发展水平低，外部市场拓展不力，还不能有效缓解钢铁主业的经营压力。

二是体制机制创新不力。公司生产运营中缺乏市场倒逼机制，突出表现在绩效考评没有与市场全面接轨，上工序服务下工序、全公司服务用户的氛围不浓，责权利不统一，职工能进能出、干部能上能下、收入能增能减的体制机制还没有真正形成。

三是管理效能不高。以信息化为支撑、以精细精益为特征的管理体系建设还有很大差距，系统不协调、信息不对称的现象仍然存在。一些部门单位之间协同意识不强，敢于担当、顾全大局的观念淡薄，成本管控不力，劳动生产率不高，大量业务外委外协。安全、环保、质量等管控绩效亟待提高。

四是队伍"亮剑"精神不够。一些干部职工艰苦奋斗、拼搏进取的精神有所懈怠，使命意识淡化，改革创新不足，杂音多、合力少，公司上下同舟共济、迎难而上、干事创业的氛围还不够浓厚。

这些问题的存在，严重影响市场压力的传递、干部动力的增强、全员活力的激发，危及公司的生存和发展，绝不能等闲视之。党的十八届三中全会奏响了全面深化改革的主旋律，中央和全省经济工作会议明确提出要稳中求进、改革创新。我们要顺势而为，把改革创新作为破解难题的重要法宝，全面深化公司内部改革，彻底破除一切阻碍公司提质增效升级的思想观念和体制机制，最大限度地释放发展活力，推动公司科学发展、稳健发展。

公司当前和今后一个时期的指导思想是：深入贯彻落实党的十八大和十八届三中全会精神，以深化改革为统领，以提升经营绩效为主线，以科技创新为支撑，以品种质量为重点，以对标挖潜为方法，传递市场压力，增强干部动力，激发全员活力，快速提升公司综合竞争力。

工作的总体要求是：

——坚定信心不动摇。钢铁行业的困难形势还在不断加剧，我们要坚信，不管困难有多大，办法总比困难多。身处"寒冬"，必须咬定战略目标，坚持"四个自信"，苦练内功，把品种做到最佳，把质量做到最好，把成本做到最低，把营销做到最优，突破重围，抢占竞争制高点。

——正视差距不盲目。差距就是需要努力的方向、能够挖掘的潜力。我们必须克服盲目乐观、安于现状、不思进取的情绪，直面差距、知耻后勇，对标挖潜、奋力超越，坚决消除生产经营管理中的"短板"，不断扩大竞争优势。

——深化改革不懈怠。改革只有进行时，没有完成时。我们要把今年作为公司的"深化改革年"，解放思想，大胆创新，兴利除弊，用改革传递市场压力、增强干部动力、激发全员活力，汇聚万众一心的合力，加快公司提质增效升级步伐。

——迎难而上求发展。企业和职工是利益共同体、命运共同体，企业有利润，职工收入才能有保证，企业有希望，职工才能有前途。困难面前，事在人为。全体干部职工要进一步增强危机意识、责任意识、进取意识，靠辛勤劳动，推动企业渡过难关，实现又好又快发展。

三、全面深化改革的总体部署

好的管理不如好的机制。全面深化改革，核心就是创新机制，建立起收入与贡献同步增长的机制，上下同欲想干事、干成事的机制。要坚持问题导向，强化顶层设计，鼓励逐级创新，把握市场化方向，立足提升价值创造能力，体现公平、公正、公开，分清轻重缓急，以坚定信心和勇气积极推进各项改革。

（一）推进经营机制的市场化改革，加快由生产经营型向价值经营型转变在激烈的市场竞争中，我们要想立于不败之地，必须改变传统的运营思维，强化全员的创造价值意识，建立能够及时感受市场变化、传递市场压力的经营机制，让市场成为检验公司生产经营能力的唯一标准。

1. 股份公司经济责任制的市场化改革。

全面变革股份公司对二级单位的经济责任制考核，引入市场倒逼机制，对各单位的收入分配由考核内部利润模式改进为考核市场利润或市场成本，以此推动全面预算的有效执行。改进后，各单位工资总额随市场利润和成本浮动，上不封顶、下不保底。

强化以市场价值来衡量工作绩效，干部职工收入直接与创造的价值紧密挂钩，让各单位领导与职工接受来自预算考核和工资增长的双重压力。成材厂要打开“后门”，直接面对和感受市场，做好产品、优化成本，与营销部门联动，寻求优质高效订单，拥抱客户，服务客户，赢得客户，主动承担起利润中心的责任，为公司创造价值。其他二级厂在全心全意为下工序服务的基础上，向所有成本要素要效益，特别要向供应方延伸，在原燃材料结构优化降本上下足功夫，为公司降本增效。

通过改革，切实解决收入分配与产品市场效益相脱节的问题，改变二级厂与公司利润关联度不大的不正常现象，真正将市场压力传递到各生产单元，引导各单位转变观念，扎实推进以市场为导向、以效益为中心的管理机制和流程变革，逐级落实经济责任制，实施精益管理，加快由生产经营型向价值经营型转变，提高市场竞争力和盈利能力。

2. 相关业务单元的市场化改革。

坚持鼓励先进、促进中游、鞭打落后和效益优先原则，引导其他分子公司将自身作为完整的市场经营实体和创效主体，统筹考虑固定资产投入、生产成本、费用支出、营业收入、利润和现金流之间的关系，不断增强自身造血机能，用市场机制倒逼管理效率和经营效益提升。

积极推行事业部制，划小核算单元，实行独立运营、自负盈亏。临钢公司、粉煤灰综合利用公司等要积极探索事业部制的运行规律，发现问题，及时改进，总结经验，趟出新路。

矿业板块要建立以完全成本为核心的激励机制，加强对新项目达产达效和质量提升的考核，完成情况直接与工资总额挂钩。

贸易业务板块要加大对增效型社会贸易的激励力度，强化风险防范。其他业务板块要以资产收益、运营效益为主进行考评。

特别要指出的是，对亏损的子公司，要实行“一厂一策”，层层签订责任状，加大激励约束力度，尽快实现减亏、扭亏。对于不符合公司发展战略，长期资不抵债、扭亏无望的子公司，要果断进行破产关停，坚决退出。

3. 职能管理的配套改革。

各职能部门要转变传统的管理思维，准确定位，勇于担当，强化协同，主动落实公司经营机制市场化改革的要求，切实做好各项变革的职能策划、过程纠偏、指导监督和协调服务。

要适应市场化改革，优化职能管理和任务落实，提高专业责任制管理的科学性和高效性，着重完善责权利体系，建立科学的授权机制及配套的运行规则，研究设计更加有效的管控模式、组织架构，支撑企业高效运营，提高适应市场变化的快速反应能力。要强化全面预算执行监督，把每个单位是否分解和落实预算作为否决项来严格考核。

改进职能部门的工效挂钩政策，量化创效指标，使本专业成为公司重要的价值创造单元。公司每月统一对各职能部门专业服务效果组织评估，考核结果要占到部门绩效权重的30%，以此促进部门相互学习借鉴，更好地提高服务质量和效率，推动公司各项任务的有效落实。

（二）深化三项制度改革，构建充满活力的人力资源管理运行机制

深化劳动用工、干部人事、收入分配三项制度改革，是充分调动职工积极性、增强企业市场竞争力的重要举措。要遵循现代人力资源管理理念，进一步形成职工能进能出、干部能上能下、收入能增能减的机制，让每一名职工工作有盼头、有干头、有奔头。

4.劳动用工制度改革。

要把人作为企业的第一资本，充分盘活公司存量人力资源。2002年以来实施的职工内退政策对公司的发展起过较好的促进作用，内退职工为公司的改革做出了历史性的贡献，但随着时间的推移和企业规模的扩大，公司用工状况发生了较大变化，公司决定太钢本部从今年起取消内退政策，恢复正常的退休制度。

创新用工模式，严格控制人员录用。操作岗位职工的招聘由“一站式”的院校引进模式变革为“实习筛选、派遣提升、达标录用”三阶段渐进式的选拔、培育模式；管理、专技岗位的引进由现在的“门槛式”聘用模式变革为“测评引进、委托培养、合格定岗”的选人育人模式。

完善岗位竞争机制，强化动态考评区分，建立健全优胜劣汰的“能进能出”机制，对不符合岗位要求的职工，下岗到内部劳务市场，进行待岗培训，合格后再竞争上岗，各单位每年要有一定比例的职工进入劳务市场，打破干好干坏都一样的“大锅饭”局面；对违规违纪、不符合企业用工要求的人员，劳务市场将坚决解除其劳动合同。

5.干部人事制度改革。

进一步完善对领导干部的动态考核、激励办法，以形成更加科学、高效、严肃的干部人事制度与氛围。

坚持正职提名副职，赋予正职充分的“组阁权”。建立领导班子战斗力评估模型，作为考核正职的重要内容，促进班子整体力量的充分发挥。

加强后备人才队伍建设。加快构建分类分层、公开平等、竞争择优、注重培养的选拔使用机制，提高从基层选拔后备人才的比例，建设数量充足、素质优良、专业配套、结构合理的阶梯式人才队伍。

适时推行职业经理人制。

6.收入分配制度改革。

坚持职工的薪酬福利改善与公司的经营业绩改善同步，分配向一线岗位倾斜，关心关注基层职工收入增长。特别要提高劳动强度大和关键操作岗位的收入水平，降低人浮于事的清闲岗位收入。

改进现行的岗薪制，坚持以岗定薪、一岗多薪、岗动薪动、动态区分，使职工收入与劳动贡献紧密挂钩。进一步搞好岗位评估、业绩考核，实现各分配要素的科学组合。适时推行宽带薪酬制，根据岗位价值贡献度、岗位工作责任、岗位工作环境、员工技能水平来确定各岗位的工资幅度。继续执行“增人不增资、减人不减资”政策。

探索建立多种收入分配模式。在科技岗位探索创新成果收益提成、科技贡献股权激励等分配办法。在营销岗位实施按订单价值评估提成收益的分配办法。在多元产业，结合推行混合所有制，探索资本、技术入股参与分配的机制。

通过分配制度改革，加快形成以岗位创效和业绩贡献为分配导向，能够“凝聚核心、稳定骨干、激励

全员”的分配体系，让做出突出贡献的职工得到与其贡献相符的利益，使公司富有活力；让广大职工的利益随着企业的发展、依据本人的贡献逐步增长，使公司充满生机；让困难职工的基本利益得到保障，使公司保持和谐。

（三）推进内部管控体系改革创新，全面提升运营质量和效率

围绕重点领域加强工作体系建设，优化资源配置，增强管控能力，提高管理效率，是公司综合竞争力提升的关键。

7. 科技支撑体系改革创新。

优化科技创新体系，制定公司科技创新发展规划，完善决策体系、运行体系、组织保障体系、外部资源支持体系。

推行命题承包和承包人自主选择成员的制度。细化 SBU 和 LHY 管理，科学评价参与人员的贡献，改进薪酬激励兑现模式。

建立技术营销评价激励办法，鼓励技术人员走向市场，与下游用户共同开发新品、更好地应用新品，实现与上下游技术链的有效对接。

建立按效提成机制，鼓励技术人员深入现场，解决现场存在的工艺和质量难题。

完善科技人员职业成长通道，引导科技人员从科研事业中找到自己的前途、实现自己的梦想。创新核心研发团队建设机制，培养在业界具有较高影响力和知名度的专家。试点整合科技资源，集中力量加强工艺优化、产品开发、解决突出技术质量问题。

加强专有技术管理，建立法律、保密双渠道知识产权保护体系。

抢抓转型综改试验区建设的政策机遇，积极融入山西科技创新城建设，高起点打造不锈钢、新材料、能源环境研发中心。

8. 市场营销体系改革创新。

创新市场营销，推动市场、技术、生产、服务深度融合，构建起布局合理、反应敏捷、极具竞争力的营销体系，协调一致，抢夺市场。

强化全员营销理念，把用户的需求、用户的满意作为公司一切工作的准则。建立以市场为导向，以营销为龙头，订单驱动，工序服从，产销一体信息化支持的高效运营机制，满足客户需求，实现利润最大化。

加强技术营销和服务营销，用心感知用户“冷暖”，准确辨识用户需求，为用户提供量身定制的产品、服务和全面解决方案，敏锐发现市场，敏捷满足用户。

紧紧围绕用户需求优化业务流程、组织生产经营活动。适应经济责任制的市场化改革，构建以营销部专业营销经理为主导、以成材厂技术营销经理为支撑的“双经理”体制，形成强有力的“拳头”，大幅提升公司营销竞争力。成材厂厂长要一手抓生产，一手抓市场，两手都要硬。

缩短营销链条，提高面向客户的快速响应能力。坚持“造船出海”与“借船出海”并举，大力发展电子商务，提升掌握和服务终端客户的能力。依托互联网微信平台，消除与客户的时空距离，实现与市场的“零距离”联动，有效解决用户信息反馈滞后、失真问题。

做强做大自有营销平台，构建布局合理，集加工、配送、服务为一体的包含多种商业模式的供应链体系。拓展国际营销平台，完善海外营销服务体系，多渠道开拓市场，大幅提升战略产品的海外市场份额。

加强营销员队伍建设，改进用人方式，外设销售公司经理要实行竞聘上岗，全力打造一支勇于担当、朝气蓬勃、坚韧不拔、能征善战的职业化营销队伍。

9. 质量管理体系改革创新。

加强质量管控人员的能力建设，把用户满意作为产品质量评价的唯一标准，健全严格可追溯的产品质量管理保证体系，推进产品标准特色化、岗位操作标准化、过程控制精准化、质量改进数据化，确保产品质量完全受控。

强化工艺质量集中管理，试点推进作业区不设工艺技术人员，由二级单位集中管理。大力推进废品、检验、工艺设计等方面管理的改革创新。

完善质量激励体系。坚持质量与收入紧密挂钩，激励职工精准操作，用数据说话，创造精品。严格落实质量责任，严肃质量事故问责。积极借用"外脑"，破解质量难题。

10. 公司治理体系改革创新。

加强对分子公司的管控，规范治理结构，建立清晰的授权管控体系，实行分子公司重大事项事先报告制度，实现科学决策、有效制衡、风险可控，提高运营质量和效率。各分子公司要坚决杜绝不锈钢工业园经营风险事件的重演。

严格财务垂直管理，注重派驻财务人员的职业道德建设，加大交流轮岗力度，建立财务人员业务报告制度，强化对分子公司的财务状况分析与监控，杜绝财务风险。

创新融资管理体制机制，强化融资力量建设，拓展公司融资渠道与方法，进一步增强香港公司的融资能力与盈利能力，降低公司财务成本。

多元产业要解放思想，转变观念，加强对外合作，积极发展混合所有制经济形态，探索员工入股、管理层持股的新型治理模式，尽快突破行业进入壁垒，做强做大业务，形成公司新的更大的效益增长点。

11. 生活后勤管理体系改革创新。

生活后勤服务，关系职工的切身利益。要积极稳妥推进生活后勤系统的改革创新，保障公司发展成果公平充分地惠及全体职工。

推进取暖、物业的市场化、社会化改革。取暖费变暗补为明补，按标准发放和收取，与市场接轨；宿舍区推行分级物业管理，将宿舍区划分为不同等级，分档收取物业费，明确管理界面和服务标准，提高服务质量。

探索职工宿舍大产权化，维护职工长远利益。

推进厂区交通方式变革，用经济杠杆鼓励职工绿色出行。

我们要坚持将改革创新贯穿于各项工作的全过程，依靠改革创新破解发展难题，增添发展动力，建设充满生机和活力的太钢。同时，要关注弱势群体的基本生活保障，统筹协调好改革发展稳定的关系。公司将成立深化改革领导小组，全面策划、督导和推进公司的各项改革。让改革创新鼓起梦想的风帆！

四、重点工作安排

2014 年，钢铁市场严重供大于求，钢材售价仍将低位运行。水、电、燃气等资源性产品价格改革持续推进，铁路运费即将上调，企业成本压力进一步加大，公司生产经营面临严峻挑战。

2014 年，公司的主要奋斗目标是：营业收入 1500 亿元，利润 10 亿元；钢产量 1120 万吨，其中不锈钢产量 400 万吨。

除了深化各项改革外，还要抓好以下几个方面的重点工作：

（一）树立安全法制观念，推进安全管控升级

安全是民生底线，是高压红线，责任重于泰山，必须依法从严管理。要敬畏生命、敬畏责任、敬畏制度，树立“安全工作是第一要务，安全绩效是第一绩效，各级一把手是安全第一责任人”的理念，心系员工安危，不断完善安全责任体系，严格责任落实，着力构建起包括安全生产、消防、交通等要素，岗位职工和协力人员在内的大安全工作格局，建设平安太钢。

按照“一高两严”、“两强化、一结合、两落实”思路，坚持无事要当有事管、小事要当大事抓、其他单位发生的事故要当本单位的事故来汲取教训。要引深安全生产大检查，强化安全评价、安全审计和安全效能监察，促进安全生产责任和任务的有效落实。加强重大危险源和重大隐患监控预警和排查治理，加强应急管理，提高事故处置能力。深化对有限空间、窒息性气体、能源动力介质、危险化学品、特种设备、民爆器材等重点领域与区域的安全生产专项整治，形成安全管控的长效机制。严格安全问责和考核，严格实行“一票否决”。务实抓好职业健康安全管理体系运行、安全培训、标准化作业、人员关注、安全点检等基础性工作，实现“0123”安全管控水平的分阶段快速均衡升级。

消防安全要推行“网格化”和“户籍化”管理，完善消防设施和监控体系，加强隐患排查整改，消除管理盲区和死角，杜绝各类火灾事故。

加快完善道路交通安全设施，优化厂区交通物流，严格厂区交通监控，加强对厂内各类车辆和交通活动行为主体的教育管理，规范厂区各种车辆通行、停放秩序，合理控制车流量，杜绝厂区交通事故。

切实将外协外委人员的安全管理纳入公司安全管理体系，深化对外协外委队伍的整顿，严格外协外委队伍和人员的准入，严禁外协外委业务转包，严禁二次或多次分包，严禁套用资质，强化外协外委人员安全素质培训，全面提高外协外委安全受控度，坚决遏制外协外委人员伤亡事故易发多发的“顽症”。

（二）强化环保法制意识，提升绿色发展水平

节能环保既是重大的经济问题、民生问题，也是重大的社会问题和政治问题，事关企业的生存和发展。前不久，“两高”发布《关于办理环境污染刑事案件适用法律若干问题的解释》，首次界定了“严重污染环境”的14项认定标准，特别规定企业两年内两次受到行政处罚仍违规的即可入罪，降低了污染环境定罪标准，形成了环境执法的高压态势。全省经济工作会议提出，要确保省城环境质量在今年全国113个城市大气污染防治“国考”排名中，退出重污染前15位。全公司上下对此必须要有清醒的认识，进一步严格落实逐级环保责任，提高节能减排水平，建设绿色太钢，打造冶金行业绿色发展的典范。

进一步完善环境管理体系，紧密跟踪国家、省、市最新环境污染防治要求，以大气污染物特别排放限值为标准，加快实施公司环境整体提升工程。

理顺能源介质价格内部结算机制，解决部分能源介质价格长期与市场价或成本价倒挂问题，积极调整用能结构，自觉推进科学经济用能。充分发挥能源管控中心功能，强化用能监测监控，推进能源调入、生产、使用的数据化管理，做到日消耗、日结算，减少能源的浪费。积极探索合同能源管理模式，提高能源利用效率。股份公司今年要实现降低能源成本5亿元的目标。

强化节能减排先进技术的研究与应用，推进以富氧、纯氧燃烧为主的燃烧技术以及烟气余热利用技术的开发，推动冲渣水余热回收、焦化系统余热回收、电厂冷凝热回收、浓盐水再浓缩与蒸发、导热油等节能技术和高效利用项目。推进城市集中供热和污水处理项目建设，加快与城市的功能互补、和谐共融步伐。

加强污染点源治理，深化重点领域和环节的节能减排，优化动力介质运行方式，推进现有除尘设施的改造升级。积极策划实施新的节能减排项目，加强对重大污染源的整治改造。

强化节能减排管理，按工序实行环保区域责任制，把每个环境因素的控制责任落实到人。加强环境自动监控系统的建设和运行维护，保障现有各系统在线监测、监控功能的充分发挥，进一步增加新的监测、监控点位，不断提高环境管控能力。强化对能源环保设备的分类管理与运行维护，保障节能环保设施的功能精度，提升设备设施的完好率，确保污染物排放量按标准严格受控。

完善环境风险预警机制和应急处理预案，控制环境风险。

（三）加强薄弱环节管理，深化对标挖潜增效

各分子公司、二级单位要以提升经营绩效为主线，不断加强信息化支撑下的精细化管理，紧盯生产经营中的薄弱环节，对标先进水平，全面查找和分析存在的差距，制订具有针对性、系统性的对策，认真落实，务求实效。

股份公司要立足于解决热连轧碳钢卷板盈利能力不强、430为代表的铁素体不锈钢市场竞争力不足、钢管公司严重亏损等现实难题，集中力量进行攻关。要持续优化品种结构，扩大独有领先产品的销量，特别要把提高400系不锈钢的生产比例作为一项战略任务加快推进，力争每年提高10个百分点，今年达到55%，后年达到75%左右。加强战略采购，增加功能采购，促进供应商库房前移，减少物资储备，降低采购成本。优化原燃料结构，推进廉价资源替代。加大综合攻关力度，提高技术经济指标水平，减少质量损失。合理配置资源，优化产线专业化分工，努力突破瓶颈制约，提升整体运营效益。

临钢公司要以扭亏为重点，强化生产组织，开拓区域市场，提高产品质量与合同兑现率，尽快改善经营绩效。同时，要积极探索转型路径，加紧推进闲置资产的处置和土地资源开发，进一步加快机构整合和流程变革，切实转变职工观念，统筹推进人员分流安置。

矿业公司要适应全精粉烧结和大高炉运行需求，在稳定精矿粉质量和提升球团抗压强度上做好文章。建立成本倒逼机制，将各矿山成本的改善与职工的收入紧密挂钩。岚县矿业、盂县鑫磊资源、缅甸镍矿、晋中高碳铬铁项目要加快达产达效。

多元产业要深挖潜力，高效利用现有资源，创新经营模式，强化市场开拓，不断扩大经营规模，提升盈利水平。工程技术公司要加快节能环保和循环经济工艺技术的产业化输出，培育支柱型产业；投资公司、花园酒店等业务板块要解放思想、优化经营策略，改善经营绩效，创造更大的价值。

财务系统要对标先进企业，下功夫降低融资成本，按季度向公司报告融资情况。要盘活存量资产，不断提高资产运营的质量和效益。强化“过紧日子”的思想，实行成本费用预算的刚性约束，认真落实厉行节约反对浪费的各项规定，从严从紧控制非生产性费用支出。

各分子公司要树立全集团“一盘棋”意识，强化业务协同，积极主动“抱团取暖”。要规范集团内部市场，深入推进各单元之间的业务合作，集团内工程建设、贸易、采购、物流、财务等各业务链条要紧密衔接，各分子公司要相互支持和配合，实现集团效益最大化。

（四）狠抓外协业务回归，全面提高劳动效率

提高劳动生产率，是企业适应外部竞争的必然要求。没有劳动生产率的提高，公司就无法支撑职工收入的增长，没有职工收入增长就没有一流的职工队伍，更没有一流的人才队伍，建设一流企业就会成为空谈。全公司要从战略上深化对提高劳动效率的认识，切实转变外协观念，全面清理整顿外协业务，大力推动外协业务回归，大幅降低外协成本。

要严格分解落实外协减员增效责任，今年公司要把外协人员的减少、外协费用的降低作为一项对

二级单位考核的否决指标，纳入到公司全面预算中，与各单位一把手的业绩考核挂钩。

要通过优化劳动组织、盘活内部人力资源、提高自动化水平等途径不断提高劳动效率。新上项目要严格控制外协用工数量，协力岗位优先安排集团内部富余人员。要坚持职工能干的业务一定不能外委外包原则，从观念上解决职工对一些外协业务“不愿做”和“不屑做”的问题。取消现有保洁、看护等日常外协用工。

要进一步落实好外协业务回归激励办法，鼓励各单位充分挖掘自身人力资源潜力，降低外协成本，将外协业务回归省下来的费用用于提高岗位职工的收入。

要充分利用业务回归，加快安置临钢富余人员，减轻临钢劳动力成本压力，改善临钢经营绩效，提升集团的整体劳动效率。

修建公司、钢企公司要积极调整协力服务模式，加强内部队伍组织，提高业务能力，在服务增值中获得回报，实现可持续发展。特别需要指出的是，绝不允许将公司的外协外委业务转包或二次分包，更不允许“走户头”。

（五）完善风险防控体系，努力实现稳健发展

秉承稳健经营原则，加强全面风险管理体系与制度建设，将风险管理融入到业务流程、落实到工作岗位，切实提高风险防范能力。

要强化生产经营风险管控，牢固树立资金安全“底线思维”，加强预付账款及应收账款的管理，加强外汇管理，规避外汇风险。实施资金集中统一管理，集团所有分子公司资金都必须归集到财务公司管理平台。加强对宏观经济和钢铁市场的分析和研判，增强决策的科学性、预见性，防控经营决策风险。坚持按合同组织生产，降低销售风险。

要强化投资风险管控，准确把握市场经济规律，更加重视投资回报，增强按市场经济规律办事的能力。按照战略一致、优势互补、效益最大原则对合资合作项目进行客观评估，降低投资风险。

要强化公共安全风险管控，高度重视和加强对公司特殊产品质量的检验把关，有效降低产品质量风险。继续加强廉政风险防控，突出对权力的监督和制约，确保各级干部能干事、干成事、不出事。进一步完善防范突发事件的应急预案，建立公司公共关系管理体系，打造专业化的团队，快速发现、快速反应、快速处置，把各类风险控制在萌芽状态。

要强化内部审计监督，加大对各分子公司、重要业务部门的审计力度，对关键业务和重点经营事项实施专项审计，严肃推进审计结果和决定的有效落实。加强财务监督，新成立公司必须建立起严格规范的财务管理制度，新任分子公司经理、厂部长必须进行财务知识的培训和认证。

（六）继续抓好项目建设，加快达产达效速度

工程项目是转型发展的基础、跨越发展的支撑。要以“更快、更省、更好”为目标，以安全、质量、进度、成本、达产达效“五位一体”为主要内容，强化体系运行，严格过程管控，建设精品工程，助推公司实现更高水平的转型跨越发展。

要加快不锈钢冷连轧、硅钢冷连轧和高速铁路用钢技术改造等工程建设，超前做好市场调研和产品开发，迅速达产达效。加快峨口铁矿露天转地下开采、尖山铁矿改扩建、晋中高碳铬铁、高端碳纤维、高炉热熔渣矿棉、水处理膜材料及膜组件等项目建设，确保优质高效建成投产。同时，要按照省委、省政府要求，创造性地推进百企千村农业产业扶贫项目建设，努力实现企业社会效益与经济效益的双赢。

要切实抓好施工现场危险辨识、安全互保、检查评价和文明施工管理，提高施工现场管理水平。扎实推行工程质量监督工作，针对每个项目的特点及进展情况，把控好关键点，加大质量问题查处力度。

加强对项目单位绩效的动态评价区分,推动项目按节点目标快速推进。进一步强化项目资金投放的动态分析与控制,切实降低工程造价。做好项目投产前的生产准备工作,加紧研究确定最优工艺方案,制订工艺规程、设备操作维护规程,开展人员培训工作,为项目尽快达产达效创造条件。

(七)持续提升职业素养,实现人力资本增值

企业最重要的资本是人,企业综合实力的竞争,归根到底是人的竞争。没有职工的发展,就没有企业的未来。要坚持以员工敬业度评估和职业技能测评为抓手,持续推进企业的管理水平、职工队伍整体素质快速提升,实现人力资本增值,增强公司软实力。

要继续深化敬业度评估工作。敬业度与企业经营绩效紧密相关。各单位、各级管理者要认真研究去年的敬业度评估结果,看到差距,分析原因,制定措施,持续改进,形成 PDCA 循环,建立长效机制。要通过敬业度评估,不断改进干部与职工、职工与企业的关系,并更多地从职工的切身感受、体验中查找公司管理的弱点,找到提升管理的关键点和突破点。公司敬业度评估办公室要及时总结、推广工作中的典型经验和方法,有效指导全公司整体敬业度的改进提升。

要继续推进职业技能测评工作。在去年三个单位试点的基础上,及时总结经验,通过今、明两年的努力扩大到全公司各单位。要把岗位技能测评作为人力资源管理的一项基础性工作常抓不懈,把测评结果作为薪酬分配、岗位调整的重要依据,促进职工自我学习、自我提高,建设学习型企业,持续提升全员的职业技能。要强化教育培训体系建设,结合职业技能测评,及时制定职工岗位技能提升计划与提升方法,不断挖掘员工潜能,提高企业的价值创造能力。

要继续推进首席师评审,不断打通各类人才职业发展通道。公司要进一步深入研究首席师评审中存在的问题,一季度修改完善《首席师队伍建设管理办法(试行)》,下半年启动公司第二批首席师的评审工作。通过首席师的评审,使公司形成科学的人才吸引与保留、发现与培养、使用与流动机制,让广大职工切身感受到自己的职业前景是光明的,职业成长是可见的,职业通道是宽阔的,职业竞争环境是公平的。

要继续加强企业文化建设,增强责任感、提高执行力、实现精细化。各级干部要以身作则、率先垂范,大力营造责任文化、执行文化、精细文化、制度文化,主动从职责出发研究问题、解决问题,把严格管理和人文关怀结合起来,积极创造条件让职工心情舒畅、精神饱满地去工作,带出一支执行力强的团队。

(八)坚持共创共享理念,改善职工生活品质

始终坚持依靠职工办企业的理念,不断实现好、维护好、发展好广大职工的根本利益,凝聚全员智慧和力量,创造价值,共享成果。

要努力增加职工收入,引导职工用辛勤劳动创造幸福生活。收入增长是经济社会发展的一个大趋势,太钢责无旁贷,也一定会这么做,但必须明确,收入增长的前提是要在市场竞争中创造效益。要加快构建高效、可持续发展的薪酬激励体系,使职工的薪酬福利改善与公司的经营业绩改善同步良性发展。

各级干部要更加关心职工,深入调查研究,耐心倾听职工的意见,了解并帮助解决职工在工作、学习、家庭中的实际困难。进一步建立健全基层联系点制度,完善职工群众参与企业管理的机制,构建规范有序、公正合法、互利共赢、和谐稳定的新型劳动关系,促进企业与员工的共同发展。

要健全和落实帮困机制,维护职工合法权益。投入 2000 万元以上,继续做好扶贫济困和送温暖工作。持续提升医疗服务水平,加快发展医疗健康事业。严格落实职工带薪休假、疗养、健康体检等制度。加快职工宿舍的建设进度,线材小区公租房 6 月底前交付职工,新建两座高层住宅年底前封顶;22

宿舍高层住宅9月底前交付职工;适时启动赵庄单身宿舍改造项目。加大投入,推进旧宿舍区的道路、供热管道、水电、绿化和休闲健身设施的改造和建设。持续完善厂区后勤服务功能,最大程度方便职工工作生活。巩固好食堂管理服务水平提升成果,强化对食堂卫生和食品安全的监督评价,持续提高饭菜质量,改善就餐环境。

要进一步畅通民意表达渠道,积极回应职工的呼声,完善落实督办机制,切实解决好职工关心关注的各类问题,不断提高职工的满意度,建设幸福太钢。

要进一步建立健全企业社会责任管理体系,实现企业与城市、社会的友好相处、和谐发展,塑造公司良好的社会形象。

各位代表、同志们,一分部署,九分落实。行动是检验信心与决心的唯一标准,让我们万众一心,加快公司提质增效升级的步伐,建设更加美好的太钢,创造更加幸福的生活!

营造精益制造文化　创新科技质量机制
全面提升公司科技质量水平

——在2014年公司科技质量工作会议上的工作报告

(2014年2月28日)

高祥明

同志们:

今天召开2014年太钢科技质量工作会议,主题是:总结2013年科技质量工作,部署今年的重点任务,号召广大科技人员紧紧围绕公司发展战略,为完成2014年全面预算目标而努力奋斗。

一、2013年科技质量工作回顾

2013年是不平凡的一年,国内钢铁行业产能严重过剩、钢材价格持续低迷、钢铁企业面临的生存压力巨大,公司依然取得了与同行相比较好的经营绩效,这与广大职工特别是科技人员的努力密不可分。全公司广大科技人员上下一心,攻坚克难,在生产经营、工程建设、科技创新等方面取得了较好的成绩,主要体现在以下方面:

1. 加强技术营销,创新产销研用紧密结合模式,公司产品结构得到优化,新品开发取得成效。

按照李董事长2012年海南用户座谈会议的要求,2013年公司首次设立了28个产品LHY,实现了新产品、新应用领域的快速开发和开拓,全年结算量达31.9万吨,实现总利润2亿元,吨钢效益634元,取得了很好的效果。其中,不锈钢瓦斯管LHY针对煤矿企业井下输送管道材料的需求,快速研发出专用不锈钢焊管材料,取得很好的经济和社会效益;不锈钢水电板LHY开拓了西南水电市场,产品进入东方电机,同时也通过了法国阿尔斯通公司国际供应商审核;取向硅钢原料卷LHY实现了当年研发,当年开发量突破万吨,实现了向全国的6家企业稳定供货;高碳钢LHY实现了碳含量0.9%的高碳合金钢卷板一次性开发成功,太钢成为国内唯一能够生产该级别宽幅热卷的企业。

2013年8月,为快速解决重点品种存在的突出质量问题和用户关注的质量问题,公司首次设立了五个技术服务营销团队。430不锈钢技术服务团队,积极走访市场,认真分析用户需求和产品存在的问题，对全线工艺进行全面梳理，对关键控制点和控制指标提出更明确的、更严格的要求，使430冷板质量稳定性明显提高，进入国内知名企业，表现出良好的市场形象和持续增长势头；汽车排气系统用409系列产品技术营销团队，通过降低C+N含量、提高Ti含量和连续退火工艺等措施，提升了产品质量，降低了生产成本，解决了延伸率低、冲压开裂、焊接性等问题，客户满意度大幅提升；铁路客车用钢301L团队按照客户要求，重点针对HT(高强级别)的性能和板型质量攻关，实现了性能波动范围缩小，稳定性提升，横切料的板型得到有效改善等。加强技术营销，组织好团队是较好地解决内部质量问题、开拓外部市场有效方式，要不断地完善和推广。

在产品结构优化和高效产品的开发方面，超纯铁素体不锈钢开发量较上年增长20%；双高硅钢产品同比增长11%；汽车用高强钢开发量同比增长57.6%；纯铁开发量同比增长79%；港珠澳大桥用双相不锈钢筋按照合同要求保质、保量完成了供应任务；国内首家开发成功第三代核电AP1000堆内构件用超厚规格不锈钢中板，并实现批量供货；太钢获得国内超超临界锅炉项目SUEPR304H和HR3C锅炉管首批合同，标志着太钢超超临界锅炉用钢得到国内高端用户的认可；X70、X80高级别管线钢吨钢成本在2012年的基础上又降低，并中标中石油西气东输三线、陕京四线等一批重点项目，继续保持国内厂家的技术领先；700MPa级高强磁轭钢首次开发成功；高等级无磁钻铤用钢全年开发量较上年翻番；还有，省内首家成功开发粉煤灰板材并投放市场，前景看好。

2. 炉料结构持续优化，工艺改善扎实推进，技术经济指标稳步提升。

在不锈钢炉料结构方面，炼钢一厂、炼钢二厂在上年度显著进步基础上，进一步加大铬镍生铁等廉价料的使用量，全年铬镍生铁使用量占镍资源比例达73.9%，纯镍比由上年的20.4%降低至四季度的11.4%。开展了以耐热钢309S、310S为代表的典型品种钢的镍生铁廉价料使用工艺，推行了标准炉料结构管理，持续降低了不锈钢制造成本，全年为公司增效2.8亿元。炼钢二厂通过改进铌铁加入工艺，铌收得率由12年的82%提高至13年四季度的97%，全年增效1200万元以上。氧化钼在北区冶炼得到推广应用，全年使用比例达到59%，增效1043万元。热连轧厂开展了热轧卷厚度薄化的工作，全年累计生产超薄规格热板73000吨，挖掘了设备潜力，提高了冷轧工序效率和产品附加值，拓宽了供货规格范围。通过对大厚规格材用坯料匹配研究，开展了核电用不锈钢中厚板的坯材匹配及晶粒度控制工艺研究，不锈热轧厂实现了不锈钢厚板(特别是大于60mm)的稳定批量化生产。冷轧硅钢厂通过改进硅钢退火碱洗水质、涂液标准及包装，硅钢耐蚀性得到大幅改善，彻底消除了锈蚀异议。不锈冷轧厂试验推广了不锈钢酸洗工艺，400系实现了连续高效、高质量酸洗。

3. 一批重点技改工程顺利投产，并迅速达产达效。

2013年公司炼钢系统多个项目先后投产，炼钢二厂南区硅钢项目改造的铁水预处理复合喷吹、4号80吨转炉、4号连铸机、双工位2号RH以及30吨中频炉等顺利投产；北区不锈钢改造AOD炉和连铸机顺利投产。炼钢一厂VOD投产热试，具备了生产高级别钢种的条件。

2013年缅甸公司当年投产当年达产，攻克了国产超大功率矿热炉冶炼高品位镍铁一系列技术难题，为今年达效创造了良好条件。

这些项目顺利投产，为公司未来的发展打下了坚实的基础。

4. 质量改进取得进展，太钢主起草的国家不锈钢三大标准通过修订评审，公司获得首届中国质量奖提名奖。

2013年公司质量改进工作取得了明显成效。全年共完成重点质量改进工作33项，其中碳钢热轧卷表面质量改进、降低304系不锈钢炼钢原因冷轧废品率、降低普通430系不锈钢综合修磨损失等取得明显进步;炼钢二厂北区304系不锈钢冷板夹杂判废率由年初的1.02%降至0.62%;430系不锈钢无修磨率由原先的0.91%提升到57.43%,总体修磨综合损失率从年初的1.14%降到0.64%;耐热不锈钢板材卷板废品率由上半年的16.7%降低到1.67%,中板废品率由上半年的3.75%降低到1.54%。临钢公司实施了控冷系统升级改造,冷却能力及均匀性得到了大幅提升,超宽、超厚核电、水电用钢的质量明显改进。

标准管理方面,股份公司重点对产品标准管理流程、化学成分比对与修约管理流程、产品试验样品管理流程等进行了梳理和设计。矿业公司制定了东山矿RH用低碳脱硫剂、低碳石灰、岚县矿业球团等产品标准,规范了太钢鑫磊石灰质量管理流程,统一了岚县矿业公司、峨口铁矿与炼铁厂的球团抗压强度检测标准。2013年公司参与了多项国家与行业标准的制定与修订工作,主承担完成了GB/T3280－2007《不锈钢冷轧钢板和钢带》、GB/T4237－2007《不锈钢热轧钢板和钢带》、GB/T4238－2007《耐热钢钢板和钢带》三大不锈钢板材国家标准修订和评审工作,参加制定超纯铁素体系列品种国家标准,对引领我国不锈钢产业健康发展具有重要的意义。

质量创优管理方面,开展了首届中国质量奖的申报和评选,并获得提名奖。中国质量奖是我国政府对企业质量工作的最高奖励,不锈钢股份公司从全国数百家申报企业中脱颖而出,成为8家入围现场评审的企业,是全国唯一入围现场评审的冶金企业,最终获得首届中国质量奖提名奖。这既是对公司质量管理工作的肯定,也是对我们继续夯实质量管理基础、打造质量品牌的鞭策。

5. 技术创新能力稳步提升。

2013年,太钢职务发明专利申请取得质和量的双丰收。全年共计申请专利469件,连续七年保持全省第一。专利申请质量大幅度提高,其中,发明专利申请216件,发明专利比例达46%,较上年提高约4.2个百分点;共收到授权专利380件,其中发明专利94件,实用新型专利授权286件。

科技成果方面,全年共计11个项目通过了省级科技成果鉴定,5项成果获冶金科学技术奖,5项成果获山西省科技进步奖,联合申报项目获得2项国家科技进步奖,“301L高速列车用不锈钢车厢板”获得国家重点新产品荣誉。

立足钢铁主业、突出不锈钢,加强横向合作,2013年在政府科技计划项目申报方面取得了良好的成绩。公司作为国内700℃先进超超临界电站锅炉用镍基耐热合金材料的唯一研发成功企业,牵头联合东锅、北冶、北科大、上海成套院,以“电站锅炉用镍基耐热合金产业化建设”项目申请国家发改委、财政部和工信部的“2013年新材料研发与产业化专项”,获批5000万元专项资助。

2013年共申报政府各类科技计划项目20余项,12项已立项批复,当年到位政府科研资助资金920万元,其中有科技部863计划“含硫油气工程用高性能铁镍基耐蚀合金及产业化关键技术”、科技支撑计划“燃煤固废耦合矿渣制备纤维复合保温材料与工程示范”等3项国家级课题。

特别要肯定的是,我们首家开发成功“高炉冲渣水余热回收利用、不锈钢渣冷却”两项新技术,不仅解决了行业难题,而且极大鼓舞了广大科技人员的士气。

二、2014年科技质量工作安排

2014年,公司仍然面临着宏观层面的重大挑战。从国际国内看,2014年全球经济仍将延续缓慢复苏态势,且存在大量的不确定、不稳定因素,我国经济已经进入转型发展的关键时期,经济下行压力依然存在。从钢铁行业看,受产能过剩、固定资产投资增速趋缓、下游行业需求增速回落的影响,供大于求成为长期的局面。可以肯定地说,2014 年公司的经营环境更加艰难,因此,2014 年还是要依靠广大工程技术人员的努力与智慧,还是要依靠广大职工的精益操作,来改善和提高公司的经营绩效。

2014 年科技质量工作的指导思想是:

进一步营造精益制造与科技创效文化,以提升经营绩效为主线,以"质量、成本、用户及社会满意"为重点,各层级立足创新机制,建立健全严格受控的产品质量管理保证体系和高效的科技创效体系,快速提高公司科技和质量竞争力。

2014 年科技质量工作的主要目标是:

质量管理——解决突出质量问题,重点产品质量达到行业先进水平,重大质量波动和重大质量异议为零,技术经济指标在上年水平基础上整体提高 5% ~10%,废品量在上年基础上降低 30%;

工艺优化——开展 19 项全线工艺优化和质量改善,实现全年创效 2.2 亿元以上;

新产品开发——积极探索高端领域,开展重大在研产品 8 项,实现新开发产品 13 万吨,比 2013 年提高 50% 以上;

科技创新管理——全年组织申报专利和专有技术 360 件以上,其中发明专利 180 件以上,15 件以上大专利,申报 2 件以上国际 PCT 专利,争取政府项目资金支持 2000 万元,省部级科技成果 6 项以上,国家科技进步奖 1 项。2014 年科技质量重点工作主要有:

1. 狠抓精益制造、标准化操作,大力开展科技提质,打好质量攻坚战,实现产品质量显著改善。

质量是企业的生命,质量就是市场,质量就是效益。2014 年要发扬"亮剑"精神,突出重点打质量攻坚战,依靠科技力量,认清质量问题实质,制定科学措施,解决一些长期困扰我们的重大质量问题,如 304/430 无修磨率、铬钢连铸坯宽度合格率、300 系不锈钢夹杂、热轧卷表面粗糙等。这些质量改善工作都已经列入《2014 年科技质量工作计划》当中,已经详细制定了负责人、承担单位、攻关目标。各厂矿、各攻关项目组、SBU、LHY、技术营销团队负责人和广大科技人员要真抓实干,通过你们的不断努力,切实改进公司重大质量问题。

公司面临的诸多主要质量问题,多年来生产过程中断续存在,用户经常反映,长期得不到彻底解决,或者是短期解决后又不断出现反复的问题。首先要解决管理问题,那就是加强全过程的现场管理,创新管理机制,确保工艺规程的落实。今年公司要强化工艺执行的严肃性,严格现场工艺改进试验的制定、审批、备案的管理流程,严禁各单位未按程序审批进行工艺试验、无试验方案进行工艺参数变动试验、无备案进行工艺改进试验,确保现场改进的有序性。各单位要推进工艺规程的量化、细化工作,提高规程的精准化和可操作性。现场各工序要大力推进岗位标准化操作,各岗位操作人员严格按工艺规程执行,管理部门要加大现场抽查、违规考核的力度和责任追究。公司今年要出台《质量责任追究管理办法》,对未认真履行岗位职责或违规操作,造成较大质量影响及后果的岗位人员或技术、管理人员进行问责。有违规操作行为的,追究操作人员责任,连带追究管理、技术人员责任,要严肃处理那些不负责任、严重违规、造成重大质量问题和损失的操作者和管理者。在这一方面,各级领导要率先垂范,树立"质量第一"的思想。

有些质量问题,是技术上还没有认知,没有认清问题和问题产生的机理,没有看透事物的本质,知其然不知其所以然。尤其是公司新装备陆续投产后产生的新情况,我们要加强工艺和基础研究,必要时积极借助"外脑",快速破解质量难题。要依靠科技提高重点产品的质量,并保持产品质量的稳定性,这是我们在当前惨烈的市场竞争中站稳脚跟的关键。

质量工作是公司 2014 年各项工作的重中之重,只有通过改善产品质量,缩小公司产品与竞争对手同类产品的市场价差，树立太钢的品牌，我们才能在惨烈的市场竞争中搏得一线生机。

2. 加大产品开发力度，不断优化产品结构，扩大产品的应用领域，增强高端产品的盈利能力。

首先，要以“公司产品战略、用户需求和增加公司盈利”为导向，面向国内外市场，着力开发并推出一批具有战略意义和国际影响力的原创性拳头产品，使高新产品成为企业盈利的主要力量。

只有这样才能使公司摆脱钢铁行业白热化竞争的红海，实现“蓝海战略”，才能保持企业的持续健康发展。制定太钢战略产品的领先研发计划，打造“蓝海工程”和“领先工程”，使太钢在竞争中永远立于不败之地。

2014 年公司新建的不锈钢冷连轧、硅钢冷连轧线将相继投产，广大工程技术人员要紧密围绕新装备的投产开展工作，保证其顺行、高效，不断优化公司产品结构。不锈钢要大幅度提高 Cr 钢比例，2014 年要达到 55% 以上，并以每年 10 个百分点的速度递增。要重点开发如铁镍基耐蚀合金、铁铬铝、经济型双相不锈钢等高效益新产品，扩大其应用领域，不断增加优质客户的比例。战略产品如汽车排气系统用钢、宽幅冷板、高等级 BA 板、耐热钢、高牌号硅钢、取向硅钢原料卷、高等级纯铁、高级别管线钢、无磁钻铤、高端焊丝等盈利产品的开发要实现年增长率 10% 以上。各成材厂要结合公司责任制改革，充分“打开后门”，直面市场，做好产品、优化成本，努力寻求优质高效订单，服务客户，赢得客户，主动承担起利润中心的责任，为公司创造价值。要积极为盈利产品和新产品的开发创造条件，克服困难，真正实现“闻新则喜、闻新则动、以新制胜”，坚持不盈利的产品少生产、坚持做到没有毛利的产品不生产，实现质量、效益的双提升。

2014 年还要下大功夫推进重大产品研发项目，包含 700℃ 超超临界电站锅炉用耐热合金无缝钢管、特种复合材料、酸性气田用镍基合金无缝钢管、X90 超高钢级管线钢、高强塑积先进钢铁材料、高速、重载车轴、车轮用钢、自主涂层、低温 Hi－B 取向硅钢。这些项目的顺利研发，不仅满足了国家和相关行业的最高需求，也代表了企业的最高技术实力，要长期在此方面布局，下大力气推进。

3. 加强技术营销和服务营销，实现与市场的无缝对接。

进一步细化 SBU、LHY、技术营销团队的管理办法，鼓励技术人员走向市场，与下游用户共同开发新品、更好地应用新品，实现与上下游技术链的有效对接。

建立完善产品技术营销团队、SBU、LHY 评价激励办法和动态评价的细则，做好对团队和项目经理动态考评工作，采取“按月评价、及时激励、全年总评”的方法动态评价和激励。

市场 LHY 要积极快速推进高效益新品的转化，与行业龙头企业快速对接，实现战略意义上的进入。战略产品 SBU 要发挥太钢传统优势，围绕公司年度预算目标，打造品牌，开发和培育有市场潜力、在市场上占据主导地位的品种，开展实物对标工作，切实提升 SBU 经营业绩。各 SBU 经理要切实发挥 SBU 扁平化组织的优势，做好部门间横向支持和服务工作，在市场竞争日趋激烈的情况下，具备了较强的应对能力。

4. 大力实施科技降本活动，提高公司整体盈利能力。

结合设立配煤优化、烧结优化、炼钢炉料优化等资源类型的降本项目，要深入、持久地开展炉料结构技术攻关，紧盯各种炉/燃料的市场变化，动态采用最经济的配比方案，推进降本工作。公司各部门要发挥“研、采、财、用”紧密结合的优势，不断发现优质、廉价资源，推进炉料结构优化降本工作。焦化工序在提高大块焦比例的同时要实现配煤成本降低 10 元/吨的目标；烧结工艺要确保全精粉高机速条件下烧结矿质量的稳定；实现高炉不外购焦炭和块矿的目标，降低铁水制造成本。继续推广实施炼钢标准炉料结构管理模式，拓宽廉价含镍资源使用渠道，镍不锈钢纯镍比例达 10% 以下。

在工艺降本方面,要抓好不锈钢制造流程优化、碳钢热轧卷板及中厚板以水代合金、不锈钢高效酸洗等一批工艺优化项目的实施。做好新投产项目的快速达产、顺行工作。充分发挥利用好三条不锈钢装备及工艺优势,完成三条不锈钢生产线最佳工艺设计,实现提质降本增效的目的。大力推广炼钢合金优化和收得率提高、特殊品种钢连铸应用,抓好硅钢、不锈钢冷连轧项目如期投产工作,实现前部炼钢工序与后部轧钢工序的最佳能力匹配。全年工艺优化降本要达到2.2亿元以上。

5.深化知识产权管理,加强专有技术、专利技术的管理,提升公司知识管理水平。

全面深化知识产权管理,结合国家工信部和省经委的指导精神,尽早建立我公司专利和专有技术双渠道的知识产权管理与保护体系,做到法律保护和保密保护相结合,责任部门要尽快制定下发公司的管理办法。提高知识产权保护意识和管理,建立健全不锈钢等重点技术领域的专利预警机制,发挥知识产权管理对公司技术创新活动的保驾护航作用;继续挖掘主体生产工艺流程和重点产品相结合的专利,提高专利申报质量,同时进一步推动专利无形资产的资本化和价值化管理。

加强科技成果的统筹策划,及时挖掘公司技术创新成果,注重公司优秀科技成果评审的时效性;加强科技成果动态专业培训和激励政策导向宣传,调动各级科技人员在成果申报和奖励评审中参与的积极性;加强省部级鉴定及奖励推荐项目的培育选拔,鼓励项目在鉴定及评奖推荐中的产学研用联合,充实申报材料质量,扩大项目影响力;修订公司科学技术奖励管理办法,运行一年一次的奖励评审机制,实现与省、冶金和国家奖推荐评审的合理衔接。

紧跟国家相关政策导向,密切关注科技部、发改委等政府部门的产业技术规划,做好内部项目储备;要依托创新型国家建设和山西省131科技创新规划,积极融入国家和山西省的科技创新体系中。要结合公司战略发展方向,积极申报项目,争取政府政策和资金支持;加强与国内高校和科研院所联合,实现产学研一体化申报,促进科学与技术、科技与产业融合;加强公司内部政府科技项目的过程运行和经费执行管理,完善和落实项目相关激励政策,调动科研人员积极性,建立良性循环机制。

6.进一步推进公司首席师制度,建设科技高水平领军人才的培育机制,推进科技贡献、按效提成机制,调动科技人员的积极性。

要继续推进首席师评审,不断打通各类人才职业发展通道。公司要进一步深入研究首席师评审中存在的问题,一季度修改完善《首席师队伍建设管理办法》,下半年启动公司第二批首席师的评审工作。通过首席师的评审,使公司形成科学的人才吸引与保留、发现与培养、使用与流动机制,让广大职工切身感受到自己的职业前景是光明的,职业成长是可见的,职业通道是宽阔的,职业竞争环境是公平的。

完善科技人员职业成长通道,引导科技人员从科研事业中找到自己的前途、实现自己的梦想。创新核心研发团队建设机制,培养在业界具有较高影响力和知名度的专家。

科技人员集中的单位要优化和健全激发科技人员动力和创造力的科技创新机制,要建立以科技贡献为导向的评价激励办法,保护科技人员创造的成果,探索按效提成和股权激励模式。鼓励科技人员走向市场,深入现场,开发高效新品、解决现场存在的工艺和质量难题。要加大科技创新方面的激励,公司经营形势再困难,但是对科技创新的支持不变,对科技贡献的激励力度不减。

同志们,我们要以王其峰为榜样,发扬"不破楼兰终不还"的精神,放开手脚,精诚协作,攻坚克难,精益求精,实实在在地提升公司产品质量水平和综合竞争力,提升公司的科技创新能力和水平,支撑公司生产经营业绩的提升和公司发展战略的实施,在公司的进一步发展进程中,建功立业,实现自己的人生价值和梦想。

谢谢大家!

认清形势 深化改革 狠抓落实 全力提升公司经营绩效

——在不锈钢股份公司二届三次职代会上的行政工作报告

(2014 年 1 月 10 日)

张志方

各位代表,同志们:

下面,我向公司二届三次职代会作行政工作报告,请审议。

一、2013 年主要工作回顾

2013 年,钢铁产能过剩矛盾进一步加剧,钢材价格持续下跌,企业盈利普遍不佳。面对困难,广大干部职工奋力拼搏,公司取得了难能可贵的成绩。

1. 生产经营保持稳定。

全年产铁 792.12 万吨,比上年下降 2.23%;产钢 998.93 万吨,比上年下降 1.36%,其中不锈钢 322.56 万吨,比上年增长 3.85%;产坯材 944.03 万吨,比上年增长 0.54%,其中不锈材 287.43 万吨,比上年增长 1.11%。产销率 100.28%。出口钢材 67.81 万吨,比上年增长 26.37%,其中出口不锈材 48.46万吨,同比增长 40.55%,创历史最好水平。公司获首届中国质量奖提名奖,是钢铁行业和山西省获此殊荣的唯一企业。

2. 提质增效项目顺利推进。

中频感应炉、免酸洗板生产线、铬钢专用酸洗线等公司“十二五”重点项目建成投产;9 号焦炉及其配套工程投运并顺利出焦;6 号高炉顺利出铁,当月达产达效,4 号高炉安全停炉;炼钢二厂南区 4 号转炉与 4 号连铸机、北区 0 号 AOD 与 0 号连铸机顺利投产。T91 锅炉管改造、精密带钢圆边机组、立体库、TA 机组、5 万立方米转炉煤气柜、二降压 GIS 改造等配套工程陆续投产。不锈钢冷连轧、硅钢冷连轧、高速铁路用钢专用线等一批重点项目正加紧实施,预计今年上半年全部投产。

3. 降本增效成果显著。

全年降本增效 10.98 亿元。其中,采用点价、集中采购、战略采购、招标采购等方式,原燃料重点品种采购成本低于主要竞争对手,降成本 1.73 亿元;烧结工序从 8 月起实现了全精粉烧结,高炉工序比上年多配加自产矿 261 万吨;不锈钢炼钢工序结合市场效益实施标准炉料结构,大量配加铬镍生铁、不锈钢基料等廉价资源,纯镍使用量大幅下降,降成本 3.2 亿元。期间费用低于预算水平,特别是财务费用显著下降。

4. 重点产品产销量增长。

公司调整营销策略,扩大高效产品产销量,铬钢比达到 42.6%,同比提高 3.9 个百分点。与上年比,排气筒用409L 不锈钢增长 18.7%,超纯铁素体不锈钢增长 15.9%,造币钢增长 28.7%,罐箱行业用钢增长 57.8%,冷轧用料增长 13%,汽车用钢增长 49.6%,纯铁增长 79.0%,厚度≤2.0 毫米的热轧卷板增长 45.1%。不锈钢螺纹钢筋、棒材纯铁、法兰坯等重点产品销量取得新突破。BA 板、高牌号硅钢、耐热钢、高碳马氏体不锈钢销量也有所增长。

5. 产品开发取得新成果。

公司双相不锈钢钢筋新型材料独家中标港珠澳大桥工程，销售 8000 多吨；国内首家开发出镍基合金 800H、800L 的连铸工艺，试制出合格的中厚板和冷轧卷板；率先在国内开发出核电 AP1000 堆内构件用 304、304H 不锈钢板材，成为国内该材料的唯一供应商；首家开发 C6 厚涂层硅钢产品，并成功应用于国内核电项目；多种关键材料应用于神舟十号载人飞船、嫦娥三号月球探测器及运载火箭；开发出满足“高速动车国产化车轴钢技术要求”的 DZ1 车轴钢和时速 350 公里 CRH3 型高速车轮钢；自主研发超超临界电站锅炉用 SUPER304H 和 HR3C 无缝钢管，达到国外同类产品先进水平，实现替代进口；开发取向硅钢坯料近 1 万吨；成功开发 700 兆帕、900 兆帕级高强度钢，用于重点企业。无磁钻铤用钢、曲轴用钢和轴承钢等高端特色径锻产品逐步系列化，部分产品填补国内空白；成功生产出大厚度铜 + 不锈钢复合板，用于“国际热核聚变实验反应堆计划”；铁铬铝合金板材在热连轧一次试轧成功，公司成为继 JFE 之后全球第二个掌握铁铬铝合金连铸技术的企业，也是全球第一个掌握铁铬铝连轧技术的企业。

6. 运营效率和质量提升。

改善工序衔接，1549 毫米和 2250 毫米热连轧机组热装率分别比上年提高 13.38 和 11.27 个百分点；持续推进热连轧产品规格薄化，冷轧工序由两轧程减为一轧程，不锈钢冷轧板和冷轧硅钢制造周期分别比上年缩短 4.7 天和 0.6 天。执行新的产销平衡方案，不锈钢、碳钢月均合同交库率分别比上年提高 1.7 和 0.6 个百分点，结转合同月均降低 44.7%，合同兑现率相应提高。不锈钢非计划率同比降低 0.58 个百分点，减少了降价销售损失。改善物流组织，火车发运比例提高到 81.4%，吨钢物流成本较上年下降 33 元。

7. 节能减排上新水平。

加强节能减排技术创新，不锈钢渣深度处理取得重大突破。加快节能减排项目建设，2 × 300 兆瓦发电机组脱硫石膏处理线建成投用，年可消化电厂脱硫石膏 25 万吨，生产建筑石膏及水泥缓凝剂 18 万吨；2 × 300 兆瓦空冷余热回收项目和高炉冲渣水余热回收项目投产，为更多居民家庭提供冬季取暖热源；增建工业废水回收膜处理工程投运，每天可多处理工业废水 4.8 万吨。深化环保工作，吨钢污染物（烟粉尘、SO_2、氮氧化物、COD、氨氮）排放量较上年显著下降。在行业内率先启动 PM2.5 减量工作，减少 PM2.5 污染危害。致力于提升环境监控能力，完成厂区地下水水质在线监测和厂界噪声自动监控项目，建立固体废弃物拉送出厂车辆 GPS 跟踪系统，对厂内车辆进行机动车尾气检测。面向社会公开环保信息，打造开放式环境管理模式。新建工业遗迹园、厂区植物园、环厂林带等几个重点绿化项目，建成后将新增绿地面积 15.7 万平方米。加强节能减排政策研究，全年共获得节能奖励资金 3257 万元。

8. 社会责任全面履行。

公司以优良业绩回报投资者，在财富中国企业 500 强中列第 36 位，入围钢铁行业三甲。持续完善公司治理结构，加强上市公司规范运作，及时、真实、准确、完整地披露公司各类信息，答复投资者关心的问题，被深交所评为“全景最佳互动上市公司”，是山西省唯一获此殊荣的主板上市公司。进一步完善公司社会责任管理体系和工作机制，编发《太钢不锈 2012 年社会责任报告》。公司在 2013 年 3 月《财富》杂志发布的“2012 年中国企业社会责任 100 强排行榜”的“中国本土公司 50 强”中列第 8 位，比上年度前移 7 位。公司“公共自行车进太钢，低碳出行助力生态文明”案例获选“2013 全球契约中国最佳实践”奖。

此外，公司成立了太钢保税综合服务有限公司，充分利用区内政策优惠，着力打造国际化贸易平台。

深入分析 2013 年的工作，公司还存在一些差距和不足。主要体现在：安全责任不落实，各类事故频发,特别是外协安全管控还存在很大差距。部分关键经济技术指标出现退步,全线废品率上升,能源消耗上升,品种质量与标杆水平有较大差距,价值创造能力不能适应市场竞争要求。究其原因,主要是改革创新驱动乏力,市场压力传递不到位,干部责任意识不强,职工活力不足。这需要以改革的思路来破解。

二、2014 年的工作任务

2014 年,全球经济将总体呈现温和复苏与分化加剧的态势,机遇与风险并存。中国经济进入深度调整期,改革和转型成为经济发展的主题。在产能严重过剩、资金日益紧张、环保门槛提升三重压力下,钢铁行业将长期处于需求平稳期、产业调整期、企业转型期和经营微利甚至亏损期,行业的难日子、苦日子、紧日子将成为常态。

面对严峻形势,全体干部职工要以党的十八大和十八届三中全会精神为指导,以深化改革为统领,以提升经营绩效为主线,以科技创新为支撑,以品种质量为重点,以对标挖潜为方法,传递市场压力,增强干部动力,激发全员活力,快速提升公司综合竞争力。

2014 年公司的经营目标是:营业收入 900 亿元,内部考核利润 12 亿元;铁 953 万吨,钢 1120 万吨(其中不锈钢 400 万吨),坯材 1050 万吨(其中不锈材 365 万吨);出口钢材 100 万吨(其中不锈材 60 万吨,硅钢 5 万吨),产销率 100%;降成本 20 亿元;重点工程按节点目标完成;重大安全事故和各类风险得到有效控制;节能减排水平提升;管理绩效大幅进步。

2014 年,全公司要紧紧围绕上述指导思想和经营目标,重点做好以下工作:

1. 加快品种结构调整,实现品种优化和价值增值。

按照产品盈利能力优化品种结构,实现高技术含量、高附加值产品量价齐升,做到没有毛利的产品不排产,盈利产品比例达 60%。不锈钢产销要大幅提高 400 系比例,2014 年达到 55% 以上;增加优质客户比例,巩固优势产品的市场份额;大力推广经济型不锈钢,开拓新行业、新市场;开发铁镍基耐蚀合金、铁铬铝市场,实现 316 宽幅产品替代进口;大力开发海外市场,不锈钢出口量要达到 60 万吨。碳钢业务要增加高强钢、耐磨钢、耐候钢等重点品种的高端用户份额,全年销售硅钢 90 万吨、纯铁 10 万吨、EPS 产品 30 万吨。对普通产品实施经济半径直供,低效益品种数量比上年降低 35%。

2. 全面提高产品质量,提升品牌形象和影响力。

扎实推进"产品标准特色化、岗位操作标准化、过程控制精准化、质量改进数据化",保证质量稳定提升。加强工规管理,量化、窄化工艺参数,建立钢板系列厚度内控标准、性能内控体系,严格质量检验,实现产品内控出厂。要持续开展岗位技能达标工作,激励职工精准操作,用事实和数据说话,切实落实质量责任。推行工艺质量和工艺设计集中管理,推动废品管理变革,实施检验管控优化,进一步改进质量管理流程。加快产品认证速度,为重点产品快速进入目标市场创造条件。

加强全线质量攻关,重点解决 300 系不锈钢夹杂,400 系不锈钢粗糙、无修磨率低、宽度不合,型材探伤缺陷等用户关注的重大实物质量问题,确保废品率比上年降低 30%,提升品牌形象。建立严格可追溯的产品质量保证体系,开展质量问责,完善用户抱怨及质量异议处置规定,不断提升用户满意度。通过改善产品质量,缩小公司产品与竞争对手同类产品的市场价差,不断提升产品盈利能力。

3. 拓宽营销平台,全面推进技术营销和服务营销。

做大做强自有营销平台,构建贴近用户的集加工、配送、服务为一体的供应链,为战略客户提供全面解决方案和量身定制服务。开发电子商务营销平台,增加电子商务交易量。拓展海外营销渠道,发挥境外公司作用,与国际知名钢厂、钢贸企业建立战略合作关系,实现借船出海。发挥太钢保税公司的功能,畅通出口物流。

全面推进技术营销和服务营销,扩大技术营销团队,采用联合实验室、技术联盟、专项开发等多种方式,与终端企业、科研单位开展高附加值产品技术营销。引导轧材厂围绕品种、质量、订单、交货和盈利,建立以客户为中心的生产组织模式。优化交货与异议处理流程,实施客户分级管理,建立现场服务工程师制度,缩短交货周期和异议处理周期。加快构建 SBU 团队重点履行技术营销职能、LHY 团队实施短平快项目、技术攻关团队解决重大的技术质量问题“三位一体”的营销支持组合体系。

深化与战略用户的全方位合作,增加战略合作伙伴数量,2014 年将战略用户产品直供比例提高到 70%。优化定价策略,针对不同产品和用户实行阶梯价格。推行定单价值管理,实现定单价值与营销人员绩效相挂钩。建立完善的信用销售管理体系,提高应收账款周转率,有效规避风险。

4. 加强采购管理,扩大成本比较优势。

针对合金、废钢、煤等重点原燃料品种的市场状况,制定专项采购战略和采购策略,进一步降低采购成本,确保采购价格低于竞争对手。开发低价替代原料,重点推进氧化钼代替钼铁,高铬代替中低铬,减少纯镍的使用量等工作。强化备件、材料采购管理,推进集中采购,增加功能采购,提高长单采购比例,实现集中储备、快速配送,降低采购成本。实施厂际间、企业间、供方联合储备,降低库存占用;加强采购必要性管理,积压备件降低 50%。强化供应商管理,完善供应商准入制度,打造战略供应商队伍。2014 年,公司战略供应比例要达到 60% 以上,战略物资要做到保供到位。

5. 提升整体运营效率,确保生产稳定顺行。

2014 年,公司要推进生产计划集中一贯管理,以热轧能力最大化为中心,优化铁钢资源配置和产线专业分工,在生产组织均衡、稳定、低成本的前提下,提升公司运营效率和合同兑现率,确保不锈钢合同兑现率达到 92%,碳钢合同兑现率达到 96%,存货周转率提高 1 次,滞留库存 90 天清零。围绕这一目标,相关工序要密切配合,努力用好自有原料,实现“四个不外购”:焦化工序要增产大块焦,大高炉要减少大块焦用量,实现焦炭不外购;烧结工序和炼钢工序要控制白灰用量,实现白灰不外购;炼铁和炼钢工序要做好块矿代用工作,实现块矿不外购;炼钢工序要合理使用返回料,在比较效益好的情况下,实现不锈钢废钢不外购。此外,烧结工序要实现全精粉、高机速。高炉工序要实现高煤比、低焦比、Si≤0.6达标率 100%。炼钢工序要大力推进洁净钢冶炼技术,严格按计划生产,提高产品质量,提高无修磨比例,减少非计划和结转数量。轧材工序要以安全、质量、品种、成本、合同兑现为重点,面向客户搞好生产组织。热连轧要发挥最大产能,大力开发定襄连铸坯,供应临钢连铸坯,实现市场分流。辅助工序要解决能源介质阶段性不平衡的问题。物流中心要保证公司内外物流通畅。设备管理系统要优化定检修模式,减少设备故障对生产时间的影响。

6. 加强科技创新,提高科技创新对公司利润的贡献率。

加强产品开发,2014 年开发量要比上年增长 50%。围绕这一目标,成立公司级课题组,组建联合攻关团队,做好符合国家产业政策、关键领域发展方向和太钢战略方向的重大研发,超前布局潜力市场。技术中心、营销部联合成立专项研发组,推进特色在研产品的开发和市场转化,形成新的效益增长点。各生产单位、LHY、营销团队要主导推进高效新产品研发和规模化,巩固和扩大现有战略产品的市场份额,提升产品销售利润。

加强相关系统的协调配合,开展好质量科技攻关,显著改善关键产品质量和产品关键质量指标;加强工艺科技攻关，重点解决铁前系统大块焦配比、全精粉高机速烧结、铁水低硅等主要工艺问题，科学制定中频炉、VOD、EPS线、不锈钢冷连轧、硅钢冷连轧等新装备的生产工艺，确保高效运行。要积极借用“外脑”，加快破除质量和工艺难题。

7. 深入挖潜增效，充分释放各方面、各环节的潜力。

2014年，公司要完成20亿元的降成本目标。原料结构降本方面，要加大推进炼焦、炼铁、不锈钢、碳钢、发电原料结构标准化管理的力度；研究低价合金替代及经济用量标准化。工艺降本方面，要优化钢种成分，实施贵重元素精准控制；开展同钢种不同工序成本对标；推进产线专业化生产组织。原燃料消耗降本方面，要对标先进，优化各工序的投入产出比，重点降低原料、能源、耐材、白灰消耗。优化物流方面，要降低产品发运成本，降低厂内倒搬物流成本，降低原料进厂物流成本。费用支出方面，要认真分析装备运行状况，科学制定维修周期，核实检修项目，根据实际需求确定维修的项目及费用；细化专用车辆维修管理办法，降低维修费用；机物料、低易品等费用降低10%。

8. 抓好工程项目建设，加快新项目达产达效进度。

全面落实项目建设责任制，解决好制约项目建设的难点和重点问题，实现工期、质量、成本、安全的有机统一；提前做好硅钢冷连轧、不锈钢冷连轧工艺规程编写、设备操作维护规程编写及人员培训工作，确保项目竣工后顺利投产。加快实施中频炉、EPS线、T91锅炉管等新产线的最优工艺方案，按计划实现项目达产达效目标。钢管公司、天津太钢焊管公司和型材厂径锻工序，要进一步强化生产组织和工艺技术改进，稳步提高产销水平，降低运营成本，尽快实现扭亏。

9. 深化管理变革，提升公司管理科学化水平。

改革现行工效挂钩经济责任制考核办法，从以考核内部利润为主调整为考核市场利润或市场化成本为主，各单位工资总额随市场利润或市场化成本挂钩浮动：利润或成本指标完成情况越好，提奖比例越高；指标没有进步或退步，职工收入水平要相应降低。要引入产品质量的市场评价机制，强化安全生产、环保考核机制，优化专业管理评价体系，并将主要管理部门纳入经济责任制考核体系。通过改革，导入市场机制，传递市场压力，切实解决公司对各单位的收入分配与市场效益脱节的问题，使各单位责任制目标与公司利润目标相一致，进而提高公司市场竞争力和盈利能力。要创新成本管理，推行标准成本，削减非增值业务和活动，优化运营管理流程。要改善人力资源管理，优化存量人员组织，严格控制新增用工数量，实施外协回归激励和否决政策，平稳快速地实现外协业务回归。要改变对标机制，靠内生动力驱动对标工作，实现重点技术经济指标全面进步。要加快实施产销质一体化、电子商务平台、经营绩效－财务精细化等项目，全力消除公司“信息孤岛”和盲点。要建立涵盖采购、营销、生产、财务、安全等各环节的风险管控体系，加强风险防控，确保公司安全健康发展。

10. 强化责任落实，切实抓好安全工作。

落实集团公司“一高两严”（安全工作标准要高，过程控制要严格，责任追究要严肃）的要求，以“0123”安全管控模式为框架，以职业健康安全管理体系为核心，突出重点环节，制订具体措施，狠抓责任落实，严格责任追究，尽快扭转安全生产被动局面。

要针对外协用工事故频发的问题，进一步强化外协安全管理，提高外协安全准入门槛，在外协单位整体安全准入的基础上，实施项目安全准入，严禁层层转包、分包，提高外协安全受控度。针对外协回归项目人员结构、工作模式的变化，制订并落实专项安全预案，有效规避安全风险。针对新装备、新工艺陆续投产的情况，系统辨识存在的危险因素，完善安全操作规程，加强人员培训，确保安全运行。将交通安全、消防安全等纳入安全预算，协同推进。坚持安全闭环管理，健全安全例会制度，定期检查安全工作落实情况。要高度重视班组安全工作，引导职工“写下要做的，做好写下的，记下做过的，跟踪要改的”，把安全措施落实到岗位。坚持制度面前人人平等，对安全绩效退步、存在严重管理问题，以及发生事故的单位，要严格进行责任追究。

11. 抓好节能减排工作，绿色发展再上新水平。

针对新项目投产带来的公司能耗、水耗及能源成本上升的问题，采取得力措施，努力实现吨钢综合能耗、新水消耗双下降，能源成本降低 5 亿元，吨钢污染物排放量全面下降。

要进一步完善能源和环境管理体系，不断提高能源和环保管理水平，保证工作目标实现；要以能源成本为中心，加快落实节能项目和措施，逐月进行成本统计核算，加大考核评价，确保完成预算指标；要加强设施管理，稳定运行除尘、脱硫、脱硝设施和废水处理、固废处理等环保设施，保障各类污染物排放量合理受控；要提高重点余热余能利用设备的运行效率，月发电量达到预算水平；在保证安全、稳定生产的基础上，优化动力介质运行方式，降低能源成本；推进环境监控体系持续完善，保障现有各系统在线监测、监控功能的充分发挥，并新增监测、监控点位，进一步提高环境管控能力；实现能源中心按系统采集量进行能源计量日结算和月结算，减少目前结算方式中人为调整数据的影响；关注行业发展及国际、国内形势对能源、环境保护的影响，积极进行对策研究，提高公司相关决策的及时性和准确性。

12. 认真履行企业社会责任，做最具责任感的企业公民。

进一步完善公司社会责任管理体系，制订并落实好行动计划，妥善处理与各级政府、投资者、员工、客户、供应商、社区、公众和非政府组织间的关系，实现经济、社会、环境、企业与人等要素的和谐统一。

深入推进“以人为本”理念的落实，更加细致入微地关心职工，利用各种方式倾听职工心声、汲取职工智慧、排解职工困难，凝聚起应对危机、战胜困难、推进公司更好更快发展的强大力量。实施社会公益战略，有计划、有针对性地开展公益活动。及时、完整、准确地履行上市公司信息披露义务，建立和完善信息沟通与交流互动平台，提高公司的透明度和各方对公司的认同度，增强投资者信心。组织编发《太钢不锈 2013 社会责任报告》，进一步提高报告的科学化、标准化程度与国际化水平，充分展示公司的良好形象。

各位代表，目标任务已经明确，关键在于抓紧落实。只要我们深入贯彻党的十八届三中全会精神，认清形势，正视差距，坚定信心，锐意改革，奋发进取，攻坚克难，就一定能够全面完成今年的预算任务目标，为公司在行业中率先走出困境奠定坚实基础，为建厂 80 周年献上一份厚礼！

投身改革　推动发展
在公司提质增效升级中建功立业

——在集团公司第十七届、不锈钢股份公司第二届
第三次职工代表大会上的工作报告
（2014 年 1 月 10 日）

王继光

各位代表、同志们：

现在，我向大会作职代会工作报告，请审议。

这次大会的主要议题是：听取审议集团公司和不锈钢股份公司行政工作报告，回顾总结 2013 年职代会工作，确定 2014 年职代会工作任务，调动广大职工积极投身改革，推动发展，在公司提质增效升级中建功立业。

一、公司 2013 年职代会工作回顾

2013 年，公司职代会围绕公司发展战略和年度目标任务，以党的十八大和十八届三中全会精神为指导，全面履行和落实职代会各项职责，广泛开展“中国梦 · 劳动美”主题实践教育活动，团结动员广大职工勤奋劳动、诚实劳动、创新劳动，为推动公司取得来之不易的发展业绩发挥了积极作用。

（一）开展立功竞赛活动，引导广大职工为推动公司转型跨越发展建功立业。

持续开展重点工程劳动竞赛。在公司 36 个重点工程建设项目中组织开展了“五比五赛创先争优”立功竞赛，营造了保安全、保工期、保质量，创先争优的竞赛氛围。承办了山西省转型综改试验区全国示范性劳动竞赛启动仪式，公司被列为省级试点企业，不锈钢冷连轧及硅钢冷连轧项目被列为省级重大项目。深入开展袁家村铁矿采选及球团项目达产达效和铁路项目保建设工期创优质工程竞赛。通过竞赛活动，确保设备稳定运行，不断优化工艺，产量和质量逐月提升。

深化开展节能减排、降耗增效竞赛。公司 26 个参赛单位围绕提高能源利用效率、降低能源成本、减少污染排放开展了竞赛活动。公司大型耗能炉座在全国竞赛中取得优异成绩，炼铁厂 450 平方米烧结机获全国重点大型耗能钢铁生产设备节能降耗对标竞赛活动“冠军炉”，炼钢二厂 180 吨 1 号转炉获“优胜炉”。

广泛开展创新创效活动。以“提高质量、降低成本、节能减排、安全环保、改善管理、增加效益”为竞赛主题，以“四比四赛”为竞赛内容，组织开展了“金点子杯”合理化建议竞赛活动。全公司 18000 余名职工提出合理化建议 28500 条。征集经济技术创新成果 751 项，其中，优秀合理化建议 688 项、职工先进操作法 63 项。炼钢二厂连铸作业区张润平的“结晶器高液位中间包快速更换技术开发及应用”成果获全国冶金科学技术三等奖。

有序推进职工创新工作室创建工作。2013 年创建职工创新工作室 6 个，全公司职工创新工作室达到 21 个。其中：全国机冶建材工会级 1 个、省总工会级 9 个、市总工会级 17 个。创新工作室吸纳成员 204 人，全年完成创新课题 214 项。组织参加第四届太原市职工技术创新成果大赛，申报经济技术创新成果 128 项。

继续组织岗位练兵技术比武活动。开展了公司第 34 届职工标准化操作、岗位练兵技术比武活动，共设 23 个比武工种，有 1557 名优秀选手参加公司决赛，所有比武工种的理论考试全部采用计算机无纸

化，实现了与省市、国家大赛接轨。依托公司OA平台，创新开展了网上自我学习、自我练兵的“闯关竞赛”活动，为职工提升技能搭建了新的平台。

精心培养、选树劳模先进。组织召开了公司庆祝“五一”暨劳模先进表彰大会，表彰了10名特级劳动模范、49名劳动模范和326名先进工作者。炼铁厂荣获“全国五一劳动奖状”，焦化厂项目部公辅项目施工管理员李舒荣获“全国五一劳动奖章”，冷轧硅钢厂退火作业区甲班荣获“全国工人先锋号”，不锈热轧厂热处理作业区乙班荣获“全国机械冶金建材系统工人先锋号”和“全国机械冶金建材系统李斌式模范班组”称号。

（二）构建企业和谐发展氛围，发挥职工民主管理权利和作用。

充分发挥职代会作为民主管理主渠道的作用。按规定程序和内容组织召开公司、各单位、各作业区三级职代会，公司及各单位的重大事项在职代会上提交职工代表讨论、审议或通过。平等协商签订了年度集体合同、工资专项集体合同和女职工专项集体合同。组织50个单位、23个部室、4654名职工代表和职工，民主评议在岗厂部级领导干部261名。

认真梳理、答复并落实职代会提案。职代会提案审理委员会对195条职代会提案进行跟踪督办和满意度评价，提案答复处理率100%。

扎实组织职工代表巡视活动。围绕公司生产经营的阶段性重点环节和职工群众关心的焦点问题，按季度确定巡视主题，组织职工代表开展了160余次、1728人次的巡视活动，对巡视中发现的问题和收集的意见建议及时予以协调解决。

积极推动落实企业经营变革中涉及的民主管理事宜。组织指导线材公司召开专题职代会，审议了《破产预案》，以无记名投票表决的方式审议通过了《职工安置方案》，保障了职工的民主权利和合法权益。

公司获全国厂务公开民主管理示范单位和山西省厂务公开民主管理示范单位。

（三）完善权益保障体系建设，维护职工合法权益和具体利益。

有效开展困难职工帮扶工作。全年发放帮扶救助金2023.37万元。其中：送温暖工程、专项救助工程、职工突发意外事故救助活动等帮扶职工8113人次，发放救助金694.17万元；组织全体职工（含内退、离退休职工）参加太原市职工大病医疗互助工程，为4342名职工发放大病补助865.05万元；开展“金秋助学”工程，资助2966名困难职工及内退职工的子女上大学，发放资助金464.15万元。

落实劳动保护责任制。组织签订《工会劳动保护目标责任书》，不断改善职工劳动条件、作业环境。持续开展“安康杯”、“粉尘治理优胜杯”竞赛活动，提高职工职业安全健康水平。组织“送清凉、送服务——夏季防暑降温竞赛”活动，公司领导及有关部门深入17个特高温单位和部分建设施工单位进行了慰问。

积极推进安全文化建设。举办“我的一次险肇经历”为主题的安全故事讲述比赛，1000余名职工参加了活动。组织34个单位的15000名一线职工参加全国班组管理安全卫生知识竞赛，使广大职工进一步了解掌握了安全卫生知识。开展班组安全建设成果展示与班组安全文化宣传展板比赛，28个二级单位参加了活动，其中不锈热轧厂、冷轧硅钢厂和热连轧厂3个单位荣获太原市评比一等奖。自动化公司、能源动力总厂班组安全建设成果在全国钢劳联第29次年会上获一等奖，东山矿安全文化宣传展板获大会评比一等奖。

坚持领导干部民主接待日制度。全年共组织8次公司领导干部民主接待日活动，接待来访职工群众92人次，受理问题70个，相关部门和单位对职工群众反映的问题全部进行了答复处理。

按计划组织职工疗休养。全年共计73批1787名职工参加了荣誉休养,39个单位的24600余人次一线职工参加了健康疗养。

强化后勤保障监督力度。贯彻落实党的群众路线教育实践活动要求,根据公司党政安排,围绕提高食堂饭菜质量和管理服务水平,组织召开了动员会,制定了整改计划和检查监督方案。组织食品卫生防疫专业人员和职工代表,多次深入厂区食堂进行检查监督。组织有关部门为各食堂制作了文明就餐展板、温馨提示、倡议书等宣传资料。通过上述活动,改善了就餐环境,持续提升了职工就餐满意度。

深入开展"共建文明居住环境"竞赛活动。在对标学习基础上,细化评价标准及评比细则,不断提高"共建文明居住环境"竞赛活动效果,全年创建文明单元280个,有效改善了职工居住环境。

(四)开展"中国梦·劳动美"系列主题活动,推进职工文化建设。

大力弘扬劳模精神。组织撰写特级劳模报告文学并出版《太钢文苑》专刊,在厂区生活服务区、候车廊等处展出了劳模事迹宣传展板,组织了四场劳模事迹报告会。按照公司党的群众路线教育实践活动的要求,召开劳模专题座谈会,征求了劳模代表的意见和建议。开展了"中国梦·劳动美——培育太钢精神,推动转型跨越"主题征文活动,通过征文活动展示了广大职工热爱太钢,立足岗位创新的工作激情和精神风貌。

广泛开展群众性职工文化活动。举办了公司第二届"钢花杯"职工文化艺术节,组织了摄影书画展、歌手大赛、文艺汇演等系列活动,整个活动历时3个月,共进行了32场比赛,参赛节目504个,参赛选手2000余人次。组织了公司2013年"不锈之春"元宵节主题灯会和摄影比赛,举办了第37届太钢职工迎春书画展,组织文工团赴中色镍业(缅甸)有限公司和矿山等地进行了慰问演出,举办了"五一"劳动者之歌专场晚会。参加太原市总工会主办的全市职工摄影大赛,获得一等奖1名、优秀奖13名,公司获优秀组织奖。参加全国冶金行业安全生产小品大赛,获大赛创作、表演一等奖、优秀组织奖、最佳导演奖和优秀演员奖。组织了《文学艺术大讲堂》专题讲座。

推动实施全民健身活动。加大群众体育活动经费投入,组织了长跑、拔河、游泳、乒乓球、羽毛球、足球、网球、篮球等体育比赛,参赛职工近8500人次。公司45个健身辅导站共计4000余人次在"五一"、"十一"期间进行了全民健身汇报演出。指导二级单位因地制宜开展小型多样的群众性体育活动,参加活动职工达20000余人次。组队参加山西省精神文明办、省文联、省广播电视台等联合举办的首季广场舞大赛,获得大赛唯一的一等奖。组织公司400名长跑爱好者参加了"汾酒杯"太原国际马拉松赛。组团参加了太原市第十届运动会暨第五届全民健身节,获得4个团体冠军、6个团体亚军、3个团体第三名、8个单项冠军的优异成绩。承办了太原市第十届运动会拔河比赛。公司荣获国家体育总局"全国群众体育先进单位"。

在总结成绩的同时,也要清醒地看到,职代会工作还存在一些差距和不足,主要表现在:一是对基层职代会的业务指导和服务不够;二是部分专门委员会的职能发挥仍有差距;三是在职代会工作内容和方法的创新方面有待进一步强化。我们必须对此予以高度重视,在今后的工作中不断加以改进。

二、公司2014年职代会主要工作

2014年公司职代会工作的指导思想是:深入贯彻落实党的十八大、十八届三中全会精神,紧紧围绕公司发展战略和年度目标任务,以深化改革为统领,组织广大职工积极投身公司改革事业,凝聚深化改革正能量,推动公司改革发展;以职工经济技术创新为载体,深化建功立业竞赛活动,推动公司科学发展;以协调劳动关系、维护职工合法权益为主线,完善维权机制,促进公司和谐发展。团结动员广大职工凝心聚力,奋发有为,为圆满完成公司全年奋斗目标做出新的贡献。

（一）激发广大职工创造活力，为全面深化改革、推动公司转型跨越发展再立新功。

深入开展主题竞赛活动。围绕山西省国家资源型经济转型综合配套改革试验区建设劳动竞赛方案的总体要求，以不锈钢冷连轧、硅钢冷连轧等项目为重点，组织开展以“比项目建设质量优，比项目投产效益好，争当项目建设标兵”为主要内容的重点工程项目建设立功竞赛。围绕新项目的投产，组织开展新装备快速达产达效攻关竞赛活动，确保新投运项目尽快成为公司新的效益增长点。按照全国重点大型耗能钢铁生产设备企业开展节能降耗减排对标竞赛活动的总体要求，以高炉、转炉、烧结机为重点，进一步组织开展节能降耗竞赛活动。

深化岗位练兵技术比武。筹备组织参加“宝钢杯”第七届全国钢铁行业职业技能竞赛，争取实现公司团体“保五争三”参赛目标。组织举办公司第35届职工标准化操作、岗位练兵技术比武活动，扩大网络“闯关学习”竞赛范围，鼓励更多的职工参与网上在线自主学习活动，进一步提升职工岗位技能素质。

多层次开展合理化建议活动。从基层和公司两个层面，开展“金点子”杯职工经济技术创新合理化建议活动，对基层采纳实施效果良好的合理化建议项目进行总结表彰，对职工先进操作法进行推广应用，进一步挖掘和发挥职工群众的智慧和创造潜能。

强化职工创新工作室建设。在不断总结提升的基础上，加强活动管理和运行模式建设，全年组织2次职工创新工作室研讨交流，推广创新成果。扩大职工创新工作室群体，使更多职工参与进来，今年再创建3个以上职工创新工作室。筹备成立太钢职工创新俱乐部，编印《太钢职工创新工作室资料汇编》和《太钢职工创新工作室创新成果汇编》，进一步提升职工创新工作室的创新能力。

（二）不断深化职工民主管理，发展和谐劳动关系，着力抓实维权工作效果。

加强职代会制度建设。按照《企业民主管理规定》和《山西省总工会关于进一步规范职工代表大会审议内容的指导意见》文件精神，修订完善公司《民主管理工作实施办法》、《职工代表大会工作条例》等制度，在基层试行职工代表大会议案预告、职工代表述职评议等制度。

加强职代会组织建设。按照民主程序及时组织职工代表的替补增补，强化职代会各专门委员会职能作用的发挥，根据需要组织召开代表团长联席会议和职工代表专题评议会，确保职工代表参与企业民主管理的权利得到落实。

加强职工代表队伍建设。多渠道、分层次对职工代表进行专业培训，提高职工代表业务素质和工作能力，使职工代表保持与职工群众的紧密联系，真实反映和表达职工群众的诉求和愿望。

创新厂务公开的形式和方法。推动在公司内网和企廉网设立厂务公开栏，指导各单位进一步拓宽渠道，丰富内容，持续推进厂务公开。

加大职工代表巡视活动力度。继续组织职工代表主题巡视活动，注重巡视中发现问题的落实解决，强化职工代表的履职意识，评选表彰“解决基层诉求优秀案例”及优秀巡视员，更好发挥职工代表在职代会闭会期间的作用。

深化领导干部民主接待日活动。从推动接待领导（分管领导）负责制、落实责任单位“一把手”责任、建立跟踪督办及考核评价机制等方面入手，提高民主接待日活动的实效。年内组织8次公司领导民主接待日活动。

（三）加强维权机制建设，构建服务职工工作体系，着力提升服务职工质量和水平。

进一步完善困难职工帮扶救助体系。建立健全“帮扶中心（公司）、帮扶站（二级单位）、帮扶点（作业区）”三级帮扶网络，实行“分级管理、上下联动、区域协作”的工作机制，修订细化相关救助办法，优化救助项目，更好地帮助重特大患病职工和特殊困难家庭，实现帮扶工作全覆盖、无遗漏。

强化劳动保护监督检查。发挥"群监网"作用,签订"劳动保护工作目标责任书",增强劳动保护工作的责任意识。在不断完善"安康杯"和"粉尘治理优胜杯"竞赛活动的基础上,监督重点区域及重点项目的治理成效。坚持做好"送清凉、送服务——夏季防暑降温"竞赛活动,维护职工的安全健康权益。围绕《2014 年安全文化建设实施方案》要求,进一步推进公司安全文化建设,促进岗位职工安全意识提升。

推动实施员工关爱计划。继续组织有关管理人员的心理咨询专业技能培训,进行专业人才的培养和储备。通过建立"职工心理健康咨询信箱"、"职工关爱小屋"等方式,为职工提供心理健康帮助和服务。

加强劳动争议预防调解。汇集信访部门、领导干部民主接待日、在线倾听等多种渠道的信息资讯,有效排查解决矛盾纠纷,提高劳动争议调处效能。

抓好抓实职工疗休养工作。不断完善疗休养点的选择及考核评价机制,加强组织,优化流程,提升服务水平。

关注并促进民生问题解决。多方收集听取职工群众对住房、工间餐等民生实事的意见建议,及时反映到有关部门研究协调解决。

(四)推进职工文化建设,营造积极向上的文化氛围,着力提升职工素养。

弘扬工人阶级伟大品格。紧紧围绕"中国梦·劳动美"主题教育实践活动,加强中国梦的宣传教育引导,使中国梦在广大职工中深入人心。用公司核心价值观引领教育职工,动员凝聚职工,进一步提升职工的敬业度。做好劳模选树工作,宣传劳模先进事迹,发挥劳模先进的示范引领作用。

完善职工文体活动条件。改善现有文化体育设施条件,加强文体社团组织、职工活动站点的管理,充分利用花园国际职工体育文化中心设施的良好条件,广泛开展形式多样、喜闻乐见的群众性文化体育活动,满足广大职工对文化体育的新要求,不断提升职工群众的幸福感,为促进公司改革发展提供强有力的文化支撑。今年拟对职工活动中心职工书屋进行升级改造,增设电子阅览室,以满足职工群众的阅读需求。

围绕纪念太钢建厂 80 周年,组织开展系列文体活动和庆典活动。举办职工广播操大赛、锣鼓大赛、趣味运动会、书画摄影展、全民健身汇演等文体活动,组织文工团赴矿山、社区等慰问演出。承办国家体育总局太钢站拔河比赛、全国冶金文联书法协会书法比赛及优秀作品展。通过上述活动,教育引导广大职工传承公司优良传统,爱厂敬业,为公司发展贡献力量。

今年,是公司实现"十二五"战略目标的关键之年,也是公司建厂 80 周年。面对依然严峻的市场形势,公司将全面引入市场机制,深化各项改革。我们要进一步引导广大职工,认清形势,正视差距,理解和支持公司的各项改革,自觉地、积极地投身到改革的事业中,让改革发展成果更多地惠及广大职工,实现职工与公司的共同成长。

各位代表、同志们,公司党委全委(扩大)会议和本次职代会已经明确了今年的工作任务和奋斗目标,让我们凝心聚力,振奋精神,改革创新,攻艰克难,团结带领广大职工为推动公司深化改革、全面完成 2014 年奋斗目标做出不懈的努力!

经营绩效

JING YING JI XIAO

2013 年太钢(集团)有限公司主要经济指标完成情况

	计量单位	本年实际	上年实际	比上年增长(%)	备注
甲	乙	1	2	3	丙
一、工业产值					
工业总产值(现价)	万元	11526826	11000125	4.79	
其中:新产品产值	万元	5157060	1088606	373.73	
销售产值(现价)	万元	11469312	11034892	3.94	
其中:出口交货值	万元	817787	692434	18.10	
工业增加值(收入法)	万元	1706104	1679117	1.61	
二、主要产品产量					
铁矿石原矿	吨	34578494	21177893	63.28	
烧结铁矿	吨	9781127	10872056	-10.03	
生铁	吨	7921186	8101954	-2.23	
粗钢	吨	9989298	10126561	-1.36	
其中:不锈钢	吨	3225551	3106108	3.85	
坯材	吨	9415985	9338392	0.83	
其中:不锈材	吨	2874253	2842755	1.11	
焦碳	吨	2765577	2761017	0.17	
铁合金	吨				
三、销售及库存					
钢材销售量	吨	9315037	9287492	0.30	
钢材库存量	吨	265559	179588	47.87	
钢坯销售量	吨	72547	127464	-43.08	
钢坯库存量	吨	115242	188734	-38.94	
产品销售率(实物)	%	99.70	100.82	-1.12	
产品销售率(价值)	%	99.50	100.32	-0.82	
四、产品质量及物耗					
生铁一级品率	%	64.33	71.52	-7.19	
炼铁原料矿石消耗	千克/吨	1622.59	1631.71	-0.56	
综合焦比	千克/吨	503.03	497.08	1.20	

2013年太钢(集团)有限公司主要经济指标完成情况(续)

	计量单位	本年实际	上年实际	比上年增长(%)	备注
喷煤比	千克/吨	175.74	177.14	-0.79	
粗钢钢铁料消耗	千克/吨	910.29	930.17	-2.14	
生铁消耗	千克/吨	780.51	800.96	-2.55	
废钢消耗	千克/吨	129.78	129.21	0.44	
转炉炉衬寿命	炉	9476.43	16017.75	-40.84	
电炉冶金综合电耗	千瓦时/吨	313.19	332.2	-5.72	
钢材质量等级品率	%	80.01	82.73	-2.72	
钢材质量优等品率	%	43.10	47.75	-4.65	
锭坯至材综合成材率	%	93.47	93.7	-0.23	
五、能耗					
能源消耗总量	吨标煤	5572377	5511700	1.10	
万元产值能耗	吨标煤/万元	0.48	0.50	-4.00	
吨钢综合能耗	千克标煤/吨	557.83	544.28	2.49	
吨钢可比能耗	千克标煤/吨	505.68	499.23	1.29	
六、劳动工资					
全员劳动生产率(现价总产值)	元/人·年	3022241	2823006	7.06	
全员劳动生产率(工业增加值)	元/人·年	447327	430918	3.81	
年末全部从业人员	人	38123	38660	-1.39	
全部从业人员平均人数	人	38140	38966	-2.12	
全部从业人员工资总额	万元	249341	238244	4.66	
七、固定资产投资					
本年固定资产投资完成额	万元	1283275	1232534	4.12	
八、安全环保					
千人负伤率	‰	0.07	0.1	-0.02	
千人工亡率	‰	0.0372	0	0.04	
死亡人数	人	2	0		

2013 年太钢(集团)有限公司主要经济指标完成情况(续)

	计量单位	本年实际	上年实际	比上年增长(%)	备注
工业废水排放处理率	%	100	100	0	
工业废气排放处理率	%	100	100	0	
九、外经外贸					
出口创汇率	%	7.13	6.27	0.86	
钢铁产品出口额	万美元	132111	109451	20.70	
钢材	万美元	132111	109451	20.70	
其中:不锈材	万美元	120863	95935	25.98	
钢坯	万美元				
钢铁产品出口量	吨	678082.00	540138.00	25.54	
钢材	吨	678082.00	540138.00	25.54	
其中:不锈材	吨	484593.00	348368.00	39.10	
钢坯	吨	0	0		

(李晓东)

2013 年太钢(集团)有限公司各大类固定资产原值、累计折旧、净值汇总表

类　　别	母公司			集团		
	原值	累计折旧	净值	原值	累计折旧	净值
一、计入固定资产的土地资产	12351	201314	12351	13240		13240
二、房屋及构筑物	399261	236348	197946	2263456	768935	1494520
三、机器设备	392845	30357	156497	6382156	3291045	3091111
四、交通运输设备	60340		29983	143017	106225	36792
五、其他				20399	6641	13758
合　　　计	864797	468020	396777	8822267	4172846	4649421

(杨竞璞)

2013年太钢(集团)有限公司利润表

单位:万元

项　　目	母公司	集团
一、营业收入	945,161	14,604,034
其中:主营业务收入	903,041	14,475,487
其他业务收入	42,120	116,847
减:营业成本	704,688	13,630,323
其中:主营业务成本	692,604	13,540,601
其他业务成本	12,084	89,722
营业税金及附加	9,610	22,047
销售费用	5,372	170,157
管理费用	155,219	496,766
财务费用	70,648	165,278
资产减值损失	-3,789	86,524
加:公允价值变动收益(损失以“-”号填列)		
投资收益(损失以“-”号填列)	6,143	7,721
其中:对联营企业和合营企业的投资收益	-9,911	-9,903
二、营业利润(亏损以“-”号填列)	9,554	40,380
加:营业外收入	2,029	16,303
减:营业外支出	958	6,498
三、利润总额(亏损总额以“-”号填列)	10,625	50,186
减:所得税费用	1,722	9,041
四、净利润(净亏损以“-”号填列)	8,903	41,144
减:* 少数股东损益	0	-151
五、归属于母公司所有者的净利润	8,903	41,295

(杨竞璞)

2013 年太钢(集团)有限公司主要财务指标表

指标名称	2013 年
资产负债率(%)	66.50
净资产收益率(%)	1.41
总资产报酬率(%)	1.93
总资产周转率(次)	1.17
资本保值增值率(%)	101.87
综合折旧率(%)	6.00

(杨竞璞)

科技质量成果录

KE JI ZHI LIANG CHENG GUO LU

2013 年太钢获省部级科技成果项目

获奖类别	等级	获奖项目
冶金科学技术奖	三等	冶金行业能源环境管控一体化系统
	三等	富氧竖炉法不锈钢除尘灰资源化利用技术开发
	三等	大型发电机用水溶性 C6 厚涂层冷轧硅钢制造工艺及应用
	三等	超超临界电站锅炉用 CODE CASE 2328 - 1 不锈钢管坯和无缝钢管工艺技术开发
	三等	结晶器高液位中间包快速更换技术开发及应用
山西省科学技术奖	二等	轨道客车车辆用不锈钢工艺技术与产品开发及应用
	二等	工程机械用 600 - 700 兆帕高强韧热轧卷板开发与应用
	二等	露天铁矿矿岩开拓系统的研究与实践
	三等	烧结低耗低排生产工艺优化集成及控制技术研发
	三等	太钢能源环境管控一体化系统研发与应用
中信铌钢科技发展奖	二等	铌钛微合金化铁素体型高强韧热轧卷板工艺技术及产品开发
冶金医学奖	一等	蛋白质硝基化修饰在机械创伤致心肌细胞凋亡中的作用
	二等	双滑杆牛角状横向牵拉开口器的研制与临床应用
	三等	磷酸二酯酶 4 抑制剂对 COPD 气道粘液高分泌大鼠水通道蛋白 5 表达的影响
	三等	几丁糖加速组织扩张的临床应用与研究
	三等	机械通气不同呼气末正压及体位对中心静脉压的影响
	三等	无痛下 NBI 胃镜对食管上段胃段黏膜异位症的诊断价值

（周瑰云）

2013 年太钢获省部优秀工程设计奖项目

获奖类别	等级	获奖项目
冶金行业优秀工程设计奖	一等	太钢热连轧厂新建 30 座全氢煤气罩式炉工程
	一等	天津太钢天管 40 万吨不锈钢冷轧工程
	一等	太钢 5 号高炉煤气干式除尘工程
	二等	太钢加工厂冶金除尘灰资源化工程岩土工程勘察
	三等	山西太钢矿粉解冻库烟气余能安全利用项目设计
冶金行业优秀计算机软件奖	一等	冷轧分条生产过程管理软件
山西省优秀工程勘察设计项目设计奖	二等	新烧结机烟气脱硫、脱硝工程

（周瑰云）

2013 年太钢获中国钢铁工业协会、中国质量协会冶金工业分会产品奖项目

获奖产品	荣获奖励	颁奖部门
不锈钢中板	金杯奖	中国钢铁工业协会
铁道车辆用 LZ50 钢车轴及钢坯	金杯奖	中国钢铁工业协会
汽车车轮用热轧钢带	品质卓越产品	中国质量协会冶金工业分会
汽车大梁用热轧钢带	品质卓越产品	中国质量协会冶金工业分会

（制造与质量管理部）

2013 年太钢获中国质量协会质量技术奖优秀奖项目

完成单位	项目名称
山西太钢不锈钢股份有限公司自动化公司	运用六西格玛设计方法，提升 MES 系统软件研发能力

（制造与质量管理部）

2013 年太钢获中国质量协会质量技术奖优秀六西格玛项目

单位	项目名称	项目黑带
太原钢铁（集团）有限公司尖山铁矿	提高磁选柱 SiO_2 稳定率	段宇东
山西太钢不锈钢股份有限公司炼铁厂	3 号高炉大比例使用焦丁冶炼	张　军

（制造与质量管理部）

2013 年太钢获全国优秀 QC 成果、全国质量信得过班组项目

单位	小组名称	课题名称	奖项
炼钢一厂	连铸一作业区 QC 小组	提高连铸修磨坯表面合格率	全国优秀 QC 成果
热连轧厂	自动化作业区 QC 小组	降低轧线硅钢废品量	全国优秀 QC 成果
热连轧厂	1549 机动作业区动机点检组		全国质量信得过班组

（制造与质量管理部）

2013年太钢获中国质量协会冶金分会优秀QC成果

单位	小组名称	课题名称
尖山铁矿	主泵作业区生产丁班QC小组	减少设备润滑的加油时间
东山石灰石矿	破碎作业区中控班QC小组	提高破碎系统运转作业率
复合材料厂	精整QC小组	降低复合板表面修磨量
不锈热轧厂	工艺优化QC小组	模具钢工艺优化
冷轧硅钢厂	原酸作业区QC小组	减少焊接质量工序废品量
不锈冷轧厂	提升质量QC小组	降低高等级面板搓擦痕率
能源动力总厂	水处理QC小组	降低超滤出水SDI值
设备物资采购部	机械科QC小组	降低非标备件采购成本
物流中心	机务作业区QC小组	降低机车空压机故障次数
不锈钢精密带钢有限公司	精益求精QC小组	减少光亮线卷取塔形卷数量

（制造与质量管理部）

2013年太钢获山西省优秀QC成果

单位	小组名称	课题名称
峨口铁矿	除尘班QC小组	延长除尘器布袋使用寿命
焦化厂	西区QC小组	提高汽车带煤效率
炼铁厂	三烧丙班QC小组	提高烧结料层720±10mm稳定率
炼钢二厂	连铸一作业区QC小组	减少DW27废品率
不锈线材厂	生产技术科QC小组	降低不锈钢线材废品率
型材厂	轧钢作业区甲班QC小组	降低供不锈线材厂下厂料因展宽修磨率
冷轧硅钢厂	轧钢作业区QC小组	减少轧制工序废品量
自动化公司	物流提升QC小组	提高二钢北区板坯库物流周转速度
不锈钢钢管有限公司	技术质量科QC小组	提高S32750超级双相不锈钢管强度

（制造与质量管理部）

2013 年钢材新开发产品

类别	具体品种	销量(万吨)
不锈钢板材	含 Sn 超纯铁素体不锈钢、汽车燃油箱用钢、抗菌不锈钢、Ni 基合金、超级奥氏体不锈钢等	0.9
不锈钢型线材	叶片钢、军工钢、道森阀体用钢、焊材用钢、超临界锅炉用钢、模具用钢、高端轴类用钢、石油石化用钢、核电用钢、双相钢、玻璃辊用钢等	1.9
不锈钢管	锅炉管、双相钢、镍基合金、油井管、核级管、耐热钢、超级奥氏体等	0.1
不锈精密带钢	高碳马氏体、焊带等	0.1
碳钢卷板	工程机械用钢、汽车用钢、管线钢等	6.3
碳钢中板	模具钢、低温容器用钢、耐磨钢等	0.9
硅钢	取向钢等	1.4
碳钢型材	车轴钢、高等级焊丝钢、高等级轴承钢、高压锅炉管坯、船用曲轴、限动芯棒、冷轧辊用钢、军工钢、无磁钻铤等	3.0
合计		14.6

（祝恒立）

2013年太钢获冶金企业管理现代化创新成果名单

编号	成果名称	申报单位	成果创造人	等级
2013066	以建设精品不锈钢基地为目标的卓越绩效管理	太原钢铁（集团）有限公司	李晓波 高祥明 周宜洲 韩珍堂 张志方 王百东 宋迎东 陶家晋 苏伟中	一
2013067	以管理信息化建设为支撑的科技创新管理体系探索与实践	太原钢铁（集团）有限公司	李建民 白海旺 李志斌 李慧峰 张彦睿 王烽 张兰 田垚 岳冬梅	一
2013072	建立以提升集团管控能力为目标的集团财务管控体系	太原钢铁（集团）有限公司	周宜洲 韩珍堂 杨贵龙 张晓东 侯秀萍 米卫兵 刘丽萍 赵跃辉 安翔君 张惠琴	二
2013065	五“0”目标导向型安全管控模式的实践	太原钢铁（集团）有限公司	高祥明 侯进平 王高峰 姚俊锋 崔泽峰	三
2013068	城市钢厂环境质量之多维监控网络体系的建设与应用	山西太钢不锈钢股份有限公司	王百东 张国志 冀岗 马良 江建平	三
2013071	设备检修项目标准化管理	山西太钢不锈钢股份有限公司	王百东 王建军 莫大卫 石来润 赵恕昆	三
2013069	国家级五星级生产现场的创建	山西太钢不锈钢股份有限公司	高建兵 郭光宇 李红兵 陈钢 牛瑞新	三

（刘丽珍）

2013 年度太钢管理现代化创新成果名录

一等奖项目

成果名称	申报单位	成果创造人
工程领域“四线一体”效能监察管理体系的探索与实践	纪委监察部	宋　华　尤　良　王艳霞　李俊虎　张　宇　张　樑　龚子峰　王国平　刘文宗　许志强　闫　郁
安全管控体系在袁家村铁矿试车及试生产阶段的建立与运行	岚县矿业公司	米子军　赵建国　王永章　陈箭翔　白　俊　王钢平　雷锦华　李煊生　崔建春　朗进平　田巨明　康俊礼
钢铁上市公司精益财务管理模式的构建	不锈计财部	李　华　郝俊伟　冯保兴　郝卫强　刘　军　范文龙　张志君　王　刚　杨栓明　田　英
以增产增效为目标的硅钢生产全流程精细化管理	冷轧硅钢厂	张润国　罗玉田　刘爱国　王平钊　郑　琪　裴晓强　徐维智　苏　涛
钢铁贸易公司业务风险管理新模式的建立与实践	国贸公司 系统创新部	刘　勇　陈　励　王育文　郭新宇　宋迎东　张国庆　陶家晋　王继伟　闫　毅　赵林和　王　磊　陈星火

二等奖项目

成果名称	申报单位	成果创造人
先进文化在新矿山建设和发展中的培育和应用	岚县矿业公司	米子军　王笑天　闫俊礼　梁永鸿　赵建国　康俊礼　吴亮俊　郝彦斌　李林春
以降低集团资金成本为目标的财务公司资金池及票据池管理	财务公司	张晓东　侯秀萍　李　华　郭　涌　李志强　付　强　田俊东　张跃飞　张　超　范文龙
以提高离退休人员管理服务水平为目标的管理延伸服务	离退休管理部	陈世清　张　斌　张　江　曹力东　王　克　梁志荣　武　江　韩五卫　孙　昕　牛宝海　凌　莉

二等奖项目(续)

成果名称	申报单位	成果创造人
矿山企业管理现场化的创新与实践	尖山铁矿	曹　阳　孙俊如　黄杰平　陈建武　柴国义
微信平台在现场安全管理上的应用	东山矿	戚连泓　田义峰　田　飞　广　东　马　俊 谭　勇　王荣华　白文清　张继国　芦尚清
国家政策在采矿权价款处置方式中的应用	集团计财部	米卫兵　李虎生　王二留　刘晓东　史济清 于　翔　焦宝贵　车福才　赵　钦　安翔君 白文敏
以提高员工活力和创造力为目标的基层管理创新实践	热连轧厂	杨连宏　王　彦　蒋仲铭　康清华　李建隆 王　忠　陶毅清　张志东　杨铁博　冯　钧 刘彦军
袁家村矿粉及球团公路运输的精细组织与管控	物流中心	郭高文　帅长毅　马玉龙　张治宽　褚继民 肖　鹏　银丽馨　鲁　峰　姜全喜　张政文 常明潮　刘家林
以能源高效合理利用为目标的用能监督管理	能源动力总厂	石来润　范世文　武淑薇

三等奖项目

成果名称	申报单位	成果创造人
以提升团队管理绩效为目标的“一点三率”管理	峨口铁矿	张耀武　刘秀芳　孙占青　王建忠　代晋蛾 刘继文　席玉明　李国良　郝胜利　席晓霞 王玉兰　郝天喜
精细化成本控制体系的构建与实施	尖山铁矿	康占文　冯炎红　任俊峰　王名霞　郑丽华 田金满
员工成长积分在人力资源管理中的创新运用	炼钢二厂	刘　亮　李世红　李保才　王　鹏　谷　宇 王　强　陈景锋　王芮平
以提高质量和时效性为目标的《太钢年鉴》编辑流程创新	档案管理部	岳耸屹　张铁根　雷亚明

三等奖项目(续)

成果名称	申报单位	成果创造人
太钢境外安全风险管理体系的建设与实践	系统创新部办公室	宋迎东　谢栓友　陶家晋　郭新宇　赵晓梅　陈　励　任变变　武豪杰　孙晓刚　杨汝政　王志海　李晓武
六步法推进安全生产互保联保机制的建立	焦化厂	国金波　靳润堂　杨兆钢　陈永峰　张贵林　白　胜　王宏伟　俞艳萍
城市钢厂细颗粒物削减分板块层进式管理实践	能源环保部	冀　岗　张国志　马　良　刘建华　江建平　尚瑞年　吕光辉　吕俊红　陈　超　张　琨　张苏楠　刘海滨
企业劳务派遣用人方式的法律风险防范	法律事务部	杨　海　王　雁　蔡秀伟　徐少青
以控制缺陷为目标的流程变革及信息化软件开发	自动化公司	马　莹　韩晓东　杨仁兴　王　勇　李雅鹏　罗　旭　冯　帆　张运杰　李人敬　侯　强　郭新平　崔新亮
档案技术比武在企业档案系统管理中的应用与实践	档案管理部	张铁根　卫大中　雷亚明　常建斌　陈战欣　郭文海　阎丽慧　张　莉
以降低矿产品成本为目标的业务模式创新	集团计财部	侯秀萍　卜彦峰　高万福　张惠琴　杜占杰　高海文　霍建斌　王卫兵
以实现全精粉烧结为目标的大型高炉生产管理	炼铁厂	李夯为　杨朝刚　杨志荣　姜全喜　侯慧军　张政文　李　铁　闫利娥　康志刚　高长涛　杨晓岗　安　毅
以提高水资源循环利用水平为目标的精细化管理	能源动力总厂	郭灵纯　郑利军　武淑薇　高俊飞
以粉煤灰实验中心为支撑的技术质量保障体系建设	综合利用公司	胡荣建　张美霞　侯瑞鹏　刘会军　任启欣　孟春强　陈　涛　刘　鹏　李院高　龚运林　何俊廷　吕宗凯

（李　彬）

行政工作

XING ZHENG GONG ZUO

系统创新

【概况】 太原钢铁(集团)有限公司系统创新部现设有卓越绩效室、集团管控室、流程优化室、信息化管理室、后勤保障室五个科室。截至2013年末,共有员工20人,其中:部长1人、副部长1人。员工职称构成为:正高级职称1人、高级职称3人、中级职称13人、初级职称4人。

系统创新部主要职责为:集团管控;组织机构管理;改革策划;业务流程优化;制度管理;风险管理;信息化管理;生活后勤管理及计生爱卫管理等。

【集团管控】 围绕强化集团管控、完善子公司法人公司治理结构的目标,制订下发了《太钢集团子公司法人治理结构及责任体系管理规定》,为规范子公司的管理奠定了制度基础;为发展信息与自动化产业,组织对公司信息与自动化业务进行重组,优化管理体制,创新运营机制,下发了《创新发展公司信息与自动化产业的实施方案》;积极推进集团公司长期历史遗留问题的处理,顺利组织完成了线材公司破产工作,消除了金融风险。

【风险管理】 建立内控、风险相结合,与制度、流程一体化有机融合的公司全面风险管理思路。年内发布两次重大经营风险提示,提高了各单位风险防控意识;指导国贸公司、工业园等公司建立了风险防控体系,有效控制了经营风险。

【流程优化】 对离退休人员公费个人通讯费用进行优化;调整了精密带钢、不锈钢钢管公司销售职能;对公司成套供应港珠澳大桥不锈钢产品管理模式及相关单位职责进行明确,有效支持公司战略产品发展。

【体系管理】 组织策划并完成公司质量、环境、安全、能源体系联合外审工作,QMS、EMS、OHSMS、EnMS四体系圆满通过认证要求。

【信息化建设】 完善核心ERP功能,形成完整的覆盖核心业务的管理系统;开展产销系统、人力资源系统、档案管理系统、医院信息化系统、法律信息化系统等项目的前期研究,并开展了产销信息化项目、医院信息化项目的招标,为2014年全面推进奠定了基础。

【生活后勤】 作为公司开展群众路线的重要活动内容,强化食堂管理,加大硬件投入,提高餐饮质量,改善就餐环境,提高了对食堂的满意度。创新机制,在主厂区及宿舍设立公共自行车站点,方便了职工绿色出行,该案例获得2013年全球契约组织中国环境保护最佳实践案例。

【计生爱委】 制定和维护计划生育工作实施细则并进行检查考核,实施计划生育奖励和处罚性规定和政策,组织宣传教育和培训活动,对二级单位计生工作实行业务指导,认真落实计划生育"一票否决"制度。组织开展爱国卫生、健康教育和除"四害"活动。对公共卫生、食品卫生和环境卫生进行监督、检查、评价和表彰。完成了政府下达的爱国卫生各项标准和要求。太钢获得"全国爱国卫生先进单位"和"山西省爱国卫生先进单位"。

【管理创新成果】 精心组织管理创新成果的总结与申报,向中国钢铁工业协会申报了8项成果,有7项获奖,是所有申报企业中获奖比例最高的企业。在获奖成果中,《以建设精品不锈钢基地为目标的卓越绩效管理》和《以管理信息化建设为支撑的科技创新管理体系探索与实践》两项成果获2013年冶金企业管理现代化创新成果一等奖,这是太钢历史上首次在一届管理创新成果评审会上获得两项一等奖成果。

(系统创新部)

法制管理

【概况】 太原钢铁(集团)有限公司法律事务部是(集团)公司合同管理、工商管理、诉讼管理、法制宣传教育的责任主体。法律事务部是由企管处法律顾问室、法律顾问处演变而来的,企管处法律顾问室于1987年设立,2001年2月设立法律顾问处,经山西省司法厅批准,于2004年底设立太原钢铁(集团)有限公司律师部,行使公司律师的权利,2005年11月法律顾问处名称变更为法律事务部。法律事务部下设诉讼管理室、合同管理室、工商管理室和综合室,2013年末职工14人,其中硕士研究生学历3人,大学本科学历9人,大专学历2人,具有企业法律顾问执业资格和司法(律师)资格的14人。

职能:负责正确执行国家法律、法规,对(集团)公司重大经营决策提出法律意见;负责起草或者参与起草、审核(集团)公司重要规章制度;负责管理审核(集团)公司合同,参加重大合同的谈判和起草工作;参与(集团)公司的分立、合并、破产、解散、投融资、担保、租赁、产权转让、招投标及改制、重组、公司上市等重大经济活动的法律事务工作;负责办理(集团)公司工商注册登记及变更手续;负责子公司营业执照的年检与管理,参与子公司章程的修订与管理;负责(集团)公司及子公司的诉讼事务工作;负责(集团)公司的法律清欠;负责组织(集团)公司法制宣传教育和依法治企工作;负责提供与(集团)公司生产经营有关的法律咨询;负责选聘社会律师,并对其工作进行监督和评价。

【法制工作】 2013年是实施公司法制工作第三个三年目标的第二年,主要任务全面完成,即规章制度、经济合同和重要决策法律审核率实现100%;因违法违规引发的重大法律纠纷案件为零。提前完成40%的法律事务联络员具备合同管理师资格的目标,采取激励政策鼓励职工参加企业法律顾问执业资格和合同师资格考试,2013年共有61人考取合同管理师资格,其中法律事务联络员考取合同管理师资格44人,截止年末有法律事务联络员56人,有79%的法律事务联络员取得相关资格证书。

【合同管理】 持续加强合同制度化、标准化、信息化建设。围绕提高合同质量和运行效率,进一步缩减合同管理流程,开展合同管理专项检查,加强重点问题治理,落实合同管理责任。在已往制订推广122个标准示范文本的基础上,2013年又继续对其完善,主要对外交易领域实现了标准合同全覆盖。组织对合同信息管理系统进行升级,增强系统易用性稳定性等功能。2013年签订合同92509份(集团本部6611份),全部经过法律审核,法律审核把关率达到100%。

【法律服务】 法律工作全面介入到重大项目的整个过程。2013年共参与了土耳其铬矿项目、北京碧水源公司合作项目、太钢禄纬堡耐火公司巴西股东控制权变更等21个重大项目的评审及合同审核,均依据法律规定和项目实际提出了法律意见,并提出风险防范意见。法律部还直接参与了一些重大项目的合同谈判、公司股权收购工作,并出具18份法律意见书。

【商标基础管理】 完善商标保护管理电子档案及相关文件档案。截止2013年拥有国内注册商标68件,国外注册商标17件,驰名商标1件,著名商标1件。在中国境内实现了对使用商品国际分类1—45类注册商标全类别覆盖保护。

【诉讼事务工作】 1. 2013年(集团)公司在诉案件共46件,涉案标的7.8729亿元。通过法律途径有效化解债权清收、劳动用工等法律风险,为公司避免和挽回经济损失1022万元。

2. 起诉案件14件,涉案标的6.46亿元。其中二级子分公司新发生的起诉案件 2 件，涉案标的 4102 万元；其余 12 件均为以前年度发生尚未终结的起诉案件。

3. 应诉案件 32 件，涉案标的 1.42 亿元。其中，集团公司新发生的应诉案件 9 件，涉案标的 2345 万元；二级子分公司新发生的应诉案件 11 件，涉案标的 9684 万元；其余 12 件均为以前年度发生尚未判决的应诉案件。在法律纠纷案件管理中注重利用案件资源，从已发纠纷案件中查找问题、堵塞漏洞、改进管理，取得较好效果，从而维护了企业合法权益。

【国际化法律服务体系取得成效】 国际化法律服务体系健全完善，充分发挥集团公司、国贸公司、境外子公司、境内总协调律师所和境外律师所五位一体的联动作用，创新法律事务管理机制，健全公司法律风险管控体系，有力地促进了国贸公司及其境外子公司法律事务管理的科学化、国际化及现代化水平，具有很强的实用性和适用性。大型钢铁企业境内外综合法律服务体系建设荣获 2013 年公司管理现代化创新成果一等奖。

【法制宣传教育工作】 组织了公司副处级以上领导干部（不含省管干部）参加了山西省“六五”普法中期无纸化法律知识考试。共有 258 人参加考试，通过率为 100%。

开展了“12·4”全国法制宣传日宣传活动：以“大力弘扬法治精神，共筑伟大中国梦”为主题，下发了《关于开展 2013 年“12·4”全国法制宣传日系列宣传活动的通知》，确定了宣传活动的指导思想、主题内容，将宣传活动的各项任务分解到部门，落实到位。运用“6·5”世界环境日、职业病防治法宣传周、安全生产宣传月、全国消防安全宣传教育日等法律法规颁布实施纪念日开展了系列主题宣传活动。

运用企业信息化系统开展法制宣传活动。《法律》栏目介绍新颁布法律法规规章和规范性文件 66 件，介绍涉及法务动态 80 件，发布法律提示 5 期。《太钢法务论坛》共宣传报道企业的法律事务动态 126 件、典型案例 33 件，进行法律咨询 20 件。在太钢手机报上发布法制宣传信息 3 期。

【法律顾问队伍建设工作】 7 个法律顾问专业组在继续进行工程建设、对外贸易、安全环保、资源能源、知识产权、国资管理、劳动合同等专题研究基础上，结合公司改革发展和生产经营的实际写出专业法律调研报告或论文，提出相应的提示、建议或法律意见，并作为专家给法律顾问作了专题讲解。完成 14 篇调研报告或论文，对公司的法律事务管理工作有一定的启示作用。

（梁静春）

人力资源管理

【概况】 太原钢铁（集团）有限公司人力资源部是公司人力资源管理的主管部门，主要负责公司人力资源规划、劳动组织管理、人员引进配置、绩效管理、高层次人才培养、薪酬福利、劳动保险、辅助性生产外协等管理工作。

人力资源部下设综合规划室、招聘配置室、绩效管理室、培训开发室、薪酬福利室、劳动保险室 6 个科室。2013 年年末共有员工 37 人，其中，硕士 3 人，大学本科学历 27 人，大学专科学历 7 人；高级职称 11 人，中级职称 20 人，初级职称 6 人。

【组织管理】 1. 通过岗位对标，优化新建项目生产准备人员配置。为保证子分公司及二级单位在建新项目如期达产达效，人力资源部与各相关单位通过多种渠道收集标杆单位岗位配置资料，认真分析并结合公司实际制定最优配置方案。

2. 挖掘子公司临钢公司可利用人力资源，提高公司人力资源使用效率。全年以援职形式安

排临钢职工534人；替换外雇人员安置临钢职工675人。

3. 规范用工管理，建立能进能出的用工管理机制，解决医院新大楼运营人员短缺问题，提出医院用工规范与变革方案，通过考试考核招聘护士208名。

【人力配置】 1. 完善成熟人才引进管理体制，拓宽引进渠道，获取更多人才资源。全年，引进各类国内外高端人才18人。

2. 探索用工制度改革，制定《关于深入推进员工"能进能出"管理的相关规定》。采用顶岗实习等灵活多样的用工方式，按需引进人才，紧紧围绕岗位需要变岗中培养为岗前培养，合格进入上岗，形成"选好人、成本低、能进能出"的用工管理体系。对不能满足岗位需要、不适合在岗工作的职工，本着减轻单位管理负担的原则实行集中管理。采用新模式引进2014年院校毕业生。操作岗位毕业生由"一站式"的院校引进模式，优化为"实习筛选、派遣提升、达标录用"三阶段渐进式的选拔、培育模式。专技岗位毕业生由"门槛式"引进模式，优化为"统一测评，统一公司身份、委托单位培养，合格定岗、不合格淘汰"的选人育人模式。

3. 加强集团管控，强化子公司管理。根据公司法人治理结构及责任体系的相关规定，提出《关于子公司专职董事与监事的管理规定》（初稿）。

4. 完成2013年度集体合同及女职工集体合同的起草及报批工作。持续完善劳动合同基础管理，对公司在岗职工进行了劳动合同备案。持续进行清理长期不上班人员的专项整治工作，全年共清理80人。

【薪酬激励】 1. 编制下发了2013年集团公司工效挂钩考核方案。紧密围绕公司规划目标、任期目标和年度预算目标，依托集团公司绩效管控平台，引导建立以全面预算目标为中心的各级责任体系，强化对预算执行过程的控制和动态评价。在激励和引导钢铁主业做强做大的基础上，鼓励培养有竞争力的产业链延伸建设，鼓励加快推进相关多元化经营，鼓励通过对标找差提升经营绩效。

2. 编制下发了2013年股份公司经济责任制考核方案。2013年经济责任制根据公司应对市场变化的经营对策、全面预算KPI、政策连贯性、持续激励提高绩效原则、以及年度重点经营改善计划目标，以各单位绩效提升（降）、价值增（减）相应收入增（减）为导向，以严肃的绩效结果为重点，激励和调动各单位完成全面预算目标及改进提升的积极性和创造性，确保公司全年各项工作跨越性进步。

3. 拓展福利保障项目，增加大学生单身住房补贴。为关心新入职大学生的生活，适应单身公寓市场化运营管理的需要，进一步提高职工满意度，在职工工间餐、健身和通勤福利补贴基础上，增加大学生单身住房补贴。

【绩效改善】 1. 建立以全面预算目标为中心的各级责任体系，强化对预算执行过程的控制和动态评价。2013年对全公司44家子分公司、二级单位及部门进行的预算过程监控及评价，共对生产经营、工程项目建设等方面形成了3次综合评价、12次分项评价，全部在《太钢日报》进行了公示，充分发挥体系及评价排名作用，有力地起到了预算推进、改善和达成的作用。

2. 2013年完善《太原钢铁（集团）有限公司员工绩效管理办法》，细化《公司中层正职绩效评价与薪酬激励细则》，进一步激发员工的积极性和主动性，形成"领导干部有激情、岗位员工有活力"绩效文化氛围。

3. 根据公司绩效体系（PDI），指导完成20个工序单位和业务部门的岗位指标分解工作，逐步形成了"预算目标分解到岗位，人人有指标，工作成果按指标评价说话"的指标文化，为公司发展规划和战略目标的实现提供强有力支持。

【高层次人才培养】 1. 以公司首席师选拔聘用为切入点，推动公司高层次人才的选拔和培育。借鉴先进企业职业发展通道工作经验，策划公司职业发展通道方案，制订了《首席师队伍建设管理办法(试行)》。5月启动2013年度首席师推荐申报工作，各单位共推荐备选人选182人进行初审，管理办初审通过156人符合申报条件或破格参与选拔，经各专业评审组评审推荐、首席师评审管理委员会审核、公示后共56人被聘为公司首批首席师。

2. 营造“尊重人才、鼓励创新”氛围，组织2012年度优秀科技工作者(团队)推荐选拔工作，经专业组和公司评审组评审，共选拔10名优秀科技工作者和4个优秀科技工作团队，在2013年公司科技大会进行了表彰奖励。

3. 推动人才基地建设工作，2013年度“郭晓兵技能大师工作室”被评为国家级技能大师工作室，新增1个省级技能大师工作室，并经同意筹建2个省级技能大师工作室。

4. 2013年，公司6名员工被评为山西省学术技术带头人；6人获得“三晋技术能手”称号。

【辅助性生产外协管理】 深入开展减员增效工作。结合公司降本增效活动，明确各单位外协减员增效指标，指导、督促各单位全方位、多渠道提高用工效率，按照“效率减员、优化减员、技术减员、内部挖潜”等方式开展减员工作。执行外协业务回归激励办法，鼓励各项目单位充分挖掘自身人力资源，合理控制外协费用，增加职工收入。

【职工保险工作】 据省厅文件精神，组织实施了退休人员统筹内、统筹外基本养老金的调整兑现工作；参照退休职工增加养老金的政策为内退职工增加生活费待遇；组织实施工伤人员工伤保险待遇的调整兑现工作；对公司新中国成立前参加革命工作的老工人实行医疗照顾补助。审核确认退休抗美援朝志愿军老战士并发放生活补助。

(常晋爱)

计财管理

【概况】 太原钢铁(集团)有限公司计财部将除太钢不锈和临钢公司外的财务人员全部集中管理，设置预算管理室、资金管理室、会计管理室、资产管理室、综合税费管理室、地矿管理室6个管理室和11个驻子(分)公司财务室。截至2013年末，集团计财部共有职工141人，其中研究生12人，占总数的9%；大学本科学历55人，占总数的39%；大学专科学历63人，占总数的45%。

集团计财部是公司计财工作的综合管理部门，通过全面预算、竞争力对标、投资、会计、资金、资产、税务、土地矿权等综合管理运行机制，紧密围绕公司发展战略目标，全面履行各项职能，夯实基础工作，倡导精益管理，提高执行力，优化财务管理流程，创新财务管理模式，为公司战略目标的实现奠定基础。

【完善全面预算管理体系】 科学制定全面预算指标，完善全面预算管理体系。根据集团公司战略及“十二五”发展规划目标要求，研究分析面临的经济形势，科学制定2014年预算指标体系及重点工作，并组织细化挖潜增效措施，从而确保2014年全面预算目标的完成。

强化集团管控职能，加强全面预算的动态监控。从业务板块、子(分)公司及管理单元等各层面对集团公司全面预算执行情况进行分析，由单纯对收入、利润指标分析转变为品种结构、质量指标、技术经济指标、能源环保指标、应收账款、存货、财务费用、新投工程成本效益指标等多维度分析，全面反映生产经营中存在的问题，提出改善措施，引导生产运营健康发展。2013年全集团降本增效16.6亿元，有效缓解外部市场环境的不利影响。

完善竞争力对标体系，提升集团综合竞争力。根据集团公司的发展战略，以“全面对标、重

点突破、持续改进、过程管控、务实求效”为原则，制定下发《太原钢铁(集团)有限公司2013年竞争力对标方案》，组织各单位重新梳理、提报竞争力对标指标，分钢铁主业和其他产业选择对标单位，制定科学赶超计划，在集团范围内广泛开展对标工作，不断提升综合竞争力。

梳理完善关联交易，发挥资源配置优势。为促进集团公司整体效益的增长，理顺集团内部关联交易秩序，实现集团内部资源合理有效配置。组织对岚县矿产品资源在太钢不锈与临钢公司之间有效配置，实现集团利益最大化。

【资金管理】 严格执行月度财务收支预算，运用资金管理信息系统加强资金预算管控，确保公司资金高效运营。同时做好资金滚动预算，提高资金平衡准确性和预见性，进行必要的资金储备，保证资金供应。

扩展筹资渠道，保障资金需求。通过加大融资力度、拓展融资渠道，多方位筹集资金，有效地满足了公司经营和发展的资金需求。2013年发行债券35亿元，续作内保外贷业务进行融资1.3亿美元，万邦、鑫磊项目银行贷款获批，并争取到利率下浮优惠，降低了融资成本。

强化集团公司资金管控，防范风险。加强集团公司预付账款及应收账款的管理，针对长期未能收回的应收款项，制定专项清收方案，设立工作组与管理组，明确重点，落实责任，有效推动清欠工作在较短时间内取得进展。为防范集团往来资金风险，加大对集团内外部及改制单位的欠款清收力度，修订下发了《太原钢铁(集团)有限公司预付账款管理办法》和《太原钢铁(集团)有限公司应收账款管理办法》，2013年累计清回欠款2734万元。同时进一步开展应收款项源头预防工作，防止新欠发生，明确要求各单位按照清收目标制定清收措施并限期落实清理。对集团公司开展的贸易业务，多次组织会议进行分析研究，逐项规范业务流程，制定并下发了《太原钢铁(集团)有限公司贸易业务管理办法》，对集团公司社会贸易流程进行了统一规定，强化了贸易风险管控机制。

加强集团公司外汇管理，规避外汇风险。制定并下发了《太原钢铁(集团)有限公司外汇业务管理办法》，对相关单位经营活动中涉及外汇的各项业务进行规范，明确职责，规范各环节操作流程。

【投资管理】 严格固定资产投资项目，强化投资监控。根据集团公司全面预算要求，确定了2013年度太钢集团固定资产投资项目年度预算控制目标。按照有保有压的项目管控原则，严格审批集团公司投资项目，参与对项目的立项审查，并组织对项目的投资概算及经济评价进行审核，确定投资额，下达投资计划。2013年集团公司固定资产投资累计完成165亿元。

根据集团公司固定资产投资项目立项管理办法，对太钢不锈、临钢公司、矿业分公司限额项目进行备案管理，动态掌握各分子公司固定资产投资项目计划下达及执行情况，按照年度预算目标进行控制考核。

加强控股、合营联营公司及参股公司的投资管理。针对合营联营公司及参股公司，重点关注投资回报及运营质量，通过绩效考核、运营指导等方式督促其良性发展。同时加强过程控制，发现可能对公司未来有较大影响的重大事项组织研究，及时纠正，规避财务风险。审议参股公司股东会、董事会、监事会议案并出具报告。

【税务筹划及管理】 积极研究税收政策，做好2013年税务筹划工作。在岚县矿业公司增加税负的情况下，集团公司税负未增长。2013年实现税金21亿元，与上年基本持平；全年上交税金22.5亿元，较上年降低4亿元。

合理降低税负，对岚县矿业公司采矿外包业务重新设计，增加增值税进项抵扣额，全年增效3420万元。组织“营改增”政策专题培训及业务梳理工作，针对交通运输和现代服务业“营改增”，制定了公路运输定价政策，价格调整后为公司增利3000万元/年。

2013年9月份金税三期工程上线，国、地税征管系统统一并全国联网。针对金税三期工程上线，积极开展税金缴纳、税务注销、重新开户等工作，使公司税务业务顺利衔接。同时也对征管中出现的问题进行积极协调，解决了工程技术公司和修建公司建筑业发票自行开具的问题。

【土地矿权管理】 强化矿权管理，加快矿业权手续办理，确保矿山生产合法化。袁家村铁矿完成了国土部对省国土厅采矿登记授权，并办理了资源划界手续，采矿权证即将取得。峨口铁矿、东山石灰石矿办理了采矿证的延期。尖山铁矿资源整合及有偿换证工作平稳进行。

充分运用各项政策和价款评估行业规范，降低资源价款。通过协调沟通，袁家村铁矿、峨口铁矿交纳资源价款大幅降低，峨口铁矿还争取到价款分期缴纳政策。

强化土地管理，保证公司项目建设用地需求。成功解决了袁家村铁矿、东山矿以及尖山铁矿的用地问题。其中，袁家村铁矿取得国土部的土地预审批复文件，并拟采取创新用地方式解决用地指标问题。东山矿对矿界范围补充勘探，确定柳沟村开采价值，并与柳沟村签订了69054平方米占地协议，延长了矿山服务年限；东山矿洪子峪矿区创新用地方案已通过国土资源厅评审，已上报国土部，等待审批。

开展耐火厂选址、碳纤维项目、保税公司、不锈钢园区以及棚户区用地工作。完成了线材厂、耐火厂的土地收储工作。完成了6个棚户区改造项目《国有土地使用权证》办理工作，并有效运用政策，以划拨方式取得用地。

【财务基础管理】 加强制度建设，建立现代化管理的财务管理模式。对已下发及遵循的规章制度进行梳理，结合工作实际，对缺少及不健全的财务管理制度进行了补充或修订，2013年共计下发了13个制度。持续关注国家相关财务政策及法规新动向，对政策变化快速做出反应，提高集团公司整体应对能力，帮助公司发展。

组织完成2012年集团公司年报决算工作，并根据省国资委的文件要求，组织编写、上报了2012年《企业年度工作报告》。完善丰富了财务信息的内容和格式，按月出具集团公司财务信息，为公司提供相关决策依据。

立足集团公司会计核算和财务管理职能，以强化子分公司财务基础管理工作为重点，对所有分子公司及二级单位进行了全面的财务基础检查及投资项目财务专项检查。针对检查过程中发现的问题下发整改决定，并对整改情况持续跟踪，督促指导子分公司进行改进。

【信息化建设】 加速推进信息化建设。组织制定集团公司信息化工作方案，优化系统配置，完善财务功能，积极推进子公司信息化工作进度。对集团公司财务人员进行SAP集中培训，提高集团公司财务人员SAP操作技能。本年度完成了房地产开发公司的上线工作，国贸公司财务功能完善工作，财务公司、钢科碳公司、钢重公司等新成立子公司的SAP上线工作，积极推进子公司信息化工作进度。

（杨竞璞）

规划发展管理

【概况】 太原钢铁（集团）有限公司规划发展部成立于2008年6月，隶属于集团公司，负责全公司的战略管理、规划管理、限额以上项目和对外投资项目立项审核评估管理、项目报审等工作。2013年末有部长1名，正处级副部长2名，副处级副部长1名，下设发展研究室、投资发展室、规划立项室、项目报审室、综合信息室5个科室；年末在职员工数26名，其中：在读博士研究生1名、硕士研究生8名、本科学历17名，成绩优异的高

级工程师1名、高级职称5名、中级职称13名、初级职称7名。

【并购重组】 按照国家及山西省钢铁产业政策要求，积极推进整合山西省钢铁企业工作，就太钢与星原钢铁股权合作各项事宜与星原钢铁方面进行了深入商谈，公司向省国资委递交了相关材料；山西省国资委在组织专家评审意见后出具《山西省人民政府国有资产监督管理委员会关于对太原钢铁（集团）有限公司拟收购襄汾县星原钢铁有限公司10%股权资产评估项目予以核准的函》。

【战略投资】 海外投资及寻源进行了南非塔瑞萨铬矿项目、红土镍矿冶炼项目、四川科亨集团铜项目的相关调研、考察和交流。此外还进行了南非MOOIHOEK铬矿项目等4个铬矿项目、加拿大kazax项目等2个铁矿项目等的寻源工作。编写完成《国内主要钢铁企业应对市场危机主要措施的分析报告》、《国外主要钢铁企业应对市场危机主要措施的分析报告》；编写完成《国内镍铁行业发展及对不锈钢影响的分析报告》和《国内铬铁行业发展以及对不锈钢影响的分析报告》；组织完成《缅甸达贡山2×33000KVA矿热炉冶炼镍铁规划》和《印尼OBI岛2×33000KVA矿热炉规划方案》，在此基础上又编制完成《关于国内镍铁生产现状及对不锈钢行业的影响分析》和《国际国内主要不锈钢企业战略布局简要分析》专题报告。根据公司领导安排，为有效控制集团公司对外股权投资项目风险，编写完成《太原钢铁（集团）有限公司股权投资项目风险管理实施细则》。

【立项审核】 全年钢铁主业完成了"热连轧厂新建钢卷表面处理线工程"、"不锈钢冷连轧区域电力线路迁移改线工程"等26个项目的审核立项工作，下达投资额52.93亿元；非钢产业项目审核立项24个，下达投资额为7.2亿元。已经完成"炼铁厂新450平方米烧结机工程"、"炼铁厂脱硫脱硝工程"和"矿业公司东山石灰石矿小北尖矿区恢复生产工程"的项目后评价工作。"型材厂径锻机项目"、"热连轧厂2250mm热连轧生产线罩式炉改造工程"两个后评价工作正在按计划推进。

【项目报批】 积极跟踪袁家村铁矿项目相关手续办理，推进项目报批，中钢金信咨询有限公司已对该项目重新评估，并进行现场调研，将评估报告上报国家发改委；国家发改委现已启动核准程序。取得T800级聚丙烯腈碳纤维、高炉热渣制棉、焦炉煤气脱硫制酸、2250毫米热连轧钢卷表面处理线、高炉煤气高效综合利用、7.63米复热式焦炉、不锈热轧厂产品优化升级改造、不锈棒线材、原料场扩建、含油废水处理回用及中和站改造、不锈钢生产线、电站锅炉用镍基耐热材料、300兆瓦燃煤发电机组锅炉低氮燃烧、仓储物流基地、高速铁路用钢、硅钢常化酸洗产业化项目粉煤灰综合利用、不锈冷轧厂新增修磨机组等17个项目备案或核准批文。

（夏瑞瑞）

安全生产管理

【概况】 太原钢铁（集团）有限公司安全生产管理部是负责公司安全生产综合管理的职能部门。设部长1名，下设安全监督室、安全管理室、安全检查室3个职能科室。2013年年末在职职工21人，其中研究生学历2人，大学本科学历12人，大学专科学历7人。

管理权限及主要工作内容：贯彻安全生产法律、法规，制定并组织实施公司安全生产规章制度；编制公司安全生产长期规划、制定年度目标、实施年度考核，指导、协调和监督各部门、子（分）公司及二级单位落实安全生产责任制；建立完善并运行职业健康安全管理体系，总结推广安全管理经验；督促办理并组织审查验收新、改、扩建工程安全“三同时”手续;组织调查处理人身伤亡事故及职业病伤害事故;负责工伤认定、工伤职工伤残能力鉴定、伤残人员辅助器材配置的对外协调工作;负责职业健康管理;发布职业安全卫生信息,统计上报有关数据;策划并监督落实全员安全培训工作;承担公司安全生产委员会办公室的日常工作,监督检查安委会会议决定事项的贯彻落实;组织开展安全审计、安全评价、安全检查,督促整改安全管理问题和事故隐患。

年度工作特色及主要任务完成情况:持续推进“0123”安全管控模式各项工作的落实,在岗位达标、安全文化建设、安全效能监察、职业健康安全管理体系、安全防护认定等方面重点开展了工作。2013 年集团公司(包括临钢公司)共发生人身伤害事故 5 起/5 人。其中,死亡事故 2 起/2 人,重伤事故 2 起/2 人,轻伤事故 1 起/1 人。与上年相比,事故总数持平。其中,死亡事故上升 2 起/2 人,重伤事故上升 2 起/2 人,轻伤事故下降 4 起/4 人。

【职业健康安全管理体系】 组建 7 个职业健康安全管理体系审核组,对 24 个生产单位和 18 个职能管理部门进行了体系内审,共发现一般不符合项 1307 个,开具不符合项 83 个。各单位对审核发现的问题从制度完善、流程优化等方面举一反三进行了排查、整改,推动了安全工作的持续改进。针对一些单位体系管理与日常工作结合不紧密、内审工作针对性不强等问题,组织制定了改进方案,为下一步职业健康安全管理体系的运行明确了方向和整改措施。

【安全评价和审计】 按计划在全公司范围内开展了两轮共计 53 单位/次的安全评价和安全审计,发现各类不符合项 2277 项,较上年增加 284 项。根据上半年安全评价预算指标的完成情况,对 15 个未完成安全指标进步值的单位进行了考核。督促各单位在安全绩效奖的发放过程中根据评价区分的原则分档次进行了兑现,实现了厂对作业区、作业区对班组、班组对职工安全履职的逐级考评,杜绝了平均分配且拉大了差距,体现了安全绩效奖的激励作用,增强了干部职工主动抓安全的积极性。

【安全效能监察】 为督促各单位抓好安全工作的落实,安全生产管理部确定专人对安全工作推进力度不够、绩效相对差的 8 个单位开展了点对点的帮教。联合纪委(监察部)成立了安全效能监察组,对能源动力总厂、钢管公司、冷轧厂、炼钢一厂、物流中心、加工厂 6 个单位的安全管理工作和炼铁厂的职业卫生管理工作以及全公司的外协专项整治工作开展了专项效能监察,组织分析现状,查找管理问题,及时堵塞漏洞,针对性地提出了改进意见。

【专项整治暨百日安全生产大检查】 开展了外协安全专项整治,从资质审查、安全准入、培训教育、作业监护、严禁转包分包等方面进行了规范。按照“三排查”、“五必须”、三防范”的原则全过程开展了有限空间专项整治。吸取近年来窒息事故教训,针对窒息性气体在特定环境下可能造成人身伤害事故的特点,制定了《关键危险因素控制规则(窒息性气体)》,从日常运行、检修作业、应急处置等环节提出了技术性规范。分矿山、危险化学品、冶金等 15 个重点专业(领域)开展安全生产大检查,实行问题日通报制度,加强整改。累计组织检查 362 次,排查 31200 多个部位,发现现场不符合项 2854 项,公司对整改情况检查验收,确保措施到位、整改达标。

【重大危险源与应急救援】 严格重大危险源日常管控,实施了重大危险源风险评估并报太原市安全生产监督管理局备案。修订了公司生产安全综合事故应急救援预案,在山西省安全生产监督管理局进行了备案。组织各单位完善了专项预案和现场处置方案,配置了救援物资装备,形成了完善的应急救援体系。公司组织开展了轧钢生产线着火、氨气泄漏、煤气柜泄漏爆炸，焦化厂危化品泄漏，矿山系统尾矿库子坝塌陷、泄洪、管涌等应急演练，提高应急响应和救援能力。

【安全“三同时”】 组织对盂县石灰回转窑及破碎筛分项目、袁家村铁矿配套球团技术改造项目、宽幅光亮板技术改造项目、硅钢冷连轧技术改造项目、热连轧厂产品结构调整技术改造5个项目完成了安全专篇；对1650高炉大修改造项目、硅钢冷连轧技术改造项目、2250毫米热连轧新增钢卷表面处理线技术改造3个项目完成了安全预评价；对4350高炉项目、4350高炉干法除尘改造项目、450烧结机3个项目完成了安全验收评价，均已在省市安全生产监督管理局备案。

【岗位达标建设】 把安全生产岗位达标作为规范岗位安全工作、夯实基础管理的载体，修订了《岗位达标考评办法》和《考评细则》，提出11个大类、34个子项、129个计分点，在基层广泛开展岗位达标创建、评比、赶超活动。从开展率、进步率、达标率三个方面提出各单位工作目标，明确了工作节点、推进方法、考评办法、公司及各单位在推进过程中的工作职责。对班组长实施了专项安全培训。组织各单位制定了详细的工作计划，对各单位的开展情况进行了指导、帮教，组织开展了岗位达标工作互动交流。在各单位自评验收的基础上，对30个单位的303个班组进行了岗位达标验收，其中93个班组达到了三星级班组。在此基础上，推荐10个班组参加了全国安全生产标准化示范班组的评选。

【安全文化建设】 紧密围绕“公司安全文化建设发展年”的总体安排部署，两次召开专题会议安排部署安全文化建设工作。宣传部、新闻中心、安全生产管理部策划编印了《太钢安全文化手册》，通过现场发放、公司内网和外网进行了广泛宣传。围绕职业病防治、岗位达标互动交流、工程安全管理等工作开展了专项宣传。制作了《小隐患酿成大事故》、《加强外协管理保障职工安全》等安全类电视节目8期，通过《钢城纵深行》、《钢城面对面》及《魅力钢城》栏目进行播出。“安全生产月”、“百日安全生产无事故竞赛”等阶段性活动期间，有线电视台、《太钢日报》等媒体开辟专栏进行了专题宣传。组织各单位相继开展了“送安全”有奖知识问答、“我的一次险肇经历”安全故事讲述、“一人安全，全家幸福”安全主题征文、摄影和书画征集等系列活动，进一步营造了公司安全文化氛围。

【安全防护认定】 继续推进安全防护认定工作，进一步完善了认定标准，组织认定人员开展了专题培训，增强发现问题的能力。对综合利用公司、电修公司、加工厂、岚县矿业公司、冷轧厂4号热线项目、炼铁厂新高炉、炼钢一厂VOD炉等单位（投产项目）进行了安全防护认定，发现问题3768项，督促各单位优先采用工程技术手段举一反三落实整改措施，现场硬件设施安全功能进一步完善，促进了安全生产条件和安全设施的合规达标，提升了本质安全化水平。

（崔泽峰）

审计管理

【概况】 太原钢铁（集团）有限公司审计部，设部长1人、副部长1人，设审计一室、审计二室、审计三室3个职能科室。2013年末，在册职工15人，其中高级职称5人，中级职称5人，初级职称3人。主要职责：审计部是公司内部审计专职管理部门。负责组织开展经营管理审计；对集团公司所属单位行政负责人实施任期或离任审计；对改制、分立、合并等重大资产重组事项进行审计；开展工程建设过程监督、工程竣工决算、工程承包责任制和工程效益等工程项目审计；开展专项审计调查。

【绩效指标】 2013年应完成35个单位的经营管理审计或离任审计,实际完成经营管理审计项目23个、离任审计项目12个;跟踪闭环管理:按照《对审计处理决定和审计建议实施闭路循环检查的规定》,对下达的275条审计处理决定和审计建议100%进行了检查;专项审计:2013年应完成15个专项审计项目,实际完成了房地产公司底商管理专项审计、太仕柯公司出口销售管理专项审计等16个专项审计项目;挖掘问题事项:2013年对设备物资采购部、房地产开发公司等单位的62个不规范问题进行了挖掘;工程承包责任制审计:按照项目经理部提报的申请,按期完成了高炉煤气循环发电工程、炼铁厂热风炉改造性大修工程等6项工程承包责任制审计;典型事例警示教育:对审计发现的典型事项进行了案例分析,完成了公司关联债权债务对账管理、房产公司水电管理、公司工程项目管理、公司审计整改闭环管理等事项的案例总结。

【经营管理审计】 对公司所属23个单位实施了经营管理审计,针对问题共提出管理建议94条,为公司不断提升管理水平、规避经营风险做出了贡献。

【厂(部)长离任审计】 对公司12名经营负责人实施了离任审计,通过审计对离任干部任职期间的经营管理工作进行了客观公正的评价,强化了各单位的内部控制与管理。

【专项审计】 2013年,加大了重点业务管理专项审计力度,实施了公司职工住宅管理、底商管理、出口业务管理、工程项目管理、采购业务管理、库存物资管理等16个专项审计项目,对专项业务管理的制度、流程、岗位责任落实、实际业务操作过程和结果等方面,从合规性和效益角度进行了剖析,针对审计发现的问题提出了管理建议,增强了各单位风险管控意识,促进了各单位专项业务管理水平的深化和精细化,堵塞了管理漏洞。

【工程审计】 根据公司与项目经理部签订的工程承包责任制,对高炉煤气循环发电工程、炼铁厂热风炉改造性大修工程等6项工程进行了承包责任制审计,审核了工程成本和工程投资完成情况,对工程承包责任制项目完成情况进行了核查和完成评价。对公司财务核算的在建工程逐项进行了工程承包管理责任落实,促进了项目单位和项目经理部对项目管理的重视度,推动了项目结算、竣工验收等工作的开展。

【年度财务报表决算审计】 根据山西省国资委对境外子公司实施内部审计的要求,对公司所属的欧洲公司、美国公司、中国香港公司、不锈香港公司和参股的晋非公司、土耳其铬矿合资公司等8个境外子公司实施了年度财务报表决算审计,对境外子公司2012年度的资产负债、经营收支等情况进行了核实。

【审计信息化管理】 2013年,继续开展审计信息化工作对标,与宝钢集团、中石化等先进单位进行了业务交流,持续推进审计信息化项目建设,向公司呈报了《太钢审计信息化项目立项报告》。对审计工作底稿编制逐步实行“以审计工作底稿模板为基础,按实际情况进一步延伸记录”的方式,规范部分审计工作底稿编制电子化要求,降低了审计风险,为审计信息化工作的推进创造了条件。

(王　虹)

科研管理

【概况】 太原钢铁(集团)有限公司技术中心是1996年国家经济贸易委员会、国家税务总局、海关总署等部门联合认定的国家级企业技术中心。2003年以来,从功能定位、机构设置、研发机制、能力建设等方面对技术中心进行了全方位再造,2008年经公司批准同意,设立了资源综合利用研究室、铁路用钢研究室,组建"山西省铁道车辆用钢工程技术研究中心"和建立"先进不锈钢材料山西省(企业)重点实验室"。2013年技术中心共申报政府各类科技计划项目27项,12项已立项批复。立项项目中863计划《含硫油气工程用高性能铁镍基耐蚀合金及产业化关键技术》、科技支撑计划《燃煤固废耦合矿渣制备纤维复合保温材料与工程示范》等国家级课题共有3项。全年共有11个项目通过了省级科技成果鉴定,有6项成果获冶金科学技术奖,5项成果获山西省科技进步奖,1项成果获中信铌钢技术进步奖。

2013年末人数489人。其中管理人员54人,科技人员162人,操作人员273人,博士21人,硕士81人,本科生124人 。

【专利成果】 2013年,太钢职务发明专利申请取得质和量的双丰收,专利管理工作取得新进展,全年共计获得受理专利469件,连续7年保持山西省第一。专利申请质量大幅度提升,发明专利申请216件,比例达到46%,较上年提高约4.2个百分点;经国家知识产权局批准授权专利400件,其中发明专利99件,实用新型专利授权301件。目前,太钢累计授权达1839件。充分研究利用国家和地方政策,开展无保护价值专利废弃和专利费用减缓工作,全年累计节省专利申请、维护费用近100万元。11月太原钢铁(集团)有限公司被国家知识产权局确定为第一批国家级知识产权优势企业。

【新产品开发】 不锈钢方面,超纯铁素体不锈钢开发量达12万吨,较上年增长15%;其中汽车排气系统用SUS409LT、SUS439MT通过了丰田认证,1.4509、1.4510通过了福特和宝马的认证。436L成熟的冷线钝化新工艺推广应用于443、439等超纯铁素体不锈钢;443酸洗速度提高了30%,并大幅度提升了其表面质量和耐蚀性能。双相不锈钢通过了世界最大的石油公司BP公司认证,标志着太钢双相不锈钢已踏入世界舞台。按合同要求保质、保量完成了港珠澳大桥用双相不锈钢筋的供应任务,全年供货6700吨以上。另外,自主开发成功TDS2102中板、卷板、线材、焊丝等系列产品,管材用于塔里木输气管线,管坯出口韩国,并起草了核电、石化专用技术标准,供货条件均已具体。

在不锈钢型、锻材方面,开发出供神华集团煤制油项目用TSH321不锈钢管坯,满足了用户在苛刻环境下使用的个性化要求,全年开发量达到4000余吨。新开发成功了供东方汽轮机厂叶片用YP1Cr13、YP1Cr11MoV、2Cr11MoNiWVNbN三个钢种,年开发量1200吨,大幅度超过了2012年水平。至此,太钢叶片钢已形成10个品种的系列化。

经过7年的不懈努力,太钢与东锅就同煤集团漳泽电力轩岗3号超超临界锅炉项目,首次签订SUEPR304H和HR3C锅炉管合同348吨,标志着太钢超超临界锅炉用钢得到国内高端用户的认可。

在特殊用途不锈钢方面,开发出的镍基合金800H、800L的连铸工艺在国内尚属首家,并分别试制出了合格的中厚板和冷轧卷板。

率先在国内开发出的核电AP1000堆内构件用304、304H不锈钢板材,太钢是国内该材料的唯一供应商。核电用不锈钢板材结算量全年2100吨,在国内市场占有率继续保持在50%以上。

硅钢方面,成功开发出供永济电机厂时速350公里高速动车用国产化M530-65A硅钢,经上车试验表明,采用太钢材料与进口材料制成的电机性能相当。经过近3年的努力攻关,巨型水电用高牌号50TW250实现了横向P10的稳定控制,已通过三峡委员会认证。

无取向硅钢冲片性、耐锈性彻底解决,年内冲片次数最高达到400万次,全面优于竞争对手。另外,纯铁全年开发量87000余吨,完成了年计划的124%,较上年增长1.76倍,成品材率较上年同期增长了2.3倍,并解决了易生锈、平直度差等质量问题,该产品销售价格在二季度末高于竞争对手。

高品质卷板方面,成功开发出水轮发电机组用700兆帕级高强磁轭钢板,性能全面满足了三峡公司百万千瓦机组磁轭钢的使用要求,首次实现供货250吨。工程机械用900兆帕级高强钢突破了技术难点,性能到达960兆帕水平,钢板不平度≤5毫米/米,产品已打入国内工程机械品牌企业徐工集团,成功用于混凝土泵车制造,且替代了进口。TS1100QC超高强度热轧卷板开发成功,解决了板形问题,实现了国际首发。X80管线钢在中石油西气东输三线、陕京四线等项目中继续中标,在上年降成本工作的基础上,吨钢又实现降本70元。经过4轮试验,X90级管线钢也通过了西安管材研究院的检测,力学性能优于国内其他钢厂,已获得第三方认证。

高碳钢方面,通过前期扎实的基础工作,一次性开发成功了园林工具钢TS90CH,产品实物质量已满足用户要求,实现了采用连铸+热连轧生产碳含量0.9%高碳合金钢技术突破,太钢成为国内唯一能够生产该级别高碳合金宽带钢的企业。

型材方面,车轴用钢始终为太钢战略性的拳头产品,2013年车轴钢开发量为22万吨,连续9年市场占有率保持国内第一。供铁路总公司上车路试的高铁用DZ1、D1车轴、车轮钢满足了高铁整轴、整轮的疲劳性能及其他各项严格要求,实物质量达到国际水平,预计2014年1月可实现上车运行。无磁钻铤用钢通过全年开发量达到1200吨,较上年翻番,且高级别钻铤用钢比例占国产无磁钻铤的50%以上。

【工艺改善优化】 炉料结构优化方面,焦化工序全年开发新煤种8.8万吨,瘦煤配比平均稳定在14.5%以上。炼钢工序进一步加大了铬镍生铁等廉价料的使用量,全年铬镍生铁使用量达110.2万吨、占镍资源比例达73.9%,纯镍比由上年的20.4%降低至四季度的11.4%。开发出耐热钢309S、310S为典型品种的电炉工序配加"中镍生铁+镍铁+不锈钢基料"工艺,降低纯镍使用量,为降低不锈钢制造成本奠定了基础。以实现固体废弃资源利用效益最大化目标,合理规划除尘灰、铁鳞等废弃资源消化渠道,形成了较稳定的固体废弃资源消化模式。积极消化铬镍冻罐生铁、废轧辊等内部含有贵重金属的废钢,实现铬镍冻罐生铁、废轧辊等含有贵重金属和合金钢种的专用率达100%,库存为零,实现其高效利用。工艺优化方面,围绕袁家村矿开展了选矿和球团工艺质量攻关,通过优化选矿、磁选和反浮选等工艺,处理量稳步提高。提高各工序收得率,下半年综合TFe回收率平均为69.3%。针对公司大块焦资源短缺,焦化工序主要围绕提高大块焦比例开展工作,9月份开始,大块焦比例达73%以上。针对9号焦炉的投产,前期进行了整体工艺研究及试验,9号焦炉投产53天即达产,12月中旬实现三座焦炉同时出焦。6号高炉投产前,烧结工序重点推进消化袁精粉、取代进口粉,降低烧结配矿成本的工作,从4月份开始,进口粉配比控制在20%以内,8~10月份基本取消了进口粉。不锈钢冶炼工艺持续优化,炼钢一厂全厂修磨损失率由上年的0.9%降低至下半年的0.8%;8月份炼钢二厂北区修磨率取得进步,11月份北区平均修磨率降低至0.79%。特殊钢连铸通过大量的工艺研究,推进高锰钢和T91连铸工艺取得突破性进展,国内首次开发高Mn钢的连铸工艺,并实现两连浇,吨钢降成本达1000元以上。在实验室完成了典型铁素体、奥氏体不锈钢耐蚀性的初步评价和分析,在此基础上,优化了430热

线酸洗工艺,430 过线速度已提高至 304 过线速度的 82 - 97%。为稳步提升质量打下了坚实的基础。

【实验室能力建设】 2013 年检测中心的生产检验量比上年增加了 12%,在任务重、人员紧、检验周期短、认证频繁等诸多困难条件下,通过优化生产组织,较好地发挥了检验能力,保证了公司检化验和科研试验任务的全面完成。根据公司发展需求,2013 年初技术中心优化实验室机构,成立了检测中心,下设理化管理科及各检测室,合理调配管理人员,实现了稳定高效化管理。2013 年,检测中心重点完善检测质量抽查和评价等 10 项管理制度,各检测室分别成立技术组,强化了专业技术管理,开展了多项以不锈钢为主的课题研究和方法标准研制,进一步提高了实验室检化验能力和试验研究水平、缩短了检化验周期、优化了检化验流程,为公司新产品、新工艺的开发研究和生产经营的正常进行提供了强有力的支撑。《高铬铁素体不锈钢晶间腐蚀试验方法》和《烧结镍及氧化镍中镍含量测定》标准申报,分别获得 2013 年第二批国家标准计划项目,并积极开展标准起草准备工作。新购置的质谱仪、高磁场软磁直流测量仪、原子荧光光谱仪、30 吨拉伸试验机、数控车床等大型仪器投入使用,实验室检测能力得到了进一步提升。

【企业文化建设】 在宣传及企业文化建设方面,继续发挥《火花报》的载体优势,采写刊登先进集体、典型人物事迹,传递榜样力量;遴选摘录优秀文章,开阔眼界、启迪思想;印发"安全月"、"质量月"等专刊,建设安全质量文化;发表职工诗歌、感悟、摄影等作品,丰富文化生活。在群众工作方面,开展丰富多彩的职工文体活动,新增体育设施桌球,羽毛球再获公司团体比赛冠军,在公司"钢花杯"才艺大赛中,中心选手分获"十佳歌手"奖、声乐类铜奖、舞蹈类优秀节目奖。

（王　静）

能源与环保管理

【概况】 太原钢铁(集团)有限公司能源环保部成立于 2004 年,是在原太钢环境保护处和机械动力处的基础上,组建的能源环保管理部门,主要负责公司能源动力介质产、供、用全过程管理和环境保护管理。能源环保部设部长 1 人,副部长 1 人,部长助理 1 人;业务科室 5 个,分别为综合管理室、能源管理室、环保管理室、动力调控室、污染控制室。2013 年底在岗人数 33 人,其中管理和技术人员 29 人,操作人员 4 人;具有高级职称人员 9 人,中级职称人员 13 人。

【重点指标完成】 通过了由省经信委、省节能监察大队等单位组成的省节能目标审核专家组对太钢 2012 年节能目标的验收。2013 年实现节能量 1.11 万吨标煤,完成省政府下达的 1 万吨标煤的节能量目标。

完成了市政府对太钢的全面改善省城环境质量工作目标指标。

2013 年能耗、环保指标

指标名称	计量单位	完成
吨钢综合能耗	公斤标煤/吨	542
吨钢新水消耗	吨/吨	1.45
吨钢烟粉尘排放量	千克/吨	0.377
吨钢 SO_2 排放量	千克/吨	0.490
吨钢 COD 排放量	千克/吨	0.0265

【环评和环保"三同时"】 1. 按照公司转型跨越发展、持续推进优化品种结构要求,配合公司重点项目落地工作,完成以下项目的环评审批工作:⑴完成产品结构调整如下项目环评审批:T800 级聚丙烯腈碳纤维产业化项目(并环审批[2013]037 号)、铬钢酸洗线技术改造项目(晋环

函[2013]869号)、2250毫米热连轧新增钢卷表面处理线技术改造项目(晋环函[2013]1230号)、电站锅炉用镍基耐热材料技术改造工程(并环审批[2013]087号)。⑵完成发展循环经济如下项目环评审批:2013年节能减排循环经济技术改造项目(包括:2×300兆瓦燃煤发电机组锅炉低氮燃烧技术改造工程、轧钢废水分质处理工程、加工厂钢渣处理线技术改造工程、冶金除尘灰制砖线改造工程、太钢工业博物馆项目)环评审批(并环尖审批[2013]70号);高炉热渣制棉综合利用技术改造项目环评审批(并环审批[2013]036号);工业废水回收膜处理工程环评审批(并环审批[2013]014号)。⑶完成推进节能减排如下项目环评审批:2×300兆瓦发电机组空冷岛乏汽余热回收项目、4350高炉冲渣水余热利用项目、供电系统技术改造工程环评审批(并环尖审批[2013]71号)。⑷完成保税综合服务有限公司仓储物流基地建设项目环评审批(并经环函[2013] 50号)。⑸完成电气设备修造公司非晶带材试验线项目的环评审批(并环不锈钢园审[2013]21号)。

2.在环保"三同时"验收工作中主要完成以下工作:⑴完成技术中心中间试验场项目(晋环函[2013]45号)、型材一期径锻机项目(晋环函[2013]46号)、精密带钢项目(晋环函[2013]47号)竣工环境保护验收。⑵完成"70万吨/年碳素废钢加工生产线技术改造项目"试生产的审批(并环审试[2013]003号),并完成了现场验收监测。⑶完成"热连轧厂产品结构调整技术改造项目"试生产审批(并环审试[2013]003号),并完成了罩式炉部分的现场验收监测。⑷完成自动化公司"三厂信息化项目"竣工环保验收,取得了太原市环保局验收批复。

【能源管理】 推进以能源成本为核心的能源管理工作,将能源成本纳入公司《能源经济责任制》中进行考核;针对能源使用中存在的问题,开展了全公司范围内的节能检查。

组织公司各相关单位和城北热力公司,实施了焦化初冷器余热回收、五高炉冲渣水余热回收、2×300兆瓦机组空冷岛乏汽余热回收改造项目及外部配套管网建设,实现周边居民区的集中供热,完成太原市政府2013年下达的扩网500万平方米的供热任务。

为合理高效利用热能,对厂区除大型服务区外的小澡堂进行摸底排查,拆除小澡堂3处,停运小澡堂4处。

根据公司系统检修、新项目投产计划,于7月公司系统检修期间完成新旧系统管道的甩、碰头工作,满足了新高炉、新焦炉、炼钢等新项目对动力介质的供应需求,确保了新项目的顺利投产。

针对公司新一轮的设备升级改造后出现的氧气、高炉煤气相对富余的能源结构,积极推进公司富氧燃烧项目,取得初步进展,建成新的高炉煤气联合循环发电机组,实现富余高炉煤气的高效利用。

参与组织《新建工业废水回收膜处理工程》建设,设计处理规模4.8万吨/日,对生产污水进行深度处理并回用生产,实现污水资源的高效循环利用。

积极推进能源中心功能建设,逐步实现能源动力站所的远程操控、无人值守功能,开发炼钢二厂北区按生产计划预测能耗的功能,继续完善能源数据采集。通过能源中心功能的再开发,逐步发挥能源系统的引导和指挥作用,提升公司能源管理水平。

按照政府对新建项目要进行能源评价的要求,积极开展相关的工作,完成《高炉煤气燃机项目》、《太钢利用高炉热溶渣生产矿棉项目》、《T800级聚丙烯腈碳纤维产业化示范项目》等13个节能评估报告书的审核工作,获得政府批文。

【环保管理】 1.持续推进环保管控机制创新,依托环境监控中心,启用手机短信提示平台,发现污染物排放和环保设施运行过程的异常情况,以短信通知形式及时告知相关单位负责人实施管控，并拓展建立了环保日报和环境污染周报制，增强了污染防控的时效性。

2. 实施了烧结6转1皮带转运站除尘改建、三烧燃料系统除尘能力提升改造、渣场S3R处理线封闭并新增除尘、不锈钢渣直接热焖粉尘治理等11项重点粉尘排放综合治理项目，进一步改善了生产现场及厂区环境质量。

3. 进行了2号300兆瓦机组锅炉低氮燃烧技术改造，并结合冬季大气污染控制要求推行了300兆瓦机组脱硫设施提效运行，实现了采暖期火电机组二氧化硫排放浓度和低氮燃烧改造机组氮氧化物排放浓度的双百控制，即均达到100毫克/立方米的排放水平。

4. 对污废水系统综合整治，实现了能源动力总厂化学水回用至2×300兆瓦机组脱硫浆液制备系统，完成了焦化废水处理系统出水增加活性炭吸附处理系统的工程建设。

5. 开展企业环境信息公开工作，在太钢网以及政府环保部门网站上公开发布企业污染源自行监测结果，并与宣传部一道按月组织“环保公众开放日”活动，邀请社会各界人士以及周边居民到厂区进行现场环境监督。

6. 完成冷轧硅钢厂1号轧机两枚Ⅳ类放射源装置检修安全倒源；尖山铁矿10枚Ⅳ类废旧放射源转让；配合太原市环保局完成对焦化厂干熄焦一枚放射源建立放射源在线监控系统。

7. 完成竖炉使用放射源、能源动力总厂快灰仪使用放射源、总医院血管造影仪使用射线装置的环保验收监测，取得了山西省环保厅的验收批复（晋环函[2013]989号）。

8. 根据公司废钢进厂放射性检测系统重新划分的职责，对《废钢进厂放射性检测管理办法》进行修订。

【政策争取】 1. 太钢《新建工业废水回收膜处理工程》获得山西省节水型社会建设项目资金185万元。

2.《1549热连轧3号加热炉改造项目》、《供热管道、换热设施节能改造工程》和《电炉、AOD炉余热回收节能改造项目》等三个项目。获得政府节能奖励资金1620万元。

3. 生活污水处理系统争取到市政生活污水处理运行补助资金200万元，高炉热熔渣制棉项目争取到省环保补助资金400万元。

【获奖情况】 8月，太原钢铁（集团）有限公司被工业和信息化部评为44家“重点行业清洁生产示范企业”之一，其中钢铁行业的企业仅两家；太钢被山西省节约能源工作领导组评为山西省“二〇一二年节能工作先进企业”；太钢被太原市节约能源工作领导组评为“太原市二〇一二年节能工作先进单位”；太钢能源环保部2013年3月被山西省人力资源和社会保障厅、山西省发展和改革委员会、山西省财政厅、山西省经济和信息化委员会、山西省环保厅评为“节能先进集体”。

（刘跃军）

新材料事业管理

【概况】 太原钢铁（集团）有限公司新材料事业管理部成立于2010年9月8日。新材料事业管理部设立项目保障室、材料一室和材料二室共3个科室。项目保障室主要负责延伸产业项目的寻源、可行性论证、市场调研以及部内外信息及日常行政事务的管理；材料一室主要负责功能性材料的项目寻源、可行性论证、市场调研、项目立项等事宜；材料二室主要负责结构性材料的项目寻源、可行性论证、市场调研、项目立项等事宜。截至2013年底，新材料事业管理部工作人员共16人，其中部长1人，副部长1人。

2013年，全年走访12所大学，14个科研院所，23个新兴企业，参加8个展会行会，最终论证了11个项目，实施水处理膜1个项目。

【水处理膜项目】 高性能水处理膜材料在国家

战略新兴产业中既是节能环保产业重点研发和示范的环保产品，也是新材料产业中的重点工程项目。随着水污染问题的日益突出，国家对环保产业的高度重视和大力支持，膜处理技术将成为污水处理和自来水净化的核心技术之一，未来发展前景广阔。因此，实施高性能膜材料研发制造及水务工程项目，既符合国家的产业政策，又符合企业转型跨越发展的战略需求。

经过市场调研和论证分析，走访相关科研院所，在深入掌握水处理膜材料市场和技术现状的基础上，确定了合作方——北京碧水源环保科技股份有限公司。5 月 9 日，太钢与北京碧水源签署了《高性能膜材料研发制造及水务工程项目合作协议》，明确了合作的意向。9 月 29 日，公司领导层最终决策一致同意正式启动高性能膜材料研发制造及水务工程项目。10 月 25 日双方共同签署了《高性能膜材料研发制造及水务工程项目股东协议》和《山西太钢碧水源环保科技有限公司章程》，合资公司的工商注册登记工作已经完成。

（孙永武）

工程项目管理

【概况】 太原钢铁（集团）有限公司工程管理部，主要负责公司工程项目实施的支持、服务、监督和管理。归口管理冶金工业工程太钢造价分站和冶金工业工程太钢质量监督分站。2013 年末在岗人数 55 名，其中：高级职称 15 人，中级职称 26 人，初级职称 12 人。设有综合管理室、设计管理室、经济管理室、工程管理室、安全质量管理室。

【规范管理】 2013 年，通过同其他钢铁企业项目管理对标，以及结合公司有关要求，编制了《施工承包商履行合同违约考核标准》、《建设工程施工监理考核细则》、《造价咨询评价实施细则》等管理制度。指导各项目单位开展招标、评标工作，并组织编制了《建设工程招标评标工作标准》、《建设工程招标评标指导书》，对招标、开标、评标及资料归档等 4 个方面的工作程序和标准进行了规范。

为强化工程安全管理工作和加大考核力度，对委托工程监理合同的《安全管理协议》和施工合同的《安全、文明施工管理协议》进行了修订。为加强工程质量管理，制订了《安全质量管理流程》、《建设工程施工合同质保金审批流程》，并统一了各项目单位对施工单位、监理单位的考核内容及处罚审批流程。

会同设备物资采购部共同编制了《工程设备入厂后管理办法》，以进一步减少工程运输成本，降低工程造价，加强工程设备进厂后的管理，科学利用设备仓储场地，增加库房利用效率。

【安全管理】 编制了 2013 年安全专项整治活动、“安全生产月”活动，消防安全大排查、大整治检查活动，季节安全大检查等活动方案并组织实施。组织了新型脚手架、钢模板等推广使用交流会等。每周组织召开安全工作例会，检查、安排、落实工程项目建设中的安全工作。每周四组织各项目单位安全监督员对施工现场进行联合检查评价，并形成检查报告。针对季节施工特点，组织开展了春季、雨季、夏季防汛、秋季安全大检查。增加日常检查的频次和力度，及时发现违章行为并加以纠正。

加大“创建安全文明工地”活动推行力度，通过每月对各施工单位现场文明施工治理情况的检查及考核，督促各单位加强自主管理，提高现场安全文明施工管理水平。

2013 年，工程施工现场死亡及群体性伤害事故为零。

【工程质量】 每季度开展工程项目绩效评价，并结合工程实际和管控重点对评价内容进行修订。持续开展每周的工程质量实体检查、工程资料检查；组织召开质量专题会议、现场会等活动，加强

对项目单位、监理单位、施工单位质量管理工作的指导和监督。

组织对不锈钢冷连轧、硅钢冷连轧项目管理人员进行工程创优培训并组织开展相关工作；按照《冶金设备工程安装质量评定标准》规定，推行《冶金优质工程评定专用表格》，协助、指导中国二十冶、山西钢建成功申报冶金行业优质工程。

根据《冶金工程质量责任主体单位行为监督的规定》，完善《工程质量监督记录》，并修订《建设工程质量保证体系管理资料模板》，进一步规范了建设单位工程项目质量管理工作。组织开展"质量月"活动，重点开展了质量标准更新、质量通病的集中整治。

不定期对监理单位监理人员数量是否与工程匹配以及监理履职情况进行检查，并将检查情况反馈给项目单位及监理单位，对严重违反规定的监理单位按照合同进行考核。

2013 年，工程现场重大质量事故为零；单位工程验收 319 项，合格率 100%；分项工程检验批一次验收合格率：92. 00%。（≥90%）。不锈钢冷轧厂光亮板产品结构调整工程、热连轧 2250 毫米罩式炉改造工程荣获 2013 年度冶金行业优质工程奖。

【工程进度】 组织编制了《各分（子）公司 2013 年重点工程进度计划》和《山西太钢不锈钢股份有限公司 2013 年重点工程进度计划》，明确了公司重点工程项目的年度进度目标。每月组织项目单位根据年度目标及网络计划，编制月进度计划，并严格按照《项目责任制管理办法》、《公司重点工程项目建设实施动态评价区分的方案》，对各项目单位进度计划完成情况进行考核和评价排名。

定期组织编制工程管理月进度计划、设计计划、功能考核计划、工程预结算计划、招标工作计划、交工验收工作计划等；过程中加强管理，并深入现场及时发现问题，积极协调解决。与公司工会联合在重点工程建设中开展劳动竞赛活动，调动全体参建人员积极性，加快工程建设。每月编报《工程简报》，为公司领导及时提报项目建设信息。

在抓好在建项目的同时，抓好新完工项目的交工验收工作，每月组织召开两次交工验收及项目"三同时"专题会议，督促各项目单位及相关部门加快交工验收工作。

2013 年，公司"十二五"规划重点项目部分工程陆续建成投产，如：焦化改造及其配套工程、四高炉大修工程、炼钢二厂北区 AOD、连铸机工程，炼钢二厂南区中频炉、4 号转炉、4 号连铸、1 号连铸工程、盂县石灰工程、热连轧免酸洗板生产线工程、新增铬钢酸洗专用线工程、精密带钢圆边机组、立体库、TA 机组工程等。

同时，太钢哈斯科钢渣综合利用工程、高炉矿渣超细粉二期工程、5 万立方米转炉煤气柜工程等一批节能环保项目投入运行；太钢总医院综合住院楼、轧钢生活服务区等民生项目建成投用。

在建项目主要有：不锈钢冷连轧及配套技术改造工程、硅钢冷连轧及配套技术改造工程、原料场改造工程、炼钢一厂高速铁路用钢技术改造工程，炼钢一厂不锈钢线增加 VOD、连铸工程，加工厂热熔渣生产矿棉、尖东铁矿采矿工程、太钢万邦 30 万吨高碳铬铁工程、高端碳纤维工程、峨口铁矿露天转地下开采工程、袁家村铁矿配套铁路工程、线材小区住宅工程、22 宿舍改造工程等按照公司要求节点稳步推进。

【预结算管理】 为提升工程造价管理水平和加快预、结算工作效率，有计划地组织了工程经济专业管理培训。针对工程结算的重点工作——工程核料，组织开展了核料管理经验交流活动，并积极指导和推进项目单位该项工作。同时，对重点工程项目实行全面预、结算编审管理，并安排专业人员到项目单位进行指导和帮助。

积极推进厂区工程量清单综合单价基价的维护，重点对耐酸砖、旋喷桩、起重机轨道安装等综合单价进行完善和修订，充实和完善了基价子目。

全年通过预、结算管理，有效降低了工程的建安费用。

【合同管理】 为加强合同管理，把合同签订周期列为改进重点，将合同起草、条款的确定、文本审核、装订，以及中标手续办理、授权等各个环节工作列入每周监控范围，通过专业人员和各相关单位努力，取得了较好效果。

【设计管理】 从项目前期就开始介入，每月定期与项目单位沟通项目前期工作，在收集整理各项目前期情况的同时，为项目单位提供相应的业务支持。及时组织勘察、设计、桩基检测等招标工作，以及初步设计审查。在组织初步设计审查工作的同时，及时协调相关单位，确定前期设计各相关方的管理界面。

安排专人动态了解各项目的设计情况，每月定期组织召开设计进度工作会议，及时协调解决影响设计工作的问题。同时，为强化设计单位的责任心，推动项目设计工作，在各项目间开展设计单位评价工作，评价结果反馈设计单位。

为加强项目单位对设计图纸的管理，重点围绕施工图方案审查、施工图会审、设计变更管理等情况进行检查、评价，同时，指导项目单位改进设计管理工作。

【功能考核】 年初，工程管理部组织各单位研究制订了2013年项目功能验收工作计划。在执行过程中，结合各项目进展情况，每月制订详细月度功能考核工作计划；同时，深入现场，检查落实各项目关键设备功能考核工作完成情况并进行通报。制订了《功能考核季度评价制度》，每季度对相关项目单位功能验收工作从计划的编制、执行、现场测试、报批等方面进行评价。

（张海鸿）

档案管理

【概况】 太原钢铁（集团）有限公司档案管理部，其前身为太钢档案处，于1963年成立，2006年5月更名为档案管理部。设有：保密史志室、工程资料管理室和档案管理室。

主要职责是：负责研究政府关于档案、保密方面的政策、法规，制定集团公司有关的规章制度，并组织实施；负责集团公司各单位档案信息资源业务指导、监督和评价；负责集团公司工程项目、公司级文件、各种原始凭证、证件等档案信息资源收集和归档；负责集团公司纸质、电子档案信息资源加工转化和存储利用；负责集团公司档案信息资源网页管理与维护；负责集团公司保密管理工作和史志鉴的编辑工作。并承担太钢不锈股份公司档案、保密管理职能。截止2013年底，共有职工15人。大学本科学历9人、大学专科学历6人；高级职称4人、中级职称7人、初级职称1人。

【重点项目工程档案验收】 对公司重点工程项目经理部开展有针对性的现场指导、培训。其中分别对岚县铁矿项目部、加工厂项目部、粉煤灰项目部、冷轧项目部、焦化项目部、太钢总医院项目部、哈斯科项目部、万邦铬铁项目部和盂县石灰窑项目部的施工单位资料人员进行培训指导，共计培训63个施工单位158人。

太钢技术改造专项资金项目工程档案验收。根据山西省经信委对山西省重大项目工程验收要求，组织省档案局专家对太钢“高强度精密带钢技术改造项目、冶金除尘灰及矿渣综合利用项目、5万吨不锈钢无缝管技术改造项目、热连轧产品结构调整技术改造项目”进行了验收，共验收项目管理文件314卷，竣工图2719套，光盘59张，单位工程126个，施工文件732卷，随机资料850卷，监理资料31卷，专家组认定此项目档案收集整理完整、准确、系统，档案设施设备基本满足需要，符合《国家重大建设项目档案验收办法》的要求，同意此项目通过验收，并下发了晋档建字[2013]7号《山西省重大建设项目档案验收意见书》。

2013年，公司重点工程项目验收工作。共验收竣工图纸1196×2套，施工文件126个单位工程，随机资料508件。

【档案管理基础工作】 一是接收了原印刷厂办公楼进行改造，为新档案资源入馆创造了条件，使困扰档案管理部多年的难题馆藏问题得以解决。目前已完成文书档案、会计档案的全部移库任务。二是通过优化馆内藏品弥补库容不足，改变以往定期鉴定销毁过期档案的方式，提出适时鉴定销毁档案，缩短鉴定周期。整理并向离退休管理部进行移交了历史遗留的撤编单位原一、二、四轧厂职工工资册，其中一轧755卷、二轧437卷、四轧354卷。提高了档案资源的周转环节，减少馆藏占用，同时为职工办理内退和退休手续提供便捷的服务。三是全年接收公司2012年度文件共计504卷、部门文书档案333卷并进行了整理录入；接收、整理机要室密级来文75卷，上级来文43卷并收集呈文批复；荣誉档案归档59卷，拍照留存电子备份；导入2012年度电子文件418份并进行整理编目；扫描83－2003年鉴图片共计752幅；接收往年因馆藏原因未能接收的集团计财部会计档案共计885卷，接收股份计财部会计档案共计820卷。四是将档案专业首次纳入“公司职工标准化操作技术比武”中，这在全国冶金大钢系统、全省大中型企业中尚属首例。通过举办档案专业技术比武，为档案人员的业务素质和实际操作能力的提升搭建了一个很好的学习、交流和展示的平台，同时也促进了公司档案管理水平和服务能力的提升。五是档案信息化项目全面启动，于2013年11月总投资212万元的档案信息化建设项目正式立项，目前进入研发实施阶段。

【保密工作】 一是调整公司保密委员会成员。二是开展保密普查工作。按照省国家保密局的要求，公司开展了保密普查工作。制定了《太钢保密普查工作实施方案》，在涉密计算机上进行保密普查数据录入。三是重新确定国家秘密涉密人员。共确定国密涉密人员371人，其中职能部门109人，二级单位262人，并对56名机要人员进行了保密资格审查审批。四是保密宣传教育。通过多种形式，使涉密人员的保密责任意识和保密法律意识不断增强。购买《保密技术防范常识(动画版)》光盘，组织涉密人员进行观看；征订《保密工作》杂志，充分发挥保密宣传教育阵地作用；组织开展了公司保密宣传月教育活动，共接收保密作品103件，包括摄影、书法、漫画、篆刻、诗歌、保密格言、征文、培训照片、宣传标语、稿件等多种形式内容的作品，并优选出49件保密作品报送省国家保密局。五是保密监督检查。对各单位保密管理工作进行按月检查，对存在问题的单位提出限期完成整改要求。对军工涉密单位的第一责任人进行4个季度的保密检查，要求在一周内完成整改，并上报整改结果。对军工单位进行半年一次的保密检查，对存在的问题，下发“不符合项整改通知单”，限期整改。六是完成省军工认证委现场复查工作。

【档案编研】 一是完成《太钢年鉴》(2013版)出版发放工作。文字大约60万字，照片150余幅。二是收集整理了刊登在《人民日报》上与太钢生产、建设、政治活动、文化生活等相关的各类新闻稿254份，约25万字，编印了《媒体记忆〈人民日报〉有关太钢新闻稿汇编(1947－2012)》一书。三是开展了档案资源普查、征集展品的工作。完成太钢展览馆前期方案设计及相关资料收集整理，及展览馆布展主题的拟定工作。

(雷亚明)

医疗卫生管理

【概况】 太钢总医院始建于1952年，隶属太原钢铁（集团）有限公司，是三级甲等综合医院、山西医科大学附属医院、卫生部冠心病介入诊疗培育基地、山西省烧伤救治中心。医院实行集团化管理，在太原城区设有三个院区，总床位数1800张。迎新街综合院区以肿瘤和微创治疗为特色，是医院发展的领航者；尖草坪院区为太钢总医院心脑血管疾病诊治中心，胜利桥院区为山西省烧伤救治中心，"两翼"并驾，各具特色，医院整体形成了"一体两翼"的发展架构。

全院年末职工2070人，医疗设备总值2.6亿元，装备水平居省内领先水平，各项业务指标处于山西省三级医院第一集团序列。

【主要指标完成情况】 2013年门诊量43.72万人次；年急诊量43478人次；住院病人29309人次；手术例数22381例；床位使用率94.7；抢救病人1364次，全年总收入5.62亿元。

【迎新院区大楼建成并投入使用】 2011年投资4.5亿元在迎新街院区建设一栋建筑面积为6.5万平方米的综合住院大楼，工程于2011年10月22日奠基，2013年11月投入运行。新院区建设中突出了数字化、园林化、人性化的特点，将医院建筑智能化、医疗设备数字化、医院信息系有机结合，形成了现代化运营体系，院区绿化面积达到43%，共有18间层流手术室，其中百级3间、万级15间，腔镜手术室5间、骨科手术室5间、一体化手术室2间以及全院级PACS系统。

【太原市120太钢总医院急救站成立】 9月，太原市120太钢总医院急救站成立，进一步畅通了院前急救和院内急救的绿色通道，扩大了急诊服务半径，从运行几个月数据来看，急诊出车较上年同期增加300%，收治住院病人增加190%。各院区的急诊抢救能力得到进一步提升，形成了院前急救——院内急救——急诊ICU——后续治疗等高效、一体化的急诊救治体系。

【学科建设】 元月下旬，代表山西省通过了卫生部对三级甲等医院进行的现场复核，全院职工齐心协力，医疗、管理、特别是护理工作得到了专家的充分肯定和认可。

烧伤专业与北京解放军304医院付小斌院士合作共建，以复杂难愈性创面修复、组织再生和肿瘤细胞生物治疗为方向的院士工作站，经过两轮专家评审后顺利通过。

心脑血管病诊治中心组织参加的卫生部血管介入医师培训基地建设，已基本通过卫生部评审专家的现场验收评审，成为山西省唯一培训基地，心内科的冠心病介入诊疗受到了评审专家的好评。

超声科与山西大医院共同合作，被省卫生厅确定为省市共建重点学科。

消化、普外等9个科室通过了太原市重点学科年度审核。

【人才队伍建设】 用工制度改革取得重大突破，人才队伍进一步充实。根据《太钢总医院护士选拔录用及管理实施方案》、《太钢总医院护士选拔录用实施细则》，组织实施完成了护士的选拔考核工作，一次录用208人，解决了合同制护士的后顾之忧，稳定了护理人员队伍，为医院劳动用工制度改革开辟了新路。

全年共招聘研究生73名，本科生2名，派送39名医护人员赴北京协和医院、北京肿瘤医院等国内一流医院进修，选送2人赴德国研修，223名骨干医师、护师参加了各种学术会议、学习班；经过民主测评，选聘了一批首席医学专家。

全年组织国内知名专家来院讲学、院内新技术应用推广等培训21次，接受基层医院进修、培训47人，主办、承办国家、省、市级学会会议8次；开展太钢公司级课题15项，新技术39项，通过公司级及省级科研成果鉴定各9项，科技兴院的理念得到进一步加强。

【健康管理】 健康管理工作逐步规范，开展多种形式义诊活动，光社社区卫生服务中心国债项目改造顺利竣工，配套设施得到有效改善。圆满完成公司职工健康体检任务。老年康复院社会影响力逐步提高。疾病预防控制、职业卫生技术服务和放射卫生技术服务能力进一步增强。矿山医院优化管理流程，推行社区化服务，全年为总院转运患者300余例。职工食堂、澡堂等工程已顺利完工并投入使用。

（任晓晋 常 伟）

离退休职工管理

【概况】 太钢离退休职工管理部前身是太钢离退处，是1988年由太钢党委组织部所属原老干部管理处和太钢工会代管的退管办划归公司行政系统管理后成立的一个管理处室。1992年成立了太钢离退休职工党委。1997年，太钢公司党政决定离退休职工管理处同离退休职工党委合并，负责公司机关处室的离退休人员和全公司各二级单位的离退休的行政和党务工作。2004年公司将内退职工的管理统一划归离退处。2005年更名为离退休职工管理部，是公司统一集中管理服务离退休内退职工的双职能部门。

2013年末在岗职工94人，服务和管理全公司离退休内退职工47200余人，遗属3100余人。离退休职工管理部设4个科、13个地区管理所：综合管理科、老年活动科、内退职工管理科、党群科、市内外地管理所、尖草坪东部管理所、尖草坪西部管理所、尖草坪南部管理所、尖草坪北部管理所、迎新街管理所、赵庄程家村管理所、胜利桥管理所、兴华街管理所、线材管理所、峨口管理所、大关山管理所、尖山管理所。

主要职能：按照“内化于心、外化于行、固化与制、优化于新”的工作方针，全力践行“视老同志如父母”的工作理念，以提高为老服务满意度为主线，服务和管理离退休内退职工。落实离退休内退职工的政治待遇和生活待遇；做好近1.2万余名离退休内退职工党员管理；开展救困帮扶和“送温暖”慰问活动，把公司党政的关怀送到离退休内退职工家中；发挥老年大学、老年文体委员会、老年维权委员会、关工委等各老年组织的作用，组织开展敬老、爱老、助老、为老服务等活动，构建和谐稳定的离退休内退职工队伍。

【救助帮扶和送温暖慰问工作】 紧紧围绕提高为老服务满意度这条主线，坚持节日慰问与日常走访慰问相结合，解决好老同志收入不平衡和因病等原因造成生活困难的问题。在坚持做到传统佳节、生日寿辰、生活困难、生病住院、丧事出殡的“五必访”的基础上，加大帮扶力度，提高帮扶水平，使离退休老同志难时有人帮、病时有人管。2013年，离退部各级党组织，上门慰问看望离退休人员7000余人次，到医院探视、慰问生病住院离休干部1000余人次。帮助离退休人员解决家庭困难4380人次；为离休人员办理上年度IC卡余额的返还工作，共返还72人，金额为15万元。配合太钢总院在每季度及时为离休人员报销门诊医药费。为70岁以上的离休人员、退休副处级以上人员、市级以上劳模、高级职称的退休干部祝贺生日；春节救助困难职工1777人，救助金额69.64万元，救助大病特困职工464人，救助金额68.56万元；中秋节救助困难职工1254人，救助金额71.85万元；上报大病互助人员3644人次；为3224人发放互助金615.8万元。金秋助学发放2682人，407.1万元；为内退女职工办理特殊病8人，发放金额10万余元；参加了太原市第八期职工大病互助的上报工作（其中：退休人员31040人、内退职工15303人、在岗职工100人）。“七一”前夕，对816个先进基层党组织和优秀共产党员进行了表彰，对102名困难党员进行了慰问，发放救济5.24万元；根据公司安排，组织离退休人员300人赴省外成都、无锡、青岛疗养,2000人赴省内奇村疗养,5000余人省内外参观旅游;组织27760名离退休内退职工分批进行健康体检,体现了公司党政领导对老同志的关心与爱护;组织900多名包括老领导、老劳模、老干部在内的老同志参观太钢厂区及重点工程建设,感受太钢"做强主业、多元发展、延伸发展、绿色发展、和谐发展"成果,老同志们倍感振奋,纷纷写下观后感,《太钢日报》开辟专版,刊发了老同志们的感言。组织了1000多名包括老劳模、老领导、老干部在内的老同志参观太钢总医院新综合住院大楼,感受太钢改革发展惠及民生的新成果。

【为老服务管理】 离退部2013年末管理服务的离退休内退职工47000余人中有75岁以上老人7500余人,孤寡老人、独居老人、空巢老人、常年卧床5550余人。随着生活、工作节奏的不断加快,子女因工作忙碌而无法照顾父母,这些老同志对入住养老机构有了需求。离退部成立领导组,设立课题,到太原市周边60多家养老机构(场所)调研,从中精选出服务设施优良、地理环境优美、出行交通便利、医疗设施完善、膳食比较可口、收费标准合理等各方面条件较好的9家老年养老场所,推荐给有需求的老同志。为一部分老人,特别是鳏寡孤独的老人提供了具有参考价值的养老服务场所,受到老同志们的一致好评。

【老年朋友精神文化生活】 2013年年初,离退部、公司老年文体委在公司各宿舍及矿山地区组织了庆元宵文艺活动,离退部、公司老年文体委领导专程前往矿山与老同志一起欢度佳节;5月份,离退休内退职工健身走步活动在公司各宿舍及矿山地区展开,老同志积极踊跃,热情参与,32000余名老同志参加此项活动,创历年新高;以"中国梦、我的梦、绿色家园"为主题的,由老同志自编自创节目在太钢各地(宿舍)区巡回演出。这次展演活动从5月31日尖北举行首场演出开始,至6月27日结束,尖北、兴华街、尖南、胜利桥、赵庄、迎新街、尖东、尖西等8个地区共演出节目128个,演职人员1327人次,观众达4.5万人。进一步丰富了老同志的精神文化生活。与此同时,太钢第21届老年运动会20个项目按计划顺利进行,丰富多彩的老年文化活动,不断提高了离退休内退人员的幸福指数。

【基层组织建设工作】 离退部把学习宣传贯彻落实党的十八大精神与离退休管理服务工作紧密结合,创新学习方式,注重学习效果,充分利用38个老年活动室、太钢老年大学、《太钢离退通讯》、各宿舍区宣传栏、板报等阵地和载体,通过开设政治学习班,组织党员群众集中宣讲、答题、知识竞答等多种方式,在广大离退休内退职工党员群众中掀起了深入学习十八大的热潮。

重视加强老党员学习活动阵地建设,在充分酝酿和深入调研的基础上,成立了"太钢老年党校",完善了离退休内退职工党员的学习阵地。拓展了老年大学等活动场所的承载和服务功能,加强了广大党员的思想政治学习,满足了老同志、老党员日益增长的学习愿望。"太钢老年党校"的成立,为全公司老同志、老党员提供了交流思想、辅导培训、提高政治理论水平的平台和学习宣传的阵地,不断提高了广大党员正确分析和反对、驳斥各种错误思潮的能力。邀请原公司党委书记宋书信,老年大学校长刘天义,对各离休党支部书记、直属党小组长、各地区的党总支书记和在职职工副科以上党员干部,分期分批进行了"学习宣传贯彻党的十八届三中全会精神"培训班,充分发挥了老党员的正能量,促进了党员队伍的和谐稳定。同时,在近12000名老党员和14个党总支、797个党支部中开展创建以"学习型、创新型、服务型"为主要内容的"三型党组织"竞赛活动,推动了离退休内退党组织的党建工作。

【社情民意工作】 不断完善《太钢离退休内退人员社情民意档案》,畅通各类信息反馈渠道。督促落实相关信访问题,排查苗头性问题,对"老工

伤”、“幼教职教”、“新中国成立前老工人”、“志愿军战士待遇”等问题进行了积极疏导和调处。研究太钢不同离退休内退人员(1—4 级老工伤 4039 人、病退 652 人、遗属 3158 人、特困人员 454 人,各级劳模 282 人、享受地厅级待遇的 53 人、县处级 887 人、职教幼教人员、志愿军老战士等等)的特点、存在的问题、养老金待遇情况、主要需求等等,对社情民意中各类诉求的调处和加强考核等方面的工作流程进行创新、优化,做好重点人物、敏感问题的政策解释、思想疏导、真情关爱和解决实际问题等工作,确保离退休内退人员的和谐稳定。

【老年大学】 老年大学加大教学活动硬件投入力度,对校区庭院进行了整修,改建了车棚等,改扩建后,出现了报名火爆、一席难求的火热场面。离退部、公司老年大学积极采取措施,调整计划、扩大招生,尽力满足老同志学习愿望,开设班级 59 个,招收离退休内退职工学员 2100 余人。老同志们非常感谢公司党政对老同志的关心,纷纷谈体会,写心得,在《太钢离退通讯》上抒发喜悦心情。离退部、公司老年大学不断强化文化建设,达到和谐兴校,和谐育人的办学目的,经验收,被省委组织部老干部局命名为“山西省老年大学示范校”,为进入全国企业示范校打下良好基础。

【阵地建设】 离退部把创建“敬老文明号”活动与开展创建“星级老年活动室”和评选“为老服务明星”竞赛活动相结合,以“快乐服务、和谐家园”为主题,以点带面,为广大老同志晚年生活提供“愉快、舒适、和谐”的星级活动场所和星级服务,使老年活动室成为名副其实的老年人之家,推动为老服务再上新台阶。在 2012 年已评选出的 6 个“星级老年活动室”和 10 名“为老服务明星”的基础上,2013 年又评选出 6 个“星级老年活动室”和 7 名“为老服务明星”。

【强化管理创新】 以新编的《太钢离退休管理工作指导手册》为基础,对发生变化的业务、相关制度进行了及时修订,形成了较为完整的离退休管理服务制度,于年初获得了公司管理成果三等奖。2013 年继续修订《离退部管理制度汇编》,共分为 3 大类 45 项。 (凌　莉)

职工教育及培训管理

【概况】 太钢职工教育培训中心(简称太钢教培中心)组建于 2002 年 9 月 27 日,现有 9 个科室:综合管理室、党群管理室、培训管理研究室、党建室、培训管理研修室、工程技术培训室、操作技能培训室、网络培训室、职业技能鉴定站。人员编制 98 人,其中处级 3 人,科级 9 人,一般管理 16 人,专业技术人员 63 人,操作人员 7 人。2013 年年末人数 87 人,其中:研究生 13 人,大学本科学历 63 人,大专学历 10 人,高中 1 人;高级职称 16 人,中级职称 41 人,初级职称 13 人。

2013 年,公司将培训的管理职能划转至教培中心,教培中心由培训实施主体转变为培训管理和实施双职能的部门,同时教培中心还承担了公司员工职业技能测评工作。在全体职工的共同努力下,圆满完成了年度各项工作任务。

【职工培训工作】 1. 培训指标完成情况。太钢教培中心全年共举办培训班 700 个,培训学员 32474 人次,完成培训课时 23736 学时,计划完成率 100%,学员满意度平均 93.18 分。

2. 建立“分级一贯”的培训网络。太钢教培中心通过再造培训体系,整合培训资源,建立了“分级一贯”制培训网络,明确了公司级、部门级、厂级、作业区级四个层级承担的培训职责,实现了培训实施上的分级落实与培训管理上的集中一贯。

3. 建立健全培训管理体系。太钢教培中心在培训管理职能调整后,集中力量整章建制,共制订或修订管理制度13项，其中包括《太钢职工教育培训管理办法》、《太钢课程开发管理办法》、《太钢内训师管理办法》等9个公司级管理制度，以及《太钢特种（设备）作业人员培训考试管理办法》、《太钢培训工作评价实施细则》等4个中心级管理制度。为培训工作在新的轨道上顺利运行提供了制度保证。

4. 开展培训新思路宣贯工作。太钢教培中心为使新的培训管理理念与培训管理制度尤其是“分级一贯”的培训体系能够落地，上半年，中心领导带队，先后赴尖山铁矿、炼钢一厂、炼钢二厂、硅钢厂、热连轧厂、冷轧厂等14个主线生产单位，详细解读了新的培训体系架构、四个培训层级的职责要求，并就今后培训工作思路进行了充分沟通。各主线生产单位，特别是单位“一把手”对培训工作的重要性有了新的认识，对公司提出的培训理念有了深层次的了解，为公司级培训与各单位自主培训工作的顺利实施奠定了基础。

5. 推进“管理者上讲台、培训到现场”工作。太钢教培中心根据省国资委《关于在省属企业推广“干部上讲台，培训到现场”工作的实施意见》文件精神及公司安排，制定并下发了《太原钢铁（集团）有限公司开展“管理者上讲台，培训到现场”工作实施方案》，明确了具体工作的载体及实施指导意见。2013年，全公司按照处级以上领导每年度授课次数不少于1次，科级干部每年度授课次数不少于2次的基本要求开展此项工作，实现了从“知识拥有者”向“知识传播者”的转变，有效增强了“各级管理者培养下属”的责任意识，也实践了“用身边的人培训身边的人”的管理理念。

6. 利用信息化手段整合培训资源。太钢教培中心利用公司已有信息化系统资源，开发、拓展了培训系统功能，在公司内网开辟了“教育培训”模块，下设职能职责、培训管理、资讯动态、内训师队伍、多媒体课程、培训资料6个子模块，将中心的组织机构、科室职责、培训管理制度、开发的培训教材，选拔评审通过的内训师人员信息等上传至公司内网。通过整合培训资源，实现培训资源共享，为各单位自主培训与员工自我素质提升提供了有力支持。

7. 培训实施及创新点。（1）太钢教培中心以创新培训模式为出发点，重点围绕热轧宽带轧钢、维修电工、护理、高炉炼铁、天车等5个工种进行了闯关竞赛活动。此项活动设三个阶段进行，第一阶段主要组织进行了题库设计开发，并完成“闯关竞赛”网络平台的搭建工作；第二阶段组织职工进行自我闯关；第三阶段是根据自我闯关阶段排名情况，按一定比例确定“闯关竞赛”活动决赛人员名单，参加集中决赛。2013年共有1200人次参与了该活动。（2）太钢教培中心潜心研究、探索管理人员各层级培训体系的新思路。首先，着力打造精品培训项目，在班组长管理基础轮训、作业区主管轮训工作中，针对培训内容、形式、时间、教师、管理等各个环节进行了充分调研研讨，制定了科学的培训方案，采用了小班化教学模式，为参培者搭建了一个互动交流、经验共享的学习平台。其次，为落实“培训是公司变革第一道工序”的理念，从2013年开始教培中心搭建“太钢管理变革论坛”平台，先后举办了“子公司法人治理结构及责任体系”的宣贯与解读、“太钢集团公司全面风险管理制度解读”等10次专题研修班，通过管理者与基层的有效沟通，促进公司各项管理变革的深入传播和有效落地。（3）太钢教培中心实施了以解决实际问题为目标的订单培训。在培训项目实施前，项目责任人关注生产工作中遇到的问题，认真开展培训需求调研，进行培训策划。在实施培训中，通过对比分析、反复沟通，精心挑选，最终确定培训师资和培训课件。2013年，针对太钢生产中遇到转炉少渣工艺问题、研发中遇到的耐热管技术问题、经营中遇到的车轮（轴）钢质量问题，分别邀请了北京科技大学王新华教授、宝钢集团中央研究院钢管首席师王启江、太原重工享受政府专家津贴的吴海英总工等国内知名的专家学者，进行了专题讲座，为工程技术人员在解决实际问题方面提供了一定的帮助。

8. 党员轮训圆满结束。2013 年是党员轮训任务实施的最后一年，太钢教培中心按照计划安排，有 2000 多名党员应参加培训，工作任务重，实施难度大，工学矛盾突出。针对实际情况，中心一方面坚持严格管理标准不变，另一方面采取了灵活的培训“积分制”方式，较好地解决了党员的工学矛盾。此外，与时俱进更新了培训教学内容，增加了党的十八大和十八届三中全会精神的解读内容，取得了很好的效果，在公司上下赢得了较多的肯定和赞誉。

9. 无纸化考试扎实推进。太钢教培中心无纸化考试工作，不断优化考试模式，积极推进无纸化考试工作。全年无纸化考试系统入库试题 22612 道，组织大学生转正英语考试、绿带考试、电业安规考试、技术比武、闯关竞赛等电子化考试共 83 场，总计 4477 人次。

【岗位能力标准编制及员工职业技能测评工作】 2013 年太钢教培中心根据公司“双评”工作的要求，启动了岗位能力标准编制及员工职业技能测评工作。此项工作 8 月份正式启动，第一阶段主要围绕炼钢二厂、热连轧厂、岚县矿业公司 3 个试点单位操作类岗位开展。教培中心为了完成好此项工作，成立了 5 个工作组，与咨询公司先后共同完成了调研访谈、岗位梳理、岗位专业能力标准编制、测评试卷编写、上级评价、测评软件开发、测评实施以及出具报告 8 个阶段的工作任务。共梳理出岗位 470 个，编制岗位能力标准 470 个，开发测评试卷 890 套，完成上级评价 3579 份，对 3545 人进行了测评。第一阶段工作已基本完成。

【学历教育工作】 教学计划完成率 100%，新招学生 78 人，其中钢院 55 人、北科大专升本 23 人；毕业学生 329 人，其中钢院 310 人，北科大专升本 19 人。

【职业技能鉴定工作】 全年对 62 个工种、2797 人进行了职业技能鉴定，共有 1972 人取得了相应的等级证书。太钢职业技能鉴定站在鉴定考试考核工作中，完善鉴定过程管理，加强鉴定现场的监督、考核、指导；改进技师考评流程，新增了技师技术工作总结答辩环节，确保了职业技能鉴定的质量。全年计划鉴定 2100 人，实际鉴定 2508 人，计划完成率 119.4%，鉴定合格人数为 1741 人。

（孙贵彦）

企业文化工作

【概况】 太原钢铁（集团）有限公司企业文化部下设文化体系室、CI 推进室，2013 年末有员工 9 人，其中部长 1 人，副部长 1 人，室主任 2 人。

【敬业度评估】 按照公司党政部署，组织实施公司敬业度评估，引入咨询机构，开展现状调研，制定总体方案，普及基本知识和方法，公司各单位、部门 28141 人参加答卷，235 人参加访谈调研，出具专题评估报告 36 份，协同开展评估结果反馈，各重点单位认真分析评估报告结果，形成改进提升实施方案，达到了预期目标。

【推进公司文化落地】 持续开展“我们身边的闪光点”主题活动，紧紧围绕企业战略目标，广泛挖掘实践核心价值观的生动案例 296 个，通过进一步深入调研、挖掘，在公司报纸、电视、网站等广泛宣传了 115 个先进个人和团队的生动故事。选取 40 篇优秀案例编辑印发了《身边的闪光点——太钢实践核心价值观实录 7》。通过基层典型人物案例的挖掘，在全公司形成不断培养、善于发现的文化氛围，以点带面，扩大了企业文化宣传覆盖面，明确公司文化导向，将企业文化理念迅速转化为全体员工的自觉行为，共同推动公司企业文化落地。

【开展企业文化主题绘画创作活动】 坚持开展

企业文化主题绘画创作活动,鼓励广大绘画爱好者围绕建设美丽太钢、绿色太钢、科技太钢、和谐太钢、人文太钢、诚信太钢以及责任文化、精细文化、执行文化等方面进行绘画创作,共有49名职工创作190余幅绘画作品。5月16日,公司企业文化部举办绘画知识培训讲座,特聘请中国美术家协会会员、山西省工笔画协会常务副主席冯霞到太钢,对92名绘画爱好者进行了绘画技巧知识培训,不断丰富公司企业文化主题绘画队伍的绘画创作水平。

【开展文化实践活动】 组织开展了以"一人平安、全家幸福"为主题的"安全活动月"宣传活动。共征集安全征文367篇,书画作品443幅,格言警句1388条,安全论文58篇,作品内容丰富,贴近生产、生活实际。通过对优秀作品提炼总结,编辑印发了《2013年太钢安全生产优秀征文书画作品选编》一书。同时,企业文化部与安全生产管理部共同选送优秀安全论文及书画作品,参加了2013年省城"东煤杯"安全生产论坛和书画摄影大赛。编印下发《太钢安全文化手册》至基层班组,开展向施工单位和外协人员"送安全"赠书活动。

持续开展"质量月"主题宣传活动。一是开展了质量知识及法律法规的宣传、答题竞赛活动。在公司报纸、电视、网站、手机报等平台开辟"质量法律法规"专栏,11751名职工参与了活动;二是围绕《坚决打好提升质量攻坚战》评论员文章和各单位"产品质量存在的突出问题"开展多种形式的质量学习讨论活动;三是企业文化部下厂走访、挖掘在质量攻关、工序服务、满足顾客需求、提高产品质量等方面的具体措施和先进典型,在公司新闻媒体上进行广泛宣传,挖掘质量价值,提升公司盈利能力及市场竞争力。

开展文明就餐宣传活动,在厂区食堂悬挂文明就餐宣传展板、海报,向岗位职工和外协职工发放文明就餐倡议书,引导职工文明就餐。组织"太钢史料征集"和"口述太钢历史"活动,进一步完善和丰富太钢史料。

【编制发布报告】 编制和发布2012年度《太钢社会责任报告》和《太钢不锈可持续发展报告》。太钢不锈在《财富》杂志发布的"2012年中国企业社会责任100强排行榜"的"中国本土公司50强"中列第8位。《太钢2012年社会责任报告》在中国社会科学院发布的2013年中国100强国有企业社会责任发展排序中列第20位,属于23家"领先者"企业行列,列钢铁行业第一位。

【塑造品牌形象】 及时在太钢外网发布各类重大新闻、英文信息600余条,被新华网、人民网、中国钢铁新闻网、中国不锈钢市场网、新浪、网易以及山西新闻网、山西国资网等网络媒体广泛转载。坚持每周一期面向职工发送《太钢手机报》,对栏目和版式进行优化,扩大了信息量,增强了可读性,全年共编发55期。7月份开通"魅力太钢"太钢官方微博,发布公司动态信息和互动话题,展示了太钢"和谐、人文、绿色、科技"的品牌形象。推进视觉形象宣传,更新公司大型广告牌、厂区公共宣传牌以及渣场、技术中心展厅内容,以形象直观的寓意画面宣传了公司品牌价值和文化理念。

【"公众开放日"活动】 积极组织策划开展"公众开放日"、"环保公众开放日"活动,完善社会团体和普通市民的报名、审查、安排接待、效果评估业务流程,以及突发事件应急预案。邀请社会公众、机关团体、院校师生等各界人士走进太钢,全年累计接待《太原晚报》夕阳红老年记者团、山西省文联、北京大学、山西大学师生、矿山离退休内退职工、太钢"金秋助学"大学生等共50余批次8900余人,搭建公众零距离了解和感受太钢的平台。

【VI管控】 严格执行月度VI项目自查和抽查制度,对VI项目不规范实施情况进行通报,督促整改。突出抓好重点区域的VI管理,实现VI应用规范率100%。

【企业文化研究成果】 公司《以文化建设凝心聚力 促企业转型跨越发展》和《太钢绿色文化传播模式的创新实践》入编《2013年全国基层企业文化建设创新成果文集》宣传推广。在"改革开放35周年企业文化竞争力——中外企业文化2013年上海峰会"上,公司被评为"改革开放35周年企业文化竞争力三十强单位"。

(杨林汇)

综合管理

【概况】 太原钢铁(集团)有限公司办公室主要负责内外协调、督办落实、机要文印、会议组织、内宾、外宾接待、外事管理、信访管理和机关事务管理等。机构设置有:综合室、秘书室、接待室、信访办、外事办、小车队等6个科室和太钢驻京办(太钢北京宾馆)。2013年末员工人数为140人;其中大学本科学历69人,大学专科学历33人;管理干部27名,工人51名,专技62;高级职称24人,中级职称28人,初级职称17人。

【机要文审】 不断推进办公自动化OA系统、手机OA系统应用模块开发、系统升级和流程优化,构建高效、便捷、绿色、无纸化办公平台。办公自动化OA系统全年审发传阅公文511个,其中集团公司发文351个,股份公司发文160个;使用印章335438份;接听记录上级电话、通知150余次;转递领导书面批示文件760份;收转各类信函2300余份,收发传真900多份;完成机要文件的接收、传送2724份,完成各类党内刊物订阅工作,包括《内部参考》、《内参选编》、省市政报、中央办公厅通报等十几种刊物6360份;机要文件传送及时,用印准确,公文管理制度健全,流程规范,失泄密为零,归档率100%。

【会务管理】 完善会议组织程序,严格执行会议审批制度,精心策划,统筹安排,认真抓好对会前准备、会议组织和会后落实等各环节的具体工作。全年主办或协助其他部门完成党委扩大会、职工代表大会、劳模表彰大会等大型会议以及公司党委、集团公司、股份公司各类会议243次,下发会议纪要55份,圆满完成了会议材料准备、会议组织、会议纪要起草和会议确定的重要事项督办任务。

【外事管理】 推进公司的国际化进程,为太钢的转型、跨越发展提供外事保障。一是坚持"厉行节约,反对浪费"的总思路及公司降本增效的具体要求,在外宾接待规格和标准上认真挖潜,在会议、宴请等环节严格控制,不搞排场,不拘形式,追求节俭办实事。全年接待各类来访团组共计74批,556人次。二是优化配置和适时调整翻译资源,确保了各涉外项目管理与翻译工作的顺利进行,为公司节约了大量的翻译费用,也为公司将来的专业技术输出储备了资源。全年翻译各类函件、技术资料、新闻通讯等共计2000余万字。三是加大外联工作力度、促进引资引智,强化海外应急管理。邀请并配合德国巴登公司专家团队来公司对炼钢环节提供现场诊断、流程优化和技术培训,使炼钢工艺流程、综合能效、操作技术等方面都取得了长足的进步。四是着力外事信息服务,提升信息质量与价值,发挥外事参谋助手作用,为公司高层领导决策提供支持。五是坚持按需派出,从严管理的原则,做好出国管理。2013年因公出国团组和出访人数共计97个523人次。

【公务接待】 不断创新接待理念,改善接待方式。认真学习和贯彻落实中央"八项规定"、"六项禁令"、《党政机关厉行节约反对浪费条例》,严格执行太钢(集团)公司《关于改进工作作风密切联系群众的实施细则》,精心组织,优化接待方案,坚持"三精"(即:精心安排和策划每一次接待活动,精确计算每一次接待成本和接待效果,精细实施接待中的每一个环节)原则,精心组织,周密安排,圆满地完成了重要接待、大型活动的组织和会务工作。全年完成接待和日常会议服务1425批,接待人次27523人次;组织公司大型会议活动27个,月均完成会议组织2.5个。通过对外联络和交流,促进了生产经营的发展。

【信访稳定】 畅通信访渠道,完善工作机制,强化包案责任落实,及时处置化解矛盾纠纷,为公司转型发展创造良好的环境。按照省国资委下发的《山西省人民政府国有资产监督管理委员会关于贯彻落实〈山西省加强群众来信办理工作的意见〉的通知》(晋国资发(2013)10号)文件要求,重新修订了来信办理的工作流程,对初信和重复信的办理进行了认真的梳理和完善,进一步规范了办信工作程序,将办信工作逐步纳入法制化、规范化的轨道。接待群众上访176批853人次,其中集体上访61批728人次,个体上访115批125人次,重复访100批618人次。

【机关事务管理】 加强机关事务管理和行车安全教育,不断提高服务的精细化、规范化水平。一是针对公司机关房屋陈旧,设施老化十分严重,办公条件相对较差,修补维护任务逐年增多的情况,为保证公司领导和机关部门正常办公,精心组织,科学施工,利用节假日、夜间加班加点作业,密切配合公司机关机构调整和组建,及时对机关办公场所进行调配和整合,不断改善机关的办公条件,使各部门办公设施配置更合理,办公更方便。二是周密布置,精心准备,圆满完成公司节庆活动的筹备、组织和节日气氛的布置;配合相关部门完成了中秋节、春节慰问组织。三是开展了安全行车"五为零"、服务"五满意"和"红旗车"、"安全班"创建活动,全年出长途2109次/车,短途74880次/车,安全行车153万公里,圆满完成了会议用车、接待外宾、内宾用车、公务用车和临时性任务,做到安全正点出车,优质文明服务。

(陈灵宝)

党群工作

DANG QUN GONG ZUO

纪检监察工作

【概况】 太原钢铁(集团)有限公司纪委与监察部合署办公,设办公室、效能监察室、检查室、信访审理室、稽查中心,2013年末有职工35人,其中:书记1名,副书记2名,主任5名,纪检监察员27名。

【正风肃纪】 牵头制定公司《关于改进工作作风密切联系群众的实施细则》,从8个方面要求各级领导干部改进工作作风,密切联系职工群众。选派13人全程组织、指导了党的群众路线教育实践活动。开展正风肃纪,对"四风"方面存在的问题进行了监督检查。出台了《关于规范婚丧喜庆事宜的规定》,对薛俊虎、白剑雄、王海等违规违纪案件进行了查处和通报,在全公司引起震动,推动了各级领导人员作风的转变。

【效能监察】 围绕太钢生产经营管理的难点、重点问题,加大效能监察工作力度。一是坚持深入公司重点工程项目现场进行监督、协调、服务。推进峨口铁矿露天转地下开采项目证照快速办理,对炼钢一厂VOD斜板沉淀间质量事故进行现场通报和责任追究,对炼钢二厂项目实施抵押承包、责任追究,进行强势推进;围绕工程质量和进度制作"钢城纵深行"专题片,促进工程建设廉洁、高效运行。二是集团系统共立项332项,下达监察建议或决定174件,堵塞管理漏洞258个,挽回或避免损失1.73亿元,增加或创造效益1.39亿元。确立重点工程建设、不锈钢可利用材提质增效、审计闭环、大宗原燃材料入厂等8个项目为公司级立项项目,强化组织协调,加大问责力度,推动项目实施。其中,审计闭环项目收回外欠款3902万元和10万美元。三是对PM2.5减量、焦炉冒烟及化产品异味控制、港珠澳大桥工程用钢筋、驻外公司财务管理等开展专项检查。调查了备品备件长期不出库、钢管公司质量异议等问题。对事关职工切身利益的单身公寓(宿舍)清退整治、拆迁户住房审标安置、退伍军人分配、护士招聘等事项进行专项监察。对系统检修进行24小时不间断跟踪检查。协调解决拖欠农民工工资8万元。四是全年共监标17710次,制止违规招标40次,监标率100%,节约采购资金16.13亿元。对物资采购、建设工程、厂容绿化等招投标工作进行剖析,对存在的问题提出整改建议,促进了招标采购工作规范运行。

【稽查工作】 对重点领域和关键环节有业务处置权人员进行监督,对大宗原燃材料入厂、计量、取样、检化验等关键环节进行全天候稽查。全年现场稽查1328次,对外购不锈废钢熔清监察96个批次,共发现各类问题450项,处理违规违纪人员28人次,取消供应商资格7个,追缴和挽回经济损失3188.35万元。借助视频和GPS监控系统,及时发现并纠正了17起以次充好、里勾外连以及不正确履行岗位职责、"吃拿卡要"等违规违纪问题。

【反腐倡廉教育】 深入开展"反腐倡廉教育宣传活动月",组织开展了反腐倡廉专题学习、党委书记讲廉政党课、纪委书记作反腐倡廉形势报告等活动,选树了李瑜厚、薛玲珑等10名廉洁从业典型,为副处级以上领导人员购买廉洁教育书籍,发放《廉政日志》笔记本,组织有业务处置权人员观看了《失德之害》、《苏联亡党亡国20年祭》等警示教育片,对新任的副处级、科段长、党支部书记约150人进行了廉洁从业培训,对型材厂、炼钢一厂、岚县矿业公司等10个单位的领导人员和有业务处置权人员进行了廉洁从业教育。发挥警示谈话作用,及时对33名新调整岗位的领导人员进行了廉洁谈话,对信访举报件涉及单位的领导进行了提醒谈话,进一步筑牢了各级领导人员和有业务处置权人员的思想道德防线。深入推进廉洁文化建设活动,利用报纸、网络、电视等媒体,宣传公司反腐倡廉工作动态,通过“钢城纵深行”栏目对不履职或不正确履职的行为予以曝光。

【系统监督】 加大对各级领导班子、领导人员和有业务处置权人员的监督制约力度。一是加强对领导班子及班子成员的监督。坚持巡视督察制度,扩大了巡视督察的范围,加大了巡视督察的频次,修订了巡视督察方案,全年对12个单位进行巡视督察,发现各类问题84项,提出意见建议189条,促进了基层领导班子成员履行“一岗双责”意识。二是加强对领导人员的监督。及时与新任副科级以上领导人员及其家属签订《廉洁从业承诺书》、《家庭保廉协议书》,进一步增强了其廉洁从业意识。三是加强对有业务处置权人员的监督。完善公司、厂、作业区三级有业务处置权人员监控网络,对有业务处置权人员进行廉洁从业培训,促进其廉洁从业。四是聘任新一届反腐倡廉监督员107名,及时收集、反馈意见、建议。五是对党风廉政建设责任制落实情况进行了过程监督和年终检查。

【查办案件】 全年公司纪检监察系统共受理各类信访举报125件,查结信访件65件,立案查处44件,党纪政纪处分53人,组织处理118人。对中纪委和中央巡视组转交的7起群众举报件进行了逐一查实。对医疗卫生部社区卫生管理服务中心现金管理混乱、乱收费等损害职工利益的案件进行了查处,对炼铁厂皮带清扫装置违规采购案中不履职或不正确履行职责的9名责任人进行了处分处理,对“6.30”镍生铁诈骗案中的犯罪嫌疑人移交司法机关处理,为公司挽回经济损失229万元。加强检企共建,建立了查案联动机制和定期联席会议制度,形成打击违法犯罪的合力。

【廉洁风险防控】 以各级领导人员和有业务处置权人员为防控重点,按照“谁主管、谁负责”的原则,对全公司2747个敏感岗位、8177个风险点,建立起公司、二级单位和作业区三级廉洁风险防控网络。每个季度对各单位的工作进行评价,指出存在的问题,提出整改建议,深化了廉洁风险排查工作。将预警处置的试点由2个增加到7个单位,制定了廉洁风险防控预警管理办法,编制了预警处置的宣传课件,为推进廉洁风险预警处置工作提供了依据和指导。通过信访投诉举报、在线倾听等渠道收集预警信息,确定预警对象,识别预警信号,做出预警处置。

【队伍建设】 结合群众路线教育实践活动,组织召开了公司纪委党支部专题民主生活会和组织生活会,举办了4次专题辅导。在纪检监察系统开展了会员卡专项清退工作,168名纪检监察干部做出零持有报告。纪委监察部成立理论学习小组,确立8个课题进行理论研讨。组织全公司纪检干部撰写反腐倡廉论文,共收到67篇。坚持每月召开书记办公会研究布置工作;年中召开纪委书记工作会议,进行工作交流、总结;对纪委书记、副书记、纪检干事分层次进行了业务培训,选派了18名纪检干部参加了上级纪委组织的培训,组织了部分纪检干部外出进行交流学习;开展了月度讲评、年度业绩考核和岗位交流;加强对基层纪检监察部门的调研、指导、管理、考核,进一步提高了纪检监察干部的履职能力和业务水平。

(贾晨荣)

组织工作

【概况】 太原钢铁(集团)有限公司党委组织部,主管公司及所属厂(矿)、分、子公司领导班子、干部人才队伍、党组织和党员队伍建设,下设组织工作室、干部管理室,职工人数7人,设部长1名、副部长1名、室主任2名。

【党的群众路线教育实践活动】 1.高标准、严要求,系统谋划重落实。在省委的正确领导和第七督导组的具体指导下,结合实际,系统谋划,机制保障,确保活动不虚不空不偏。坚持"六个贯穿始终",提出了"开展'四个深入'、做到'四不过关'、实现'四个提升'"的工作思路,确立了"以活动为抓手,促进为民务实清廉;以实事为行动,显现为民务实清廉;以制度为根本,保障为民务实清廉"的教育实践之路。活动安排上,策划了三个环节18个方面的重点工作,环环相扣,闭环推动企业竞争力和职工满意度"双提升"。成立了教育实践活动领导小组及其办公室、下设组织组、宣传组和综合组。抽调力量组成10个督导组,始终坚持严格的标准,对活动的每个环节都加强指导、从严督导、严格把关。建立了活动例会制度,每周下发《工作周讯》和《领导组办公室会议纪要》,为296名副处级以上领导干部发放了《活动记录手册》,将规定动作予以书面规范,确保活动落到实处。

2.出实招、见实效,聚焦"四风"抓整改。以教育实践活动为契机,通过多种形式的"面对面"、"背靠背"式的交流,广开言路。公司领导班子成员先后深入联系点和基层一线调研83人次,坦诚谈心,征求意见,收集意见建议159条;通过无记名问卷调查、职工代表民主测评、座谈会、班子成员个别谈话、现场访谈等形式,调查了解实情,征集意见建议,解决群众问题。开门纳谏解决了查摆职工不愿讲、不敢讲和不真讲的"四风"问题。活动中,公司共召开各类座谈会50次,组织个别谈话750人次,发放调查问卷980份,收集意见建议4061条,其中公司领导班子1694条。针对查摆到的问题,公司实行"销号式"整改,共梳理确定104项能够办到、立马见效的突出问题,做到件件有落实、事事有回音。组织召开为民务实清廉先进事迹报告会,选树了米子军、李瑜厚、韩森、牛国栋、韩威等5名同志作报告。

3.扣主题、强组织,高质量召开民主生活会。为了高质量地开好民主生活会,公司高度重视,及早筹划民主生活会,扎实开展准备工作,组织领导班子成员围绕"为民务实清廉"主题,开展学习研讨和谈心交流活动。在此基础上,班子成员认真撰写了相互批评的材料,公司主要领导逐条审阅,并召开会议进行集体评议。组织公司领导班子及成员,严格按照中央和省委要求,认真撰写对照检查材料,领导班子共查摆"四风"突出问题12个。民主生活会受到了省委第七督导组组长石正民同志的高度评价,省委联系领导省委常委、省纪委书记李兆前同志对太钢领导班子专题民主生活会给予充分肯定。组织召开民主生活会通报会,接受职工群众监督。同时,严格按要求指导二级单位的民主生活会。

4.抓整改、建制度,切实巩固活动成果。专题民主生活会后,组织公司领导、安排二级单位领导参加所在支部的组织生活会,组织完成了民主生活会后一系列上报材料和报表。对重点整改

落实、专项整治和建章立制工作进行了总体部署,提出了具体安排和要求。制定了领导班子整改方案,确立了16项整改任务,其中10项“立行立改”任务,6项近期整改任务。制定了“四风”突出问题专项整治方案,重点内容是对照中央七大项37小项重点任务,结合实际、集中整改9项重点任务。制定了《制度建设计划》,其中制定并发布的制度规定有8项,研究修订、制订的制度有10项。每项任务明确了负责人、承办单位、配合单位和完成时限,并提出具体的整改措施和保障措施。确保整改方案项目、专项整治项目、制度建设落实到位,确保教育实践活动取得明显成效,着力构建起群众路线的常态化、长效化机制。

【干部队伍建设】 1. 制定出台基层领导班子评价制度。围绕领导班子“政治素质好、经营业绩好、团结协作好、作风形象好”的“四好”创建目标,结合公司实际,提出注重实绩、综合评价,公平公正、群众公认,班子考评和个人考评相结合,定量考核与定性评价相结合的原则,制定下发了《基层单位领导班子考核评价办法》(试行),考核评价内容为:政治素质、经营业绩、团结协作和作风形象四个方面,考核主体包括党群部门、专业管理部门、职工民主评议等,实行多维度评价。考核评价结果作为对各单位领导班子和成员评价、奖惩、调整、使用的重要依据。

2. 严格按要求推进干部人事制度改革。坚持“四化”方针和德才兼备、以德为先的原则要求,加强干部队伍建设,营造干事创业氛围。全年,共调整厂部级及以上领导干部29人次,其中,平调16人,新提9人(提集团公司领导2人,提经理助理级1人,提正处2人,新提副处4人),免职3人,撤职1人。调整中按规定全部进行了票决,另对班子不协调和经营中发生问题的3名厂处领导干部进行了停职处理(其中1名已经免职)。协助省国资委完成2名省管干部的推荐、考察工作和公司省管干部的年度考核工作。完成国资委交办的关于省属企业竞争性选拔干部的专项调查工作。

3. 组织了全公司干部管理业务培训。进一步明确了基层单位中层领导干部(科级)的管理和备案工作程序,促进了《干部人事制度改革相关规定》的落实,加强了基层单位领导干部的管理工作。全年审核备案科级干部176人次。按照上级要求,积极配合做好年轻干部挂职锻炼工作,有8名公务员挂职到期顺利返回原单位,年内共接收3名省内外干部来公司挂职锻炼。

4. 组织了“一报告两评议”工作。组织领导班子报告干部选拔任用工作和干部选拔任用工作、新选拔任用干部满意度测评,其中公司层面干部选拔任用工作民主评议结果四项指标均高于省管企业平均水平,满意度达到95.56%~97.60%,新选拔任用干部满意度平均达到96.61%;基层单位干部选拔任用工作民主评议结果四项指标满意度达到94.30%~95.43%,新选拔任用干部满意度平均达到94.82%。按照要求,将“一报告两评议结果”向基层单位全部进行了反馈。

5. 组织完成全年省管干部调训、在线网络学习工作任务。坚持以提高领导人员的能力素质和作风建设为重点,深入基层对领导干部落实年度预算指标完成情况和退步指标原因进行了调研、督促。推动了“干部上讲台,培训到现场”工作。按照职代会要求,协同工会组织完成了上年度厂部级及以上领导干部的民主评议工作,并进行了统计分析,职工代表对公司副处级以上领导干部的总体评价均分在95分以上,优秀称职率平均达到99.85%,其中优秀率为98.89%。按照要求，将评议结果向基层单位进行了反馈。填报领导干部年度考核表860余份。

6. 加强基础管理工作。在上年领导干部档案信息审核登记试点工作的基础上，对档案在公司管理的275名中层以上领导干部和在基层管理的915名中层领导干部“三龄两历一身份”信息进行了审核认定。组织人员协助上级部门对300余本省管干部档案进行了审核，提出了“三龄两历一身份”审核工作的意见和建议，为上级组织决策提供了参考。协助完成省管干部档案信息资料的补充、完善和查询工作。

【人才队伍建设】 1. 建立了党委、行政“一把手”抓“第一资源”的公司级人才工作研究决策机制。按照党管人才和加强对人才工作领导的原则，本着管宏观、管政策、管协调、管服务的基本要求，结合公司实际，进一步建立了党管人才工作管理机制。公司成立以主要党政领导为核心的人才工作领导小组，研究人才需求，审批人才规划，决策人才工作重大事项。实行公司人才工作专项报告制度，定期听取各单位人才工作汇报，统筹协调人才工作。建立职能部门各司其职、协同推进的人才工作保障机制。公司人才工作领导小组下设人才工作办公室（以下简称“人才办”），由组织部、人力资源部牵头总抓，各职能部门充分发挥职能管理作用，动员和组织全公司力量，形成整体合力，推动公司人才工作按照人才总体规划和工作计划有序、高效开展。

2. 健全人才工作责任落实机制，促进人才工作责任和目标落实。年初，公司人才工作领导小组研究下达各单位人才工作目标责任书，确定各单位年度任务和目标；年中，人才办对各单位人才工作的实施情况进行督查；年末，各单位对照目标责任书总结汇报年度人才工作计划、任务和目标的完成情况。各单位成立党政主要领导为组长的人才工作组，健全人才工作责任体系和监督考评机制，制定年度人才工作计划和具体措施，做到以人才建设为引领，带动整体员工队伍能力提升。

3. 修改完善相关资料材料工作。重点督促技术中心和营销部就专业技术人才和营销人才两支队伍建设的工作方案进行了沟通确认。参与组织完成了国资委人才工作的督促调研工作。参加省国资委组织的人才工作汇报座谈会，在国资委对各省属企业年度人才工作评价中名列第一。协同完成了省国资委人才专项调研工作。补充修改了公司海外高层次人才基地的相关材料。

【深入学习贯彻党的十八大精神】 1. 认真学习贯彻落实十八大精神。把学习贯彻党的十八大精神作为今后一段时期公司组织系统的主要任务。组织各单位参加了中央组织部党员教育中心、人民出版社、共产党员网联合举办的“学习党的十八大报告和党章”知识有奖竞赛活动，公司有近万名党员职工参与；开展“学习贯彻十八大精神，建设和谐美丽新太钢”知识竞赛活动，竞赛分初赛和决赛两个阶段。初赛以笔试形式举行，共从40余家报名单位中选拔出了8家共24名选手参加决赛。通过学习促进广大党员学习、遵守和践行党章，把思想统一到十八大精神上来，把力量凝聚到实现年度目标任务上来。

2. 围绕贯彻党的十八大精神加强党建工作调研。全面总结以改革创新精神推进党的建设和组织工作的做法和经验，深入研究党的建设和组织工作中的重大课题。开展党建课题调研活动，公司层面上报省委党建研究会2篇（《以体系化带动科学化—新时期提升国企党建科学化水

平的路径探索》、《对新形势下加强国企党的基层组织体系建设的一些思考》);基层32家单位共申报课题42个,形成12个理论研究成果和先进典型经验。组织承办并参加了山西省党建研究会2013年“推进国有企业党建工作科学化研究”重点课题研讨会。参加省党建研究会第三届理事会第三次全体会议,公司党委副书记、纪委书记韩瑞平被增补为省党建研究会第三届理事会理事。

3. 深入推进组织工作体系化和长效化建设。按年初党委扩大会报告要求,结合近年来工作实践,提出在基层党委层面推行“531”模式,“5”即五个方面:抓班子、管干部、育人才、强组织、增活力;“3”即三个层级:规定动作、特色动作和自选动作;“1”即一个组织工作综合评价体系。创新建立的组织工作体系既遵循党建工作的基本规律,又打破常规,推陈出新,形成了太钢特色的组织工作良性发展模式。

【创先争优活动】 1. 继续深化“三个转化”实践活动。按照年初制定的设计载体、跟踪评价、互动交流、案例表彰等五个步骤,进一步深化“三个转化”创新实践活动,下发《2013年深化三个转化创新实践活动的通知》,对全年实践“三个转化”活动进行安排部署。年初备案的载体有:党委层面56个,党支部层面305个,党小组层面454个。坚持季度深入基层调研,对活动的组织落实情况、党员的参与情况进行动态管理。组织各单位总结“三个转化”创新的典型做法和先进经验,开展“三个转化”活动优秀案例征集工作,对切实推动本单位各项工作、有利于充分发挥“四个作用”、具有一定代表性和可操作性的案例进行择优评选和表彰,共收集案例103个,评出最佳案例7个,优秀案例8个。

2. 坚持“选育树”优秀共产党员标兵活动。根据《关于开展“选育树”优秀共产党员标兵工作的指导意见》,继续开展2013年党员标兵培育对象跟踪培育工作,公司及所属党组织积极构建标兵发现选拔、培育提升机制。通过制定标准、发现典型、培养典型,在每个党支部都确定了1名先进典型,以季度跟踪反馈的形式共向公司选送了52名培育对象,通过了解掌握各单位的培育过程、培育对象的事迹比较,初步确定出22名标兵候选人提名人选,按照先进性、代表性的原则,兼顾结构,进一步比较事迹,确定出10名标兵候选人。

3. 开展纪念建党92周年系列活动。以纪念建党92周年为契机,以“发挥党组织作用,促进全年预算目标完成”为主题,在公司各级党组织中开展纪念建党92周年系列活动,以“五个一”为活动内容开展活动,召开一次党委会议、组织一次人才座谈、举办一次表彰大会、开展一次组织生活、进行一次慰问救助,促进了各级党组织和广大党员结合公司经营形势和自身岗位实际,紧盯退步指标,凝心聚力,全力完成全年预算指标任务。在深入开展创先争优活动的基础上,“七一”组织召开公司纪念建党92周年暨创先争优表彰大会,对“创先争优”中涌现出的15个先进党组织、69个先进党支部、10名优秀共产党员标兵、375名优秀共产党员、74名优秀党务工作者予以表彰,隆重颁奖10名优秀共产党员标兵。各单位共表彰518个党支部、204个厂级优秀共产党员标兵、2252名优秀共产党员和125名优秀党务工作者。

【基层党组织建设活动】 1. 创新基层党支部组织生活设计。提高基层党支部组织生活质量,把“设计”的理念引入党组织生活,提出党组织生活设计121。全年12次,每1个季度2项规定动作+1项自选动作。规定动作结合全年党支部重点工作和生产经营建设来确定主题,自选动作为每个支部提供党建创新实践空间,鼓励每个支部结合本单位实际,每季度选取1项富有实际和现实效果的活动内容实践。年初,基层党支部对全年的党组织生活作出整体性的计划安排,对每一次组织生活的精心策划实施。

2. 坚持党组织换届选举工作制度。对基层党组织任届期满情况进行摸底,制定了2013年指导换届选举计划。健全基层党组织委员职数,指导完成自动化公司第二次党代会、炼钢二厂第八次党代会、不锈热轧厂党员大会、精密带钢公司党员大会,成立能投公司党支部、钢科碳公司党总支,撤销能源公司党支部、投资公司党支部,健全了基层领导班子。

3. 坚持党建联述联评联考制度。按照省委和省国资委党委要求,在全公司开展了各单位书记履行党建工作责任"联述联评联考"工作,认真研究传达文件精神,制定方案,组织各单位书记认真筹备撰写述职报告,及时召开专项述职会议。公司督导组到各单位参加述职评议会议,组织党代表(党员代表)、基层党支部书记进行评议。参评人员结合述职和平时所掌握的情况,按照"好"、"较好"、"一般"、"较差"四个等次做出评价,实事求是地对其进行民主评议,并提出意见建议。评议结果显示:平均分在90分以上,满意度均在90%以上。

4. 对直属党组织进行评价。牵头组织党群工作联合检查,抽调专门人员补充力量,听取各单位工作汇报,按照检查内容和标准进行检查、评价,将检查结果、日常工作、重点工作结果也纳入公司整个绩效管理评价体系,作为参加各类评先评优的重要依据。

【党员队伍建设活动】 1. 开展党员"争优"计划。公司党委提出基本思路,基层党委制定具体实施意见并组织实施,基层党支部负责制定具体推进计划,指导党员制定、实施,并进行动态管理和综合评价。每个党员根据企业发展需要和自身进步需要,从党性、能力、业绩和形象四个方面对标找差距,制定和实施"争优"计划。计划主要包括目标、措施和需求条件三个部分。活动分3个阶段8个基本环节,一年为一个周期。各级党组织把承诺与岗位职责结合、具体化;把践诺与检查评价结合、实效化;把党员需求与组织要求结合、服务化。努力促进党员队伍素质提高、成为企业最优秀的人力资源队伍。

2. 严格落实党员轮训规划。以争做"四优"共产党员为主要内容的创先争优活动以"政治素质优、岗位技能优、工作业绩优、群众评价优"为目标要求,继续落实《太钢2010—2013年党员教育培训工作实施意见》,完成2013年度培训计划任务,全年举办1期处级干部培训班、42期党员培训班,共培训党员3000多人。从2010—2013年共培训党员10788名,参培率98.41%。

3. 严格发展党员质量。继续按照"双向培养"的思路加强入党积极分子队伍建设,在超前考察的基础上,严格党员预审制度,举办入党积极分子培训班4期,对213名入党积极分子进行关于党章、党史、党的基本知识、太钢的改革发展等方面的培训,"七一"前后共发展党员213名,严把程序关,确保发展党员质量,圆满完成年度发展党员计划。按省委、省国资委要求,先后撰写了《"健全发展党员制度,提高发展党员质量"专题调研报告》、《太钢入党积极分子培养教育经验材料》、《太钢发展党员工作联系点基本情况报告》、《太钢严格发展党员工作自查情况报告》。接受省国资委对发展党员工作的检查。组织完成2014年党员重点发展对象超前考察工作。

4.开展民主评议党员。按照学习教育、自我评价、组织考评、评议支部和表彰处理等五个步骤,继续深入开展民主评议党支部和民主评议党员的“双评”工作。2013年参加民主评议的基层党支部569个,占全公司党支部的100%。参加民主评议的党员23344名,覆盖面达到了100%。处置不合格党员5人。

5.开展慰问救助生活困难党员工作。把贫困党员帮扶作为一项重要工作来抓,开展了2013年春节、“七一”期间救助生活困难党员工作。春节期间共救助生活困难党员68人,发放救助金共计64400元。“七一”期间共救助生活困难党员55人,发放救助金共计48600元。同时,春节、“七一”期间上门慰问生活特困党员、老党员代表、老干部代表共8人,给他们送去了公司党委的关怀和祝福。

6.加强党员日常管理。一是接转党员组织关系。按照党员组织关系管理规定,全年接入党员479人,转出党员68人,死亡268人。二是党费收缴使用管理。全年收入2032100.8元,支出1782007.79元,其中,上交省国资委党委588272.79元,结存2399521.96元。三是完成了2013年党员信息维护、半年报和年报统计上报工作。全公司共有党的基层组织619个,其中基层党委40个,党总支31个,党支部546个。全公司党员23952人,在岗党员11151人,申请入党人数1759人,入党积极分子648人,发展对象337人,公司党组织的凝聚力和吸引力进一步增强。

【组织部门自身建设】 1.开展组织系统“四带头、四过硬”活动。2013年是全省组织系统“四带头、四过硬”活动年,太钢坚持系统谋划、加强组织、开展专题、完善制度、务求实效等五措并举,加强自身建设,持续引深“四带头、四过硬”活动,取得了积极成效。结合企业战略目标和改革发展要求,提出了“学习创新提能力,转变作风作表率”的活动主题,研究制定了活动方案。将“三个阶段,十个环节”的工作进行分解,按照主题活动月逐月推进,确定节点设计出“太钢组织系统开展‘四带头、四过硬’活动工作实施计划控制图”。组织召开活动动员大会,专兼职组工干部100余人参加了会议。开展公开承诺,签订公开承诺书。以专题活动月的形式开展,一月一主题,5－11月份相继开展了“专题教育月”、“集中走访月”、“岗位练兵月”、“典型教育月”与“项目攻坚月”活动,在扎实完成规定动作的同时,积极探索自选动作,组织理论、业务知识考试、参观岚县重点工程项目、读一本好书推荐,把“四带头、四过硬”活动的实效体现在推动各项工作中,扎实开展党的群众路线教育实践活动,推动生产经营建设稳健运行。撰写、上报《太钢“四带头、四过硬”工作总结》材料。

2.加强基层党务干部培训工作。按照年初整合党群培训项目,分别组织培训直属党组织副书记46人、党群科长51人,组织培训组织干事50人。加强对基层新任党支部书记的培训,编写《新任党支部书记培训讲义》,培训2期共80人参加。结合自主培训要求,增加两期组织干事和组织委员代表培训班,对党内信息管理及统计、发展党员、发展党员档案管理进行专项培训,共培训300人次。通过党报、党刊、网络学习先进单位的好做法、好经验,继续开办《组工通讯》,丰富通讯内容,为公司和基层党组织建立了工作沟通、反馈桥梁。以党务公开网和内网组工园地为平台,加强组织工作信息化更新,及时公开组织工作相关内容,接受监督,提高工作信息水平。

为基层党委、党支部征订《先锋队》,提供基层党内学习内容。

(王晓玲)

宣传、统战工作

【概况】 太原钢铁(集团)有限公司党委宣传部、统战部,下设宣传教育统战室,2013年末有职工8人,其中部长1名、副部长2名、室主任1名。

2013年,公司党委宣传(统战)部围绕公司确定的目标任务,突出重点,发挥职能,注重落实,进一步增强了工作的前瞻性、针对性、实效性,各项工作取得了新成效,为推进公司转型跨越发展提供了有力的思想保证和文化支撑。

【理论武装工作】 深入学习宣传党的十八大和十八届三中全会精神。下发《关于认真学习贯彻党的十八届三中全会精神的通知》,通过自学、中心组专题报告辅导等,指导各单位学习宣传贯彻党的十八大和十八届三中全会精神,重点结合李董事长和杨书记在辅导报告会上的讲话精神,引导和推动学习贯彻落实。编发《论团结问题》、《好文风哪里来》、《什么是中国梦、怎样理解中国梦》、《新思想 新观点 新论断 新要求》、《巩固党和人民团结奋斗的共同思想基础》等中心组学习资料19期;提供或推荐十八届三中全会精神《辅导读本》、《理性看,齐心办——理论热点面对面2013》、《邓小平时代》、《朱镕基上海讲话实录》、《看法与说法》等学习书目,为自学提供支持。

【宣传教育工作】 开展党的群众路线教育实践活动的学习和宣传。编发《太钢党的群众路线教育实践活动学习文件选编》,为公司两级中心组成员整理学习要点提纲并进行专题辅导,公司两级党委中心组集中专题学习5次,公司党委中心组成员集体专题学习11次;开设专题网页和宣传专栏,及时宣传教育实践活动的指导思想和工作部署、重要会议和活动动态,总结和宣传典型经验和方法,营造了浓厚的氛围,教育实践活动宣传引导做到了主题突出、把握得当、导向准确、引导有力。深入开展形势和目标任务教育,围绕公司"两会"精神,以安全生产、重点工程建设、降本增效、节能环保、提升质量等为重点,通过主题活动、征文、漫画、典型案例宣传、演讲等多种形式,深化宣传教育活动;编辑《形势任务教育问答》专栏文章23期,在《太钢日报》刊发,推动了重点任务的完成。

【思想政治工作和精神文明建设】 制定并下发公司思想政治工作研究管理办法,对课题立项、联组活动及论文发布做出制度性规范;《太钢政工》的指导性和可读性有所增强。公司获全省思想政治工作优秀单位。开展年度精神文明建设工作日常管理和考评,公司3个单位成为省级文明单位。牵头开展的"感动太钢人物"评选宣传活动,干部职工参与度越来越高,影响日益扩大,形成了先进典型发现、培育、成长和宣传的长效机制。

【网络建设和管理】 集团公司和不锈钢股份公司网站(含英文版)、内网实现了信息准确、更新及时、运行稳定。加强网站建设管理,组织技术人员开发完成各类专题宣传网站,对网站管理后台进行优化整合,策划实施开通太钢官方微博,扩大应用网络宣传的途径。加强网站维护管理,全年编辑发布各类重大新闻600余条、英文信息65条、公告通知120条;组织相关部门单位更新公司内外网内容，保证信息的准确性和实效性。加强网络舆情管理，坚持每天跟踪有较大影响力的社会贴吧和论坛网站，与各大网站保持经常性的工作联系，以便突发性负面信息的快速处置；制定突发事件网络舆情处置方案，实现舆情管理有章可循。

【统一战线工作】 统战工作稳步提升。加强各类别统战成员基础管理，形成系统完善的各类成员信息库。定期召开各界人士座谈会，通报公司"两会"精神和生产经营状况，在统战人士中开展建言献策活动；走访慰问重点统战成员，落实相关统战政策，帮助他们解决具体问题。加强党外人士队伍建设，经验和方法受到省委督查组的好评。

（宣传部、统战部）

保卫管理

【概况】 太原钢铁（集团）有限公司保卫部前身为太钢公安处。1983 年，经山西省人民政府批准，太钢等 12 家大型企业内保组织改制为企业公安处。2001 年 2 月，根据国家企业公安改制有关政策，在太钢公安处的基础上开始进行公安分局的改制工作，2001 年 4 月 7 日正式挂牌成立了太原市公安局城北分局，与太原钢铁（集团）保卫处实行两块牌子、一套人马合署办公的运作形式。2006 年 6 月 1 日，太钢保卫处更名为太钢保卫部。2010 年 1 月 7 日，太钢保卫部、太原市公安局城北分局从职能上分离。同时，公司对治安保卫、消防等相关管理职能进行整合。保卫部负责治安、保卫和交通等管理，立足于内保防范；消防大队负责消防管理、火灾扑救和抢险救援工作。消防大队调整为正处级建制单位，单独进行绩效考核，与保卫部合署办公，同时将保卫部的消防管理职能划归消防大队。

保卫部设立办公室（综治办）、党工科、法制室、生产保卫科、政保警卫科、交通科、制证中心、护卫支队、治安大队共 9 个科室（队）。消防大队设立消防管理科、消防战训科、消防中队共 3 个科室（队）（消防大队办公室、党工科与保卫部合署办公）。截至 2013 年年底，保卫部共有消防、护卫、生产保卫、安全防范等企业保卫人员 550 名。

【基础管理】 年初，编制了保卫部全面预算，明确了全年的奋斗目标，提出了绩效改善措施；各科、队、室分层次分别制定了各自的预算目标和绩效改善措施，使各专业安全工作指标明确，重点突出，任务明了，措施更加细化，为各项指标任务的圆满完成奠定了坚实的基础。为进一步夯实基础管理，组织对 22 项公司级、47 项部级、72 项部门级规章制度进行了梳理完善，对内部 110 项流程、106 个风险点进行了梳理优化，编制了《保卫部各级规章制度汇编》，新增制度 11 项。

【构建"制度 + 科技"治安防控体系】 根据公司职代会关于构建"制度 + 科技"治安防控体系重点工作安排，经过前期考察、调研，结合实际，提出"制度 + 科技"治安防控体系的初步设想：拟升级次票管理系统，实行门禁进、出双向刷卡与考勤联动，并在厂区道路车辆抓拍及测速系统，通过设置物流交通指挥中心、电子围栏等措施，对厂区实施全方位监控。方案已报公司相关部门逐步实施。经与自动化公司共同勘察确认，由太原市交警支队设施规划，技术中心路与赵庄路安装红绿灯 1 组，其余 15 组红绿灯方案已提交公司相关部门。年内，根据公司厂区治安和交通管理实际,相继调配了全天候流动测速仪3台、酒精测试仪2台、工作记录仪30台。

【落实“0123”管控模式】 以公司“0123”管控模式为指导,各科、队、室结合实际,分层次提出各自的“0123”管控模式,明确了具体的目标和工作措施。年初,组织各单位层层签订了交通、治安、消防、综治目标管理责任书,将任务层层分解落实,并强化日常监管,推动了逐级责任制的落实。工作中,以加强交通、治安、消防、生产保卫四体系的落实和过程监督为重点,在对各二级单位的内保制度进行摸底的基础上,组织对各专业安全体系文件进行重新修订、完善,并汇编成册,内容涵盖二级单位治安防盗、交通、要害部位、民爆、消防管理等专业管理组织机构、工作职责、评价体系等,制定了评价细则,完善、细化了评价内容,建立了季度工作例会制度。每月初,各专业科室编制下发《专业安全月指导任务书》,对各单位专业安全检查及专项整治工作及时予以指导、督促;每季末,深入各单位,对治安反盗、交通、消防、要害部位安全保卫工作情况进行检查、评价、排序,评价结果在全公司进行通报,并将评价结果纳入综治和年度安全管理绩效评价范畴。对评价排序后三位的单位,要求责任单位制定整改措施,限期整改。2013年,组织对各单位开展专业安全评价16次,倒查并考核责任单位35个,专业安全管理工作更加规范化、制度化。

【安全专项整治】 为进一步消除事故隐患,有效防范各类案件、事故的发生,各专业部门结合季节性特点,以开展百日安全无事故专项整治活动为载体,持续深入开展专业安全专项整治,及时消除各类隐患漏洞。交通科、治安大队、护卫支队、消防管理科、生产保卫科建立了相互配合、联合行动、联合整治的工作机制,切实加强对重点区域的巡防、守护,加强重点路段的交通疏导,消除了一批影响安全的隐患;纪检督察部门牵头,抽调护卫、交通、治安等科队人员组织成立“保卫部安全专项整治督察组”,以道路交通、消防、治安安全整治为重点,对重点部位、薄弱环节、专项整治开展情况以及制度落实、安全履职等情况等进行不间断检查、抽查、专项督查,形成了全方位、多层次的防控体系;各专业部门坚持重点单位、重点部位每日必查的工作原则,不定时、不定点设卡、设点开展集中联合大检查、大整顿。2013年,开展专业安全检查活动7次,开展百日安全无事故专项整治活动3次,发现并督促整改各类隐患2287项,下达书面隐患通知书698份。通过对检查、整治发现的各类隐患漏洞及各类违规、违法行为,及时通报所在单位,实施联合整治,专项整治活动取得了一定的成效。

【消防安全管理】 根据“预防为主,防消结合”的工作方针,在公司范围内推行消防“网格化”和“户籍化”管理机制,全面落实“十个一”工作标准,建立了三级消防安全管理模式,积极推进消防安全“防火墙”工程。编制下发了《太钢库房防火安全管理标准》,完善了公司消防设施、二级单位灭火器、地下消火栓、皮带通廊消防设施、易燃夹芯板、消防控制室等基础管理档案,组织对各单位库房、工房、主控室、生产线区域、施工区域动火作业、消防设施及其他消防重点部位进行了大排查,对公司6家涉及皮带通廊的单位进行了排查摸底,对易燃夹芯板建筑结构的厂房进行专项治理。并积极协调省、市消防部门对公司消防工程进行验收,新建、改建、扩建工程验收备案率达100%。消防大队编制了《太钢消防队各类火灾灭火救援处置预案汇编》,完成了公司级73个

A级部位的预案修订。确认断路通知288份，组织对392个地下消火栓、2503个墙壁消火栓、193处消防通道进行摸底统计，绘制水源图48份。参加各种出动279次，监护1450余小时。参加消防演练108次(涉及A级部位73个)，接警成功率、出警成功率、灭火成功率均达100%，队伍战斗力得到提升。在2013年度太原市企事业专职消防队伍比武竞赛中，消防队夺得团体第一名，高翔、金毅等4名队员分别夺得比武竞赛单项比赛前三名；在山西省第一届专职消防队伍职业技能大赛中，消防队控火操项目夺得班组第二名的好成绩，高翔、金毅分别获得个人第七名、第八名，并荣记山西省个人三等功；11月，消防队被山西省消防总队评为"119消防奖"先进集体。

【道路交通管理】 会同制造部、装备部对在厂区运行的货运车辆流洒、遮盖不严、车容车貌等交通污染现象进行专项检查及清理，组织对各单位施工、工程车辆的入厂手续及备案情况进行抽查、清理，对公司厂区主要路段、畸形路口设置了警示隔离墩和宣传警示牌，对厂区内行驶的货运车辆要求车辆责任单位加装了车辆转向提示音。9月份，针对西门路段拥堵问题，在轧钢西路、热连轧路设立3个执勤岗位，根据西门路段实际流量对拉运矿粉、球团重型货运车辆进行合理分流，间段放行。并对简易门外爱民路、恒山路进行了科学规划，有效缓解了厂区道路通行压力。2013年，共查处交通违规行为4312起(同比上年增加85%)，其中非机动车违规53起、机动车违规4259起；教育放行833人次；取消进入厂区资格车辆258辆，列入禁入黑名单C卡181张。

【要害部位管理】 组织对各单位红外报警、视频监控等技防设施以及要害部位人防落实情况进行了摸底，对公司37个单位174个风险部位进行了年度审定。并突出抓好工程现场治安专项整治以及重大节日、重要活动期间的重点检查，督促各单位加强自主化治安防范管理措施。出动检查人员1925人次、车辆640次，检查单位321个(次)，检查部位770个(次)，审批出入证4514人次、44车次，审核、检查临时居住人员985人(次)，审批占道手续431项，查出各类现场违规161起，考核159起。

【改善企业治安环境】 为保障厂区内人流、物流畅通、有序，严格执行门禁系统管理。制证中心严格办证备案制度，护卫支队严格门卫管理守好门，交通科严格交通管理看好线，治安、生产保卫等按照各自分工和职能特点，不断加大厂区路面和重点单位的巡防检查力度，以门禁管理为载体，使保卫部综合管理水平迈上了一个新的台阶。

制证中心在热情接待办证群众的同时，建立了人员卡、车辆通行证审批手续的电子档案，组织对各单位A、B卡信息进行核查，对逾期、违规C卡进行了集中清理，并为检修开通了绿色通道。2013年，接待办证客户142676人次，注销车证264张，注销太钢卡10240张，考核违反门禁1229起。2013年6月，制证中心被正式挂牌授予山西省"青年文明号"荣誉称号；5月，制证中心被公司推荐出席全国"青年文明号"评选。

护卫支队严格执行门禁管理制度，严格队伍教育管理，不断加大对出厂物资的管理力度，从源头筑牢治安防范根基。治安大队不断加大厂区治安巡防和管控力度，加大对车辆的检查力度，严格实行逐级责任倒查制，并对责任单位进行不定期回访。通过加强治安巡防和门禁管理力度，查获违规事(案)件345起，其中，移交城北分局114案，移交纪委稽查中心5起；考核违反门禁管理357起，查扣冒用卡753张，过期车辆证48张，查出票、物不符事件149起。5月，护卫支队双良门大队被评为公司“青年文明号”荣誉称号。

【维护稳定】 按照“排查得早、发现得了、控制得住、解决得好”的工作原则，建立和完善了维稳信息网络和工作机制，全面落实“两节”、“两会”以及重大节日和敏感日期间维稳措施，确保了公司政治稳定。年内，确定维稳信息联络员42人，收集维稳信息59条，督导检查重点人员涉及单位27家，配合处置群体访51起1032人，个体访199起331人。

【综合治理】 年初，保卫部组织对治安综合治理、治安防盗、消防、交通安全考核等协议、目标管理责任书、相关管理办法和考核制度进行了修订、完善，以“创安”活动为载体，围绕安全生产责任制要求，要求各单位及时调整充实综治委成员。每月编制下发《综治月指导意见书》，及时对各单位工作进行指导，完善落实了以岗位责任制为中心的公司与二级单位、二级单位与作业区、作业区与班组、班组与岗位人员的治安管理逐级责任制。年底，保卫部综治办抽调专人，组织对公司40个单位进行了“创安”、综治工作验收、评价。其中，优秀单位6个、达标单位26个、不达标单位3个、否决单位5个。

【专业安全培训】 以“关爱生命、文明出行”为主题，采取播放交通事故警示片，制作展览宣传展板，发放宣传单等形式，加强对职工及驾驶员的交通安全教育培训。先后组织对钢企公司、钢运物流公司等单位1191名货运车辆驾驶员和符合入厂条件的1530名驾驶员进行了交通安全培训、考试。为确保对初起火灾实施有效扑救，以开展“安全月”、“119”消防宣传日等活动为载体，开展大型消防安全宣传活动2次，制作消防展板8块，举办消防取证培训2期，443名科段长、510名班组长、312名消防控制室操作人员参加了培训，重点岗位持证上岗率100%，职工受教育率达到100%，带动了二级单位消防常识的普及。举办治安防范业务知识培训3期，近500名岗位人员参加了培训学习；组织对24家涉危单位48名专管员进行了民爆安全知识培训，涉爆从业人员持证上岗率达100%；开展综治培训5次、反邪教法制知识宣传1次，综治工作基础得到夯实。2013年，太钢公司被评为太原市“见义勇为工作先进单位”、“关爱支持见义勇为事业先进单位”。

【勤务保障】 结合参观访问勤务较多的实际，部党委高度重视，精心组织，周密部署，提前组织制定、细化安保方案。遇重大勤务提前勘察现场，提前落实安保措施，提前进行人员布控，明确职责，落实措施。通过全面加强安全保卫工作力度，圆满完成了太钢“不锈之春”元宵灯会、0406团视察太钢、吕梁市青年晋剧院慰问演出、“钢花杯”职工文化艺术节启动仪式等安全保卫任务95次，队伍的战斗力得到了检验和提升。

（陈旭峰）

人民武装管理

【概况】 太原钢铁（集团）有限公司人民武装部，成立于1956年，2013年末有专武干部9名，大专以上学历7名，中级以上职称6名。设政工室、军事室和人防室。主要职责有：负责公司民兵、预备役的组织建设、军事训练、政治教育、装备管理、战备执勤;负责组织实施对民兵、职工军训及军训成果在企业的运用;负责组织民兵开展岗位练兵、生产突击、护厂巡逻、防汛抢险、便民服务活动;负责人防设施、警报器的管理;组织开展全民国防教育;负责公司拥军优属工作。

【民兵军事训练】 按照上级军事机关的要求,在3月至4月,对公司民兵进行组织整顿,主要进行出入转队、官兵相识、国防教育和有关军事训练工作。民兵组织整顿后,参加了预备役通信连训练任务、专武干部集训任务。

【复员转业军人培养】 根据公司加快建设一流职业素养职工队伍,提升职业道德、职业态度、职业技能的要求,在全公司开展复员转业军人“岗位建功成才”活动,发现、挖掘、培养技术、管理、操作等基层各个岗位的复员转业军人骨干,选树复员转业军人中的职业道德标兵,经过层层培养选拔,建军节,对公司50名先进个人、10名标兵进行了表彰。

【军训及成果应用】 年内,组织能源动力总厂袁家村项目部208人、袁家村铁矿职工两期340人、不锈钢管厂958人、复员转业军人187名、新到大学生150人、哈斯科33人和临钢赴太钢援职工焦化厂70人、钢管公司53人、晋中万邦130人完成了军训。

在开展军训的同时,开展军事化成果推广应用工作,倡导在作业区、生产班组开展军事化的管理,并总结不同类型作业区、班组开展的做法和经验。其中型材厂径锻作业区、三钢厂精磨作业区推行军事化成果运用,每天班前会后,在车间门口列队宣誓,检查安全帽、劳保用品是否穿戴齐全,通过握拳宣誓,检查自己的思想是否集中到工作上,抛弃杂念,将全部精力集中到工作中,排队到车间,进入岗位。热连轧厂把军训成果有效地融入标准化作业中,确定了“三结合、三提升”的军训成果运用思路。“军训成果与推进标准化作业相结合;军训成果与推进5S管理相结合;军训成果与推进企业文化建设相结合;提升安全管理绩效;提升现场管理水平;提升全员素质素养”。作业区和班组推行军事化标准化作业以来,员工素质提高,带来了作业环境的改善,工作现场平稳干净,安全通道畅通无阻,物品定置定位摆放整齐,各项生产指标连创佳绩,质量合格率逐日提高,生产经营安全健康平稳运行。

【拥军优属】 加强与部队的双拥共建活动,在“八一”和春节期间,公司领导带队,慰问了太原卫星发射中心技术部和太原警备区等部队;组织了258名军队转业干部进行了体检,并上门对重点困难职工进行了慰问。

【参建工作】 开展民兵生产突击、护厂巡逻、防洪抢险工作,重点抓好两项工作。一是民兵完成各种急难险重任务应急工作,保证各厂民兵生产突击队每季至少组织一次生产突击活动。全面完成公司防汛抢险工作,民兵队伍做到了招之即来,来之能战,战之能胜。2月22日至25日,组织全公司12个单位,200名民兵,对元宵节公司机关门前的花灯进行了看护。7月25日,组织热连轧厂、不锈线材厂、热轧厂、炼钢一厂、炼钢二厂、不锈钢管公司、自动化公司、炼铁厂等18个单位200人,进行了防汛演练。二是组织民兵开展护厂巡逻工作,在厂区开展联片巡逻活动,组织多个民兵联片巡逻小分队,定期不定期地在重点地段、时间进行巡查,确保重点物资、设备的安全。在矿山加强民兵应急分队的建设,保护国有资产不受损失。

【人防管理】 全年以预防为主，防建结合，重点加强对地道的检查、管理、养护工作，做到周巡查，月检查，确保所管辖的地道，不发生任何责任事故。为进一步提升专武干部和民兵骨干人防工作业务能力，公司人武部和太钢教培中心对专武干部和民兵骨干进行了人防业务知识培训。9月18日，太钢23台警报器参加了山西省组织的统一试鸣。太钢防空警报器在太原市防空中心的统一遥控下，预警、空袭、解除警报按照预案逐一准时鸣放，实现了一次试鸣成功。

【主要荣誉】 被太原市评为民兵工作先进单位、人防工作先进单位、双拥工作先进单位。

（靳　宏）

政策法规研究

【概况】 太原钢铁（集团）有限公司政策法规研究室主要职责是研究政策法规，分析宏观经济和钢铁行业发展态势，开展企业调查研究，收集分析相关信息，提出改革和发展对策建议，起草公司重要工作报告、重要会议讲话和专题汇报材料，负责密码通讯和“在线倾听”运行管理。2013年末，共有8名职工，设主任1名。

【重要文稿】 起草了公司领导在集团公司十七届三次职代会、党委十届七次全委（扩大）会议、股份公司二届三次职代会、党委二届七次全委（扩大）会议、科技质量大会、党风廉政建设大会、劳模大会、“七一”表彰大会、安全工作会、党的群众路线教育实践活动等重要会议上的讲话稿；起草了公司领导在北京创造力大会、2013中国钢铁技术经济高端论坛、第八届中国国际不锈钢大会、环境管理战略转型研讨会、国家发改委山西综改试验区评估调研工作组座谈会、全省“项目推进年”动员大会、全省转型综改工作座谈会、全省国企改革座谈会上的讲话；起草了公司领导在与中钢洛耐院战略合作签字仪式、与北科大共建工程实践教育中心揭牌仪式、与上电战略合作协议等签字仪式的讲话。起草了公司领导在两级中心组学习辅导报告会上的报告。起草了公司向中央、国务院、省委省政府和中国钢铁工业协会的专题报告材料、经济运行分析等，及时反映企业情况。与公司相关部门共同起草对外宣传材料、申报各类荣誉和奖项材料等。2013年共完成各类文件、汇报材料、调研报告以及领导讲话等重要文字材料420余篇。

【政策法规研究】 围绕公司战略目标和重点工作，加强对宏观经济和钢铁行业运行态势的分析研究，开展专题性课题研究工作。针对行业突出问题，向国家提出了“关于促进不锈钢产业发展的建议”、“关于建立健全绿色转型长效机制的建议”、“关于降低铁矿山企业税负的建议”、“关于进一步完善科技税收政策建议”等政策意见和建议。针对钢铁产能过剩给国家宏观经济形势带来的风险，深入分析了现状、原因，向中央办公厅从财税、金融、产业和环保政策等方面提出了化解钢铁行业产能过剩的一些建议。此外，还完成了一些重要政策研究课题，形成政策意见建议。

【调查研究】 深入基层开展调查研究，掌握公司改革发展状况，收集意见建议，总结先进经验，为确保公司决策正确、推动重点工作提供支持。紧紧围绕公司的转型跨越发展和年度预算目标任务，开展内部重点课题研究，完成专题报告，内容主要是科技创新、项目建设、绿色发展、产业链建设、党建体系化建设、预算及出现的问题。政法室还与外面科研院校合作搞课题研究，和北京科技大学冶金规划研究院合作承担了中国工程院的《资源型企业的服务化转型》课题，和山西省社科院合作进行循环经济课题研究。及时与相关部门沟通联系和开展协作，将品种市场开发、打击200系产品、维护公司利益等重要工作作为课题，发挥部门优势，为这些工作的推进起到关键作用，如配合营销部完成对泰国反倾销的应诉，取得应诉国外反倾销首个零税率的成绩。参与了太钢扶贫工作的调研和方案的制订。

【信息采编】 密切关注宏观经济及钢铁行业运行动态，及时收集、加工重要资讯，每周编制《信息周刊》，供公司领导及相关部门领导参阅，为各级领导决策提供支持。进一步发挥与省委、省政府和相关政府部门的信息上报及沟通渠道的作用，确保公司重要发展成果及时上报到上级领导，确保下情上达。同时，及时向行业协会报送公司发展动态，经行业协会各类刊物和媒体宣传，提升了公司的社会知名度和行业影响力。通过信息上报和与省委省政府的沟通，省委省政府主要领导都对太钢的工作给予了肯定和高度评价。全年编辑《信息周刊》53期，及时向上级机关和行业协会报送公司动态信息170余条，其中被上级信息期刊采用60多条。

【在线倾听】 认真做好公司"在线倾听"网络留言平台的运行管理，督促有关单位加强留言办理，全年共办理网络留言4600余条。公司开展党的群众路线教育活动以来，设置了"在线倾听"网络匿名留言平台，活动中收集意见建议67条，由部门进行答复，处理结果以《舆情专递》形式上报主要领导。每周按时编辑《管理员周报》，对栏目运行情况进行总结分析。加强网络舆情分析，编辑《信息专递》和《舆情专递》向公司主要领导呈报。不定期地对"在线倾听"中的热点问题进行梳理分析，撰写专题性分析报告，为公司决策提供参考。加强舆论引导和对公司政策及重大举措的宣传解释，较好地实现了互联网与思想政治工作的有机融合，推动了公司和谐稳定发展。

【密码通讯】 严格执行国家及公司有关保密规定，认真履行保密工作职责。根据中钢协密码领导小组的统一安排，进行了密码保密工作自查自纠；落实公司普通密码管理制度，明确保密责任，加强保密知识的学习培训，建立健全各种台账，确保了密码通讯的及时性与安全性。全年接收普密传真及冶金安全信息交换系统传输的文件100余份，全部按规定程序接收、登记并及时转交有关领导及相关责任人，无一例失泄密事件，普通密码和安全信息交换系统运行正常，渠道畅通。

（苏　勇）

工会工作

【概况】 太原钢铁（集团）有限公司工会2013年末有职工50人，其中主席1名、副主席1名、部长（主任）5名、主管和干事以及其他技术专业人员43名。设有办公室、民主管理部、生产保护部、权益保障部和宣教文体部（下设文联、体协、文工团、俱乐部、活动站）。

工会具有维护、建设、参与、教育四项职能，维护职工合法权益是工会的基本职责。

【生产保护工作】 持续开展重点工程劳动竞赛。在公司36个重点工程建设项目中组织开展了“五比五赛创先争优”立功竞赛，营造了保安全、保工期、保质量，创先争优的竞赛氛围。承办了山西省转型综改试验区全国示范性劳动竞赛启动仪式，公司被列为省级试点企业，不锈钢冷连轧及硅钢冷连轧项目被列为省级重大项目。深入开展袁家村铁矿采选及球团项目达产达效和铁路项目保建设工期创优质工程竞赛。通过竞赛活动，确保设备稳定运行，不断优化工艺，产量和质量逐月提升。

深化开展节能减排、降耗增效竞赛。公司27个参赛单位围绕提高能源利用效率、降低能源成本、减少污染排放开展了竞赛活动。公司大型耗能炉座在全国竞赛中取得优异成绩，炼铁厂450平方米烧结机获全国重点大型耗能钢铁生产设备节能降耗对标竞赛活动“冠军炉”，炼钢二厂180吨1号转炉获“优胜炉”。

广泛开展创新创效活动。以“提高质量、降低成本、节能减排、安全环保、改善管理、增加效益”为竞赛主题，以“四比四赛”为竞赛内容，组织开展了“金点子杯”合理化建议竞赛活动。全公司18000余名职工提出合理化建议28500条。征集经济技术创新成果751项，其中，优秀合理化建议688项、职工先进操作法63项。炼钢二厂连铸作业区张润平的“结晶器高液位中间包快速更换技术开发及应用”成果获全国冶金科学技术三等奖。

有序推进职工创新工作室创建工作。年内创建职工创新工作室6个，全公司职工创新工作室达到21个。其中：全国机冶建材工会级1个、省总工会级9个、市总工会级17个。创新工作室吸纳成员204人，全年完成创新课题214项。组织参加第四届太原市职工技术创新成果大赛，申报经济技术创新成果128项。

组织开展岗位练兵技术比武活动。举办了公司第34届职工标准化操作、岗位练兵技术比武活动，共设23个比武工种，有1557名优秀选手参加公司决赛，所有比武工种的理论考试全部采用计算机无纸化，实现了与省市、国家大赛接轨。依托公司OA平台，创新开展了网上自我学习、自我练兵的“闯关竞赛”活动，为职工提升技能搭建了新的平台。

精心培养、选树劳模先进。组织召开了公司庆祝“五一”暨劳模先进表彰大会，表彰了10名特级劳动模范、49名劳动模范和326名先进工作者。炼铁厂荣获“全国五一劳动奖状”，焦化厂项目部公辅项目施工管理员李舒荣获“全国五一劳动奖章”，冷轧硅钢厂退火作业区甲班荣获“全国工人先锋号”，不锈热轧厂热处理作业区乙班荣获“全国机械冶金建材系统工人先锋号”和“全国机械冶金建材系统李斌式模范班组”称号。

【民主管理工作】 充分发挥职代会作为民主管理主渠道的作用。按规定程序和内容组织召开公司、各单位、各作业区三级职代会，公司及各单位的重大事项在职代会上提交职工代表讨论、审议或通过。平等协商签订了年度集体合同、工资专项集体合同和女职工专项集体合同。组织50个单位、23个部室、4654名职工代表和职工，民主评议在岗厂部级领导干部261名。

认真梳理、答复并落实职代会提案。职代会提案审理委员会对195条职代会提案进行跟踪督办和满意度评价，提案答复处理率100%。

扎实组织职工代表巡视活动。围绕公司生产经营的阶段性重点环节和职工群众关心的焦点问题，按季度确定巡视主题，组织职工代表开展了160余次、1728人次的巡视活动，对巡视中发现的问题和收集的意见建议及时予以协调解决。

积极推动落实企业经营变革中涉及的民主管理事宜。组织指导线材公司召开专题职代会，审议了《破产预案》，以无记名投票表决的方式审议通过了《职工安置方案》，保障了职工的民主权利和合法权益。

坚持领导干部民主接待日制度。全年共组织8次公司领导干部民主接待日活动，接待来访职工群众92人次，受理问题70个，相关部门和单位对职工群众反映的问题全部进行了答复处理。

公司获全国厂务公开民主管理示范单位和山西省厂务公开民主管理示范单位。

【权益保障工作】 有效开展困难职工帮扶工作。全年发放帮扶救助金2023.37万元。其中：送温暖工程、专项救助工程、职工突发意外事故救助活动等帮扶职工8113人次，发放救助金694.17万元；组织全体职工（含内退、离退休职工）参加太原市职工大病医疗互助工程，为4342名职工发放大病补助865.05万元；开展"金秋助学"工程，资助2966名困难职工及内退职工的子女上大学，发放资助金464.15万元。

落实劳动保护责任制。组织签订《工会劳动保护目标责任书》，不断改善职工劳动条件、作业环境。持续开展"安康杯"、"粉尘治理优胜杯"竞赛活动，提高职工职业安全健康水平。组织"送清凉、送服务——夏季防暑降温竞赛"活动，公司领导及有关部门深入17个特高温单位和部分建设施工单位进行了慰问。

积极推进安全文化建设。举办"我的一次险肇经历"为主题的安全故事讲述比赛，1000余名职工参加了活动。组织34个单位的15000名一线职工参加全国班组管理安全卫生知识竞赛。开展班组安全建设成果展示与班组安全文化宣传展板比赛，28个二级单位参加了活动，其中不锈热轧厂、冷轧硅钢厂和热连轧厂3个单位荣获太原市评比一等奖。自动化公司、能源动力总厂班组安全建设成果在全国钢劳联第29次年会上获一等奖，东山矿安全文化宣传展板获大会评比一等奖。

有序组织职工疗休养。全年共计73批1787名职工参加了荣誉休养，39个单位的24600余人次一线职工参加了健康疗养。

深入开展"共建文明居住环境"竞赛活动。在对标学习基础上，细化评价标准及评比细则，不断提高"共建文明居住环境"竞赛活动效果，全年创建文明单元280个，有效改善了职工居住环境。

【文体活动工作】 大力弘扬劳模精神。组织撰写特级劳模报告文学并出版《太钢文苑》专刊，在厂区生活服务区、候车廊等处展出了劳模事迹宣传展板，组织了4场劳模事迹报告会。按照公司党的群众路线教育实践活动的要求，召开劳模专题座谈会，征求了劳模代表的意见和建议。开展了"中国梦·劳动美－－培育太钢精神，推动转型跨越"主题征文活动，通过征文活动展示了广大职工热爱太钢，立足岗位创新的工作激情和精神风貌。

积极组织群众性职工文化活动。举办了公司第二届"钢花杯"职工文化艺术节，组织了摄影书画展、歌手大赛、文艺汇演等系列活动，整个活动历时3个月，共进行了32场比赛，参赛节目504个，参赛选手2000余人次。组织了公司2013年"不锈之春"元宵节主题灯会和摄影比赛，举办了第37届太钢职工迎春书画展，组织文工团赴中色镍业（缅甸）有限公司和矿山等地进行了慰问演出,举办了"五一"劳动者之歌专场晚会。参加太原市总工会主办的全市职工摄影大赛,获得一等奖1名、优秀奖13名,公司获优秀组织奖。参加全国冶金行业安全生产小品大赛,获大赛创作、表演一等奖、优秀组织奖、最佳导演奖和优秀演员奖。组织了太钢《文学艺术大讲堂》专题讲座。

推动实施全民健身活动。加大群众体育活动经费投入,组织了长跑、拔河、游泳、乒乓球、羽毛球、足球、网球、篮球等体育比赛,参赛职工近8500人次。公司45个健身辅导站共计4000余人次在"五一"、"十一"期间进行了全民健身汇报演出。指导二级单位因地制宜开展小型多样的群众性体育活动,参加活动职工达20000余人次。组队参加山西省精神文明办、省文联、省广播电视台等联合举办的首季广场舞大赛,获得大赛唯一的一等奖。组织公司400名长跑爱好者参加了"汾酒杯"太原国际马拉松赛。组团参加了太原市第十届运动会暨第五届全民健身节,获得4个团体冠军、6个团体亚军、3个团体第三名、8个单项冠军的优异成绩。承办了太原市第十届运动会拔河比赛。公司荣获国家体育总局"全国群众体育工作先进单位"。

【工会自身建设】 深化开展各项主题活动。组织工会"双亮、双争、双评"活动,各级工会干部通过亮身份、公布联系方式、公示办公地点,切实改变了工会干部的工作作风。继续开展"面对面、心贴心、实打实服务职工在基层"活动,全年各级工会共走访作业区(科室)381个,走访班组1450个,走访职工19937名,解决落实了职工生产、生活中的各种问题1906个,征求职工群众意见和建议6080条。启动太钢工会"调查研究年",进一步密切了各级工会与基层一线职工的联系。开展"中国梦·劳动美——培育太钢精神,推动转型跨越"主题征文活动,征集调研报告79篇、职工主题征文192篇。组队参加由太原市总工会举办的太原市工会干部知识竞赛,荣获第一名。

加强工会组织建设。召开集团公司工会十四届二次、不锈钢股份公司工会二届二次全委(扩大)会议。对模范职工之家和优秀工会工作者等进行了表彰奖励。下发《关于基层委员会换届选举的通知》,指导、监督11个二级工会进行了换届改选。创新作业区分工会组织选举机制,进行了炼钢二厂、炼铁厂等单位作业区分工会主席直选。分类指导未建立工会组织和工会组织不健全的7个基层单位,建立健全了工会组织。修订了《工会同业务评比实施办法》和《工会同业务评比标准》。公司工会荣获太原市目标责任考核先进基层工会。

全面启动EAP员工关爱计划。组织120余名工会干部进行了为期两天的心理学知识和EAP理论培训。组织69名党群干部、人力资源管理人员、业务骨干进行了为期112学时心理咨询师取证培训,并参加了全国统一组织的心理咨询师职业资格考试。

关心支持女职工工作。组织了太钢纪念"三八"国际劳动妇女节103周年暨表彰仪式表彰活动。深入工作一线看望慰问了"三八"红旗手标兵、"三八"红旗班组和困难女职工。开展关爱女职工身心健康活动,举办了女职工健康知识讲座。

组织职工开展送温暖、献爱心"慈善一日捐"活动。全公司32447余名职工参加了活动,募集捐款148.19万元。

(李超先)

共青团工作

【概况】 太原钢铁(集团)有限公司团委隶属公司党委直接领导,部门机构设置为组织部、青工部和宣教文体部。2013 年末有职工 4 人。

【青年思想教育】 认真学习贯彻党的十八大精神,切实做好团的十七大精神落实,抓好青年思想教育工作。把学习贯彻党的十八大精神作为企业发展的强大动力,立足本职工作,积极组织开展理论教育活动,要求团员教育覆盖面达 100%。组织动员全体团员青年开展学习团的十七大精神活动,正真的让团的十七大精神在公司青年职工中得以认真学习、深刻领会、全面贯彻,为推进公司转型跨越新发展贡献青春力量。按照团中央、团省委和省国资委团委的安排部署,紧密围绕纪念建团 91 周年和“五四”运动 94 周年,开展了以“我的中国梦”为主题的“五四”系列活动,深入开展党团知识学习和团情团史教育活动,掀起青年思想教育的高潮。各级团组织也结合实际,集中在“五四”期间自主开展重温入团誓词、学习团章、团史、参观爱国主义教育基地和青少年活动基地等内容丰富的团日活动,增强团组织的吸引力和凝聚力。

【青年人才培养】 坚持“以人为本”的核心价值观,按照公司“全员素质提升工程”的要求,于年初对深入开展导师带徒活动作出了部署。针对不同岗位、不同专业、不同工种的特点,量化授徒标准,加强过程控制,不断扩大活动覆盖面,师徒签约率达 100%。为选树典型,按照优秀师徒评审标准,公司团委共评选出 50 对优秀师徒,在“太钢庆祝‘五一’暨劳模先进表彰大会”上进行了表彰奖励。积极开展青工岗位练兵、标准化技能培训、标准化操作演练、技能竞赛等活动,提高了岗位青工操作技能。协同公司工会组织开展了公司第三十四届职工标准化操作技术比武活动,全公司 35 周岁以下青工参与率达到 100%。认真组织开展了“青年五四奖章”评选表彰活动。深化青年岗位能手活动,100 名青年创新岗位能手受到公司级以上表彰。

【青工岗位实践】 围绕企业自主创新要求,深入开展青年创新创效活动,表彰 2012 年度青年创新创效成果 38 项,同时授予获奖项目负责人“太钢青年创新岗位能手”称号,有效地激发了青工积极参与企业自主创新和青年创新创效活动的热情。全年共创建 15 个公司级青年文明号集体,争创 1 个省级青年文明号集体,并对现有各国家级、省级青年文明号进行了严格复查,保证了创建的规范性。坚持以创建青年标准化操作示范岗活动为重点,按照“坚持标准、重在创建、从严考核”的原则在全公司符合创建条件的集体中 100% 开展创建活动。安全生产月期间联合安全生产管理部开展了安全知识有奖答题活动,此项活动提高了全员安全素质,营造了良好的安全文化氛围。通过“青安杯”季度流动红旗竞赛、使青工牢固树立了“珍爱生命、我要安全”的理念,丰富了青年安全工作载体。年初,对 2012 年度 10 个“青安杯”竞赛优胜单位、12 个公司级青年标准化操作示范岗、42 个先进青安岗以及 68 名安全先进个人进行了表彰。太钢焦化厂运保作业区技术组和太钢型材厂径锻机操作岗分别荣获 2012 年度全国钢铁行业青年安全生产示范岗和山西省青年安全生产示范岗荣誉称号。积极选树青年质量典型,选树了 10 名太钢青年质量先锋，在青工中营造了“人人重视质量、人人争当质量先进”的氛围。9月份，公司团委组织开展了“提高质量，青年先行”主题征文大赛，评出获奖征文35篇。各级团组织紧密围绕公司质量战略目标，深入开展六西格玛质量管理知识讲座、质量QC小组成果发布会、质量自查、质量知识竞赛等活动，进一步增强了青工的质量责任感，提升了青工质量精细化理念，促进了岗位青工以一流的工作质量和服务质量保证一流产品质量的自觉性。

【青年公益行动】 坚持以“一助一”结对服务和厂区、社区志愿服务活动为主体，组织全公司100余对“一助一”青年志愿者结对小组深入到帮扶对象家中进行志愿服务，对单身青工、困难青工和患病青工、残疾青工进行慰问，送去了团组织的温暖。3月5日，公司各级团组织把“弘扬雷锋精神”与开展志愿服务结合起来，开展了形式多样、内容丰富的雷锋精神践行活动，广大青年职工发挥专长、积极行动，在厂区内外掀起了学习雷锋精神、争做双良传人的热潮。共青团山西省委书记赵雁峰、公司党委书记王新平参加了当天的志愿活动。在能源动力总厂，40余名团员青年举行仪式，共同纪念毛泽东“像雷锋同志学习”题词发表50周年，号召全厂青年职工从身边每一件小事做起，沿着雷锋的足迹，传承雷锋精神。该厂的青年志愿者服务亭也按时开放，为职工群众提供贴心服务，志愿者们还对办公楼周边区域和公共自行车点进行了清扫清洁。保卫部在厂区十字路口也组织了多项志愿服务，交通科团支部打出了“我的安全我做主”条幅，多名职工群众在“文明出行，从我做起”签字板上写下自己的名字。护卫支队团支部组织了“递上一杯水，温暖一颗心”活动，为外来司乘人员送上关怀，该部还开展了消防、治安、交通等安全知识宣传教育活动。炼钢二厂组织青年志愿者对库房进行清理，协助维护食堂就餐人员秩序以及清理生产区域、办公场所及周边绿地杂物等。全国助残日期间，太钢团委带领7家基层单位的青年志愿者们到太原市盲人学校进行慰问，为孩子们带去了生活用品及学习文具，送出团组织的一份爱心。为了充分发挥“太钢注册青年志愿者无偿献血支援队”应急作用，展现太钢青年志愿者的风采，公司团委于8月22日组织39个基层单位的182名“太钢青年志愿者”进行无偿献血，献血总量为72400CC，有效缓解了太原市用血紧张状况。

【青年文化建设】 6月至8月，举办了“提升企业国际化水平，推动转型跨越新发展”太钢青年英语知识竞赛，通过层层选拔对获奖的10支队伍进行表彰。10月举办了“我的中国梦——奋斗的青春最美丽”征文活动，描述了太钢青年职工为中国梦的奋斗经历，表彰获奖文章共90篇。9月至11月，举行了以“共青团组织在推动企业转型跨越发展中的具体抓手是什么”主题的调研活动，公司团委对获奖的45篇论文进行了表彰奖励。

【团的组织建设】 坚持党建带团建，加强和改进基层组织建设。认真执行《太钢创建“五四红旗团委”、“五四红旗团支部”活动制度》，基层39个直属团组织、232个基层团支部扎实开展创建活动，保证了五四红旗团委（支部）达标率达50%以上。“五四”期间，各级团组织围绕学习贯彻党的“十八大”精神、“弘扬五四精神”，隆重召开纪念建团91周年暨表彰大会，公司团委对10个五四红旗团委标兵、15个五四红旗团委，10个五四红旗团支部（总支）、43个先进团支部以及10名太钢青年五四奖章、10名太钢共青团干部标兵、54

名优秀共青团干部、54名优秀共青团员进行了表彰。认真执行《太钢特色团组织申报制度》,鼓励基层结合实际开展各具特色的活动,组织基层结合实际对特色工作进行年初申报,进一步增强了基层团组织活动的自主性和创造性。开展了以"我是太钢人,我骄傲"为主题的团日活动方案设计大赛,团员参与率达到了100%,同时对获奖的15个"最佳团日活动方案"进行观摩学习,促进了互相交流,扩大了活动影响。举办了太钢第37期基层团干及青安岗长培训班,30余名新任职团委书记、基层团支部书记、青安岗长和青工小组组长参加了培训。通过培训开阔了团干部的视野,提高了团干部的综合素质。全年发展团员26名,团员推优入党38名。

(续雅静)

机关党委工作

【概况】 太原钢铁(集团)有限公司机关党委(以下简称机关党委)设置党委工作部、纪委监察室、工会3个部门,配置党委书记、党工部长、纪委副书记、监察室主任(兼)、团委书记(兼)、工会干事、综合干事5个岗位。主要负责公司机关党的建设、工会、共青团工作;效能监察、管理部门履职尽责服务基层满意度评价、5S管理;计划生育、职工住房分配等工作。

【思想建设】 政治理论教育提升了党员素养。组织党员学习党十八大和十八届三中全会精神,组织参加十八大知识竞赛;按照公司党的群众路线教育实践活动的部署,组织党员学习习近平等中央领导关于党的群众路线的重要讲话、《厉行节约反对浪费重要论述摘编》、《论群众路线重要论述摘编》等,政治意识、群众意识、节俭意识进一步提升;机关各级党组织结合教育实践活动举行"弘扬优良传统,增强宗旨意识"主题党日教育,机关党委组织2013年度机关创先争优先进代表在太原双塔烈士陵园祭奠革命先烈、听讲烈士事迹,在省博物院参观山西五千年文明展,感受华夏悠久的历史文化。通过学习讨论、重温誓词、参观革命传统教育基地等,教育党员"党性保先、业绩争先、作风领先",机关党员的理想信念、宗旨意识进一步增强。

形势任务教育统一了思想认识。围绕公司生产经营和改革发展,开展企业目标战略宣传教育,组织党员干部职工学习董事长在传达全国两会精神会议上和走访用户时讲话,学习公司"两会"、党风廉政大会精神等,让党员干部了解公司发展面临的新形势、新问题、新任务,增强危机感、责任感。按照公司敬业度评估办公室要求,组织机关961名职工参加敬业度调研,为公司客观掌握机关职工实际状况和部门针对性制定职工敬业度提升措施提供了支持。

宣传引领发挥了正能量。运用《机关党建信息》,公开机关党委工作动态,结合党情、厂情,选刊重要文章,安排党员学习,切实发挥了党组织思想引领作用;注重宣传引导,紧密围绕公司发展、机关改进作风、部门和党员创先争优等多角度开展典型选树,对劳模先进、党员标兵、廉洁典型的事迹广泛宣传,对部门和党员降本增效做法挖掘、报道,对部门改进作风和办实事解难题情况专刊介绍,对各部门开展党员教育、帮扶困难职工、开展群众路线教育活动情况总结交流,较好地发挥了宣传工作和典型引路的作用。

【组织建设】 开展党的群众路线教育实践活动,改进了干部作风。把"解决突出问题、改进机关作风、提升管理效能、推动业务工作、职工群众满意”作为活动的出发点和落脚点，将教育实践活动与积极应对严峻形势，努力实现预算目标和持续改进机关作风紧密结合起来。抓实关键步骤，严把了学习动员关、征求意见关、问题查改关、材料审核关、民主生活关；注重实际效果，分党委、支部、领导干部三个层次明确各环节具体任务，适时给64名领导干部发放指导意见，保证工作落实准确。围绕服务基层、转变机关作风等，集中举办教育实践活动专题党课，围绕公司退步指标、重点难点工作，为基层“办实事、解难题”，实施立行立改项目51个，现场解决基层反映问题134个，教育实践活动取得了实在效果。

深化基层党支部建设，提高了党建科学化水平。持续开展三个转化和特色党支部创建，对2012年支部申报的63个活动载体进行评选，指导支部结合部门工作申报了2013年三转化活动项目并按月开展活动；落实党支部、党员“双评”工作，各支部按照集中学习、个人自评、民主测评、组织评价四个阶段，组织了评议；针对部门机构和人员变化，对6个支部委员会做出调整，对新任委员进行了工作指导；积极推进“选育树”工作，选树标兵党员3名；深入开展创先争优，较好地落实了19项保持机关党的先进性、纯洁性的工作机制，实现了工作的常态化。“七一”期间表彰创先争优先进集体18个、个人66名。

抓好领导干部和党员队伍建设，强化了党组织管理。年初，各党组织以“学习贯彻十八大精神，坚持务实清廉”为主题召开生活会，教育实践活动期间，又围绕整改四风问题召开了领导干部和党员生活会，开展了批评自我批评；组织科级以上干部年度民主测评，支部书记在述职述廉同时，向党员、群众报告了一年来支部建设情况；完成了科级干部“三龄两历一身份”的核查和审定；与教培中心沟通协作，加开2期机关党员培训班，安排142名党员参加脱产轮训，较好地完成了党员三年素质培训；落实“双向”培养，严格工作程序，发展新党员17名；规范组织关系管理，接转组织关系200人次。

参加“四带头四过硬”活动，强化了组工干部业务素养。机关党委工作人员在专题学习同时，向机关各党组织做出“四带头”承诺；走访规划发展部、股份计财部、制造与质量管理部等8个部门，重点就支部提出的党员发展、三个转化、合理化建议、职业素养建设等工作中的问题，现场指导；参加劳务市场党总支生活会，宣讲2013年机关党建工作要点，就重点工作与支部委员开展了交流；加强业务学习，积极撰写学习心得，针对工作难点、重点与分管领导交流思想、探讨工作、增进了解。

【作风建设】 廉洁教育强化了干部自律意识。重点组织党员领导干部学习公司《关于改进工作作风密切联系群众的实施细则》、《太钢领导人员廉洁从业若干规定实施细则》、《关于规范婚丧喜庆事宜的规定》、反对铺张浪费的有关规定和党纪处分条例等。以支部为单位组织党员观看《钢城蛀虫》、《小官大腐》、《苏联亡党亡国20年祭》等警示教育片，增强了党员干部遵章守纪的自觉性；举办支部书记、科级干部和有业务处置权人员专题党课和形势任务报告，选树廉洁从业典型，与新任副科级以上领导干部及其家属签订了《廉洁从业承诺书》、《家庭保廉协议书》，机关600余名党员参加了反腐倡廉答题，廉洁从业的意识进一步增强。

效能监察督促部门履职。围绕管理难点、领导和职工关注的焦点，开展立项监察，确立公司级效能监察项目1个、机关级监察项目35个，机

关党委和部门按季度分层次实施了改进计划；以实现“阳光招标”为目标，对招标实施监控，全年参加部门标会42次，监督招标项目77项，对2个不符合投标条件单位废标处理；组织76名管理人员对公司外购不锈废钢熔清检验专项监察37次，及时纠正监察过程中发现的问题，堵塞了管理漏洞。

制度建设推动了作风改进。制定下发廉洁风险排查防控考评办法，加强日常检查指导，查摆反腐倡廉建设突出问题35个，制订整改措施66条，有效预防和堵塞了工作漏洞；将“请基层评议，让基层满意”主题活动制度化，不定期到二级单位调研部门作风，分不同层次收集汇总基层意见112条，督促部门制定整改措施201条，部门改进作风、整改问题、建章立制情况在12月份“向基层汇报，请基层评议”现场会期间接受了基层评价；按照党的群众路线教育实践活动领导组安排，结合改进机关党员领导干部四风，修订完善了机关有业务处置权人员管理办法、管理部门履职尽责服务基层评价办法；加大管理部门员工履行职责和执行制度的监督检查，不定期抽查了部门执行差旅、接待、5S等制度的情况。

【企业文化建设】 有效载体强化企业理念。实施企业文化培训计划，按月组织员工认知理念抽考；针对企业标志使用不规范现象，下发管理规定和使用模板，组织部门相关人员参加VI识别系统培训，不定期深入部门检查、纠正了标志使用中存在的问题；开展对标挖潜党员先行活动，评选优秀对标改善项目33个。分层制订2013年对标挖潜方案，按计划组织落实；针对2013年安全工作的严峻形势，开展安全宣传、格言警句漫画征集和演讲比赛，强化了员工安全理念；组织机关员工在太钢城郊森林公园植树造林，栽种经济果木300余株。

提升素养推进文明机关建设。对2012年度部门精神文明创建情况实施评价，8个先进部室、30个先进科室、55名先进工作者受到表彰；开展“岗位学雷锋，争做好职工”活动，100余名职工利用下班时间集中清洁机关大门、宣传栏、广告牌和护栏等；举行道德素养大家谈主题征文，37篇心得体会获奖；开展“5S”和不文明行为整治，查改问题23个，保持了办公区域整洁；开展机关食堂服务满意度提升活动，发放文明就餐倡议，协调解决饭菜品种、剩饭处理、消毒柜设置、杂物清理、管道排污、环境保洁问题，饭菜质量和就餐环境有了显著改观。

【群众工作】 业务竞赛促进素质提升。结合部门实际组织劳动竞赛，针对管理提效、降本挖潜，开展“金点子杯”合理化建议，征集建议42条，评出优秀项目17个；在机关35岁以下青年中开展创新创效、岗位建功活动，评选优秀组织部门5个，优秀青年大学生5名；举办OA管理员在线培训和计生员培训，强化了业务水平。

温暖工程推进和谐机关建设。持续开展“面对面、心贴心、实打实，服务职工在基层”和部门巡视活动；对退休内退劳模、困难职工、复员转业军人等走访、慰问；看望生病住院职工，为患大病职工办理、发放帮扶理赔金；合理安排职工省内外疗养，暑期深入部门“送清凉、送服务”；组织机关员工参加大病互助、女职工特殊疾病互助和健康讲座；对职工弃购的滨河小区住房、程南商品房进行了再分配；组织爱心献血、“慈善一日捐”，捐赠善款7.94万元。

文体活动倡导健康生活。组织女工才艺展示；举行“奋勇拼搏，跨越争先”职工游泳比赛；组织“团结协作，凝心聚力，迈向新起点”机关职工健步走活动，580 名职工参与活动；根据群众需求，改进部门文体活动方式，出台鼓励部门自主开展高覆盖面活动的办法，机关工会在经费上给予了大力支持；选派代表队参加公司长跑、羽乒、游泳比赛等，均取得较好成绩。

（杨　伟）

厂矿企业

CHANG KUANG QI YE

分公司

太原钢铁(集团)有限公司矿业分公司

【概况】 矿业分公司是太原钢铁(集团)有限公司最大的分公司,成立于1994年8月18日,下辖(委托管理)岚县矿业有限公司、尖山铁矿、峨口铁矿、东山矿、复合材料厂、太钢鑫磊资源公司、地质工程勘察公司7个单位,公司管理本部设生产技术部、设备管理部、工程管理部、安全管理部、采购部、组宣人事部、监察审计部、办公室、工会、团委等职能部门。主要从事矿石采掘、加工,是太钢唯一的原料基地。公司按委托法人形式运作,独立核算。2013年末,在册职工6385人,其中:管理人员687人,专技人员259人,操作人员5256人。

【生产经营】 2013年,公司完成精矿粉1010.7万吨,首次突破千万吨大关,其中岚县矿业411.1万吨,尖山铁矿378万吨,峨口铁矿221.6万吨;球团矿386.1万吨,其中岚县矿业165.2万吨,峨口铁矿220.9万吨。东山矿冶金白灰、太钢鑫磊冶金白灰、复合材料厂轻烧白云石分别完成127.6万吨、27.1万吨和15.7万吨,满足了集团公司的保供需求。复合材料厂复合板1.3万吨。全年营业收入65.5亿元,内部考核利润17.6亿元,全面完成预算。

【生产组织】 围绕生产技术工作存在的制约因素,不断进行工艺的试验研究和论证,推广应用新工艺、新技术。正确处理好工艺改进和工艺保持的关系,确保生产稳定。认真履行审批制度,严肃工艺调整、技术改进纪律,抓好规程的执行和主体生产工艺的稳定达标管理。一是坚持月度采剥计划审查,使采剥计划执行率良性循环。峨口铁矿编制了5年规划,开展了露天转地下开采采剥(掘)生产平稳衔接的研究工作,为2014年开始稳定原矿750万吨/年,精矿200万吨/年奠定基础。二是进一步发挥技术创新和工艺优化在降本增效中的重要作用。不断优化采场工艺,缩短运输距离,降低运输成本;抓紧破碎系统配套改造,提高入磨矿石粒度达标率,改进磨矿介质质量,把磨矿成本保持在较好水平。推进尖山铁矿反浮选节能改造试验研究、后处理浓缩大井改造、后处理过滤溢流水水质提升等的研究。三是尖山铁矿克服采场1号、3号、4号溜井孤岛及胶带排岩破碎站对采场工艺布置造成的影响,围绕新旧开拓系统的衔接、胶带排岩系统达效攻关、上部台阶靠帮及新台阶掘沟等开展采矿工艺研究,认真研究采场道路和开采部位顺序的优化,1—11月份回收低品位原矿57万吨。四是峨口铁矿优化配矿,1—11月份回收低品位原矿220万吨;继续实施球团抗压攻关,提高球团抗压强度,球团抗压强度每个球大于或等于2000牛顿的比例达70%。五是东山矿在实施小北尖矿区强化开采的同时,组织完成洪子峪东南区开采设计的审查,已完成前期剥岩130万吨,形成下矿能力。六是组织完成复合材料厂大关山矿区开采方案的审查,完成前期工作费用立项。

【工程建设】 尖山铁矿采选工程完成3号、4号溜井系统负荷试车;征地移民搬迁安居工程16栋楼房主体完工;精矿输送管道汾河二库库区跨越加固改造工程完成;后处理改造按网络节点推进。尖山铁矿选矿锅炉增设脱硫设施工程试车,峨口铁矿球团脱硫工程土建已完成。峨口铁矿南西西挂帮矿采准工程、露天转地下开采工程等重点项目正在抓紧实施。东山矿新建氢氧化钙粉生产线工程建成投产。太钢鑫磊、复合材料厂回转窑顺利投产并达产达效。

峨口铁矿幼儿园改造工程、复合材料厂新建幼儿园工程竣工。峨口铁矿棚户区改造配套工程投用。

开展项目经理部综合检查评价、重点工程安全专项整治检查、建设工程"劳动竞赛"评价、工程监理机构管理评价、施工单位管理评价等五项评价检查,对重点工程建设起到了较好的督促作用。

【降本增效工作】 建立了全面预算管理纠偏机制。公司以全面预算指标为目标,建立逐级目标责任体系和评价激励体系,充分调动了各类人员降成本的积极性。进一步完善对标指标体系,深入开展对标挖潜,促进了成本降低、效益提升。全年,公司对标指标 74 项,完成 63 项,完成率 85%。通过逐月对产量、成本、利润等重要指标进行实时监控、动态控制,保证了年度预算的全面完成。2013 年,公司主要产品的制造成本是:岚县矿业精矿粉 479 元/吨、球团矿 624 元/吨;尖山铁矿精矿粉 356.35 元/吨;峨口铁矿精矿粉 349.07元/吨、球团矿 470.87 元/吨;东山矿回转窑冶金白灰 395.59 元/吨;太钢鑫磊冶金白灰 433.78 元/吨;复合材料厂轻烧白云石 344.21 元/吨。尖山铁矿精矿粉、峨口铁矿精矿粉、球团矿、东山矿回转窑冶金白灰、复合材料厂轻烧白云石完成预算。

强化采购管理,加强采购协作,主要原燃料、备品备件采购紧跟市场变化,有效降低了采购成本。减少中间环节、比价优选,为公司成本改善做出了重要贡献。

进一步发挥技术创新和工艺优化在降本增效中的重要作用,工艺降耗成效显著。

规范外协业务,明确了业务范围的审批流程、部门职责,有效降低了外协业务成本。严格控制差旅费、办公费等非生产费用支出。

【设备管理】 年初制定下发了《矿业公司 2013 年设备管理工作计划》,围绕 TPM 管理思想,深化设备标准化、精细化管理水平;以对标为手段,开展主体设备综合效率(OEE)竞赛;加快推进设备备件国产化、鼓励修旧利废;开展设备风险辨识工作,减少设备事故发生;全面提升设备管理水平,为生产稳定顺行提供有力保障。尖山矿电铲作业率由计划的 60% 提高到 64.35%,球磨机作业率由计划的 92.57% 提高到 93.65%,130 大车油耗由计划的 1079 降低到 1068 公斤/万吨公里,铁精矿综合能耗由计划的 52 降低到 48.1 公斤标煤/吨;峨口铁矿电铲作业率由计划的 60 提高到 64.93%,球磨机作业率由计划的 91.41 提高到 93.13%,采矿大车综合油耗由计划的 1063 降低到 1035 公斤/万吨公里,铁精矿综合能耗由计划的 51.72 降低到 49.78 公斤标煤/吨,东山矿运矿车作业率由计划的 77.74 提高到 78.04%,回转窑作业率由计划的 93.15 提高到 94.03%,大车油耗由计划的 941 降低为 928 公斤/万吨公里,复合材料厂运矿车作业率由计划的 44 提高到 46.3%,回转窑作业率由计划的 92.3 提高到 94.89%,大车油耗由计划的 1000 降低到 960 公斤/万吨公里。对 123 台起重设备进行了年度检验;共完成了 19 台锅炉、166 台压力容器、591 只安全阀的定期检(校)验;如期完成了锅炉的定修与零小修工作,确保了冬季按时供暖。

根据电气设备运行特点,开展春检、预防性试验、夏季六防检查等工作,组织专项检查,及时发现设备隐患、及时处理,保证电气设备安全稳定运行。

加强用水管理。尖山矿继续开展水平衡攻关,有效利用娄烦县的污水,努力降低新水消耗,新水指标由0.50吨/吨降到0.42吨/吨；峨口铁矿持续提高尾矿回水利用率，新水指标由1.42吨/吨降到0.97吨/吨，社会效益与经济效益显著提升。

测量设备总数达到19736台。设备确认共计5487台。计量检测体系质量目标完成99%，关键测量过程全部受控，测量系统各项目分类，逐项分析并改进，测量设备和测量软件发现问题做到了及时更换或更新。

【安全工作】 持续完善各类证照手续。如期完成了尖山铁矿700万吨安全设施“三同时”验收和安全生产许可证的领取。峨口铁矿露天转地下项目坑探安全专篇获得安监部门批复。复合材料厂回转窑安全设施“三同时”通过验收。复合材料厂回转窑、太钢鑫磊采矿项目职业危害防护设施专篇已通过安监部门审查。尖山铁矿尾矿库重大危险源评估报告等待太原市安监局组织专家审查。

安全标准化管理体系换证通过了外部监督审核，岗位达标、安全标准化班组和作业区达标升级工作按计划稳步推进。

稳步推进安全生产专项整治活动，较为彻底地解决了一大批影响安全的突出问题，确保了安全稳定的大局。

开展安全文化建设，下发了《2013年安全文化建设活动主要项目实施计划》，并对各单位安全文化建设项目实施情况进行了跟踪、督导。借助“百日安全无事故活动”平台，全公司通过悬挂横幅安全标语、家属平安祝福、安全提醒短信、安全专题征文、安全漫画、巡回演讲、安全贤内助评比等，扎实开展安全文化宣传活动，峨口铁矿、东山矿通过了省级安全文化示范企业评审。

稳步推进安全生产专项整治活动，修订下发了《关于深入推进安全生产专项整治活动的通知》，对2013年安全生产专项整治工作做了详细安排、精密部署，明确了整治工作的重点，并提出了工作要求。公司设立了生产、工艺、设备设施、能源环保、工程项目、交通消防民爆、职业卫生、培训教育、物资采购、劳动保护、宣传、效能监察、综合13个工作组。确立了11个专业112项整治重点。

【质量管理】 质量基础管理进一步加强。制定了东山矿RH用低碳脱硫剂、低碳石灰、岚县矿业球团等产品标准。规范了太钢鑫磊石灰质量管理流程。统一了岚县矿业、峨口铁矿与炼铁厂的球团抗压强度检测标准，减少了因标准不一致而产生的质量异议。

质量管控活动有效开展。建立了科技攻关、技术质量改进、QC、岗位精益控制4个层次的改进体系，及时解决现场中出现的质量问题。尖山铁矿、峨口铁矿、东山矿、复合材料厂QC项目获得中国质量协会优秀成果。

公司制定的16项质量预算指标中，有14项达到预算目标。特别是岚县矿业在原矿多变、工艺复杂的情况下，经过全面质量攻关，生产的精矿粉、球团矿，基本达到了集团公司全铁精矿粉冶炼需求；尖山铁矿在短短一个月内，将精矿粉的二氧化硅含量由4(±0.4)%提高到了5.2%左右，满足了集团公司新的配料要求；峨口铁矿球团抗压强度由上年的平均62%提高到68%，符合4350高炉的使用标准；复合材料厂复合板质量管理体系，经过日本川崎公司、欧洲人造小太阳项目、中国核工业部的质量体系检验，成功将铝钢复合板、铜不锈钢复合板打入日本、欧洲和中国核工业市场；东山矿开发的低碳石灰符合VOD和RH精炼需要；太钢鑫磊石灰质量不断提高。组织完成《尖山铁矿尾矿库干堆加高、新建尾矿库选址、输送袁家村可行性研究》、《尖山胶带排土场稳定性研究》、《尖山铁矿选矿厂磨矿过程优化研究》、《峨口铁矿尾矿库加高及新建尾矿库选址可行性研究》、《峨口铁矿露天与地下同时开采的边坡安全稳定性研究》、《峨口铁矿选厂磨矿过程优化研究》6项(集团)公司技术研究项目的立项。全年共申报专利28项，其中大专利2项，累计受理专利108项,授权专利72项。

【人力资源管理】 按照人才需求计划,2013年从各大院校(211、冶金类院校)招聘专技岗位大学生24名,分别分配到岚县矿业、尖山矿、峨口矿、东山矿、复合厂实习培养。为进一步加强对新入职大学生在试用期内的管理,每月对其行为规范,工作态度,工作能力和适应能力等逐项进行评价,收到良好的效果。接收了太原地区复转军人28人,接收尖山矿子弟复转军人6人。接收忻州地区复转军人133人。

根据人员及业务变动情况,适时进行了机构整合,将生产部与技术部合并,组织人事部与宣传文化部合并,精干了机构,缩减了人员,提高了效率。初步对岚县矿业公司的铁路运输系统、鑫磊公司回转窑系统的人员进行了编制核定。管理创新成果有两项获得集团公司三等奖。

严格履行矿业公司干部备案管理要求,全年各单位选拔任用科级干部并备案174人。8月份调整干部28名,全部经过党委会,并按规定实施票决制。组织退休干部13人赴岚县矿业公司参观,增强退休干部关心关注关爱矿山的信心,也同时体现了企业关心关怀老干部的退休生活责任。完成了干部"三龄两历一身份"的认定和签字工作,共计审核认定处级干部40人,科级干部248人,全部完成签字任务。

【环境保护和节能减排】 以环境管理体系的有效运行为核心,坚持污染预防和治理相结合,积极推进清洁生产,改善环境绩效,环保管理水平全面提升。

环保治理项目加快推进,极大地改善了现场作业环境和周边环境。尖山铁矿选区、生活区1台35吨、3台20吨锅炉除尘脱硫升级改造工程投用;峨口铁矿球团烟气脱硫工程正在建设。尖山铁矿精选J系列降噪抑尘改造完成;峨口铁矿所有皮带机系统头尾轮密封罩全部进行了封堵焊接,磨选干选区域安装了轴流风机,现场环境得到极大改善。复合材料厂采矿破碎系统除尘改造、精整抛光机除尘工程完工,回转窑在线监控系统安装调试、回转窑环保竣工验收监测已完。

按照上级环保要求,东山矿加大环境治理力度效果明显;采空区覆土绿化,植树造林2000平方米。全年共接受上级和驻区环境监测站监测31次,监测结果全部合格。矿业公司、东山矿突发环境事件应急救援预案编制完毕,并通过了省环保厅组织的评审、备案。

节约新水消耗攻关效果良好。岚县矿业开展中水平衡攻关,新水消耗0.26吨/吨。尖山铁矿、峨口铁矿选矿新水消耗预算分别为0.50吨/吨和0.35吨/吨,实际完成0.42吨/吨、0.22吨/吨。峨口铁矿实施非生产用水降耗攻关,非生产用水降低约95万吨。坚持环境绿化,全年完成绿化投资1000余万元。

【党建工作】 按期收缴党费,总计收缴378781.5元。按期接转组织关系共计150人。2013年发展新党员37名,按期策划、准备、组织公司纪念建党92周年暨创先争优表彰大会。按期按要求组织开展创先争优和"三个转化"活动。向集团公司党委组织部申报党建重点研究课题14个。按期推进太钢组织系统开展的"四带头、四过硬"活动。认真组织参加集团公司党委组织部组织的学习十八大报告和学习新党章知识竞赛,矿山系统共计有1000多名党员、干部、职工参加了竞赛活动。按进度保质量完成了2013年度民主评议党支部和党员工作。按期完成2014年发展党员超前考察工作。

按照集团公司的统一部署,矿业公司党委认真组织开展了党的群众路线教育实践活动,公司领导班子成员及机关部室副处级及以上党员领导干部13人全部全过程参加了党的群众路线教育实践活动。活动以为民、务实、清廉为主要内容,以反"四风"为突破口,进一步加强了公司领导班子和副处级及以上领导干部的作风建设,提升了党员领导干部的宗旨意识,为下一步更好地密切联系职工群众做好企业各项工作奠定了坚实的基础。

组织召开了党风廉政建设大会,下发了领导班子成员落实党风廉政建设责任制的分解意见,组织党政主要领导与领导班子其他成员及部(室)、所属单位负责人签订本年度党风廉政建设目标责任书20份。组织开展了"反腐倡廉教育宣传月"活动,党委书记为党员讲了廉政党课并作出了廉政承诺,纪委书记为职工作了反腐倡廉形势报告;选树了王广平、翟成林等10名廉洁从业典型,并给每人奖励2000元;两级纪委与新调整岗位的139人进行上岗前廉洁谈话,50名各单位领导班子成员向本单位职代会述职述廉、接受民主评议,262名各单位科级干部和445名有业务处置权人员每半年向本单位纪委述职述廉、接受监督。

组织党员干部认真学习《关于改进工作作风密切联系群众的实施细则》,组织观看多部警示教育片,传达中央的八项规定、太钢的实施细则。对1675个岗位廉洁风险点进行再分析、再排查,重新确定风险等级、管理环节和运行程序,绘制出管理流程图90个。建立起由39名成员组成的预警信息员数据库,选择出28名预警信息员。

加大科技防腐力度,对生产现场、建筑工地和物资采购、物流配送、计量检验、门卫系统等部位安装的728个摄像监控进行检查,督促恢复监控设施13台。

围绕集团公司下达的外协费用降低3000万的目标,确定《加大监督管理,降低外协费用》立项监察项目。通过对外协单位人员构成、资质能力、管理水平、质量进度等过程监督管控,对外协队伍重新进行优化,全年处罚外协单位110.3253万元,通过业务回归、资源整合、招标核定、技术攻关等措施,全年降低外协费用3100.33万元,挽回和避免损失110万。加大案件查办力度,2013年,公司纪委共办结信访举报9件,按照太钢职工奖惩管理规定和惩处细则,给予留用察看2人,给予行政记过9人,行政警告11人;责令写出书面检查6人,调离原岗位8人,对49人核减岗薪。

【和谐矿山建设】 畅通民意反应渠道,积极听取群众意见。着力排查化解各类矛盾,依法打击违法犯罪活动。落实治安防范和维稳责任制,确保企业和谐稳定。

深入践行党的群众路线,诚心诚意地为职工群众解难事、办实事、做好事,充分调动了职工群众的工作积极性和主观能动性。

推进职工带薪年休假和全员健康体检,休假率达到97.83%,共安排6565人参加了健康体检。开展"工间餐"后勤服务系统监督检查,积极听取群众意见,努力提高饭菜质量,提升服务水平。全年安排15批次310人参加了职工荣誉休养,组织职工4000余人次在省内疗养。

开展困难职工及遗属慰问救助,全年共救助794人次,发放救助慰问金59.47万元。金秋助学活动共发放资助金4.8万元。在全体职工中开展了"慈善一日捐"活动,捐助现金25.28万元。

承办了中国冶金矿山协会企业文化教育专业委员会第十届年会,年会组织工作得到了中矿协领导高度赞扬和参会单位的好评。

公司召开了第十二届矿山职工运动会,各单位职工健身运动和文艺活动蓬勃开展。

加强队伍建设,启动以"职工敬业度评估"和"职业技能测评"为主要内容的"双评"工作。

(叶奋发)

太原钢铁(集团)有限公司矿业分公司峨口铁矿

【概况】 太原钢铁(集团)有限公司矿业分公司峨口铁矿是太钢(集团)有限公司矿业分公司的下属矿山,是太钢公司的重要铁原料基地。下设9个管理科室、4个部、5个直属站(队)、18个作业区。2013年末,全矿在册职工2398人,其中管理人员226人、专技人员85人、操作工人2041人、其他46人。2013年,峨矿被评为"山西省安全文化建设示范企业”。

【主要生产指标】 完成采剥总量2289万吨，超预算39万吨；完成精矿粉221.6万吨，超预算1.6万吨；完成球团矿220.8万吨，超预算0.8万吨，球团发运221万吨；球团抗压强度≥2000牛顿/个球的比率创69.18%的新水平，达到了4350立方米高炉的使用标准，用户满意度持续提升。

【主要经营指标】 完成精矿成本349.07元/吨，比预算降低0.93元/吨，完成球团成本470.87元/吨，比预算降低2.13元/吨；实现利润总额8.1502亿元，超额完成984万元；对标指标完成率90%，关键指标实现了新的突破。

【安全管理】 坚持依法依规管理，安全工作实现持续平稳受控。工亡、重伤事故、重特大生产、设备、公共安全、环境污染、急性职业病、地质灾害和民爆事故为“0”，完成预算指标。露天转地下工程项目部获得集团公司“安全生产先进单位”称号。

将全面预算理念引入安全管理工作中，有效运用安全绩效分配和安全评价机制，落实逐级岗位安全管理责任。

扎实推进安全标准化建设，全矿有14个班组通过了集团公司标准化班组、岗位达标验收，原料作业区运行丙班在岗位达标评比中获得第二名；穿爆作业区《新式接提升链条方法》安全改善提案获得集团公司唯一特等奖；峨矿通过省安监局“尾矿库安全生产标准化二级企业”和“露天矿山安全生产标准化二级企业”验收。

【绩效体系管理】 以全面预算管理为中心，围绕全年生产经营目标，继续完善“313”绩效管理体系。突出成本管理，建立科学合理的责任体系和分配体系，落实责任主体，加强过程控制和绩效考评，充分调动了全矿职工的积极性。在集团公司年度绩效管理综合评比中取得好成绩。

继续完善对标评价体系，及时了解国内外矿山动态，瞄准国际国内同行业先进水平，围绕产量、质量、技术、效率、成本等指标开展对标工作；明确责任单位和责任人，突出关键指标和责任主体，制定了以激励为主的奖惩办法，加强过程控制，加大奖惩力度；学习借鉴兄弟矿山的先进管理方法，挖掘内部潜力，开展技术创新，提高生产效率和管理效益。

【生产组织管理】 针对生产组织中存在的困难，采取在采场渗水严重的部位开渠引水，并安装潜水泵组织抽水疏水，保证穿孔和爆破质量；组织了楼羊爬难选矿石回收进入3号溜井生产配矿，缓解了采场出矿压力；坚持选矿生产以设备为中心，生产为设备让路，在生产组织上每隔5天安排平峒破碎系统实行定检定修，集中排查整改存在的隐患，保证了设备的稳定运行；将影响球团矿抗压强度的关键工序指标纳入责任制考核等有效措施，保证了生产指标的顺利完成。

【工艺质量管理】 完成了321系列浓缩磁选给矿分流到111系列的改造，减轻321系列压力，弥补了111系列给矿量少、磨矿介质消耗量大的不足，实现了三大系列的均衡生产，使三大系列四精粒度都达到了73%以上，精矿品位均达到66%以上，满足了球团生产对精矿质量的要求。

继续开展提高球团抗压强度攻关，采取调整辊筛间隙，将球盘后辊筛间隙由10－16毫米调整到10－15毫米，调整窑内温度，将预热二段烟罩温度由1030℃提高到1070℃等工艺技术措施，使成球合格率提高3%－5%，抗压强度≥2000牛顿/个球的比例达69.18%，高于公司预算1.08个百分点，9月份后跃升至72.04%的新水平。

【设备能源管理】 球磨机作业率完成92.74%，比预算91.51%提升1.23%，链篦机作业率完成89.43%，比预算88.89%提升0.54%，运矿车、电铲、球磨机及破碎系统作业率均创历史最好水平;球磨机故障率从上年0.58%降低到0.41%,链篦机系统故障率从上年0.43%降低到0.30%。

推行TPM设备标准化管理。破碎、焙烧两个作业区被评为矿业公司TPM示范区,供电作业区官地变电站被评为标准化站所,在矿业公司评选中名列第一。

对新二峒设备进行综合治理,实施颚破传动系统、基础底座、2号皮带尾部拉紧等改造,保障了新二峒设备稳定;对一峒重板齿形轴进行改造,延长重板使用寿命,节约费用80余万元;对链回环系统设备结构进行优化改造,实施环冷机受料斗结构、回转窑轮带垫板及尾部密封摩擦板等改进,提高了球团设备的可靠度;实施窑头球在线连续测温改造,实现对窑头球温的实时监测、记录,为提升球团抗压提供了数据支撑;对动力供汽系统进行改造,实施了35吨锅炉省煤器、空预器、主副床结构改进,西区换热站及供暖管网优化改造,保障了生活区供暖系统平衡稳定;对采选供暖管网进行热平衡改造,有效地改善了采选区域生产生活系统的采暖效果。

通过故障降值管理,全年实现破碎、磨选系统三个月故障为零,球团系统六个月故障为零的好成绩。

开展设备综合效率(OEE)竞赛,选矿111、221、321系列球磨机综合效率分别达到90.82%、92.33%、92.27%;球团回转窑综合效率达到83.72%。

【节能减排】 关注职业卫生健康,关爱职工生命。对Z2皮带尾部、环冷机翻车区除尘管道实施改造,有效降低了现场粉尘浓度;职工自发完成了1号、2号、5号给矿皮带隔离墙的空隙密闭;对二峒0号皮带、颚破等6个料嘴安装21个水雾化除尘喷头,一系列除尘项目的实施,有效地改善了岗位职工的现场作业环境。

开展选矿系统回水替代新水项目攻关,实现选矿新水单耗由0.34立方米/吨降到了0.18立方米/吨以下,减排节能效果显著。

实施非生产用水降耗攻关,对周边支农用水,采取定时定量控制措施,非生产用水降耗约95万吨,创效近85万元。

立足作业现场进行环境改善,全面推行"体系化"5S管理,推进作业区评优达标。基层作业区三优达标率100%,其中三优11个、四优7个、五优2个。在"全国现场管理星级评审活动"中,供电作业区被评为五星级管理现场、破碎和过滤作业区被评为四星级、检修队被评为三星级,实现了五星级作业现场零的突破。

【重点工程建设】 峨矿生命工程露天转地下开采项目,自2012年12月27日启动以来,进展顺利。全年掘进1.26万米;完成总方量22.02万立方米,均完成年度目标。

球团烟气脱硫工程已进行钢结构制作安装及设备安装。

峨口110千伏变电站改造工程正在进行设备安装及调试。

【党群工作】 开展创先争优"三个转化"活动,民主评议党员和党支部的"双评"活动。以开展党员"选育树"和"三亮三比三评"活动为平台,把党建工作与安全工作相结合,有效开展了"安全卫士"、"共产党员示范岗"、"巾帼文明岗"等活动,全矿各支部共设立各类党员示范岗56个,通过亮身份、亮承诺、看行动,充分发挥了各级组织和党员在生产和安全保障中的先锋模范作用。

加强党委中心组学习,认真学习党的十八大、十八届三中全会和习近平总书记在十八届中纪委二次全会上讲话精神。按照党的群众路线教育实践活动实施方案要求,结合峨矿实际确定了以"关爱职工、爱我矿山;依靠群众、凝聚智慧;提升职工、增强本领;万众一心、艰苦创业,让峨矿这座老矿山竞争力更强"的活动主线,开展了"职工说事日"活动,全矿领导干部按照习总书记"为民、务实、清廉"的具体要求,解决职工难点、热点问题,深入基层走访调研,对职工提出的问题给予积极的回应和解答。收集职工意见或建议,由矿领导组织相关部门现场面对面给予了答复和解决。

加强宣传教育和企业文化建设,通过各种宣传教育手段,营造文化环境,以内在启发为根本,以正面报道为主,传递正能量,激发新活力。

企检共建,加强对管理干部和业务处置权人员的廉洁从业教育和落实党风廉政建设责任制的考核,被代县人民检察院评为"预防职务犯罪先进单位"。

积极开展为困难职工送温暖活动。救助困难职工家属300人次,发放救助金24.0562万元。

落实职工带薪休假制度;组织104名职工进行省外休养和500余人的健康疗养;职工常规体检率达99.7%。

扎实开展合理化建议活动,收集合理化建议3451条,采纳2085条,奖励6.87万元;荣获"太钢金点子杯合理化建议竞赛优秀组织单位"。

继续引深班组劳动竞赛和技术比武活动,职工素质明显提升,赵瑞元、孙明伟分别夺得了太钢电铲和钻孔机司机技术比武状元。赵阳囤被评为太钢公司特级劳模,并出席2012年度太原市劳模。

共青团积极开展青年志愿者、青安岗、师带徒等活动,获省国资委"五四红旗先进团委"荣誉。

【改革成果共享】 为单身公寓更换了300套木制上下床和600套新被褥,实现了职工一人一床的需求;为单身公寓配置了大型洗衣机;通过与地方政府协调,办理城乡居民养老保险680例;在生活区安装监控摄像头168个,"天眼"工程为"平安小区"建设创造了条件;在采场、尾矿坝新建通信宏基站并投入运行,为安全防汛、生产指挥提供了通信保障。

完成了棚户区改造的配套工程,道路硬化、区域绿化及生活区东区旧楼房的节能环保改造。

开展了丰富多彩的文体活动,营造了活力矿山、文明矿山、和谐矿山的良好氛围。

(孟公平)

太原钢铁(集团)有限公司矿业分公司尖山铁矿

【概况】 尖山铁矿是太原钢铁(集团)有限公司矿业分公司的下属单位,是太原钢铁(集团)有限公司重要的铁原料生产基地。年末,在职职工2395人,其中管理人员203人、专业技术人员115人、操作人员2016人,其他人员61人。下设综合管理科、安全管理科、生产科、成本预算科、设备能源科、工艺质量科、工程管理科、办公室、党群管理科(含工会、团委)9个科室;供应站、计量检验室、自动化室、护矿消防队、生活服务部5个直属单位;以及采矿事业部、选矿事业部、成品动力事业部3个单位;采矿事业部下设安全生产组、设备组、综合组3个组,管辖穿孔、电铲、运输、筑排、胶排、采矿检修6个作业区;选矿事业部下设安全生产综合组和设备组,管辖平峒、破碎、磨选、尾矿、浮选、选矿检修6个作业区;成品动力事业部下设生产综合组和安全设备组,管辖主泵、过滤、水电、锅炉4个作业区。

【生产经营】 精矿粉产量完成378.1万吨,超额完成18.1万吨,再创历史记录。自产采剥总量完成4553万吨,圆满完成预算目标。

精矿输出精矿品位TFe稳定率89.74%,输出精矿S_iO_2稳定率79.74%,输出精矿$H_2O >$ 9.33为1.92次,均完成预算指标。

自产铁精矿制造成本预算355.63元/吨,比预算降1.21元/吨。

6项重点工程顺利实施,尖东项目工程实现联动试车。

实现安全"七为零"目标。

15项重点课题攻关成果显著。胶带排岩量完成2204万吨,胶排效率提高到5342吨/小时。精选J系列全年完成全年精矿产量27.2万吨。

GPS 自动调度系统发挥作用,破碎系统完成改造,磁选柱大型化改造效果明显,球磨机利用系数进一步提高。

13 项重点工作圆满完成。深化工序成本过程控制、外协业务回归等降本增效课题研究,取得了明显成效。能源消耗降低 1%,外协费用降低 5%,非生产费用降低 10%。探索地方协调、征地新思路,满足了生产用地需求。

【专业管理】 以现场为核心,持续推进四大标准化体系,为完成全年生产经营任务提供了重要支撑。

细化“0123”安全管控模式具体工作,纳入到安全标准化体系进行推进和维护。顺利通过二级标准化矿山验收。

发挥专业安全管理作用,提前策划、包片跟踪,扎实开展“周三安全强化落实日”工作。

狠抓人的不安全行为管控和物的不安全状态整治,安全事故得以有效控制。开展标准化员工、标准化班组建设,常态化进行岗位练兵、KYT 危险预知训练活动,强化岗位职工标准化作业意识和能力。

加大违反生命保障规则、实质性违标行为查处力度,严格落实违章离岗及过“三关”工作。

将外协安全同部署、同要求,通过缴纳安全风险抵押金、停产整顿、帮教评价等手段,提高了外协自主安全管理水平。

以“问题库”和“三级改善”为核心,强化生产偏差分析和责任追究,不可控故障大幅下降。

完善一体化周计划管理,实现稳定均衡生产。贴近实际开展 109 项岗位应急演练,提高了岗位职工应急处置能力。

完善现场工艺参数设置,实现岗位精益控制。强化了工艺点检、检查管理,边坡、排土场、尾矿坝等重点危险源点稳定受控。完成矿级隐患治理 14 项,75 项矿级隐患全部处于受控状态。

完成了二次资源整合后的全矿床总开采可研方案,规划了今后 30 年的发展蓝图。

强化干部值班管理,整改红黄牌问题 108 个,现场管控力度不断强化。

以 4My 活动为核心,TPM 体系稳定运行。深入开展故障减少活动,强化设备点检维护,14 个主线作业区,故障平均降幅达 35%,创历史最好水平。

组织设备管理人员进行交流互动,持续提升基础管理水平。发挥典型引路作用,运输、过滤 2 个作业区通过矿业公司 TPM 示范区验收。全国管理现场星级评价获殊荣,磨选、浮选、主泵作业区获五星、运输作业区获四星、穿孔、水电、过滤作业区获三星,成为矿山标杆单位。

找标杆、找位置、找方法,继续完善对标指标体系,202 项对标指标完成率达 85%。

持续推进“五比、五看、五提高”工作。与同行业先进水平比,球磨机利用系数、130 大车效率占据国内同行业领先位置。与自身历史最好水平相比,产量、质量、效率、能耗、故障等指标 10 破历史记录。作业区之间相互比,尾矿作业区、选检作业区、筑排作业区等 10 个集体脱颖而出,成为进步最大单位。班组之间横向比,选矿检修天车班、锅炉供热运行班、破碎外协班成为全矿班组学习榜样。专业部门之间比思路,看管理,设备能源科成为管理上台阶典型代表。

【自主管理】 基层单位自主管理百花齐放。6 个作业区通过公司二级标准化作业区验收。标准化员工占一线职工总数的 44.29%。全矿 120 个班组,一星级 119 个,二星级 50 个,三星级 13 个,申报集团公司三星级验收 8 个班组。

矿领导对长期落后单位负责人进行诫勉谈话,各专业职能部门对落后单位、退步单位进行重点跟进、帮教,找出现场背后的真正原因,帮助解决深层次的管理问题。全年共帮教落后和退步单位 66 次,诫勉谈话 4 人,促进基层进步与提高。

激发职工无穷的改善智慧,将 2% 的绩效工资用于三级改善激励,全年共完成课题改善 17

项,K6σ 改善 355 项,5S 改善 7607 项,发放三级改善基金 200 余万元。12 个生产作业区全员改善参与率达 79.45%。

【队伍建设】 弘扬正气,清理各种不在岗人员,下大力气解除了 20 名长期不在岗人员劳动合同。抓住“窨井盖用胶皮替代”典型事件,开展了 8 个月的“打假”专项整治,找到造假症结,建章立制,主动为基层减负,推行岗位“一表化”。

完善逐级思想教育机制,“周三大讲堂”、“文化评审”、“每月一题”成为重建精神家园、凝聚发展力量、强化队伍建设重要途径。

持续推进全员三级培训教育,实施积分制管理,应知应会人人过关,提高了职工岗位技能。

完善职业晋升通道管理,聘任各类管理师 9 名,工程师 33 名、高级技师和技师 34 名,拓宽了职工的成长空间。

扎实开展党的群众路线教育实践活动,矿党政领导以身作则带头查找、整改、公示“四风”问题。主动倾听,征集意见和建议 194 条,完成 167 条,列入 2014 年计划 27 条,结果全部公示并反馈职工。

以效能监察为切入点,定标准、定流程,对重点管理环节定期巡视监察,下达整改监察建议 21 个,警告处分 4 人。

用文化引领各项管理。延伸和拓展与职工的沟通方式,创新开展“党员职工代表说事日”活动,实现了从提意见到主动监督的进步。通过“太钢尖山铁矿”新浪微博企业版认证,开辟 16 个固定栏目,增进了与职工的互动与交流,粉丝量增加到 600 人。

利用为职工办好事办实事、困难职工救助、党员三级改善、微博投诉等平台和渠道,解决职工合理诉求。全年为一线职工办实事计划 492 项,完成 487 项。

全年救助困难职工及遗属 195 人次,发放救助金 28.58 万元;矿内金秋助学 36 人次,发放助学金 6.95 万元;慰问困难职工及遗属 102 人次,发放慰问品价值 1.53 万元。

采矿新工业厂区食堂投入运行,过滤、平峒食堂实现内部运行,采选食堂更新设备改变花色品种增加小灶,职工工间餐满意度不断提高。“天眼”工程、菜市场整治、供暖改造、停车区规划等惠民举措顺利实施。16 个单元被授予“文明单元”。三高人群分类进行重点关注,健康干预逐步实施。

职工文体活动丰富多彩,拔河队在太原市第十届市运动会上包揽 3 块金牌。举办“迎国庆职工歌曲 pk 大赛”,以团队竞赛方式发放职工生活改善基金 11 万元,干部职工凝聚力空前增强。

加强护矿治安管理,将日常巡查与蹲点相结合,对重点区域、易发案场所保持 24 小时不间断监控,采选厂区治安状况良好。采矿私挖矿渣行为得到有效治理。交通消防安全稳定可控。

(王秀玲)

太原钢铁(集团)有限公司
矿业分公司东山石灰石矿

【概况】 太原钢铁(集团)有限公司东山石灰石矿(简称东山矿)始建于 1958 年,是太钢矿业分公司的下属单位,是太钢重要的冶金辅料生产基地。具有年生产能力为石灰石采剥总量 950 万吨,石灰石原矿 320 万吨,石灰石成品矿 240 万吨,冶金石灰 130 万吨。主要设备有 ROCL6 液压钻机、PC1250 正铲、7547D 贝拉斯、TR50 重型运矿汽车、3 座日产 1000 吨冶金石灰回转窑、日产 500 吨迈尔兹双膛竖窑等。主要产品包括石灰石、冶金活性石灰、RH 精炼用低碳石灰、VOD 专用石灰、普通脱硫剂、KR 脱硫剂、复合喷吹脱硫剂、脱磷剂、高纯氢氧化钙粉、抑尘剂等多个品种。

2013 年,东山矿认真贯彻两级公司职代会精神,强化内部生产组织、质量控制、安全管控、TPM、5S 管理和新产品开发,各项工作取得明显进步,圆满完成全年预算目标。全年实现销售收入 69354.86 万元,利润完成 3872.94 万元。2013

年末全矿在册职工共有 738 人,下设 10 个科室(部门),8 个作业区。

2013 年东山矿产品产量表

指标	单位	实际
石灰石采剥总量	万吨	919.4743
石灰石成品矿	万吨	246.63
冶金石灰	万吨	127.57
粉剂产品	万吨	3.3987
脱磷剂	万吨	1.58
脱硫剂	万吨	0.371
KR 脱硫剂	万吨	2.257
低碳石灰	万吨	0.573

2013 年东山矿主要经济技术指标表

指标	单位	实际
销售收入	万元	67000
内部利润	万元	5443
石灰石可控成本	元/吨	54.48
回转窑石灰成本	元/吨	395.59
竖窑石灰成本	元/吨	524.73
回转窑综合能耗	千克标煤/吨	143.65
3 号竖窑综合能耗	千克标煤/吨	146.92
安　　全		工亡、重伤、轻伤事故为零

【安全管理】 安全责任得到进一步落实,全面建立了三级安全绩效体系,量化分解了班组长以上管理人员的安全职责,通过动态区分,有效促进了各级管理人员的主动履职。全年排查各类隐患 1229 项,其中整改 1215 项,整改中 14 项,整改率 98.86%;查处违标行为 1083 人次,安全责任落实水平得到显著提高。安全自主管理水平不断增强,顺利通过国家安监总局标准化矿山验收,成为山西省首家安全标准化一级企业。外协安全管理得到加强,通过完善安全抵押金的使用办法,强化引进部门和属地作业区管控职责落实,深化外协单位安全自主管理工作,实现了 2013 年外协单位安全事故为零的目标。安全文化建设有了新突破,先后开展了危险预知训练竞赛、安全文艺节目比赛、合理化建议征集活动、科室周安全活动、手指口述竞赛等职工喜闻乐见的活动,建立了安全 5S 监督员微信群,顺利通过了山西省安全文化示范企业验收。

【生产管理】 以公司下达的产品产量年度和月度预算为基础,按照用户需求编制周生产计划,从成品输出量倒排至原料储备量,组织各工序的生产和物流,合理均衡安排生产,初步实现了拉动式生产。严格管控生产停滞时间,对停滞事件进行分析,针对性制定措施。根据生产动态,优化物流运输,有效降低不合理的倒搬造成的浪费。对各工序差异化指标体系进行双月评价,指标包括产品产量、生产效率、生产事故、产品成本等,有效推动生产工序管理精细化。全年各类产品圆满实现保供,产量超预算完成。关键技术经济指标如大车效率、回转窑利用系数等超预算完成。

【质量管理】 供二钢北区石灰 CaO≥85% 的比率完成 98.62%,较预算提高了 1.95 个百分点;供二钢南区石灰 CaO≥80% 的比率完成99.72%,较预算提高了 3.05 个百分点;供烧结石灰 CaO 含量 84 % ±3 稳定率完成93.4%,较预算提高了 1.49 个百分点;供二钢北区石灰和专用石灰活性度完成了预算指标,冶金石灰硫含量满足了用户要求。健全了质量检测体系,及时掌握质量信息。建立了用户沟通机制,每周了解用户使用情况,并根据产品检验结果和用户反馈,及时分析控制质量波动。初步建立了配矿、配灰方案,分类供应差异化用户。全年未发生用户质量异议,关键质量指标在国内同类矿山名列前茅。

【设备管理】 围绕TPM管理框架，完善各类标准修订。修订四大标准共172项，其中点检标准71项，润滑标准37项，维修作业标准48项，维修技术标准16项，实现标准化点检。细化检修标准模版，按标准化模板组织完成设备年检工作，2013年对破碎系统、1号、2号、3号回转窑、气力输送系统和3号竖窑设备进行了年检。所有年检项目均按计划完成。回转窑、破碎、管带机和气力输送四个作业区通过矿业分公司TPM示范区验收。

【制度管理】 大力推行"首尾负责制"，进一步促进流程管理的细化和完善，促进跨部门业务管理的提升，实现部门之间业务的互补与协作，达到人人有责任，事事有人管，解决流程管理中间的真空，避免部门间推诿扯皮，不负责任，实现跨部门业务流程闭环管理。在推行首尾负责制工作中，各部门进行了管理职能的梳理，重新确认本部门的职责，并对跨部门的业务进行梳理和优化，提出改进建议，同时根据梳理的情况对管理不畅的流程和制度进行了修订，使首尾负责制落到了实处。进一步创新绩效管理机制，实施了团队绩效评价和考核管理机制，通过评审结果将科室分为A、B、C三个等级，和收入、绩效、评先评优、任免挂钩，调动了领导为团队负责的主动性。

【技术创新】 技术质量课题分层次、分类别、系统推进，技术质量基础工作扎实有效。全年共组织集团公司专项攻关项目1项，矿业公司科技攻关2项，矿部技术人员自主开展攻关课题19项，班组自主开展QC小组活动16项；组织公司科技成果鉴定1项，专利申报14项，撰写科技论文12篇。

【产品研发】 RH精炼用低碳灰的研制获得成功，在回转窑实现产业化生产。产品使用效果良好，获得客户认可。复合喷吹脱硫剂、VOD专用灰成功试用，使用效果良好。《低碳石灰的技术开发及应用》已通过太钢科技成果技术鉴定。完成公司污水处理用高纯度氢氧化钙粉的开发与生产，为集团公司建立绿色企业提供有力支撑。

【5S管理】 5S管理工作重心下移、以创建标准化现场为手段，重点开展作业区5S评优工作。管带机作业区被集团公司评为"五优"作业区；机动部、破碎作业区被集团公司评为"四优"作业区；制粉作业区、气力输送作业区被集团公司评为"三优"作业区。全面完成现场达标率年度指标。推进星级现场的管理和建设，在中质协现场管理星级评比活动中，有5个作业区被评为星级现场，其中五星级现场1个，四星级现场4个。

【党群建设】 深入开展党的群众路线教育实践活动，将"四风"问题的整改形成长效机制，制定了领导干部联系点制度、改进工作作风等七项制度，进一步明确治理"四风"方面突出问题的整改内容和重点，为推动领导干部工作作风的根本好转提供制度保障。矿党委获得2012年度集团公司先进党委荣誉称号。加强企业文化建设，通过文化通廊、宣传栏等多种渠道及时宣传公司文化理念和大政方针，并与安全工作结合，形成特色安全文化。开展多种形式的党风党纪教育，落实党风廉政建设责任制，加大廉洁风险排查防控力度，广泛开展效能监察工作，实现纪检工作为生产经营保驾护航。完成了"程立职工创新工作室"的审核挂牌工作，被集团公司评为"劳动保护工作""安康杯"竞赛先进单位，党群工作的扎实推进为生产经营建设提供了有力支持。

（侯丽琴）

太原钢铁(集团)有限公司复合材料厂

【概况】 太原钢铁(集团)有限公司复合材料厂，原名太钢大关山矿，始建于1958年，1994年起隶属于太钢矿业分公司，2006年更为现名，是太钢不锈钢复合板生产基地，也是公司冶金辅料白云石和轻烧白云石的供应基地。2013 年末，在册全民职工 669 人。下设生产科等 9 个科室、复合等 6 个作业区以及机动部等 3 个辅助单位。

2013 年，白云石成品矿完成 66.67 万吨，满足了公司需求；轻烧白云石完成 15.73 万吨，比上年增长 1.64 万吨；复合板完成 1.31 万吨。营业收入全年累计完成 2.02 亿元。

【重点工程项目】 （集团）公司重点工程—日产 600 吨轻烧白云石回转窑自投产以来，经过一年多的严格管理和精细控制，整体运行平稳顺利，质量稳定。全年生产轻烧白云石 14.19 万吨，最高日产 691 吨，已经具备超设计生产的能力。

【生产过程管控】 复合板生产从原料入厂检验抓起，严格执行工艺操作标准，实行工序操作过程可视化，加大了质量自检与监控力度。根据合同结构合理组织爆炸作业，加强对爆炸复合和超长不锈钢复板焊接等重要工序的技术攻关和工艺控制，提高了爆炸合格率和生产效率，保证了产品质量。攻克超规格复合板生产过程中的吊运、矫平、切割等一系列难题，精细组织复合板生产，圆满完成了合同任务。

白云石生产以提高块矿产出率、降低粉矿库存为目标，根据季节变化合理调配生产作业时间，保证了焙烧作业区块矿及公司粉矿用料。不断完善铁运线管理措施，使粉矿全部采用火车输出，降低了运输成本。

轻烧白云石生产严把原料验收关，坚持标准化操作，精细控制产品质量和主要消耗指标，窑况稳定顺行，实现了年度保供目标。

【安全工作】 安全工作从基础管理入手，重新剖析岗位违章案例，充实安全活动内容；开展管理干部上讲台活动，对岗位职工进行“四知五会”抽考，提升全员安全素质；修订完善原有安全管理制度，建立并运行安全专业人员绩效奖惩体系；持续开展周安全日、月度风险分析预警、班组危险预知训练、领导干部现场带班值班、安全夜查等活动，提升安全管理水平。

【5S 工作】 推行现场可视化管理，形成全员参与现场改善的局面；深入开展优级作业区达标活动，精整作业区通过全国现场管理四星级评价，全厂各单位都按时间节点达到优级标准。

【设备与环保管理】 制订和完善了设备管理四大标准及各项管理制度，严格执行设备点检定修与专业检查评价制度，开展标杆设备创建活动，带动了区域设备标准化维护工作。2013 年，设备检修计划完成率 98.5%，运矿车、回转窑作业率均完成预算指标，白云石破碎系统连续 11 个月零故障，复合板生产线单机设备故障率比上年降低 21%。

建立健全回转窑设备管理体系，全年整改回转窑设备设施缺陷隐患 479 项，完成了竖窑烟气除尘器的大修及竖窑外表防腐除锈工作。对采矿破碎系统和精整抛光机除尘设施进行了改造，减少了职业危害；完成了第一生活区污水管道与河边污水处理厂的对接。

完成了 110 千伏变电站标准化站创建验收；彻底切除对河边 1－4 村的高压供电；及时办理变压器减容手续，节约基本容量费 375 万元；对两台复合板退火炉采取避峰用电措施，节约电费29.05 万元；强化水资源管理，较上年节约水费 7.3 万元。

【工艺技术成果】 加强采区配矿管理，确保矿产品质量达标；制订完成了大关山采区生产勘探和 120 万吨白云石矿扩能改造开发利用方案；处理了采场 810 平台存在多年的“孤岛”，为创建标准化矿山创造了条件。

优化轻烧白云石回转窑制煤工艺操作流程，使煤粉水分降低 4%，解决了影响产能发挥的技术难题；在公司用量不稳定的情况下，总结出一

套不同产量下的原燃料工艺配比参数,保证了产品质量;研发了轻烧白云石脱硫剂试制工艺,提供了新的效益增长点。

开发制作了复合板金属镁坩埚,完成了超纯铁素体 SUS445J2 + Q245R、超纯奥氏体 254Mo + Q235B、镍基合金 Incoloy825 + Q245R、NS142 + Q245R 等多品种复合板的开发。开发了核电用复合板,实现了该产品在国内核电项目上的首次应用;开发的大厚度铜 + 不锈钢复合板,应用于“国际热核聚变实验反应堆计划”,成为影响深远的国际科学合作项目之一,复合板产品应用从一般性压力容器行业向核聚变等尖端技术领域迈进。

【基础工作】 新制订《见习干部考评办法》、《工程技术人员考评办法》等管理制度和修订完善已有的规章制度共 23 个,制度化管理的机制得到进一步加强。职能科室每周通报本专业典型问题,每周指定一个作业区汇报阶段工作,促进了作业区内部的自主改善。

职工教培工作按照全年培训计划,陆续开展了特种作业、全员安全等 40 余项培训,提升了员工综合素质。

持续开展管理创新创效活动,降低了管理成本,提高了管理效率。管理创新项目分别获得矿业公司一等奖 1 项、二等奖 3 项、三等奖 4 项。

【和谐建设】 开展“传承大关精神、勇创复合佳绩”主题大讨论和职工敬业度评估等特色活动,促进职工知责履责、精心工作;开通复合材料厂公众微信平台,继续完善民主接待日制度,进一步畅通了企业民主管理渠道。

对困难职工包括患病职工进行救助,全年累计发放各类救助金 2.75 万元;开展“慈善一日捐”活动,共捐款 1.42 万元。承办了第十二届“矿业杯”职工运动会,举办了迎新年、元宵节系列活动和“复合杯”体育比赛活动,活跃了职工文化生活。认真落实职工带薪休假制度、体检制度及工间餐管理制度,职工收入较上年度增长 4.16% ,保证了职工的工资福利待遇。

扎实开展党的群众路线教育实践活动,立说立行,着力解决职工群众的切身困难:新建了职工幼儿园,重建了第一生活区运动场地,改造了复合生产区域职工澡堂,修缮了轻烧白云石职工澡堂。新建了第二生活区进厂自动门配套设施,硬化了两个厂区的部分路面,配合地方“创卫”工作完成了第一职工食堂及第一生活区的治理改造,绿化了轻烧回转窑区域和复合生产区域,为职工创造了良好的工作与生活环境。

(侯玉竹)

太原钢铁(集团)有限公司矿业分公司地质工程勘察公司

【概况】 太原钢铁(集团)有限公司矿业分公司地质工程勘察公司始建于 1976 年,是太钢矿业分公司的下属单位,主要从事和服务于太钢矿业分公司各矿山的地质矿产勘察。公司具有乙级固体矿物勘察和丙级地质钻探资质。2013 年在册人数 27 人,下设技术科和综合科。公司设质量、安全、职业健康 3 个标准管理体系。

【主要生产指标】 2013 年公司组织实施了峨口铁矿、尖山铁矿、复合材料厂年度生产勘探项目,其中:峨口铁矿共勘探施工完成钻孔 4 个、进尺 816.81 米、采样 221 个;尖山铁矿共勘探施工完成钻孔 5 个、进尺 1181.98 米、采样 328 个、掌子面素描 4620 米;复合材料厂共勘探施工完成钻孔 29 个、进尺 2614.33 米、挖槽探 1526.1 米、采样 1348 个。

【地质勘察成果】 编制提交了《峨口铁矿 2013 年生产勘探地质报告》、《尖山铁矿 2013 年生产勘探地质报告》、《复合材料厂 2013 年生产勘探地质报告》、《河北省平山县三家清铁矿、阜平县石城院赤铁矿》调查报告;对四川科亨矿业(集团)有限公司国内下属4个铜矿,国外刚果金龙飞铜矿权证、资源、进行现场踏勘调查,并分别提交了矿山资源尽职调查报告;为缅甸镍矿复制矿山生产计划地质图件(50张);组织编制完成了太钢岚县袁家村铁矿、尖山东铁矿探矿权年审地质资料,并经省国土局审查通过;为尖山铁矿、峨口铁矿、岚县矿业公司、东山矿办理采矿证,组织编制完成各种地质图件,同时提供了地质技术支持。

【资质证办理】 按省国土厅及省测绘办要求,分别对"地质勘察资质证书"和"测绘资质证书"进行了年检。

【安全管理】 贯彻落实"0123"安全管控模式,狠抓事故的超前防范和过程问责,强化压力和动力,促进安全管理重心下移,防患于未然。严格外协单位安全准入制度,强化外协单位日常管理。坚持"谁主管、谁负责"的原则,切实将外协单位纳入本单位安全管控体系进行管理,不断提高外协单位安全受控度。强化安全标准化管理体系的有效运行,通过内部审核、管理评审,查找运行控制中存在的问题和不足,制定并落实纠正和预防措施。大力推进岗位达标、安全标准化建设工作,着力提升安全自主管理能力。明确项目负责人是单项工程现场管理的安全第一责任人,对野外施工期间的安全工作全面负责,管理人员不定期进行检查,对发现的安全隐患及时采取纠正措施加以控制,并监督整改措施和效果,避免发生重大安全事故,实现了全年安全生产零事故。

【质量管理】 公司对勘察项目实行项目负责人负责制,要求各项目负责人对其负责的工程质量负主要责任,并进行考核。各勘察项目从立项、招标、开工、实施、验收都严格按照两级公司规程进行。勘察工程实行全过程管理,施工期间项目负责人全天候在现场监督、检查并与各矿山相关部门按工程节点进行及时验收,掌握各工程质量和进度,及时处理施工中遇到的问题,保证项目规范施工和安全文明施工。地勘公司以工期、安全、质量为主要指标进行管理,充分调动员工积极性,实现持续改进,使公司管理制度得到落实。2013年各工程项目都按公司要求,顺利完成了全年的勘察任务并提交了地质勘察成果报告。

【职业健康】 设立职业健康管理机构,设置兼职管理人员1名,严格按照职业健康管理体系要求,加大对人力、财务、制度等方面的支持;结合本单位实际,健全职业健康危害防治责任制、规章制度和操作规程;及时发现和消除职业危害事故;完善职业危害事故应急救援。按两级公司规定严格为职工发放劳动防护用品,并确保正确佩戴和使用。严格落实职业健康体检,确保岗前、岗中、离岗体检率100%。

【党群建设】 公司以创建"四好班子"为目标,紧密联系企业实际,建立领导班子学习制度。坚持集中学习和个人自学相结合,学习讨论和记学习笔记相结合。提高领导班子成员的理论素养,提升领导班子整体的综合素养。开展民主评议活动,认真组织召开民主生活会,在学习教育的基础上,召开支部党员会,组织党员对照评议内容,针对性地开展批评与自我批评,找出存在的问题和不足,认真组织整改。以"反腐倡廉教育宣传月"为契机,围绕"廉洁从业,从我做起"为主题,通过组织专题学习、党委书记讲反腐倡廉党课、纪委书记作反腐倡廉形势报告、开展警示教育、选树廉洁从业典型、加强舆论宣传等提高职工廉洁从业意识、筑牢拒腐防变思想道德防线。领导班子成员和有业务处置权人员述职述廉,形成书面记录,装入本人廉政档案,作为考核评定、奖优罚劣的依据,为公司营造了良好的廉洁氛围。

(杨文寿)

控股子公司

山西太钢不锈钢股份有限公司

【概述】 山西太钢不锈钢股份有限公司(简称“太钢不锈”或“公司”),1998年由太钢不锈钢生产主线优质资产重组设立,并在深交所上市。2006年钢铁主业整体上市,实现了钢铁生产的统一管理和一体化经营。公司自上市以来,经过16年的发展,已形成年产钢千万吨,其中不锈钢300多万吨的生产能力。2013年公司产钢998万吨,其中不锈钢322万吨。

太钢不锈围绕“建设全球最具竞争力的不锈钢企业”的战略目标,致力于为全球消费者提供最精美的不锈钢产品。目前,太钢不锈拥有焦化、烧结、炼铁、炼钢、热轧、冷轧等完整的钢铁生产工艺流程及相关配套设施,已成为全球工艺技术装备水平最高、品种规格最全的不锈钢企业。

太钢不锈致力于不锈钢、特殊钢和高等级碳素钢的研究开发和生产加工,拥有雄厚的研发实力和可靠的质量保障能力。目前已形成了以不锈钢、冷轧硅钢、高强韧系列钢材为主的高效节能长寿型产品集群,一批批轻量化、长寿命和便于回收利用的绿色钢材新品种,广泛应用于铁路、汽车、造船、电力、石化、航空航天、精密制造等领域,其中28个品种国内市场占有率第一,36个品种成功替代进口,填补了国内空白,为下游产业转型升级提供了强有力的材料支持,为资源节约型、环境友好型社会建设作出了贡献。与2002年相比,不锈钢产量增长了7倍多,高效、节能、长寿型产品所占比例由不到35%提高到2013年的78%。

太钢不锈拥有国家级技术中心,研发实力雄厚,已形成800多项以不锈钢为主的核心技术,其中近百项核心技术具有国际水平。2013年,技术中心在国家认定的887家企业技术中心评价结果中排名第4位。“太钢牌”不锈钢材获“中国名牌产品”称号和“中国不锈钢最具影响力第一品牌”称号。公司是“全国质量奖”的获得者。太钢不锈的知名度、竞争力和社会影响力显著增强,受到不锈钢业界和社会公众的广泛关注。

太钢不锈全面履行企业社会责任,及时、完整、准确地披露公司各类信息,忠实维护股东权益。2013年,公司在中国上市公司500强中列第36位,在入围钢铁行业中排名第三位;公司在中国企业社会责任100强排行榜中,列“中国本土公司50强”第8位;公司在中国上市公司社会责任信息披露报告综合评价结果与排名中位列第2位。

2013年,钢铁产能过剩矛盾进一步加剧,钢材价格持续下跌,企业盈利普遍不佳。面对困难,广大干部职工奋力拼搏,公司取得了难能可贵的成绩。

(杨润权)

证券与投资者关系管理

【概况】 证券与投资者关系管理部成立于2004年4月,其前身为证券部。2013年末有5名职工,其中硕士2名,其余均为大学本科学历;具有高级职称人员2名,中级职称人员2名,初级职称1名。

主要职责是:负责组织董事会、监事会、股东大会的正常运行,研究与推进公司治理,不断提高公司规范化运作水平;负责公司的信息披露和投资者关系管理工作,维护公司的市场形象;负责组织和推进公司的再融资工作。

【公司治理】 1.按计划召开了董事会、监事会和股东大会。2013年公司召开董事会11次(五届二十四次至三十一次、六届一次至三次)、监事会4次(五届八次至十次、六届一次)、股东大会3次(2012年年度股东大会、2013年第1次临时股东大会和第2次临时股东大会),共有75项议案事项经审议均获得通过。

通过的主要议案有:2012年度董事会工作报告、监事会工作报告、总经理工作报告、可持续发展报告、内部控制自我评价报告;2012年年度报告、2013年一季度报告、2013年半年度报告、2013年三季度报告;2012年度利润分配方案;2013年全面预算、2013年固定资产投资预算、2013年度与日常经营相关的关联交易、聘用2013年度财务报告及内部控制审计机构;与太钢集团财务有限公司签订《金融服务协议》;发行非公开定向债务融资工具;公司董事会、监事会换届选举以及聘用高级管理人员;撤销制造部、品质部建制,新设立制造与质量管理部;设立山西太钢定襄销售有限公司、太钢保税综合服务有限公司;推荐及调整部分子公司董、监事人员等。

2.完成董事会、监事会换届选举及独立董事选聘工作。《公司章程》规定,公司董、监事会每届三年。第五届董、监事会经2010年9月15日股东大会选举产生后,任期均于2013年9月15日届满。公司第六届董、监事会经2013年10月16日股东大会选举产生、完成换届。

新一届董事会中独立董事缺额2名,通过对30余位备选独立董事人士相关职业背景、工作简历等内容的收集、整理与分析,公司选聘了2名独立董事。

3.进一步完善了制度体系。制订《未来三年股东分红回报规划》、《公司董事、监事及高级管理人员持有本公司股份及其变动管理制度》;修订《公司内幕信息知情人登记制度》和《公司募集资金管理办法》等,进一步完善了公司治理制度体系。

【信息披露】 2013年公司共计发布公告53个,其中定期报告4个,临时报告49个。所有公告均符合深交所关于信息披露及时、准确、完整的要求。

2013年公告的4个定期报告是:公司2012年度报告、公司2013年一季度报告、公司2013年半年度报告、公司2013年三季度报告。

2013年公告的临时报告主要有:获批保险资金债权投资公司自备电厂改造工程公告、发行短期融资券公告、关于媒体报道澄清公告、公司债券跟踪评级及结果公告、公司公开增发A股股票方案到期失效公告、公司债券付息公告、2012年度分红派息实施公告、对外担保公告以及各次董事会、监事会和股东大会的决议公告等。

【投资者关系】 为提高公司的市场形象,增强投资者的认同度,公司开展了多种形式的投资者关系管理活动,公司高层及相关人员依托深交所投资者关系互动易平台和定期报告、临时报告等公开披露的信息,就宏观经济走势、行业发展、公司经营情况、发展战略、行业形势等内容与广大投资者进行广泛沟通交流。2013年,公司投资者关系管理工作主要体现在以下方面:1).全年先后接待7批15家投资机构22人次的调研活动,与投资者电话沟通约490人次,答复投资者提出的问题143个。2).参加“山西上市公司2012年度业绩网上集体说明会”:2013年6月6日,公司总经理张志方、总会计师兼董事会秘书杨贵龙出席,就2012年报、公司治理、发展战略、经营状况、可持续发展等投资者所关心的问题,通过网络在线交流形式与投资者进行了深入沟通,并现场答复了投资者139个问题。

【再融资工作】 2012年10月10日公司临时股东大会审议通过,公司于2012年11月13日向证监会申报了公开增发A股股票申请文件。2013

年上半年内完成再融资进程中证监会反馈问询答复相关工作。2013 年 5 月 22 日公司五届二十七次董事会审议通过,鉴于钢铁行业受到需求低迷、产能过剩影响,钢价持续下跌,公司股价自申报后始终大幅低于每股净资产,继续推动公开增发将不利于股东利益和国资监管要求,公司决定向证监会申请撤回增发股票申请文件。5 月 28 日,公司接到证监会行政许可申请终止审查通知,证监会决定终止审查。今后公司如再推出融资计划,将重新履行审议、决策及公告程序。

【证券市场研究工作】 1. 股东变化情况分析。为及时掌握公司股东的投资倾向,每月进行股东持股变动情况分析,动态掌握投资者结构及趋势变化。

公司股东总数由 2012 年 12 月份的 278,082 户减少到 2013 年 12 月份的 261,468 户,减少16,614户,减少 5.97%;前 100 名股东(除太钢外)持股占社会公众股比例由 2012 年 12 月份的26.25%变为 2013 年 12 月份的 22.23%,减少4.02个百分点。投资者持股情况总体趋于集中;但前 100 名投资者持股情况趋于分散,其中机构投资者持股小幅下降,个人投资者持股小幅上升。

2. 专题研究。2013 年,继续办好《证券信息周刊》,全年出刊 48 期,挖掘和分析资本市场热点案例,及时把握证券监管法律法规动态、借鉴资本运作成功经验,为公司决策提供参考,在公司规范运作、融资并购方面发挥作用。

重点收集研究资本市场政策法规、融资以及并购重组案例等资本市场热点,在钢铁上市公司分红情况、上市公司股份回购、企业年金、信贷资产证券化、利率市场化、优先股、股市分道制、新股发行市场化改革等方面作了深入的专题研究,尤其对山西股权交易中心进行了专题调研活动,在了解地方股权交易中心与新三板在股权交易等方面联系与区别的基础上,就相关情况作了专题调研报告。并对钱荒、量化宽松、余额宝、比特币等重大金融事件以及国际板、商品期权等概念从理论上进行了学习交流。

【荣誉情况】 年内,公司获得了省监管局、上市公司协会评选的“投资者回报优秀单位”、“投资者关系管理优秀单位”、“社会责任优秀单位”和“全景最佳互动上市公司”4 个荣誉称号,公司在中国上市公司社会责任信息披露报告综合评价结果与排名中位列第 2 位。

(杨润权)

制造与质量管理

【概况】 山西太钢不锈钢股份有限公司制造与质量管理部成立于 2012 年 12 月 28 日,由原山西太钢不锈钢股份有限公司制造部和品质部整合而成,是公司生产、技术、质量主管部门。生产管理方面,负责制定公司生产计划,按合同、工艺规程组织均衡生产;负责公司生产总体指挥、调度;负责物流规划及运输管理;负责承揽加工和外包产品加工的管理;负责生产现场的管理。技术质量管理方面,负责通过制定质量规划与质量目标,持续改善质量管理体系,实施产品标准和工艺技术管理,进行工序质量控制、质量问题的纠正预防和质量改进,开展实物质量评价对标,进行质量体系深化及质量奖惩工作等。2013 年年末在册职工 112 人,其中部长 1 名,副部长 3 名;设有生产计划室、工艺管理室、轧材管控室、冷轧管理室、冶炼管控室、总调度室、标准管理室、5S推进室、综合管理室。

2013 年,制造与质量管理部坚持以关注用户为焦点、以全面对标为方法、以过程管控为重点、以订单兑现为主线的工作思路,努力落实“三降”(降废减非、降本、降库)、“三提”(提高实物质量水平、提高订单兑现率、提高一次贯通率)、“三优化”(优化工艺及标准、优化生产组织与物流模式、优化信息化平台)工作,积极推进生产管理与质量管理业务的融合,使公司生产、质量工作绩效有了明显改善。

【生产管理】 1. 提高合同交库率。一是推动实施结合生产和销售实际的优化合同到位模式，明确了各工序合同到位节点及数量要求，基本消除了合同超订现象；二是优化流程，不断提高部门内部生产与质量管理的融合度，形成合力，共同对影响生产的工艺质量问题积极采取有效措施；三是加强生产过程管控，严肃计划执行，制定了《生产计划执行率统计细则》、《加强新产品生产过程管控的通知》等管理细则；四是及时沟通，对过程中出现的可能影响合同兑现的现象及时向生产厂提出并共同研究解决，确保过程受控。

这一系列措施取得明显效果，不锈钢、碳钢月均合同交库率分别比上年提高 1.7 个和 0.6 个百分点。

2. 库存管理。继上年形成不锈钢 10 万吨库存运行模式以来，2013 年同时加大对碳钢库存的控制力度。管控措施上，充分发挥计划小组作用，加强全线生产计划协调及动态纠偏，实现全线投入产出基本保持一致；结合均衡生产、交库的要求变革库存管理、考核模式，确定各工序在线不锈钢平均库存指标，由只关注月末库存转变为关注全月平均库存；从源头控制非计划的产生，形成小批量订单审批制度；同时，对全线不锈钢滞留品库存进行多次梳理、处置，逐步建立了 60 天预警机制，保证了年内不锈钢、碳钢在线库存保持稳定且低于预算指标。

3. 缩短制造周期。针对炼铁、炼钢、冷轧等工序新装备陆续投产带来的生产、物流变化，在计划上加强对罩式炉的管理，物流上强化北区不锈钢物流速度管控，相继采取了碳钢辊道输送不锈钢坯料、409 由罩式炉退火优化为在线退火等一系列措施，尽可能地减少了物料等待时间。2013 年，产品制造周期继续缩短，其中冷板周期缩短尤为明显，比上年缩短 19.2%；冷硅周期比上年缩短 3.75%。

4. 降低运输费用。物流管理工作在厂内物流优化和提高运输效率上成效明显。如：炼钢工序马道渣全部改为火车运输、梳理炼钢生铁供应流程，实现炼钢生铁由炼铁厂直供钢厂，既大大降低了公路运输的压力，也在一定程度上减少了物流费用。渣场外排渣取消过磅计量环节、开通铬镍生铁专用通道，在提高运输效率、实现物流顺畅的同时，也为核减用车、降低公路运输单价打下良好基础。2013 年，吨钢运输费用在已连续两年大幅降低基础上，比预算目标降低 8.76%，比上年降低 14.17%。

5. 5S 管理。改变了以往对二级单位做全面而又模糊的评价方式，采用对厂级整体管控与作业区评优相结合的方式，每个季度要求各单位 20% 的作业现场参与评优工作，对参与评优的作业区评出三优、四优、五优三个等级，评为五优的给予奖励。一方面推动作业区级自主落实现场 5S 管理，提升作业区管理人员的管理意识，另一方面明确界定了区域工作开展好坏，便于及时发现问题，快速改进。通过一年的运行实施，提高了各单位特别是作业区级管理的主动性，作业区与作业区之间的评价竞争氛围大幅改善，变被动、推动管理为拉动自主管理，现场日常管理状况明显好于以往，且部分难度较大的区域得到了较好的治理。

【技术质量管理】 1. 质量体系管理。下发《质量管理体系日常审核工作方案》、《质量管理体系与六西格玛评价细则》及《太钢铁道用钢质量保证大纲》等制度，开展多次内部审核，发现并组织整改了体系运行中存在的诸多不规范行为，保证了体系有效运行。顺利通过外部监督审核（其中 TÜV—CPR 属新取证）7 次、配合营销部完成第二方审核 5 次，有力促进了公司产品的市场开拓。

2. 六西格玛管理。全年确立公司级项目 28 个，公司备案 FBB 项目 42 个，备案 QC 小组 73 个。针对六西格玛工具在现场的运用情况，组织了多次六西格玛方法、工具交流会，有效地推动了工具、方法与现场实践的结合。

2013 年,《提高磁选柱 S_iO_2 稳定率》、《3 号高炉大比例使用焦丁冶炼》2 项六西格玛项目被评为“中国质量协会质量技术奖优秀六西格玛项目”;1 个班组获“全国质量信得过班组”荣誉称号;2 个 QC 小组获“全国优秀 QC 成果”奖;10 个 QC 小组获“中国质量协会冶金分会优秀 QC 成果”奖;9 个 QC 小组获“山西省优秀 QC 成果”奖。

3. 产品标准管理。参与国家、行业标准制(修)订工作,完成 GB/T3280 - 2007《不锈钢冷轧钢板和钢带》、GB/T4237 - 2007《不锈钢热轧钢板和钢带》、GB/T4238 - 2007《耐热钢钢板和钢带》三大不锈钢板材国家标准修订工作,并确保了 200 系不锈钢不纳入国家标准,对引领国家不锈钢产品定位和长远发展具有重要意义。完成《不锈钢精密钢带(片)》、《铝铁、铝锰铁及硅铝锰铁铝含量的测定 EDTA 滴定法》和《建筑混凝土用不锈钢钢筋》三项行业标准的审定。完成包括一项强制标准(GB24511 承压设备用不锈钢钢板和钢带)和两项国军标(GJB2722、GJB3935)三项国家标准立项和八项国行标的立项申请。对产品标准管理流程、化学成分比对与修约管理流程、产品试验样品管理流程等进行了梳理和设计,并完成相关管理制度的起草。

积极引入美国、欧洲和日本等国的先进标准,消化吸收先进的产品质量设计和检验技术规范,促进公司产品在国外市场和特殊行业影响力的提升。全年共引入外部标准 13 项,其中 ISO 标准 5 项,主要是螺纹钢筋连接件以及钢筋测试方法标准,为港珠澳大桥专供双相钢螺纹钢筋提供基础保障;EN 标准 5 项,主要应用于出口欧洲建筑用不锈钢板(带)以及冷成型用高屈服强度热轧钢板。

4. 工艺技术管理。全年备案新修订工艺规范的钢种规程 61 个,各工序钢种规程 159 个,完成日常质量改进工作 33 项。在提升不锈钢冷板性能稳定性上,铁道用 301 系性能内控命中率比上年提高 23.8 个百分点;SUS304 屈服强度 278 ±20 的比例比上年提高 37.9%;超纯铁素体不锈钢 YH21CT 断后伸长率(A50)≥30% 的比例比上年提高 16.68%。在提高包装质量的同时,包装成本也大幅降低,窄幅区包装成本比上年降低 15 元,宽幅区包装成本比上年降低 1.4 元。年末,耐热不锈钢板材卷板废品率比上半年降低15.03%,中板废品率比上半年降低 2.21%。

5. 产品认证与质量创优。完成供港珠澳大桥的螺纹钢筋连接件和折弯件的 CARES 审核,为亚洲国家唯一取得的证书,为公司重点营销项目提供保障;拓展造船用钢认证领域,低温压力用钢进入造船领域;拓展特种设备用钢许可范围,板材覆盖了公司全部生产线。

在中国质量奖的评比中,从提交申报材料的 300 多家企业中脱颖而出,成为 8 个入围首届中国质量奖现场评审的组织之一,并在现场答辩环节名列前茅,最终获得首届中国质量奖提名奖。这既是对公司创新实践先进质量管理方法、模式的肯定,也是对公司继续夯实质量管理基础、打造质量品牌的鞭策。

不锈钢中板、铁道车辆用 LZ50 钢车轴及钢坯获中国钢铁工业协会颁发的金杯奖;汽车车轮用热轧钢带、汽车大梁用热轧钢带获中国质量协会冶金工业分会颁发的品质卓越产品奖。

(王东彪)

设备管理

【概况】 山西太钢不锈钢股份有限公司装备部(简称装备部)成立于 2006 年 6 月,前身为太原钢铁(集团)有限公司装备部。2013 年初装备部在岗人员为 57 人,年末在岗人员为 54 人。装备部科室设置为:TPM 管理室、定修室、机械室、电气室、工建炉窑室、厂容管理室。主要职责是:主管公司设备运行工作和固定资产实物监管工作。通过现代化的设备管理方法,专业化的设备队伍,以引进、吸收、消化国际先进设备技术与管理为基础,形成良好的设备管理机制,确保公司设备技术创新战略和产品制造质量品牌战略目标的实现。负责全公司道路和绿化的管理；负责制定全公司厂容整治计划和对厂容进行日常监督检查；承担集团公司电力、东山防护林区、道路和绿化等管理职能。

【设备管理经济技术指标完成情况】 全年无重大设备事故；设备事故、故障停机率年度指标为≤1.3‰，实际1.17‰；装备修理费用全年年度指标为≤100000万元，实际97973.9万元，节约2026.1万元；吨钢电耗年预算指标≤520度/吨，实际510.72度/吨。

【设备管理体系基础建设】 组织实施了TPM现场评价，从各单位TPM推进的组织、计划、实施过程与方法、自主评价等方面及时发现不足与问题提出了改善建议，持续完善了TPM设备管理体系。

着力推进设备点检信息化管理系统优化升级。第一阶段炼钢二厂和热连轧厂点检系统于4月1日正式运行，热连轧投用点检仪130台，炼钢二厂投用点检仪144台；第二阶段炼铁厂、型材厂、不锈线材厂、冷轧硅钢厂、能源动力总厂点检系统于12月1日上线运行。

【设备运行管理】 1.组织开展重点设备运行攻关。不锈钢管公司设备攻关：组织对钢管公司设备进行详细检查，对发现的问题督促整改。组织挤压机油缸漏油、扩孔机机械手基础松动等重大设备隐患治理方案的研讨，并监督实施。同时对液压站排污系统、液压系统管夹布置数量及位置存在的缺陷进行了督促整改，对日常维护工作管理不到位的地方提出整改要求。

竖炉设备运行攻关：每天针对竖炉系统两小时以上的设备故障，组织提交设备故障分析报告。每周对竖炉系统的设备故障进行统计分析。通过故障分析找出设备存在的技术问题和管理问题，提出改进意见，并组织实施改进，稳步提升了竖炉设备的运行水平。

电炉设备可靠性攻关：根据公司技术攻关总体安排，对上年公司全年电炉设备运行情况进行了统计分析，根据上年每座电炉设备故障时间，确定了2013年电炉设备攻关的目标。梳理了电炉设备存在问题，制定了攻关措施，组建攻关组，组织攻关会议，对攻关进展情况进行督促和推动。

2.隐患排查治理。组织处理加工厂不锈钢渣冷却车间西墙及抱罐区西挡墙倾斜、破损、裂缝问题；组织实施型材厂精整厂房、脱模厂房、炼钢一厂整模厂房、不锈线材厂厂房的安全可靠性鉴定与加固方案确定；炼铁厂竖炉砖窑凉砖架变形测量与改善方案研究制定；炼钢一厂碳钢线75吨天车加固方案的研究制定；加工厂冷却车间吊车梁及道轨改造。型材厂、能源动力总厂含多氯联苯电容器逐步淘汰，一降压断路器110千伏断路器系统整体更换为GIS；组织完成九降压220千伏GIS侯钢线进线舱、2号变压器出线舱老化更换；淘汰电磁型保护装置82套等。

组织对不锈钢精密带钢公司制氢站安全阀与球罐本体之间无截止阀、压力容器使用D类压力表、球罐压力表未标志工作压力红线等设备缺陷进行了整改；对不能按期停产检验2台120立方米2.0兆帕氮气球罐、1台120立方米氢气球罐协调高新区质监局、省锅检院进行了延期检验，对制氢系统的仪表进行了组织检验。

组织完成加工厂205台16.5立方米渣罐、160台11立方米渣罐探伤，组织炼铁厂67个敞口罐、炼钢二厂106台钢包、26台铁水罐耳轴探伤。

组织实施高压设备预防性试验，保障设备合规运行。全年共试验断路器381台、互感器133套、避雷器172套、电缆187回、变压器75台、保护校验311套，发现绝缘不合格的电缆4回、避雷器3套，保护装置故障7套。

组织防雷设施检测，预防雷电灾害。防雷设施安全检测分常规检测和新项目验收两部分。常规检测涉及集团公司、股份公司共27家单位、部门，检测2432点，全部合格；新项目防雷设施验收6处，分别为综合利用公司20万立方米加气砼项目、能源动力总厂5万立方米转炉煤气柜、炼铁厂新铸铁机、加工厂高炉矿渣超细粉二期和新建火焰切割生产线厂房，共计23008平方米，验收合格。检测、验收建筑物全部领取了防雷设施检测报告和新项目防雷验收合格证。

3. 日常运行管理。对设备日常运行状态进行跟踪监控：分专业分区域对各二级厂设备运行状态信息进行跟踪，对每天出现的设备问题进行调查核实，瓶颈设备运行情况重点监控，及时督促二级厂分析原因、实施改进。

组织设备事故分析与事故抢修，对炼钢二厂北区2号电炉A、C相短网及水箱漏水、炼钢一厂连铸接坯小车钢丝绳断裂、炼钢二厂北区1号转炉氧枪阀门站爆燃、热连轧厂1549线F1～F5传动侧及F2操作侧AGC缸漏油、加工厂废钢破碎机双辊损坏、加工厂超细粉2号主收尘风机轴承烧损等设备事故组织进行抢修、分析并制定相关改进措施。

每月实施设备功能精度项目检查核实，及时监控设备功能精度，保障了全年的生产及设备稳定运行。

【设备检修管理】 1. 设备检修标准项目建设。1月1日起，设备检修标准项目上线试运行，4月1日起正式运行，主体设备功能性承包项目开始实行按项目结算。运行过程中，根据实际情况，对4个操作程序及2个系统报表做了大量的调整及优化，在业务流程上去掉了年检项目工单与定检项目工单中设备能源科科长及厂长的审批，简化了工单的审批流程，不断完善标准项目内容。同时，对标准项目的系统操作情况进行了监控，将修改标准项目工单“预留/采购申请”字段及使用标准项目合同创建PMW4工单的两种错误操作纳入每个月的专业管理评价之中进行考核。截至年末系统整体运行稳定，在用的标准项目共533801条，其中109433条根据实际情况进行了调整。

2. 检修资源管理。1月19日组织进行了2012年外协单位述职会议，由7家主要协力单位进行了述职。深入现场，与炼铁厂、炼钢一厂、炼钢二厂、热连轧厂、冷轧厂、能源动力总厂等单位探讨设备检修外协管理模式，编制、优化外协整顿方案，并按计划推进实施。依据《设备检修供应商管理制度》，组织完成了对设备检修供应商上半年评价的工作，并编制评价报告。推进专业化维修模式，将公司起重设备统一由一家单位进行维护，实现了检修资源的共享。

3. 设备检修管理。根据年度检修计划实施完成了能源动力总厂CCPP燃气轮发电机组检修、300兆瓦机组2号机B修及3号、5号、6号煤气柜检修、加工厂602号抓钢机大修、冷轧厂7号20辊轧机、炼钢一厂不锈钢线、不锈热轧厂主体设备、炼铁厂三烧系统、炼钢二厂南北区、热连轧厂1549毫米热连轧机生产线、热连轧厂2250毫米热连轧机生产线主体设备等年检项目。完成了7月份公司管线系统改造甩碰头工程。

【专项工作】 1. 全员素质提升。组织了壳牌（中国）有限公司、中石化北京分公司及天津分公司、美孚工业润滑油公司分别进行了一次油品使用技术交流会；组织了黄山工业泵有限公司、艾志工业技术集团有限公司、HYDAC公司分别进行了螺杆泵、密封、过滤器及滤芯的技术交流会；组织SKF和FAG公司专业人员对公司点检员、技术员进行了轴承使用维护知识培训。组织完成两期专职点检员应知培训，组织特种设备管理人员培训取证、锅炉维护点检知识培训，对147名专职点检员实施了4次PM操作系统培训。

2. 组织实施工业博物馆工程。组织完成2号高炉搬迁工程施工、协调博物馆建设有关事宜及施工安全工作监督实施；组织原飞机库、大红库加固施工；完成绿化换土、灌溉系统工程，绿化面积4.9736万平方米，乔灌木1290株，色块1471平方米，花卉15522平方米，地被32733平方米栽植移植。

3. 新项目建设。落实、审核新焦炉、新高炉、炼钢二厂新项目、超细粉二期等工程生产准备备件计划，组织对新焦炉、新高炉、炼钢二厂技改等新投产项目进行资产划分；落实“抛丸灰（粉）代替切割铁粉的可行性研究”。配合、协助新建项目进行可行性审查、设备招标评标、监造、出厂检验，督促、协助办理特种设备安装告知手续144台，组织了热连轧、炼铁厂、加工厂等特种设备取证验收。

【防治自然灾害】 组织汛前防汛设施及隐患检查、整治、排洪渠道疏通；为安全度过汛期，根据太钢地区范围内防汛区域隐患整改进行摸底检查，组织清淤治理隐患。七府坟缓洪池清淤事宜上报太原市防汛办、草坪区防汛办、光社街道办，请求协调、帮助清淤工程施工。对七府坟缓洪池清淤组织清淤工程施工。

【厂容绿化管理】 1. 持续改善厂容维护管理。（1）完善规章制度。修订了《2013年厂容维护业务管理考核办法》、《2013年厂容维护功能性承包协议》；根据公司厂容维护外协回归的要求，修订了《厂容责任区管理评价办法》。（2）加强过程管理。坚持厂容维护外协管理周例会制度；强化对外协单位的安全与技术培训。（3）持续推进“黄土不见天”整治工作。根据现场实际情况，按照“能绿化则绿化，需硬化就硬化，宜树则树，宜草则草”的原则制定整治方案，并组织实施，已完成炼铁路、发电路、新东门路西段、北门路、运输部路及商品材路等全年整治工作。同时从厂容维护业务技术细节上持续改善，引进耐阴草种丹麦草，扩大野花组合的种植面积，推进生物农药的使用，常青树复壮技术推广，聘请专业人员现场指导作业；在绿地深处砌筑了20多处简易沤肥池，收集部分树叶、沤制肥料，解决秋季大量落叶这一季节性很强的一个难题。（4）落实厂容维护外协回归工作。按照公司的要求，制订方案，组织启动会，年底已按计划完成20个单位的道路清扫保洁、绿化养护等现场交接，并组织实施了由96人参加的厂容责任区管理知识培训，厂容业务回归后的责任区管理工作已全面开展。

2. 按期完成厂容建设工程。（1）确保2012年结转工程的尾项施工按期完工。新4号高炉水景工程、原加油站环境整治工程已竣工交付使用。2013年前完工的工程结算已全部完成审核、付款。（2）做好绿化移植、绿地恢复及道路开挖恢复工程。审批绿地占用申请263起，占用绿地11.79万平方米，移植乔木5539株，花灌木13209株，色块灌木9124平方米，花卉351平方米。恢复绿地6.39万平方米。审批道路占用开挖申请411起，其中道路开挖82件，涉及主干道5起。（3）实施6号高炉、新焦炉等技改工程区域的绿化建设。（4）积极推进2013年厂容整治工程。策划、编制植物园、博物馆、环厂林带及厂界墙制安设施提升改造工程等的规划、实施方案。组织进行2013年厂容建设工程的17项招投标、合同签订及工程验收结算。厂界墙制安设施提升改造工程：组织完成了方案编制、项目立项审批2300万元。已按计划组织完成2013年土建工程全部工程施工，进入工程的结算审核阶段。2号气柜区域环境整治工程：根据现场条件，策划绿化方案。组织工程招标及施工组织。已完成全部0.9万平方米绿地的栽植工程及周边环境整治。设备采购部委托的废钢通道维修工程按照程序进行了方案编制、招投标及施工组织。

3. 厂容监察管理。全年下发厂容违规考核通知单共122起，其中污染道路104起，绿化损坏15起，设施损坏3起。加大对车辆污染事件的查处力度。针对雨季货运车辆对厂区道路环境的污染，严重影响厂容环境，下发了《关于货运车辆污染道路强化管理的通知》，并调整了监察员的上岗时间，设定了检查重点区域，达到了提高各单位对车辆的管理和对易发生污染道路车辆的威慑目的。

（陈建中）

财务管理

【概况】 计财部是太钢不锈计财工作的综合管理部门,设置预算管理室、成本管理室、资金管理室、会计管理室、项目与投资管理室、综合管理室、经营研究室、子公司管理室8个本部管理室和12个驻二级单位财务室。2013年末职工人数158人,其中:研究生13人,大学本科学历79人,大学专科学历58人。

计财部主要负责编制、实施跟踪、评估与动态调整公司中长期发展规划;通过全面预算、成本、会计、资金、资产、税务、项目投资管理及子公司管理等综合管理运行机制,确保工作目标实现,推进创新提效及价值提升。

【为公司经营献策】 计财部从实施月度滚动预算两年以来,加强了对预算目标落实的过程管理。每月月初组织召开公司月计划会,下达月度预算目标;20日对产量、销量、收入、利润进行预测,召开月计划落实会议并做好跟踪和监督工作,实现年度预算与生产经营实际的有效结合,确保预算目标的实现。

完善滚动体系,精细滚动预算测算基础。在原来滚动预算仅包括产量、销量、收入和技术经济指标内容的基础上,增加了成本效益、资金运营等方面的内容;每月底根据预计产品销售价格和原料采购价格,对下月公司主要产品盈利水平进行盈亏测算;每月初根据原料市场价格情况对产品成本的影响,以及目前产品市场价格的波动情况,对下月主要产品价格提出建议,使滚动预算对公司生产经营更具有指导性。

【降本增效工作】 制定公司2013年降本增效目标25亿元,并组织完成在各单位、各工段、每个人的降本增效指标分解,做到人人头上有指标。每月对各单位生产经营情况进行分析、总结、评价,及时发现生产经营中存在的问题,反馈公司领导;并通过绩效考核、降成本完成情况排名等方法,促进各单位降本增效工作。

每月对公司全线存货占用情况进行汇总、分析、评价,对非计划库存处理情况进行跟踪和推进,提出改进措施,降低全线存货资金占用,节约资金成本。协助营销部、制造部开展公司全线非计划降库,对公司非计划库存进行整理、分析,提出处理建议报公司领导。

【制定经济责任制变革方案】 为适应公司改革创新思路,解决公司内部考评机制与市场的接轨问题,制定了2014年经济责任制变革方案,将以往关起门来自己搞评价的"封闭式"绩效模式,变革为以市场作为评价标准"开放式"激励模式,让市场成为检验企业生产经营能力的唯一标准。

通过激励与考核机制的引导,将市场压力及各种竞争要素快速、准确、直接地传递到生产一线(即市场倒逼),从源头上真正实现预算目标的可分解性,解决现行内部利润和市场利润脱节问题,从机制上保证公司预算目标同各单位预算目标的高度一致性;将对产品质量的最终评价权交给市场,解决目前质量改进存在的压力不足、动力不够、方向不明的问题,从机制上真正落实通过市场对质量进行评价以及通过市场倒逼质量改进等;通过市场化的评价考核机制让生产厂管理者从市场的角度自觉去执行,改变或缓解考核与被考核之间的资源浪费、扯皮推诿等非增值的管理环节。

【开展竞争力对标】 下发了《山西太钢不锈钢股份有限公司2013年竞争力对标实施方案》、《山西太钢不锈钢股份有限公司2013年竞争力对标实施指导意见》,按照公司"坚持对标找差,提升经营绩效"的要求,持续推进公司竞争力对标工作。3月份组织考察了梅钢和张浦,对其组织架构和财务信息管理系统进行了深入了解,为公司进一步开发SAP管理系统起到了良好的借鉴作用。

【成本管理】 每月做好品种盈亏测算工作；每月底根据预计产品销售价格和原料采购价格，对下月公司主要产品盈利水平进行盈亏测算；每月对公司2013年26个钢材产品SBU和技术服务营销团队的效益情况进行测算，引导公司开发高技术含量、高附加值的优势品种，充分扩展公司独有和领先品种的市场份额；持续修订标准成本，精细核算新产品成本，促进产品品种进一步优化，推进公司常规产品和同质化产品向特色产品和高端产品转变，并提供营销部门作为定价依据。

【资金管理】 通过拓宽融资渠道，加强资金运营管理，实现资金安全保供，融资成本大幅降低。发行65亿元短期融资券置换国内银行贷款；加大外币借款力度；加大银行承兑汇票签发和支付力度；在下半年银行对钢铁行业限贷的情况下，创造性的开展"国内信用证付款+矿业分公司贴现、我公司支付利息"的融资模式，解决了公司融资需求且有效降低了公司资金成本。

制定下发了《2013年债权清收目标及政策》，对公司应收、应付、预收、预付账款纳入预算管控，每季度下发应收账款清收目标并严格考核，督促各责任单位清收欠款；加强资金风险管控，督促各营销单位严格履行公司信用销售审批制度，加强对客户的信用评估和风险控制，提高风险管控能力，并重申了严禁销售无款发货的公司制度；每月向公司出具应收账款分析报告，及时向领导报告应收账款及清收进度，督促各单位及时清理超信用欠款。

【信息化建设】 深入扎实推进财务信息化工作，完成开发及完善管理报表，完成账套打印功能开发和测试，实现了月结流程固定化、模式化。设定了月结各步骤先后顺序逻辑判断功能，确保月结各步骤的有序和正确运行；合理利用系统资源，满足多人和多线程运行，提高了月结速度，实现了该平台上的知识共享。

明确了以年度预算和工艺技术参数为基础的修订原则；明确了以生产厂成立标准成本修订小组，相关部门组成标准成本审定小组组织机构与职责分工；分工序建立了标准成本与工艺技术参数的对应关系，确保标准成本体系的科学有效性。建立财务合并编码体系及开发标准成本修订系统。

【项目投资管理】 实施项目投资的全过程管理。实施从投资概算审查、下达投资计划、分解投资目标到合同预付款、进度款、工程结算、决算、审计的全过程管理。从项目立项开始加强财务监督，对施工发生的各项费用进行有效控制，杜绝项目超预算情况的发生。每月根据各项目部提报的资金预算，严格控制资金预算费用。完成出焦除尘风机变频改造工程、南翻车机系统改造工程、1549毫米生产线磨辊车间桥式起重机改造项目、不锈冷轧厂0号热线改循环水工程、宽幅光亮线项目、EPS免酸洗等12个项目后评价。

【财务基础工作管理】 按照年初下发的《太钢不锈计财部2013年基础工作提升方案》，成立财务基础工作检查小组，遵循闭环管理的模式，对上年已进行基础工作检查的部分单位进行整改落实情况检查，同时按计划完成了对不锈线材厂、原料物资采购部、设备物资采购部、热连轧厂、香港公司及本部管理室的基础工作检查，全部出具检查报告及整改报告。通过持续基础工作检查，使财务基础工作得到提升。

为防控财务风险，修订下发了《SAP基础工作规范》、《会计凭证管理办法》及《债权债务对账管理制度》等基础财务管理制度；结合公司工程管理实际，修订完善公司《工程项目资金支付管理办法》、《工程项目引进设备代理采购结算操作细则》；为增强财产损失索赔意识，对财产保险投保、索赔等流程进行了梳理，修订了《财产保险管理办法》；对部分制度进行了培训，提高了制度的可知度与执行力。

根据制度更新方案，对财务管理制度进行整理，下发了《财务管理制度汇编》和《财务操作规范汇编》，完善了财务管理制度体系。

【经济政策研究】 2013 年着重提高对各项经济政策信息对公司生产运营实践影响的研究。根据最新市场动态变化情况，在经营资讯原料板块中新增了太原煤炭交易中心交易价格、港口铬矿库存市场跟踪台账；针对新上市的钢铁相关期货品种和利率市场化的推进情况，在经营资讯金融市场板块中新增了大连商品交易所焦煤、铁矿石期货、郑州商品交易所动力煤期货跟踪台账。

密切跟踪市场动态及市场热点，加强钢材价格、原料市场、金融、政策等方面的研究分析，撰写《2012 年全球主要钢厂生产经营情况》、《关于近期全国主要钢厂生产经营动态的分析报告》、《6 月采购省内焦煤与进口焦煤的价格对比分析报告》等 28 篇专题分析研究报告。

积极研究政策法规，合理运用财政、税务、外汇、金融等政策取得政府补助资金。

【财务信息披露】 根据证监会、深交所有关规定，定期披露太钢不锈财务信息，圆满完成太钢不锈年度、半年度、季度报告财务信息的编制及披露工作。

【子公司经营管理】 在公司全面预算的基础上，结合子公司实际经营情况，编制下发了 2013 年子公司生产经营目标；为强化子公司全面预算管理，及时了解、掌握预算执行情况，发现生产经营中存在的问题，每月对各子公司生产经营情况进行汇总分析，并以书面形式向公司领导汇报。针对香港公司运行过程中存在的部分不规范事项，3 月份下发了“关于规范太钢不锈香港公司财务业务事项的通知”，对资金支付、系统清帐及财务对帐等事项进行明确规定，理顺了流程。

【风险防控】 为进一步规范公司贸易业务、财务操作行为，有效防范经营风险，制定了《山西太钢不锈钢股份有限公司贸易业务管理规定》，并以公司文件下发。日常对社会贸易业务实行审批管理，每季度对社会贸易完成情况及存在的问题进行总结，形成报告汇报公司。

对公司采购的原燃材料、备件、废钢等物资付款流程及条件进行了梳理，并与其他钢厂采购付款条件进行了对标，与采购单位共同协商后下发了《关于调整部分物资采购付款条件的通知》，延长了耐材、材料及部分合金的付款周期，并要求采购部门制定不同付款条件下的采购价格体系，防范了财务风险，并充分利用公司资金优势降低采购成本。

为防范资金支付风险，对销售公司全部实行资金管理系统上线。

（张瑞婷）

销售管理

【概况】 山西太钢不锈钢股份有限公司营销部前身为太原钢铁（集团）有限公司销售处。2008 年 6 月集团公司撤销营销部，其职能划入山西太钢不锈钢股份有限公司，成立山西太钢不锈钢股份有限公司营销部。山西太钢不锈钢股份有限公司营销部是太钢钢材产品销售的业务管理部门。下设经营策划室、合同执行部（包括三个库房管理业务室）、客户服务中心、销售公司管理部、办公室、品牌营销管理室、计财部驻营销财务室、清欠办 8 个管理部（室）；不锈板材业务部、不锈型材业务部、碳钢板材业务部、碳钢型材业务部、硅钢业务部、海外业务部、轨道交通业务部、钢坯贸易部、重点工程与重大项目办公室、新产品开发室等 10 个业务部门；石化、电力、工程机械、船箱、汽车、锅炉压力容器、食品、环保、建筑装饰、机械制品等 10 个行业办公室；北京、天津、太原、郑州、哈尔滨、沈阳、上海、无锡、杭州、青岛、济南、武汉、长沙、佛山、揭阳、成都、重庆、西安、定襄

19个外设销售公司。

2013年末在册职工357人,平均年龄为38.8岁,具有大专以上文化程度的职工占总数的92%。

【营销指标】 全年钢材销售841.8万吨,同比增长0.5%,其中不锈钢销售285.2万吨,同比增长10.5%。钢材出口67.8万吨,同比增长25.8%,其中不锈钢材出口48.5万吨,同比增长39.8%。铬钢比达到47.7%,同比提高4.8个百分点。

【产品和市场开发情况】 重点品种销量:与上年相比,不锈钢,排气管用钢409L增长18.7%,超纯铁素体不锈钢增长15.9%,造币钢增长28.7%,罐箱行业用钢增长57.8%;碳钢,双高硅钢增长19.3%,纯铁增长79.0%,冷轧用料增长13%,电力塔架用钢增长21.5%,汽车用钢增长49.5%,高强钢中板增长329%,厚度≤2.0毫米热轧卷板增长45.1%。

不锈钢:铁路货车不锈钢在国内首条重载线路专用车型C96上批量应用;BA板供应日立、松下等高端客户;成功开发罐箱封头用热轧材料,获得全球知名罐箱企业认可;开发高碳马氏体钢、复合板新品种成功替代进口;开发大厚度铜+钢复合板产品;镍基合金复合板成功进入化工管道项目;开发了日本仙台地铁项目用铝-钢复合板;高端焊材进入国际知名企业;铁素体焊材用钢实现品种系列化。

碳钢:绿色环保EPS产品应用于汽车配件;超高强度工程用钢TS900QC应用于混凝土泵车;高强钢Q690E应用于地铁制造;工程机械用高表面钢成功供应国外知名企业;为满足家电行业新需求,开发超高效压缩机用50TW270等品种;开发取向硅钢坯料近1万吨;开发6~8毫米热轧耐磨卷板TRW450。实现替代进口产品有高强钢HS31-Ⅱ、电力铁塔换代产品ASTM A871 Gr65耐候钢;开发薄规格Mn13,填补国内空白;新开发重载车轴用钢LZ45CrV已批量供货。

新产品:成功开发铁铬铝合金板材;镍基合金800L采用低成本工艺,提升了产品竞争力;高碳钢TS90CH卷板进入园林用钢高端领域,实现替代进口;高强度磁轭钢成功应用于南美洲水电项目。

海外市场:培育战略客户,创新销售策略和服务手段,与蒂森等大客户建立了稳定的战略合作关系,订货量增长30%;优化出口产品,铁路货车用不锈钢1.4003批量出口美国,高等级BA板出口量大幅增加;开拓新兴市场,非洲、南美、土耳其等市场销量上升50%;开展业务创新,在北美市场试行宽幅冷轧产品库存前移,实现增量增效。应诉泰国冷轧不锈钢反倾销,太钢成为唯一零税率企业。完成太原综保区首笔进出口业务,为2014年保税业务增长创造了条件。

重大项目:国内市场,港珠澳大桥项目实现稳定供货;在山东、青海、新疆、内蒙古、湖北、湖南、山西、云南等地先后中标12个重大工程项目,累计实现项目用材销售6.6万余吨。国际市场,在沙特、巴基斯坦、土耳其、斯里兰卡等国家争取到有价值的订单。

【销售管理】 销售模式:继续执行协议销售模式,以分销为主,同时不断提升直供比例,2013年直供比例超过60%以上。销售政策:钢材产品价格实行计财部和营销部分级管理。股份公司计财部负责制定钢材的年度目标基价,营销部依据市场行情,制定钢材产品销售出厂价格。协议折让:协议户实行当期价格折让,部分重点品种实行年终折让优惠。定价制度:年度价+季度价+月度价+日价。

【营销管理工作】 创新营销管理。制订了日价格、调整组距价差、款到优惠等政策,针对各品种,实行月度价值分析;利用《营销快报》和微信公众平台,实现信息共享,提高响应速度。完善绩效考评,实行了突出贡献奖、业绩看板管理,形成了比学赶超的局面。

完善体系认证。通过英国BP等知名企业的二方审核。超纯铁素体排气系统用钢获得奔驰、宝马等汽车认可,成为合格供应商;管线钢入围中石油"全球战略供应链"体系;高耐蚀型耐候钢通过评审;曲轴锻圆通过7国船级社认证,绿色环保EPS产品通过了汽车厂商的认证。

客户服务前移,效果显著。对战略、重点客户实施"一纸立案"模式,立案率提高到90%。开通客户销售信息发送功能,满足了客户个性化需求。筹备国内展会9个、国际展会3个。配合政府部门打假维权,查获2起侵犯太钢权益的案件,维护了公司品牌形象。

营销文化建设。通过开展党的群众路线教育实践活动,进一步强化了服务意识,提高了员工满意度;利用《营销人》、营销论坛、电子管理平台等渠道加强文化宣传和知识培训;组织员工开展登山、游泳等体育活动。寇海涛勇救落水女青年,被太原市见义勇为协会评为二等奖、记三等功一次。承诺的"十件好事"全部落地,员工们在学习、工作、生活等方面得到有效改善,进一步提高了职工幸福指数,凝聚了队伍合力。

(祝恒立)

原料采购管理

【概况】 原料开发采购部是山西太钢不锈钢股份有限公司原燃料及耐火材料采购供应管理的归口单位,主要负责全公司合金、煤炭、矿石矿粉以及耐火材料的采供任务,负责太钢焦化厂生产的化产品的销售任务。下设综合管理室、计划管理室、质量管理室、党群监察室、合金一室、合金二室、煤炭室、矿石室、耐材室、合金一库、合金二库以及煤炭存储中心共12个科库。2013年末在册人数161人,其中高级职称7人,中级职称19人,初级职称25人;硕士7人,本科47人,大专47人,中专7人。

2013年采购金额达391.7亿元,采购数量总计2327万吨。完成化产品销售收入3.13亿元;完成社会贸易收入(不含税)143亿元,实现贸易利润4184万元。

【采购保供】 2013年实现安全稳定保供。累计采购金额391.7亿元,较上年减少34.6亿元,同比降低8.05%。吨钢采购成本同比降低6.75%。原燃料重点品种采购成本低于主要竞争对手,为公司炉料结构优化降本增效提供了强大支持。

煤炭采购:大矿战略,减少贸易、小窑比例,顺势而为,降低成本。2013年电煤采购均价较上年降低138元/吨,喷吹煤采购均价较上年降低192元/吨,焦炭采购均价较上年降低323元/吨。积极拓展大矿资源,健全完善煤炭采购战略供应链,圆满完成年初70%的大矿煤采购目标。全年煤炭采购降本1.67亿元。

合金采购:以小博大、稳大放小、瞄准先进、策略预判。2013年镍生铁采购实现优质优价采购,扭转了太钢高镍采购价高的被动局面。高碳铬铁采购奠定了太钢在高碳铬铁市场的定价主动权。2013年重点合金品种采购共实现降本1.4亿元。

矿石采购:采购柔性化,用则用,不用则销。2013年,大幅降低港口库占成本,盘活资金流动性,达到风险防控、扩大盈利的目的。同时拓展小品种矿优势供应商平台,激活竞价,提升采购品质,萤石合格率上升至92.06%,较上年提高2.17%。

耐材采购:优化流程,科学采购,推进吨钢降本。充分结合战略采购与招标采购优势,着眼于采购性价比的提升,量化评价标准,科学推进功能承包,引导优化耐材采购流程。积极推进耐材在ERP系统上线,加强耐材采购过程监控,降低采购风险,提高采购效率,安全、高效、合理推进耐材吨钢降成本工作。

【管理改革】 2013年,进一步深化采购管理改革,实现了制度化、流程化、系统化,打造三化一体的科学化采购平台。

供应商管理:贯彻“走出去”战略,挖掘优质供应商,提升供应链竞争力。进一步巩固完善供应商引入与评价机制,激发供应商的竞争意识,规避采购风险,在平等、共赢、互利的前提下,打造符合太钢国际化企业需要的供应商团队,致力开发可持续性合作发展空间。阳光化、透明化、信息化采购,构建了科学化采购的基础,增强了为供应商服务的意识,培养供需双方在行业逆境中风雨同舟的契约精神。

合同管理:立足于契约精神,对每一单合同签订、审核、履约、结算实行精细化管理,为供应商管理评价标准提供基础依据,促进均衡合理保供。通过与法务部门的反复沟通,去除合同中的霸王条款,巩固与供应商的合作伙伴关系,优化太钢的企业形象与综合竞争力。

信息管理:充分重视采购的信息应用。构建详细的分品种采购分析模型。以跟踪最前沿市场行情为核心,以市场预判与采购后评估为手段,以降低采购成本、科学决策定价为目的,从专业角度,用专业方法,实现专业的信息综合应用分析,确保每一次采购的质量和效益。充分利用现有 ERP 系统,不断强化功能和资源开发利用,推动了耐火材料三、四级联动上线、供应商查询系统、报表开发系统、货位信息系统等,用科技手段为采购工作提供更加便利的平台,提高了采购效率和采购增值能力。

【非钢社会贸易】 锁定贸易资源,建立健全上下游贸易链,加强与现有贸易伙伴的合作,同步开发拓展贸易渠道,扩大贸易收入。2013 年累计完成 143 亿元社会贸易总额,实现贸易利润 4184 万元,大幅超预算完成年内社会贸易指标,完成率达 190.6%。较上年社会贸易完成总额增加 67 亿元,同比增长 88.2%,为公司营销额增长提供支撑。

【仓储物流】 2013 年原料物流进厂量累计达 2327 万吨,火车进厂比例从上年的 23% 提高到 29%,调整优化物流结构的同时,实现物流降本 8449 万元,超预算目标 69%,取得了十分可观的经济效益。细算账、算细账,强化物流成本考量,提高火车进厂比例;并以计划室为中心,建立供应商太钢仓储容量,生产使用单位的全过程物流管控信息沟通机制,实现采购物资仓储、配送流程的信息传递、综合平衡、效率提升。核心原料物流管控效果显著:自 4 月起,镍铬生铁零待卸天数达到 90% 以上,厂区和库区物流面貌焕然一新,取得了良好的效果。全年高品质镍系物料火车进厂比例同比提高 46.2%,进口镍资源基本全面实现铁路运输,充分缓解厂内物流压力,降低物流成本。增加大矿煤火车进厂比例,开通五麟—太钢火车运输焦炭专列,焦炭采购实现全部火车进厂。

【质量管理】 建立多级质量抽检管控体系,逐层分解质量管理责任,质量事故和质量异议总体受控。通过加大各管理层级的抽检工作力度,全年共组织抽检 648 批次,对入库物资全部进行破袋验收,有效规范了取样工的标准化操作行为,对不诚信供方形成震慑。完善质量管理制度,优化质量管理流程,全年修订、完善各类质量管理制度 19 项,进一步明晰各室、库质量职责。加强与重点供方的技术交流,通过对质量数据进行分析,逐项排查问题原因,提升质量管理水平,确保采购产品质量稳定、受控。实现了耐材 ERP 质量系统上线运行,提高了判定的透明性,缩短了判定周期,质量职责明晰,工作效率提升。全年实物质量预算指标达到 89.87%,质量 KPI 指标完成水平始终保持公司前列。

【安全管控】 坚持以职业健康安全管理体系指导安全管理工作,强化落实逐级安全管理责任,以现场违章查处、隐患排查整治为安全检查工作重点,强化各级安全管理人员的现场作业过程控制,全力提升了标准化作业水平;实施了中频炉安全装置完善提升改造、铬镍生铁库通道和库容改造、北库站台重建、地面硬化整治及南库增设割袋平台等措施，有效提升了现场本质化安全水平，现场环境得到明显改观。

落实公司“0123”安全管控模式，注重提升作业区、班组安全自主管理能力，围绕星级班组建设，开展了危险辨识、岗位达标、“四知五会”考试、应急演练、事故案例教育等活动，丰富了职工安全培训内容，完成了公司下达的标准执行率94.12%和安全管理控制度9.181的安全指标，确保年度设备、人身事故发生率零目标的实现，被评为2013年度股份公司安全生产先进单位。

【人才建设】 大力推进人才建设工程，引进应届毕业大学生与研究生共5人，引进公司内部优秀管理人才6人，挖掘人才潜力，大幅优化人员年龄与学历结构。围绕人才建设的可持续发展与平衡过渡，进一步细化绩效指标，通过责任到人的管理模式，提升员工敬业度。实施科级干部轮岗，激发活力，提高管理层的职业素养与技能水平。深化以“厚德、诚信、求索、创新”为核心的文化建设理念，通过引导文化落地建设，解放思想，大胆创新，全面提高职工的文化素质，全年在部内开展提升职工素质大讲堂50课时，内容涉及采购管理、工艺流程、廉政教育、个人素养等诸多内容。增设职工活动中心，食堂、澡堂及相关生活配套设施，充分保障职工福利，改善职工工作环境。此外，向科级以上干部发放《爱的艺术》《正能量》等书籍，提升了队伍的凝聚力。

【党政建设】 贯彻党的十八大精神，扎实开展党的群众路线教育实践活动，查摆整改问题57项，组织集中学习交流8次，做到了学习人员、学习时间、学习内容、学习要求、学习效果“五落实”。创新推进基层组织建设，不断深化创先争优和“三个转化”活动，推进党务公开，强化“四好班子”、“五好支部”和“争旗达标”活动，拓展思想文化建设载体，真正形成了富有采购部门特色的党建工作新格局。

大力开展效能监察，坚持每月取制样、质量仲裁监督。坚持现场抽查，威慑弄虚作假现象，加强事件查处，违者必究。全年共查处事件7起；下发监察通报7份，内部查处考核12人，考核金额12000元。

（曹武清）

设备物资采购管理

【概况】 设备物资采购部是山西太钢不锈钢股份有限公司设备、备件、材料采购供应管理的归口单位，主要负责全公司各工程项目、生产及检修所需设备、备件和材料的采购、仓储和供应工作。下设综合科（党工部）、合同科、计划管理科、工程管理科、机械科、通用科、电气科、材料科及仓储中心9个科库。2013年末在册职工人数251人，其中高级职称19人，中级职称61人，初级职称39人。

2013年完成设备物资采供总量75.57亿元，采购降成本5.9亿元，修旧EVA达2673万元，报废、利用积压物资3770万元，废次材利用13300吨，进口件比例控制在9.8%，贸易商比例控制在6.9%，长单比例升至49%，备件与低易品期末库占资金降至3.47亿元，保证了重点工程建设和生产经营各项任务的圆满完成。

【项目管理】 全过程参与了新高炉、焦炉、二钢南、北区配套改造等重点工程，以及原料场一二期、超细粉二期、能动供暖、铬钢线项目等配套及辅助工程的保供工作，完成了4号冷线设备的特殊保供。修订下发《山西太钢不锈钢股份有限公司工程设备入厂后管理办法》，组织整理与结项工程项目70余个。

【降低实物库占】 计划审核工作全面参考检修周期、更换周期、历史订货量、库存及机旁库量、消耗量及预算指标，结合现场运行情况，以控制计划总量与逐项审核相结合的模式，项、价同时审核。通过实施三级利库，全年盘活三年以上库存物资3768万元。在机电设备固定资产增加约70亿元的情况下，对应储备的备件与低易品库存由年初37756万元降至年末34711万元，下降8.07%。

【优化采购管理】 通过引进国内前十名的优秀供方，淘汰层次低的劣势供方的方法，增加了供方竞争度，降低了降价谈判难度。通过开发优秀供方、开发高性价比产品及进口件国产化替代等一系列寻源措施，实现专家型采购。2013年战略供应商比例提高到63%。深化对标管理，扩大对标品种范围，通过对标开发优势供应商，提升采购管理水平。

【提升修旧比例】 确立了备件使用实现功能最大化，即"功能用尽"的采购管理外延的工作思路，强化了新制件计划审核，制定了备件报废标准。参照PM维修定额，制定了修旧标准价格体系，固定优秀修旧供方，创新了长单采购模式，拓宽了修复种类。通过控制新制件采购计划，强制使用单位提报修旧计划。2013年修旧比例提升至24.86%，降低成本2673万元。

【进口件国产化】 将国产化替代作为一项重点的基础管理工作来抓。通过加强寻源工作，与宝钢等单位进行交流对标，发现优秀国产化供方，争取每一次国产化机会，推进了进口品牌国产转化替代工作，减少进口总量。2013年进口件采供比例由16%降到9.51%，直接降低采购成本2633万元。

【消化利用废次钢材】 建立了公司内部废次材信息平台，为公司产业链效益最大化提供了有力支持。通过工程甲供材代用、太钢分子公司生产材料备件用废次材代用、供方从太钢加工厂、不锈钢工业园区等渠道采购废次材生产的设备备件和材料等途径，梳理废次材销售流程，动态掌握废次材库存情况，并将年度预算指标分解到各科室，制定相应的激励政策。2013年共消化废次材13320吨，直接为公司创效2000余万元。

【优化信息化管理】 开发了设备付款审批管理系统，开通了系统提报付款申请、按采购金额分级审批和自动清帐等功能，实现了工程设备和设备、材料预付款信息化管理，同时定期对付款进度监控，定期通报应付未付的款项，完善付款信息，简化审批流程。开发了股份公司备件材料出库日报表，实现了按科、采购员和二级厂等不同角度查询实时出库功能。开发了设备采购申请批导功能，提高了工作效率，降低了错误率。

【仓储管理】 按时按量完成工程设备、备件和辅助材料的收发货及配送工作，全年共计完成工程设备入库43.52亿元，备件入库14.19亿元，辅助材料入库27.78亿元。推动"0123"安全管控模式落地生根，强化现场监控力度、强化安全责任落实，切实提高了外协管理的安全控制度。逐步回收电机库电机仓储管理、天车日常专人点检维护、备件库接货卸车以及车站提货等各项工作，全年共节约外协费用192.04万元。

【基础管理】 全面梳理管理流程，修订部级体系文件32个、规章制度30个，编制了《山西太钢不锈钢股份有限公司备件、材料质量问题索赔管理制度》等3个公司级规章制度；集中整顿机旁库管理，账物准确率由65%提升到85%左右；大力开展自主培训，全年共组织培训68期，141课时，参培人数达4790人次;持续不懈推进5S管理,强化考核评比,在巩固中稳步提升。

【党建工作】 开展党的群众路线教育实践活动,促进了干部作风转变,端正了服务群众的意识,共解决群众反映的实际问题43项。严格执行中央八项规定,继续深入开展廉洁从业教育和风险防控排查工作,扎实开展效能监察,以立项监察与专项监察有机结合,将领导关注、群众关心的热点以及设备物资管理中的薄弱环节作为立项监察的重点,促进了各项工作的开展。

(武晓娟)

废钢铁采购管理

【概况】 山西太钢不锈钢股份有限公司废钢铁管理部,其前身为太钢废金属加工部,1960年独立设厂,称为太钢原料加工厂,1965年正式命名为太原钢铁公司加工厂。1977年,太钢决定加工厂对外称为“太原钢铁公司废钢铁管理处”,兼有二级厂和职能处室的双重职能。2006年6月,加工厂(废钢铁管理处)整体划转山西太钢不锈钢股份有限公司管理,正式更名为山西太钢不锈钢股份有限公司废钢铁管理部。主要承担着太钢冶炼用废钢的外部采购,公司内部废钢,各类含铁物资,有利用价值的废旧物资的回收、开发、利用、销售任务,并承担冶金渣附属产品水渣、超细粉的营销工作。

2013年废钢铁管理部主要指标完成情况表

指标名称	单位	完成
废钢采购量	万吨	38.45
其中:镍不锈废钢	万吨	8.49
废钢回收量	万吨	65.39
废次材销售量	万吨	4.10
超细粉销售量	万吨	98.76
水渣销售量	万吨	126.84

注:废钢采购量、供应量均满足炼钢需求

【规范经营流程】 外采碳素废钢实施分级分户管理,一户一货位,便于进行质量追溯;提高外采不锈废钢拆包比率,由10%提高至30~50%,钢水收得率比上年提高0.03%;设立招标办公室,配备监控、录音设备,厂纪委对采购、销售招标全过程监督。健全新客户准入机制,客户资信核实、场地调研、客户提货、送货形成流程并严格执行。制定《采购招标管理制度》、《不锈废钢管理办法》,进一步优化采购流程、明确供应商质量标准、考核条款、供方退出机制;优化废旧物资ERP系统,完善合同模块;修订采购合同文本,对供应商履约情况做出细致规定;建立供应商约谈机制,对供应商履约情况进行规范管理。对违反合同的2家碳素废钢供应商给予销户、其履约保证金各10万元不予退还的处理;对1家不锈废钢供应商给予销户,其履约保证金50万元不予退还的处理;对2家废钢供应商分别给予扣除3万元、1万元保证金的处理。

【采购降本增效】 “效益优先、择机采购”模式促进废钢外采成本降低。炉料采购小组善于对标,在现有市场条件下,密切关注资源、对手情况,及时做好库存预警及需求，出具科学的采购周期及价格建议，在公司效益最大化的前提下，以最低价格完成采购。全年实现采购价格比竞争对手低2901万元。

【多元经营创效】 健全电子商务模式，废次材、废旧物资、含铁物资全部实行网络竞价销售，形成了公开、公平、透明的竞价拍卖流程。全年共竞拍废次材33次，成交2602吨，实现增值销售16万元；竞拍废旧物资49次，全年废旧物资共销售3715吨，销售收入1077万元；销售各类含铁物资37.76万吨，销售收入15625.7万元。同时，开拓积压废旧物资销售和利用渠道，公司各单位及工程项目利用废钢、废电极、废皮带等1711吨。特别是强化超细粉销售，制定了销售激励机制，鼓励营销人员拓展客户，全年销售超细粉98.76万吨，较上年增加5万吨，实现利润2356万元。2013年实现销售收入6.25亿元，利润1.63亿元。

【废钢回收】 坚持“上门回收、热情服务、工作不懈怠、矛盾早协调”的回收宗旨，严格执行废钢督察员制度，明确各回收督查员区域、职责，对废钢铁回收实行现场督察管理，确保可回收资源全部入库。全年各类物资回收总计129.3万吨，其中生产回收58.6万吨，非生产回收70.7万吨(废钢6.17万吨，钢渣类41万吨，含铁物料23.53万吨)。全年罚没不合理废钢84车次，共计240.93吨，避免公司经济损失约合人民币53.7余万元。

(田雅辉)

军工与核电产品管理

【概况】 山西太钢不锈钢股份有限公司军工与核电产品开发业务部，负责公司军工与核电产品“产、销、研”集中管理。截至2013年年末在岗职工12人，其中高级职称3人，中级职称6人，初级职称3人。设有市场开发室、工艺与成本室、制造与品质室。

【核电产品开发】 核电全年开发量4115吨，其中核电不锈钢板材2271吨、不锈钢型材1214吨，不锈钢管7吨；百万千瓦机组核电用高牌号冷轧硅钢595吨；碳钢板材167吨，碳钢线材100吨。保持国内核电行业不锈钢板材销量市场占有率第一。品种开发向多元化发展，国内首套CAP1000安注箱用爆炸复合板研发成功，双相不锈钢首次应用于CAP1000、CAP1400核电项目，自主研发成功第三代挤压不锈C形钢填补国内空白，研制成功ITER项目用大厚度“铜+钢”复合板。

【军工产品开发及管理】 在保持传统产品市场份额条件下，依据公司技术装备优势，积极拓展国内市场，开展特种材料市场准入认证，加强重点工程项目的前期介入，推动与国内重点院所与军工企业的合作，促进新产品、新技术的应用开发。不锈钢、高强度结构钢、电磁纯铁材料三类四种产品应用于神舟十号航天工程，太钢作为参研单位应邀出席了在人民大会堂举行的神舟十号航天工程庆功会。

(白日普)

山西太钢不锈钢股份有限公司焦化厂

【概况】 山西太钢不锈钢股份有限公司焦化厂(简称焦化厂)是山西太钢不锈钢股份有限公司下属生产厂之一，承担着为公司炼铁轧钢系统提供焦炭及焦炉煤气的生产任务。2013年机构设置为5个科室6个作业区。年末在册职工人数

731人,其中管理人员52人,专业技术人员34人,操作人员645人。

2013年焦化厂主要经济技术指标表

项目	指标名称	单位	实际
焦炭质量指标	焦炭M40(≥89)稳定率	%	99.26
	焦炭M10(≤5.5)稳定率	%	98.33
	焦炭灰分(≤12.3%)稳定率	%	96.76
	焦炭硫分(≤25%)稳定率	%	98.22
	焦炭反应性(≤0.7%)稳定率	%	98.56
	焦炭反应后强度(≥68%)稳定率	%	100
	干熄焦率	%	97.07
产量指标	焦炭产量	万吨	241.11
	焦油产量	万吨	6.21
	轻苯产量	万吨	1.99
	硫铵产量	万吨	2.68
技术经济指标	冶金焦率	%	89.64
	耗干煤	千克/吨	1257
	焦油回收率	%	2.04
	硫铵回收率	%	0.88
	轻苯回收率	%	0.66

【生产管理】 全年生产焦炭241万吨,焦炉煤气1602万吉焦,焦油6.2万吨,硫铵2.7万吨,轻苯2万吨,产品产量达历史最高。焦炭质量完成预算指标;节能增效898万元;各项费用控制合理,完成了公司预算。

狠抓影响焦炭产量的关键环节,对焦炉日出炉数、单炉装煤量、单炉焦炭产量等重点跟踪检查。根据煤调湿投用后的变化,及时优化调整装煤参数,不断提高单炉产量,全年单炉焦炭产量平均为46.23吨,9月份月均出炉数最高达到135.9炉/日。对现场工艺参数实施精益管理,制定管理标准,强化落实执行,规范调节范围,稳定了生产工艺。

将预算指标逐层分解到厂领导、科室、作业区、班组、个人。每月组织科室、作业区汇报上月承担指标完成情况,每季对厂KPI指标做预算执行差异分析。建立了退步指标责任体系,将上半年5个退步指标逐级分解,对每个退步指标制订了整改措施,签订了目标责任书。按月对岗位预算指标完成情况进行跟踪,对完成预算指标并取得额外经济效益的岗位按比例进行奖励。

【技术质量管理】 与同行业先进企业对标,先后派技术人员到宝钢、首钢京唐、济钢、沙钢、武钢等单位进行交流。组织对技术难题进行攻关,申报创新创效项目13项、科技成果2项,成功注册2个六西格玛黑带项目、3个QC活动小组。煤备作业区西区QC小组开展的课题《提高火车带煤能力》获得山西省优秀质量活动小组称号。厂级攻关课题已完成5个,有效解决了生产中的技术难题。

根据煤资源供应和焦炭质量情况,逐步提高瘦煤配比至14.53%,全年降低配煤成本234.83万元。2013年共开发新煤资源16种,其中4个煤种已经正式进厂使用。

【设备管理】 全面推行设备自主维修与专业管理相结合的模式,落实操作工对设备清洁、给油脂、点检及调整等职责,及时发现问题及时处理。强化设备点检体系的运行检查,合理安排点检定修,有效降低了设备故障,全年故障停机时间7.81小时,低于公司指标。组织开展个人改善提案及小组立项活动,鼓励职工立足岗位积极改善,在处理设备隐患的同时降低了修理费用，共节约修理费约340万元。

【环保管理】 将焦炉大烟囱冒黑烟、干熄焦顶部粉尘飘逸和脱硫制酸排放筒冒酸汽作为优先控制的污染源点，污染情况得到有效控制。通过加强焦炉的标准化操作，完善炭化室打负压操作规程，改进焦炉晾炉方式，延长了炉圈使用寿命；加强损坏件的修理和更换进度，全年共修理和更换炉门485个、炉圈202个、炉盖233个、上升管39套、机侧炉门框16个；加强对炉盖的重复密封。焦炉装煤和炉门冒烟的程度和次数比上年减少了一半，改善效果明显。

"用活性炭对污水进行吸附净化处理以达到回用"的环保项目已施工完成，正在试运行。

【安全管理】 结合厂生产工艺特点，开展了危险源辨识、专业危险辨识、日常危险预知训练三大类危险辨识工作，分专业、分层次推进逻辑性危险辨识、专业性危险辨识和直观性危险辨识，经过分析、整理形成了危险辨识档案。明确八大危险作业的定义和范围，以工作票和作业票的方式对危险作业实施现场管理，保证危险作业安全受控。开展"六步法班前会"和"3+1周三安全活动模式"，促进了班组自主安全管理。要求全体管理人员立足现场检查，坚持干部值班制度，确保各项规定落实到位。标准化执行率、安全控制度超额完成预算指标，被集团公司、股份公司评为"安全先进单位"。

【综合管理】 对岗位人员采用主控合并，相同岗位新旧系统兼顾，皮带、污水新系统岗位少配人的方式，对新增操作岗位进行了优化、整合，旧系统人员共挖潜98人，合理配置临钢援职人员，保证了新系统的顺利投产。针对新项目投用后岗位工作量的变化，组织开展了岗位价值度评估。不断探索培训新模式，开展"管理者上讲台、培训到现场"活动，累计培训19074人次。修订《首席师管理办法》，完成了第一批首席师的评聘工作，李昕春、祁大鹏被聘任为"装备类首席师"，赵吉被聘任为"首席技师"。

每月以"十八字方针"中的两项内容为主题进行专项检查督导，采用现场抓拍、曝光、谈心教育的方式对随意性行为进行纠偏，全年纠偏280项。开展作业区现场"评优"活动，根据自评情况每季度择优推荐参加公司评审，检化验作业区被公司评为"五优作业区"，运焦、煤备、运保作业区被评为"四优作业区"。强化现场检查，全年查出各类问题1902项，整改率达到99.84%。组织对新系统现场进行规范，共清理垃圾杂物893车，张贴各类标志462平方米。

【工程管理】 7月26日9号焦炉开始烘炉、10月18日焦炉开始装煤、新干熄焦开始装红焦、10月21日9号焦炉开始出焦、11月22日煤调湿投用、12月5日脱硫开产。本次建设有着工艺复杂、点多面广、施工难度大、关键设备自主制作等特点。在试生产期间，专业人员克服了调试与生产时间交叉、新旧焦炉生产协调困难等因素，提前19天使9号焦炉达产。

【党群管理】 按照"融入生产抓党建，争创一流促发展"的党建工作指导思想，逐步形成了"五抓、五融"工作模式，抓思想，融入重大决策，充分发挥政治引领作用，注重政治理论学习，持续加强党的宗旨、理想信念、职业道德、党纪条规等教育，进一步引导广大党员树立正确的世界观、人生观、价值观，增强了广大党员干部的党性修养、宗旨意识和廉洁自律意识。抓干部，融入发展目标，充分发挥组织保障作用，深入开展党的群众路线教育实践活动，各级干部的思想作风、工作作风有了明显的转变。抓基层，融入生产经营，充分发挥战斗堡垒作用，持续推进创先争优活动和"三个转化"活动深入开展，党委层面、党支部层面、党小组层面、党员个性化活动都确定了相应的载体，总共25项，均取得了好的成效。抓党员，融入队伍建设，充分发挥先锋模范作用，在全厂党员中开展了“我提高、我示范、我成长”主题党员素养提升活动。通过党员亮身份、亮标准、亮承诺，促使党员的作风进一步转变。抓和谐，融入企业成长，充分发挥凝心聚力作用，始终以职代会为平台，持续推进职工民主管理工作深入开展，加大对困难职工的帮扶力度，为24名困难职工发放11000元救济金，对18名职工子女考入大学的给予2000元——3000元的奖励。团委通过开展“青安杯”竞赛实现了全年团员青工轻伤、重伤为零的好成绩，同时，运保团支部焦炉组被全国钢铁行业评为2012年度全国最佳青年安全监督岗，运保团支部技术组被全国钢铁行业评为2012年度全国青年安全生产示范岗，炼焦作业区7.63焦炉主控被共青团山西省委、山西省国资委命名和认定为2012年度山西省青年文明号。

【企业文化建设】 继续推进企业文化建设。全年分别组织新入厂大学生、复转军人、临钢援职人员进行了3次企业文化培训，培训后组织闭卷考试。利用楼道电子屏、《焦化人》、现场宣传栏等进行企业文化理念的宣传。

全年挖掘“我身边的闪光点”小故事12个，并利用办公楼电子屏、现场宣传栏和《焦化人》进行宣传。开展“缝扣子、补工衣”、基层座谈会、青年联谊等活动，增强职工的凝聚力，提高职工对企业文化的认同度。

（刘诚林）

山西太钢不锈钢股份有限公司炼铁厂

【概况】 山西太钢不锈钢股份有限公司炼铁厂（简称炼铁厂），分炼铁和烧结两大工序，炼铁系统主要设备有高炉3座、竖炉1座，2013年10月30日四高炉（1650）休风停炉，11月7日六高炉（4350）投产使用，高炉容积总数由原来的7800立方米增长至10500立方米；烧结系统主要设备：660平方米、450平方米烧结机各1台及其配套的辅助设备；3月初加工厂竖炉被整体划转至炼铁厂。2013年末年末，除六高炉外，全厂固定资产原值98.34亿元，净值58.7亿元。在册职工人数2455人，其中管理人员108人、专业技术人员52人、一般操作人员2295人。机构设置6个科16个作业区。

【生产管理与物流保供】 2013年全年生铁总产量683.1万吨，烧结矿完成产量860.6万吨，完成了对高炉的保供。六高炉（新4350高炉）投产后，全厂高炉日产在24500吨，烧结日产在31000吨，高炉球团用量12500吨/日，烧结混匀矿量24000吨/日，物流量大，大皮带运力有限，物流保供难度大。另外六高炉投产后，后部工序用铁水能力有限，高炉限量生产。2月份使用袁家村精矿粉和袁家村球团以后，通过攻关，于7月份实现了全精粉的烧结生产。在保证高炉稳定顺行的基础上，逐步探寻了高炉配比加大球团比例的应用实践，全年三、四高炉球团比例达到了30.57%，五高炉球团比例为25.44%，六高炉球团比例为25.45%，全厂球团比例为27.45%，比上年的18.92%升高了8.53%。选择燃料比低、煤比高、球团比高的高炉操作制度，平衡产量水平，按公司要求组织生铁生产，尽量减少铸铁。

对物流进行合理改造，保证高炉、烧结的高效生产。四高炉停炉后，将四高炉料坑进行改造，使之给三、六高炉上料，节约生产建设成本，减轻了新高炉大皮带的负荷。对南北翻进厂车辆进行合理分流，按高炉的生产节奏，球团尽量在南翻翻卸后直接上仓，避免再北翻翻卸后的倒搬和皮带运输。组织自卸车拉运袁球进厂，进场后直接在料场带料到高炉，避免汽车倒搬和皮带运输。

【成本管理】 实施了成本目标分解考核方法，通过班组现场降本增效激励政策以及每周进行成本分析等制度，促进成本管理向纵深推进。将费用管控落实到科室、人头，大到维修费用按单项检修核算分解，小到纸张、文具的领用，都列入考评体系中，完善了厂、作业区与班组三级考评体系。机关撤走保洁外协人员后，办公楼卫生由机关人员自己打扫，周围绿化带也由机关人员自己清理、灌溉。控制通讯费用，在停用93部电话的基础上，将科员办公室电话全部改为太钢内部电话，科长办公室电话由国内电话改为市话，发挥公司内网信息传递作用，减少纸质公文数量，确实需要的纸质公文要双面打印等。

【技术管理】 全年铁水平均含硅量为0.58%，脱硅铁水达标率74.54%；硫含量0.021%，综合焦比493千克/吨。

三高炉煤比全年1～11月均在190千克/吨以上运行，12月将煤比提高到205千克/吨，利用富氧系统改造后富氧率提高的优势，富氧率4.2%，进一步提高理论燃烧温度至2200℃～2250℃，在稳定富氧量、稳定喷吹量、通过微调风量稳定料速的操作思路，炉况稳定性好，炉温趋于稳定，燃料比得以下降。

五高炉喷煤比182千克/吨、低于上年水平且未完成公司预算目标。受高炉入炉原料(三烧和四烧)配加部分袁家村铁精粉，由于袁精粉碱金属较高，从而在高炉操作过程中逐渐把炉渣二元碱度从1.20左右降到1.16左右以保持碱金属的排除率，另外，受炉渣二元碱度的降低，为保持原铁水物理热水平，硅含量水平提高了0.01%，进而导致燃料比提高。为降低成本增加入炉球团比例，全年25.44%，最高达28%，配用袁球团后，碱金属含量高，降低焦碳强度，破坏料柱的透气性，另外袁球的粒度小，滚动性好，影响块状带的透气性，同时会影响中心气流分布。由于上部料制不断变化调整，加上限氧等因素综合影响，气流不稳，煤气利用率平均降低1%左右。降低冶强后，气流分布不稳定，热负荷波动较大，导致渣皮脱落，热制度不稳定，操作上主动提高控制燃料比。

六高炉11月7日开炉投产，经过两个月的逐步摸索，高炉实现稳定顺行，高炉各项指标稳步达产达标，煤比稳定到200千克/吨·Fe。

四烧结系统R稳定率与四烧转鼓强度：维护好并稳定运行二级专家系统碱度控制模型，实施根据混匀矿与生石灰成分变化大局调整原料配比以及辅助人工微调相结合的双重调控手段。在稳定碱度方面重点在生石灰质量管控和稳定下料量两方面采取措施，一方面要求东矿改变生石灰加工工艺，较少生石灰中+5毫米大粒级含量，另一方面针对生石灰仓经常出现喷灰问题，改进生石灰下料方式，将生石灰下料系统由原来的单一螺旋给料改造为星型卸灰阀和螺旋给料机联合下料方式，有效解决生石灰喷仓问题，提高生石灰配料稳定性和准确性。在提高转鼓强度方面从原料特性、风、水、碳等多方面入手，优化配混系统一混和二混加水比例，在三混增设加水系统，生石灰仓加装旋转阀，保证生石灰稳定下料的同时稳定了烧结料水分，改善烧结料制粒效果。严格管控焦粉加工粒度，完善主抽风量调整操作制度，提高风量与烧结工况的良好匹配，稳定烧结过程并加强控制能力，有效提高烧结矿转鼓强度。

【质量管理】 围绕现场质量管控与质量改进工作中涉及的“质量管理体系基本常识”、“QC活动的意义与基本步骤”、“六西格玛专用工具及基本知识”、“专利知识”等开展质量知识竞答活动，提高了职工的质量意识与质量责任感。

围绕“全精粉高机速下如何实现烧结矿质量满足高炉需求”以及“高炉用全精粉烧结矿、高球团比条件下如何实现铁水[Si]含量稳定”等话题开展“质量大讨论”，提出了针对性的改进措施；结合六高炉开炉前的质量准备工作，完善了入炉原燃料标准；组织编制、汇审了涉及6号高炉系统的26个岗位的技术操作规程，全部在公司备案并印刷成册下发，为六高炉顺利开炉提供了保证；修订了质量检验抽查制度，对化验室抽查以留存底样的抽查为主，对料场组、高检组、焦检组抽查以现场跟踪检查为主，跟踪检查分析结果与前三日本组自检结果对比，有效增加对外购原料的监控。全年通过对入厂原煤定期进行抽查，挽回损失53.49万元。

【科研项目管理】 组织申报7项太钢科技成果，有6项成果通过了公司科技成果鉴定，其中《太钢5号高炉炉热闭环生产运行模型的开发与应用》项目获得公司一等奖，《烧结矿冷却过程智能控制与余热高效回收的研究与实践》获得公司二等奖，《太钢铜冷却壁薄炉衬高炉低耗高效技术的开发与应用》获得公司三等奖。组织申报18项专利，国家知识产权局本年度受理了17项，授权22项。组织申报49项技术创新创效项目，32项青年技术创新创效项目。《混合料加水自动控制》、《基于风箱闸门自动控制的低负压点火研究》技研项目在公司立项，立项金额分别为40万元、35万元，年底前项目均已顺利实施并完成决算。与北科大合作的《六高炉测料面》于10月签订技术服务合同，于12月顺利完成合同规定项目并通过验收。与北京钢研总院合作的《五高炉铁水连续测温》项目通过验收。

【综合管理】 年初，对全厂干部队伍进行了大幅度的调整；三月初，加工厂竖炉作业区200余人被整体划转至炼铁厂，之后对其职工的岗薪收入进行了重新核定，并进行了接轨性调整，7月初又通过民主推选的方式，调整了竖炉事业部领导岗位的人员。四季度之初，又本着“人岗相适”的原则，进行了四高炉人员的平稳分流以及新高炉人员的合理配置。

全年培训工作力度继续加大，共举办各类培训63期，授课5400课时；全年有210余人取得特殊工种资格证；为150人完成了职业技能鉴定，26人取得了中级及中级以上资格证。

【设备管理】 针对作业区整合、竖炉划归等变化，重新修订了《炼铁厂设备管理专业考核制度》、《备件出库管理制度》等，并新增外委管理办法、高低压停送电管理、接地线管理、压力容器附件管理等4项制度；同时修改、补充检修标准项目，从4月起严格按检修标准项目对功能承包单位的当月工作量进行结算。同时开展全厂设备系统制度梳理、流程优化工作。整理留存各类制度、规定86项，流程15项（管理类8项、专业类7项）。

为适应功能承包的管理要求，提高外协人员素质，组织对全厂设备外协单位班组长以上人员学习，并进行考试，考试合格才允许上岗。在备件管理方面，下发了炼铁厂机旁物资整顿细化实施方案，于一季度组织各作业区对所辖区域和管理范围内的机旁库存物资（包括材料）进行全面清查，逐一盘点，将实物进行筛选分类，使各作业区通用物资共享，实现了机旁物资管理提升。

【重点工程】 新4350高炉投资25.22亿，于2010年3月开始破土动工，2013年11月7日9点16分送风，8日5点10分开始出第一炉铁。原料场工程投资5.95个亿，2012年动工，翻车机和解冻库两部分已投产，其他部分正在进行设备安装阶段，预计2014年10月可竣工投产。

【安全工作】 强化专业安全管理，以流程梳理、制度约束和奖惩结合持续推进专业管理工作，重新修订完善《炼铁厂专业安全管理实施办法》，成立了12个专业安全检查组，全年通过实施12个专业组日检查、日反馈、周小结、月总结等工作，推动了专业安全管理工作。在强化责任制落实方面，对各作业区主管、副主管组织进行了安全检查履职的评价工作。对全厂15个作业区的所有作业区领导的安全检查履职以安全履职评价表的形式进行评价，并在安委会上通报。同时组织了有关岗位应知应会培训履职、岗位安全达标的履职检查以及重大危险源管控履职的安全评价工作。

2013年,实现了重大生产、设备、交通、火灾、环境污染、急性职业病、公共安全事故为零的目标;未实现外协死亡事故为零的目标,发生了“5月4日较大窒息事故”,共有3名外协工死亡。

【综合治理】 2013年,获公司武装保卫先进单位称号,全年实现了交通事故为零的目标。

在5S管理方面,健全、完善及修订各类制度8项92条,全年共查处各类问题2622项,整改2598项。全厂5S管理水平稳中有升,三季度在公司排名第二,检化验、四烧、环保与喷煤作业区被公司评为“四优”现场。

在后勤保障方面,通过协调,厂部办公楼后及4350高炉中控楼后公共自行车项目已于3月份顺利投用。

【党群工作】 开展党的群众路线教育实践活动,召开不同区域不同职工参加的座谈会10多次,设立征求意见箱3处,公布举报电话和邮箱,向各级各类员工发放征求意见卡1100多份,开展谈心活动20多次,请基层党支部书记和基层党员召开专题“说事日”6次,安排班子成员到基层作业区、班组与群众进行座谈,查摆并解决了“四风”方面存在的12个突出问题。

(吕小聪)

山西太钢不锈钢股份有限公司炼钢一厂

【概况】 山西太钢不锈钢股份有限公司炼钢一厂隶属山西太钢不锈钢股份有限公司。炼钢一厂分为不锈钢线、碳钢线两条生产线。2013年末不锈钢线主要设备有90吨电炉1座,45吨AOD炉3座,45吨LF炉1座,45吨双工位VOD炉1座,立式板坯连铸机1台,板坯磨床7台,主要生产304系列、321系列、316L系列双相钢、耐热钢等特殊Ni系列不锈钢连铸、模注产品。2013年末碳钢线主要设备有300吨混铁炉1台、50吨高功率EBT电炉1台、60吨LF钢包精炼炉1台、60吨VD炉1台、3条模铸生产线,主要生产火车轮轴钢、高压气瓶钢、高等级齿轮钢、合结钢、碳素冷墩钢、合结冷墩钢、碳素工具钢、模具钢、无磁钢、车轴钢、军工钢10大类钢。2013年末在册职工919人,下设5个科、9个作业区。

【队伍建设】 坚持“人才是第一资源”的理念,采用“赛马不相马”的人才选拔原则,持续推进“三支队伍”的建设。根据大学生所学专业,量身制订1年的详实培训计划,分阶段培养并确立培养导师,为大学生的适应性发展提供有利平台。实施《炼钢一厂“一岗多能”激励管理办法》,激发了广大职工自我学习、自我提升的积极性。2013年取得技师资格人员18名,高级技师1名,截至2013年底,岗位技师共55名。

【生产经营】 2013年不锈钢产量43.06万吨,完成预算的86.13%;碳钢产量41.36万吨,完成预算的91.90%。

不锈钢主要经济技术指标共29项,完成预算15项,完成率52%;比上年进步18项,进步率62%。碳钢主要经济技术指标10项,完成预算6项,完成率60%;比上年进步6项,进步率60%。

扎实推进不锈钢线“以连铸为中心”碳钢线“以精炼为中心”的精益生产模式。对两线调度实行集中管理,强化现场的协调组织,减少和消除工序等待,建立故障预警和抢修处理机制,缩短工艺等待时间。完善调度报表数据统计,开发了电炉误工管理系统,及时反应生产运行状态。

【安全管理】 坚持推进公司“0123”的安全管控模式,不断强化职业健康安全体系运行。开展了“有限空间作业”和“窒息性气体”专项整治工作,进行了危险源辨识,制定了预防预警措施,完善了相关管理制度。对22家外协单位进行了全面整顿。以“班组自主管理台账”为载体,强化班组自主安全管理,推进岗位安全达标,夯实安全管理基础。持续推进班组作业前危险预知训练活动,动态修订和执行岗位作业标准。按计划开展应急预案演练活动。

【技术质量】 建立工艺文件信息化平台,实现规程电子化,确保其唯一性,保密性。实施了“90 吨电炉高效运行技术”和“50 吨电炉工艺优化技术”攻关,取得明显效果。90 吨电炉平均冶时比上年缩短 11 分钟/炉,平均炉龄提高 85 次。50 吨电炉终点碳、终点磷控制分别比上年提高4.36、4.35 个百分点。

加强对现场操作的指导帮助和监督管控,推进标准化作业。不锈钢成分精准控制由 53.02% 提高到 71.19%,碳钢由 49.94% 提高到70.47%。

不锈钢线开发了连铸镍基合金,耐热钢 3 吨八角锭和 5 吨八角锭型新品种。碳钢线开发了高速动车轮 D1、DZ1 钢种。

【降本增效】 优化管理流程,强化不锈钢 304 系成本控制。先后对贵重金属管理流程、废钢流程进行了梳理,明确实施动态控磷机制,规范班组做好料单配磷的动态微调工作;及时调整炉料结构,最大化廉价物料投料量,加大本厂自产废钢的回收使用;全年炉料成本吨钢降成本 58.5 元,合计降成本 1509.04 万元。

加强对制造成本的管控,采取相应措施实现降本目标。电极消耗比上年降低 0.09 公斤/吨,AOD 炉氩气消耗比上年降低 3.15 立方米/吨,不锈钢吨钢耐材消耗比上年降低 16.3 公斤/吨,合计降成本 117.47 万元。

加大对质量成本控制的力度。改进工艺操作,制订《不锈钢成分精准控制措施》;不锈钢现废率比上年降低 0.074%;304 中板坯无修磨比率达到了 90.59%,比上年提高了 15.57%;304 卷板坯无修磨比率达到了 74.29%,比上年提高了 22.97%;304 系连铸坯修磨率损失率比上年降低 0.18%,合计降成本 187.4 万元。

【设备管理】 坚持“以点检定修为基础,优化管理流程,规范管理细节,切实抓好设备基础工作,扎实推进设备人员管理技能和技术水平的提升”的设备管理理念,开展各项管理工作。完善设备管理制度和基础资料,三季度全面修订了岗位和专职设备点检表,四季度开始全面推进点检仪项目。以时间兑现率 100%、项目完成率 100%、质量合格率 100% 为目标,规范了双线的定修管理模式,从而推动了全厂设备管理的提升。

【技改工作】 技改项目有序推进。碳钢线技改工程项目建设:完成了废钢跨、合金库、连铸机及厂房拆除及冶炼区域、连铸区域土建工程清障工作;连铸区域设备基础桩全部结束;冶炼区域桩基完成;混铁炉跨西延工程、模铸铁路线改造完成投入使用;不锈钢线技改工程项目建设:VOD 项目顺利完工;1 号 VOD 炉热负荷试车成功;方坯连铸机及精磨项目也按计划顺利推进。

【党建工作】 按照公司统一部署和要求,深入开展党的群众路线教育实践活动,进一步改变干部作风,实现自我净化、自我完善、自我革新和自我提高。加强党风廉政建设和反腐倡廉工作,强化对有业务处置权人员廉洁从业教育,坚持惩防并举,形成有效监督机制。加大宣传教育力度,提高干部职工对公司形势、政策的理解和认知,凝聚企业发展“正能量”。以党支部为单位,建立职工“一人一事”思想疏导工作机制,完善职工沟通交流渠道。

【文化建设】 加强企业文化建设,制定提升员工满意度和敬业度的行动方案,开展丰富多彩的岗位建功、岗位成才和各类劳动竞赛、技术比武、文化体育活动,打造爱岗敬业的职工队伍。

(张海英)

山西太钢不锈钢股份有限公司炼钢二厂

【概况】 原太原钢铁(集团)有限公司第二炼钢厂于2012年3月份更名为山西太钢不锈钢股份有限公司炼钢二厂,隶属于山西太钢不锈钢股份有限公司。炼钢二厂于1965年开始筹建,1966年11月破土动工,到1970年相继建成投产。炼钢二厂150万吨不锈钢炼钢项目于2005年3月30日开工,2006年8月10日建成投用。全厂分南、北区两个生产区域。炼钢二厂下设6个职能管理科室,12个作业区(车间),2013年年末在册职工2185人。

2013年钢产总量813.68万吨,其中碳钢534.86万吨,不锈钢278.82万吨。实现利润15.982亿元,完成预算目标的93.5%。

【队伍建设】 始终将干部职工素质的提升作为重点工作,全年每周六组织副科级以上人员培训。在全厂创新形式多样、注重效果、互动强烈的多角度、多层级的实用培训机制;对重点岗位、关键岗位人员进行强化培训,全年共组织培训45次;每月组织专业技术人员进行课题汇报,对岗位员工进行操作规程和作业标准强化培训,促进了职工对基础知识的学习和岗位技能的提升。

拓展专业技术人员的职业通道,推进首席师队伍建设,7名专业人员受聘首席师岗位。冶炼二作业区吕涛荣获国务院政府特殊津贴,连铸一作业区张润平荣膺山西省“十大最美劳动者”之首。郭晓兵创新工作室获“山西省郭晓兵技能大师工作室”、“全国机械冶金建材系统职工创新工作室”。

【管理创新】 实施员工成长积分管理,建立绩效管理长效机制,促进员工成长;健全完善全厂绩效考核体系,对重点工作和项目实施督察、外协整顿、推行新型点检系统等各项管理活动;实施北区电炉配料业务由原料车间划转至冶炼三作业区、重新设置北区渣跨岗位编制并对管理界面进行优化、连铸三作业区实施操检合一管理模式、外协回归143人等流程优化工作;组织完成新建项目的岗位设计及人员配置,稳妥安置临钢援职及大学生顶岗实习人员。

20个“命题承包”活动开展,促进了全厂生产经营工作的持续攀升;作为公司试点单位,完成操作岗位能力标准编制与员工职业技能测评工作,推动了员工技能提升和全厂人力资源优化。

【安全管理】 落实“0123”安全管控模式,严格执行班组安全值日制度,实施领导干部现场安全带班制度,狠抓生产、检修、技改三方交叉作业安全管控工作,推动逐级安全生产责任制的落实,创建“现场量化检查+严格+认真+保护”的安全文化,全年安全形势总体平稳。

【生产组织】 落实每周生产例会制度。融合技改和生产计划,做好分阶段生产规划,充分发挥新增设备优势,实现产能最大化。11月24日不锈钢产量10334吨,12月15日碳钢产量21035吨、25日钢产总量29529吨,均创历史新高。

以韩国浦项和德国巴登为对标对象,以北区电炉工序为试点,建立误工档案,开发并形成误工管理系统。生产组织实施节点管理,强化过程操作控制,电炉热停工时间相比上年减少63.7%,不锈钢相比上年增产13.4万吨。

关键指标明显提升。南区不锈钢转炉炉龄最高674次,创投产以来最好水平。南区2号、3号转炉炉龄先后达到21668次、21407次。北区不锈钢炉产量相比上年月均增加1.45吨/炉,北区碳钢连铸机作业率提高1.57%。

【技术质量】 形成南、北区不锈钢和全厂碳钢质量监控体系;建立南北区各工序生产历史情况查询和钢种操作要点提醒机制,避免重复性和主观性错误;开展每月质量竞赛活动。

开展宽幅304表面质量攻关、400系钢种提速、400系钢种水爆研究及无修磨试验、不锈钢异钢种连浇、SUH409L局修试验、包晶钢角部缺陷攻关等一系列质量攻关活动；开发不锈钢换中包操作工艺，采取铸坯预判、取酸洗试样、辊缝仪检测铸机状况等措施改善碳钢铸坯角部质量状况；完成了复合喷吹工艺、南北区中频炉、连铸机、AOD炉、转炉、LTS等新设备投产前工艺规程的准备和投产后工艺质量的改进和跟踪工作。

全厂国家受理专利43项，授权31项。发表科技论文25篇，其中：国家级4篇、省级2篇。

【设备管理】 适应装备多样化、现代化、自动化、精细化的要求，积极推动点检仪上线运行，固化点检员每日工作流程，点检实现路线化、格式化、数据化、网络化、专业化，点检实施率达99.91%。开发备件库存“超市”模式管理系统，机旁库由52个整合为7个大型库，全年修旧率30%，利库金额200万元。持续推进TPM管理，全厂职工改善提案参与率79.71%，实施率99.61%，人均提案数2.62件；六源整治持续深入，整治率99.98%。

【节能降本】 开发转炉脱磷铁使用铬渣钢工艺以及在南区冶炼铬钢加铬废，全年消化铬渣钢2.19万吨；使用镍铁替代纯镍，全年累计使用镍铁1735吨，替代纯镍611吨。

全年累计使用铬镍生铁总量88.8万吨，相比上年增加8.9万吨；铬镍生铁单耗完成641.5千克/吨，较预算提高41.5千克/吨，7月份北区不锈钢铬镍生铁单耗691.2千克/吨，创历史新高。降本增效完成6.27亿元，完成预算目标的95.3%。

实施不锈钢冶炼工序能耗分类管理，能源介质消耗按钢种统计分析。北区1号电炉采用双枪吹氧，降低电耗20千瓦时/吨，AOD除尘风机变频改造，月降低电耗约180万度；实施余热发电冷凝水回收利用、改造钢包底吹氩系统自动接通等项目；北区1号转炉在全国重点大型耗能钢铁生产设备节能降耗对标竞赛活动中获“优胜炉”。

【技改工程】 南区硅钢冷连轧配套改造项目中30吨中频炉、脱硫站改造、4号转炉、4号连铸机、1号连铸机改造等工程项目均热试一次成功。2号RH进入联调联试阶段；北区冷连轧配套改造项目中0号连铸机、LTS、0号AOD炉、3号50吨中频炉相继竣工投产。

【党建工作】 坚持高标准、严要求、抓基础、重实际做好党组织工作，大力开展了党支部书记培训、“七一”先进表彰、党建带团建等工作，为人才培养和生产经营快速提升起到“助推器”作用。特别在党的群众路线教育实践活动中，扎实有序开展活动，成为公司唯一推荐向省委督导组汇报的单位。厂党政“一把手”带头组织全厂党支部围绕“四风”开展专题组织生活会，严格整改落实，取得了改进作风、凝聚人心、促进生产与项目建设的显著成效。党风廉政建设和反腐倡廉工作扎实推进，效能监察工作发挥着重要监督作用。充分畅通民主管理渠道，积极维护职工合法权益，帮扶救困形成“一对一”机制。职工群众性合理化建议和先进操作法取得显著成果，其中张润平总结的“结晶器高液位中间包快速更换技术开发及应用”成果获全国冶金科学技术三等奖。厂工会获“全国模范职工小家”称号。

（朱惠君）

山西太钢不锈钢股份有限公司型材厂

【概况】 山西太钢不锈钢股份有限公司型材厂（简称型材厂），是一个集钢锭开坯和特种钢商品材（坯）、特殊钢锻材、特殊钢电渣冶炼生产的多功能特殊钢生产厂。主体设备为：1800吨径锻生产线、特殊钢气氛保护电渣冶炼生产线、1000毫米可逆式初轧机生产线，1000吨快锻机生产线4条生产主线。主要产品应用于：核电、航空、造船、石油、铁路等高端领域。2013年末在册员工719人，其中管理岗位52人，专技岗位43人，操作岗位624人。组织机构设5个科,7个作业区。2013年获公司党委“先进党组织”称号;公司“模范职工之家”、“太钢节能减排降耗增效竞赛优秀组织单位”、太钢“安康杯”竞赛优胜单位”;厂团委被公司团委授予“五四红旗团委”;车轴钢获“铁路冶金产品金杯奖”等称号。

2013年型材厂主要经济技术指标完成情况

指标名称	单位	实 际
轧材合格量	万吨	54.4938
轧材商品量	万吨	42.8619
其中:车轴钢	万吨	21.6576
气瓶钢	万吨	0.3274
不锈钢	万吨	0.6984
模具钢	万吨	0.2014
轧材综合能耗	千克标煤/吨	91.926
锻材产量	万吨	2.6328
其中:模具钢	万吨	0.1463
不锈钢	万吨	0.0331
锻材综合能耗	千克标煤/吨	331.139
径锻产量	万吨	4.9133
径锻综合能耗	千克标煤/吨	314.196
特冶产量	万吨	0.8012
全厂利润	万元	10925

【生产经营】 轧材工序合格量累计完成54.4938万吨,较上年水平提高20.87%;轧材工序商品交库量累计完成42.8619万吨,较上年水平提高11.94%;特冶工序工作量累计完成80120吨,较上年水平提高44.6%;径锻工序合格锻量累计完成4.91万吨,较上年水平提高6.57%;快锻工序合格量累计完成2.638万吨,较上年水平提高7.08%。全年实现利润10925万元,达到上年水平的103.93%。径锻、特冶、快锻工序主要经济指标又上了一个新台阶。

成功打通了大锻件委外开坯的工艺路线,缓解了太钢没有大快锻开坯带来的问题;共外委开坯锻造无磁钢、模具钢、船用曲轴等14个钢种共815吨。并成功打通了径锻工艺带出品委外挽救的工艺路线,提高了相应钢种的成材率。

降库工作成效明显,累计处理非计划品1044吨,盘活了资金,加快了现场物料流动。快锻和径锻工序库存均较年初降低明显,降幅分别达到29.9%和19.04%。

【安全管理】 围绕年度安全工作大纲,坚持“PDCA+严格+认真”的安全管理思路,以公司“0123”安全管控模式为纲领,扎实推进了安全精细化管理。职业健康安全管理体系得到有效运行,全面深化了厂安全文化建设,系统性的开展了专项安全整治活动,扎实推进了班组安全岗位达标活动。严肃、严格落实逐级安全生产责任制,以岗位应知应会演练,全面提升了干部职工的安全素质,实现了安全工作目标。全年安全绩效工作进入公司A类水平。

营造良好的安全文化氛围,参加公司开展的“十个一”活动,开展安全寄语全家福、安全摄影、安全小故事、安全漫画、格言、警句、安全书画展等征集活动,全厂共征集安全寄语全家福115幅,安全漫画12幅、安全征文6篇,安全论文4篇,安全主题格言警句30条,安全书法5幅。对评选出的安全优秀作品在全厂巡回展出。

【质量管理】 针对重点品种车轴钢进行了机构调整,成立了铁路用钢质量保证办公室,全面形成了重点品种车轴钢坯风险防控技术体系,对车轴钢探伤标准进行了修订,并首次实现了车轴钢按标准试块探伤,建立了车轴钢质量评价机制,地铁轴EA4T通过阿尔斯通公司进行的第二方审核。12月碳合结钢轴类锻件(船用曲轴等产品)取得英国、美国船级社认证证书。至此碳合结钢轴类锻件(船用曲轴等产品)已取得中国、英国、法国、挪威、美国、韩国、德国7国船级社认证证

书。12月山西省技术质量监督局对碳钢、不锈钢管坯进行了产品认证审核，顺利通过管坯钢产品认证。电渣重点产品通过对电渣渣系、电渣重熔工艺、电渣成品均匀性控制等多方面采取措施，解决了无磁钢增碳及氮损失、含钛钢钛烧损、船用曲轴白点、叶片钢头尾成分偏析等质量问题，产品实现了稳定供货。2013年电渣产量完成8011吨，比上年提高2479吨，增长率30.9%。5月双相不锈钢2205通过阿法拉伐第二方审核认证，8月轴承钢GCr15、铁路用渗碳轴承钢G20CrNi2MoA两类产品取得特种行业生产许可证，11月铁道车辆用LZ50钢车轴及钢坯通过中国钢铁工业协会冶金产品实物质量金杯奖复审。

【新产品开发】 全年开发新产品47247.3吨，占总产量的9.37%，首次试制高速轮轴用钢车轮D1、车轴DZ1，顺利完成探伤、快锻轴坯锻造、径锻机模拟锻造、钢轮低倍检验等试验工作，形成交库轮504.176吨、轴223.728吨。时速200公里以上动车轴完成8563吨，比上年提高28.8%。应用于大秦线的A1车轴钢用于世界最大功率(9600千瓦)交流传动的电力机车，完成120吨锻材合同。径锻生产线已逐步形成以不锈管坯、油井用钢、模具钢、叶片钢、船用曲轴等品种为主的特钢生产线，无磁钢、叶片钢实现了批量稳定供货，高等级Ni基合金、锻造模块、阀体用钢等品种也进行了工艺摸索，完成了小批量供货的目标。重点品种无磁钻铤技术攻关取得显著效果，全年完成1398.202吨，比上年超119%，首次试制TNMS501无磁钻铤电炉钢生产小规格形成发运64.66吨；船用曲轴完成293.41吨；限动芯棒RH13完成162.5吨；叶片钢完成1339.57吨都比上年有历史性突破。12月首次采用连铸坯代替初轧坯锻造TP347HFG不锈管坯。新增的5吨八角锭(与径锻机锤头匹配)于11月7日开始进行试制，已批量推广。首次成功设计开发调质态1Cr17Ni2不锈钢长轴锻件。径锻生产台阶轴实现批量生产，涵盖了台阶轴的三种类型(两个台阶、三个台阶、中间带凹档台阶)。3月开始车轮钢产品工艺路线转移，由炼钢一厂发运转移至型材厂发运。进行了825、625、740等镍基合金锻造工艺试制，形成交库4吨。

【设备管理】 各主体设备采用“日检+定检”的传统模式得到进一步细化。全面持续完善以点检定修为主体的TPM管理体系，以清除六源、可视化管理、改善提案、TPM小组活动、单点课为主要形式。全年组织了两次大的设备检修。重点完成了快锻机主缸更换、初轧机前后斜坡板更换、精整退火炉煤气管道更换、径锻室式炉烟囱更换、均热地下三层平台立柱加固等项目。重点实施了车轮钢设施优化工程，新建了3座缓冷坑，新增5台双头带锯床，径锻工序新增了圆钢修磨机，轧材精整新增铣边机1台。从炼钢一厂拆除天车3台，分别安装于废钢跨(20T)、精整中跨(20T)、脱模(75T)。机物料年初预算1270万元，实际全年费用872.86万元，节约费用397.14万元。辅料年初预算6709万元，实际全年费用2050.23万元，节约费用4658.77万元。

【绿色发展】 在全面落实公司绿色发展的总体思路下，始终坚持以生产过程绿色化、厂容环境绿色化为基本载体，持续加强节能减排项目的推进，加强对现场环境的改善，取得了良好的经济效益和社会效益。实施了电渣炉(8+8)除尘和加渣装置改造等若干设备设施改造工程，环保设施得到了新的加强。对快锻2号室式炉进行了改造，缩短了加热时间，降低煤气消耗，提高炉子的热效率，降低了维修费用。提高能源利用效率，降低能源成本及污染排放，全年能耗比预算有了整体的下降，降低了生产能源消耗。其中轧材工序能耗预算完成率106.93%、快锻工序能耗预算完成率113.12%、径锻工序能耗预算完成率111.4%。持续开展5S现场管理，现场管理水平稳步提升，职工的素养不断提高。

【队伍建设】 开展“提高职业素养,建设一流企业”主题大讨论,发动全员查找问题,制定措施,全厂各科室、作业区结合岗位特点制定岗位道德要约、公约共计32条,使职工的行为得到进一步规范。持续开展创建“李斌式模范班组”活动,精整作业区丁班获得公司“李斌式模范班组”及太原市优秀班组称号。将大讨论活动与开展应急演练、岗位练兵、标准化竞赛活动紧密结合,全厂开展了9个主体工种的技术比武,为职工搭建了岗位成才的平台。

在开展群众路线教育实践活动中,全过程始终贯穿了“照镜子、正衣冠、洗洗澡、治治病”十二字总要求,坚决反对形式主义、官僚主义、享乐主义和奢靡之风。厂党委按照公司教育实践活动领导组的安排,结合实际,把握要领,规范引导,认真抓好了三个环节18个方面的重点工作,扎实推进了教育实践活动,切实解决了一些影响和制约厂生产经营和各项工作发展的突出难题,党员干部队伍作风建设、能力水平得到明显提升。

【公益活动】 有效开展困难职工帮扶工作。全年共帮扶困难职工53人次,发放救助金30400元,积极开展“金秋助学”活动,资助2名困难职工子女上大学,发放资助金4000元。全年共慰问职工28人,发放慰问金14910元。坚持做好职工大病医疗互助工程和“女职工特殊疾病互助保险”的续保和后续理赔工作,积极组织职工参加爱心捐款等公益活动,“慈善一日捐”捐款41320元。对符合条件的子女考上大学的21名职工给予了一次性奖励,发放奖励金额95000元。

(冯文丽)

山西太钢不锈钢股份有限公司热轧厂

【概况】 山西太钢不锈钢股份有限公司热轧厂(以下简称热轧厂)系原太钢五轧厂,于1998年成立股份公司后更名为热轧厂。1965年9月破土动工,1966年8月中板线投产,1972年5月卷板线投产。设计产品规格为6~20毫米热轧中板和2.5~8毫米热轧卷板,设计产量36.15万吨,其中:中板10万吨,卷板26.15万吨。

近年来,经过对中板线设备的不断升级改造,2013年已形成年产中板36万吨的能力,其中不锈中板12万吨,产品规格6~40毫米。

主要设备有:2300中板线,1700炉卷线,中板精整线,不锈钢热处理、酸洗、研磨线,碳钢热处理线。

热轧厂拥有国内先进的全套热轧不锈中板生产线,不锈中板产量、质量和市场占有率居国内首位,部分品种属国内独有。产品广泛应用于石油、石化、造船、水电、压力容器、工程机械、煤矿机械、模具制造、航空航天、军工等诸多领域。产品多次应用于国内多项重大、重点工程。产品不仅遍布祖国的大江南北,而且远销美国、欧洲、日本、韩国、澳洲、巴基斯坦等多个国家和地区。船用不锈中板通过了中国、法国、英国、德国、美国、挪威六国船级社认证。

2013年有职工690人,其中管理、专业技术岗位81人、操作岗位609人。下设安全生产技术科、设备能源科、综合科、党群科4个科室,有热轧、热处理、天车、电气自动化、不锈钢、成品、保障7个作业区。

【主要指标完成情况】 总量完成339515吨,其中不锈钢完成126646吨,黑材完成212869吨。不锈单张成材率完成85.26%,黑材成材率完成90.75%。能耗完成159.756公斤标准煤/吨。

【不锈中板实物质量】 不锈中板实物质量进一步提升。完善质量管理体系,梳理运行标准、技术条件546个、工艺要点118个。完善工序质量索赔制度,强化工序间“服务用户”意识。修订作业区质量评价方案,加大挑战性指标权重,加大现场检查力度。加强工序间技术质量管理的衔接性及明确性,细化技术质量管理责任。现场检查问题通过质量小报表进行通报，要求责任单位按时间节点进行整改。

公司考核18项实物质量指标中，完成预算的比例为66.67%，尤其是4项不锈钢性能指标命中率完成预算目标。

通过TüV3.2年审、ABS年审、DNV年审、阿尔斯通第三方审核、压力容器换证增项认证、英国BP认证、中集集团第二方等认证。

【产品开发与重点品种】 产品开发与重点品种生产取得进步。开发双相钢、耐热钢、核电钢等品种钢33342吨，其中首次开发新产品牌号6311、630、SUS444等共7个新钢种以及试验开发耐磨板TAW、Z向钢。

利用外机炉高温加热的优势，通过提高热处理温度和优化热处理时间，实现了321H粗晶粒度耐热不锈钢生产；改进高耐腐蚀性不锈钢S30403工艺，五个周期C法腐蚀速率由原来的0.4克/平方米·小时降低到0.2克/平方米·小时；通过对标挖潜，提高酸液浓度，降低酸洗速度，成功实现双相钢、耐热钢连续酸洗；根据不同的Ti/C优化热处理工艺，提升S32168晶间腐蚀一次合格率，由92.61%提升到97.98%。

通过改进流程、工艺优化、过程控制，核电钢外委轧制和热处理一次命中率提高到100%；通过改进热处理工艺和流程优化，945性能一次合格率由69.6%提高到98.3%，表面一次合格率提高到98.7%；改进2号常化线上下料机构，实现12米长的热处理态钢板的生产。

【生产运营】 细化生产运营管理，关键物流指标大幅提升。优化重点品种生产组织，实现双相钢、耐热钢及薄规格不锈钢在线剪切2056吨；针对开平板的合同料与合同带出品进行分卡生产管控，优先组织生产能够兑现合同的产品；实现作业区碳钢台账管理，由按批交库转变为按块交库，提高交库准确率，减少返工退库频次。

不锈钢重点品种合同兑现率达90.08%，提高了8.08%。不锈钢合同兑现率由96.48%提高到97.35%。碳钢合同下半年实现零结转。

【设备管理】 强化设备基础管理，设备保障能力进一步提升。精心策化、高质量完成年度设备中修工作，完成外委检修项目50项、自检项目106项，通过中修恢复设备的功能精度，解决一些重大设备隐患。通过对重点设备定检项目落实和跟踪，检修质量得到明显改善，设备能够保证运行周期。强化各级点检跟踪检查，针对性修订点检表，点检实效有所提高，充分利用交接班处理设备隐患，设备保障能力进一步提高。全年设备故障时间比上年降低15小时56分，故障次数降低31次。

【安全管控】 装备设施安全本质化程度进一步提升，危险作业管控取得实效。保持职业健康安全管理体系的运行，推进“0123”管控模式指标考评，坚持以生产现场为中心，起重吊运为重点，煤气管网和酸洗工业建筑隐患整治为重心，有效落实危险作业安全控制措施，在专业安全管理程序化、岗位安全操作标准化、安全装置设施合规化三个方面取得了明显的进步。

强化外协队伍危险告知，对异常作业进行全面风险评估，强化过程落实，管控效果明显，全年未发生外协作业的安全事件。

规范动火消防管理，根据火灾危险性，分级控制，明确区域岗位职责、安全确认、安全检查、隐患整改的要求，实现零火灾事故目标。

起重吊运事故控制实现近20年来最好水平。被集团、股份公司评为“安全生产先进单位”。

【基础管理】 各项管理工作有序推进。根据公司“双评”工作安排，组织全厂职工进行了敬业度测评，并从6个方面制定了敬业度提升工作方案。顺利组织完成成品吊运、20毫米以下不锈钢等离子切割、绿化保洁等协力项目的回归。为消化临钢富余人员，按公司要求从10月份开始将天车、成品、不锈钢记录3个区域原矿建协力全部置换成临钢职工。组织完成本厂首席师评选工作,有3名职工被公司聘为第一批首席师。

在科级及以上领导中组织"管理者上讲台"工作,在各作业区推进"专有技术交流"工作,组织班组长进行班组管理经验交流,其中两个班组管理经验案例被推选为公司级教学案例。共签订78份师徒协议,在入门、技术提高方面开展不同层级的导师带徒工作。全年共组织培训项目205项,参培9129人/次。

持续深化5S现场管理工作,通过推进作业区评优工作,强化作业区自主管理,全年有1个作业区达到"五优",3个作业区达到"四优"。根据公司厂容管理和绿化业务回归的要求,各作业区科室职工承担了道路清扫、绿地维护和办公楼清扫工作,出色完成后勤业务回归工作。

(戴海燕)

山西太钢不锈钢股份有限公司冷轧硅钢厂

【概况】 山西太钢不锈钢股份有限公司冷轧硅钢厂是太钢战略品种冷轧硅钢的重要生产厂。2013年末在职员工813人,其中管理人员87人,操作人员726人,设5个科室,8个作业区。

2013年冷轧硅钢厂硅钢主要经济技术指标表

项目	单位	实际
产 量	吨	406521.651
其中:高牌号	吨	131334.643
高磁感	吨	42676.389
步骤费(较上年降低)	元/标吨	-38
综合能耗	千克标煤/吨	216.28

2013年冷轧硅钢厂冷板主要经济技术指标表

项目	单位	实际
产量	吨	35136.724
步骤费(较上年降低)	元/标吨	-75
综合能耗	千克标煤/吨	170.46

【安全管理】 坚持"PDCA+严格+认真"的安全管理,围绕"0123"安全管控模式,深化安全培训工作;推进安全生产责任制落实,强化人员行为管控,通过"全员、全过程、全方位、全天候"的高压管控态势,保证安全机制的良性运行,提升了员工安全意识和现场本质安全化水平,安全管理综合绩效水平得到再提高。

【生产组织】 通过平衡各机组产能,加强误工时间管理,硅钢产量首次突破40万吨大关,实际完成40.65万吨,高牌号硅钢完成13.13万吨,均创历史新高。高磁感完成4.27万吨,取向硅钢完成0.958万吨,0.35毫米系列硅钢产品完成3.24万吨。采取有效措施,精心组织生产,提高常化线焊接质量,减少因断带产生的废品;节约轧机乳液更换时间120小时;20吨以上大卷生产6618卷,占总投量的29.5%,生产效率、成材率、装车净载重都有新提高。

【产品开发】 成功开发0.63毫米取向硅钢硬态卷;继续为浙江信质电机提供高端电动自行车电机铁芯专用0.45毫米系列,XZ01冷轧硅钢;配合技术中心成功的将Z6涂层应用于50TW600、50TWG600、50TW800、50TWG800、50TW800A等5个冷轧硅钢牌号上;成功开发50TWG800牌号,电磁性能达到宝钢、武钢同类产品水平,为100万吨硅钢冷连轧机组增加了生产工艺储备;通过多轮50TW600降温试验(退火CA2机组),成功开发出低温退火工艺,在保证电磁性能稳定的基础上，降低能耗，提高产品竞争力。

【产品实物质量】 2013年冷轧硅钢实物质量责任制指标共8项。从实物质量指标的完成情况看，电磁性能稳定，尺寸精度、板型质量有所提升。通过工艺调整、稳定生产节奏等手段，提高电磁性能控制水平；对工艺温度、工艺速度等参数进行抽查，加强过程控制力度；建立关键质量控制点，对产品流通过程中存在的问题，快速处置，控制连续性废品总量。增设膜厚仪，在涂层辊上安装压力传感器，修订涂层胶辊磨削工艺，使涂层质量得到明显改善；改进碱洗设备，提高碱洗表面质量。

【设备能源环保管理】 制定并下发执行设备五定管理制度，建立备件五定管控项目4000余项，检修五定项目6000余项，纳入签协议备件325项，对执行过程进行诊断，完善了设备五定管理；按计划对设备给油脂标准和点检标准进行了修订；编制完成了旧系统设备检修标准化内容；编制硅钢冷连轧新线设备维护使用规程，审核工作正在进行中；以软件和硬件相结合的点检信息化系统正式启动，已上线运行。重卷剪切机组增设静电涂油机，满足生产纯铁涂油的要求；改进2号退火涂层机硬件，解决涂层液飞溅产生的斑点问题；自主更换23号天车小车总成，节约了开支，积累了经验。2013年，通过制定防控管理措施，对厂内的酸雾(常化酸洗、推拉酸洗、2300酸洗)、20辊轧机的油雾、硅钢退火的碱雾及常化酸洗和酸再生的粉尘等排放进行治理，有效控制大气污染，减少了PM2.5污染物的产生量。

【工程项目管理】 硅钢冷连轧项目的厂房封闭基本完成，酸轧线、3号连退、5号连退进入单体试车阶段，4号连退、6号连退设备安装基本完成，正在进行炉子砌筑施工。循环水泵房已投入运行。酸再生主体钢结构完成，开始厂房封闭，焙烧炉等大型设备都安装就位。重卷包装机组的设备安装工作全面进行中，3号、5号退火线已具备烘炉条件；新厂区道路完成粗油铺设，路灯已安装完成。

【基础管理】 2013年全厂共规范各类制度59项(新制定32项，修订27项)。修订作业标准共计69项。年初确定了50项命题项目，其中：精益生产项目12项，提升质量项目15项，设备能源项目23项，从中评审出28个优秀项目。

【人员配置】 落实新项目人员筹备工作，引进及岗位优化精简97人充实到新项目。陆续对酸轧线、退火线、联剪线配置岗位人员进行岗前培训。对优化后退出人员分析，结合旧、新线岗位任职需求，合理制定分配方案并充实到相关岗位。

【培训工作】 2013年，组织职工共参加公司级培训1055人次。其中，管理人员107人次，技术人员28人次，操作人员920人次；开展厂内自主培训34317人次；根据硅钢冷连轧改造工程项目的进度，组织新项目人员外委、厂内岗前培训共计1070人次，其中，国外培训93人次。

【党建工作】 继续开展“三个转化”创新载体活动，共设计活动载体35个，其中党委层面的2个，党支部层面的9个，党小组层面的13个，党员层面的11个，党员参与率达到100%。制定加强干部作风建设实施方案。厂纪委建立干部作风档案，落实“一账两卡”工作机制，强化干部队伍的执行力，提高工作效率。全年共登记重点工作128项，完成118项，1项正在办理中，4项延期完成，5项完成质量差。按照上级党委的统一部署，在上级督导组的具体指导帮助下，按照“照镜子、正衣冠、洗洗澡、治治病”的总要求，紧密围绕为民务实清廉的主要内容，聚焦“四风”突出问题，密切联系工作实际，完成了规定三个环节的工作任务，达到活动预期的目标。活动开展以来，全厂9个基层党支部、4名副处级以上党员领导干部、239名党员参与了教育实践活动。厂党委先后组织17次集体学习,10次专题讨论。班子成员先后深入基层支部和一线班组调研50余次,召开各类座谈会35次,组织个别谈话23人次,发放调查问卷170份。活动共收集到职工意见建议337条,从中梳理出带有实质性意义、问题比较集中的意见41条。领导班子成员召开民主生活会,梳理归纳出厂领导班子“四风”方面存在的9个突出问题,制定整改落实措施8条,立说立行问题6项,专项整治4项,已经建立完善制度9项,下一步计划健全制度2项。

【企业文化建设】 全年,在《太钢日报》、太钢电视台、“太钢手机报”等媒体、栏目发表各类新闻、消息、案例、人物传记138篇,发稿量是上年同期的176.9%,省、市报刊发稿4篇;3月份起,《硅钢通讯》由每月两期改版为旬刊,全年共编发32期。上半年,组织“危机文化大讨论”活动,各作业区在组织讨论的基础上,撰写了危机文化主题文章,厂办《硅钢通讯》择优进行了刊登,坚定全厂职工战胜困难、应对危机的信心。下半年,公司开展职工敬业度调查,统计后反馈各二级单位。厂党委认真分析职工敬业度分值情况,研究制定了《冷轧硅钢厂职工敬业度提升方案》,并针对影响职工敬业度的驱动因素,各作业区也制定了相应的提升方案。

(高丽君)

山西太钢不锈钢股份有限公司不锈线材厂

【概况】 山西太钢不锈钢股份有限公司不锈线材厂(简称不锈线材厂)的前身为太钢第三轧钢厂,于1971年独立建制,主要以生产板坯、方坯和部分商品坯为主,为太钢二轧厂、四轧厂提供板坯原料,主要生产钢种为普碳钢、低硅钢。1993年,在原设备、厂房的基础上,改建高速线材生产线,于1995年10月正式建成投产,成为国内第一条以轧制特殊钢为主的高速线材生产线,设计年产量为20万吨合金钢线材产品。1998年,开始生产不锈钢盘条;2005年,增建不锈钢管坯(棒材)生产线,2006年6月正式投入批量生产;2012年11月增建小直条、螺纹钢生产设施,实现三条线交替生产。2006年,太钢第三轧钢厂更名为太钢不锈线材厂。

近年不锈线材厂紧跟太钢改革发展步伐,积极调整生产经营思路,以不锈钢为主导,大力组织技术攻关和产品开发,产品质量不断提高,企业素质和竞争力显著增强。目前,全厂不锈钢线棒材可以生产50多个钢种,ϕ5.5~ϕ130毫米,23种盘条规格、14种螺纹钢和16种棒材规格共53个规格,并成功打入汽车、铁道机车、电站锅炉、石油石化、海底电缆、跨海大桥、核电用钢等高端市场。

2013年末,在册人数为361人,其中管理岗40人,专技岗15人,操作岗304人;设4个科室:安全生产科、技术质量科、设备能源科、综合管理科;5个作业区:加热作业区、轧钢作业区、成酸作业区、机械作业区、电气作业区。

【安全管理】 贯彻公司“0123”安全管理模式,落实逐级安全生产责任制,坚持“严格”管理,加大人力物力投入,开展风险预测预警、岗位安全达标、标准化作业等工作,实现了微伤以上人身伤害事故为零,重大生产、设备、交通、火灾、环境污染责任事故为零的目标,被股份公司评为安全生产先进单位。

【生产经营】 全年以TCBS、纯铁为基础产品,焊条钢为主导产品,螺纹钢为战略产品,双相钢为突破产品,实现了多元化产品结构。通过优化生产流程,生产运营效率显著提高,作业率达到61.7%,同比上年提高12%;机时产量26.36吨/小时,同比上年提高2.83吨/小时。在全行业亏损的严峻形势下,总产量完成14.1万吨,比上年增加2.9万吨,不锈钢完成9.25万吨,比上年增

加700余吨。通过实施工艺改进，φ30纯铁实现批量生产，双相不锈螺纹钢按合同供货7000余吨，成为为公司增效的亮点。

【技术质量】 对照工艺规范，组织新增钢种工艺规程编订，并报公司审批通过；全年对线棒材工艺要点进行了5次修订完善，确保了工艺要点的切实可行。双相螺纹钢成功中标后，继续完善工艺技术条件和设备功能精度，实施了一系列质量改进措施，确保产品性能满足CARES英标要求；组织操作岗位人员开展螺纹钢工艺技术培训40个班次，职工完全掌握双相不锈钢带肋钢筋的生产技术。

全年组织实施28个厂级技术质量改进项目，其中23个取得明显效果，产品质量异议率、万元损失较上年大幅下降。对Cr钢打包退火工艺进行改进，实现了3Cr13、4Cr13的打包后装炉退火作业，提高了3Cr13、4Cr13线材的单次排产量，提高了合同兑现率；固化TT55－G等碳钢焊线钢控冷工艺，优化固溶工艺，改善设备功能精度，保证了ER307Si固溶性能；优化TCBS控冷工艺，保证了抗拉强度稳定达标。

推进新产品开发。完成桥梁缆索用不锈钢TQS－1连铸坯的批量轧制；试生产矿筛用钢Mn13，轧制顺利；试生产易切削不锈钢盘条TY416，酸洗后成品表面达到用户使用要求；试生产TDS2102的螺纹钢、线材、棒材等系列产品，为替代300系不锈钢打下基础。

【设备能源管理】 以管理精细化和设备零故障为主线，设备功能精度为产品质量服务的理念、围绕产品质量开发设备功能精度，不断进行自主小改小革，为双相不锈螺纹钢等新品种的开发奠定设备基础。全年共实施小改小革118项次，收到设备改善提案126个，进一步提高设备综合效率。

推进点检精细化，全年修改点检标准153项，点检实施准确率达到96.5%；通过点检及时发现并处理设备隐患、缺陷341项，隐患处理率达到99.9%，设备可开率达到99.2%，比公司指标提高1.92%；开展重大隐患整治，隐患处理率为85%；提升专业点检技术手段，使用小神探点检仪提升点检准确性和可预测性。实施打包机液压站等用水点的节水改造，节约能源成本。

加强备件管理，备件上机率完成97.2%，比公司指标95%提高了2.2个百分点；加大备件修旧利废力度，节约资金65万元。严格控制能源消耗和浪费，降低了退火电耗；实施打包机液压站、顶锻机液压站冷却水、酸洗工艺新水，厕所用水、酸洗应急用水等多项节水改造项目。

【队伍建设】 不断改进团队作风，提升干部综合素质和能力，领导班子建设和干部队伍建设得到加强；实施专技、管理人员和技师定期考核评价，强化了工作绩效；加强对新入职大学生的培养锻炼，储备了一批专业人才资源；通过干部调整优化，使组织力量充分加强，专业管理更加合理；通过学习培训、技能鉴定、技术比武、劳动竞赛等活动，职工队伍综合素质显著提高。

推进企业文化理念落地。深入开展“职责就是使命”、“我的质量职责”大讨论，职工爱岗敬业的责任意识进一步提高；不断丰富《不锈线材通讯》栏目，及时宣传职工先进典型事迹和闪光点。

【基础管理】 不断优化流程和梳理制度，以标准化工作为主线，全面推进各项基础管理规范化、标准化，健全责任体系，提升管理标准，建立和完善了标准管理机制和体系，开展标准偏差分析，促进全员树立标准的思想和标准化思维，努力实现事事有标准，人人高效执行标准；加强预算管理，定期分析预算差异，制定改进措施；改进绩效评价方法，大力推进平衡计分卡的应用；持续不懈推进5S管理，强化考核评比，在巩固中稳步提升；职工培训、治安保卫、民兵武装、计生、档案等各系统工作均扎实开展，取得实效。

【技改工作】 不锈钢棒线材技术改造项目公司批准立项以后，厂里主动联系相关供应商，分专业进行了多次详细的技术交流。精细组织对供应商能力和业绩的考察，先后组织对30多家国内外供应商进行了考察，对其制造能力、技术能力、设备运行情况有了初步的了解，为工程招标、评标奠定了基础。积极推进招标工作，和中冶京城、国际招标公司合作，完成了招标文件的编制、审批工作，5~7月份，先后完成了轧线部分、酸洗部分、加热炉部分、处理炉部分的招标、开标工作。

（蒋效君）

山西太钢不锈钢股份有限公司冷轧厂

【概况】 山西太钢不锈钢股份有限公司冷轧厂（简称不锈冷轧厂），是不锈冷轧薄板的主要生产厂。2013年末，不锈冷轧厂主要装备有45条生产线，其中窄幅有31条，宽幅14条，主要产品为宽窄幅300、400系不锈钢冷板、热板。职工2115人。设3科1部，生产设备作业区16个。

2013年不锈冷轧厂主要生产技术经济指标表

指标名称	单位	实际
不锈钢总产量	万吨	181.02
冷板厚度命中率	百分比	99.5
综合能耗	千克标煤/吨	204.99
全员劳动生产率	百分比	948.315

【生产组织】 优化生产组织，加强精细化管理，不断强化过程管控。全年不锈钢总产量比上年增长4.46%；全年Cr钢产量达81.76万吨，比上年增长31.08%；宽幅Cr钢产量达到16.78万吨，比上年增长86.14%；窄幅Cr钢比例达到66.97%，比上年提高8.12%；全年宽幅不锈钢产量比上年增长1.67%。

【品种结构】 以结构调整为主线，以创新为支撑，优化品种结构提高效率，拓展市场份额。铬不锈冷板占冷板总量比例46.03%，比上年同期提高9.95%，其中窄幅Cr钢冷板比例达到61.98%；BA产品是上年的3.73倍；超纯铁素体不锈钢比上年增产14.03%；重点品种高附加值产品产量大幅度提升，双相耐热钢较上年提高24%。

【质量指标】 聚集质量基础管理，关注质量价值创造，围绕影响顾客满意和市场形象的突出质量问题，制定快速改善措施。BA板质量产量有较大幅度提升，原料酸洗机组改进抛丸工艺，表面粗糙度大幅降低，控制水平明显提升，为BA板质量优化创造了条件。研究304钢种BA板工艺，表面光亮度提升。针对409L钢种，通过优化热线与冷线退火工艺参数，不断提升性能控制水平，产品质量稳定性提升。

【成本控制】 加强成本管控工作，从生产组织、能源保供、精细管理、查堵漏洞等多个方面，多举措降本增效。发动全员，开展“全过程、全方位、全工序的制定措施练内功、岗位对标降成本”活动，提高成材率，成本降低8437万元。

【项目建设】 项目建设落实创优目标，明确创优责任。铬钢专用酸洗线（4号热线）7月15日热负荷试车一次成功，9月份达产达效。3号热线设备安装调试工作正在进行。冷连轧项目细化明确了分项目责任人，一方面保证对新建项目的资源调配，另一方面在作业区内部实施机组承包，抽调技术及操作骨干到包钢进行了脱产培训，厂房钢结构、工艺钢结构、设备安装、管道安装、电气盘柜、变压器、电缆铺设、筑炉等工程实物量按节点目标完成。

【职工文化】 把开展文体活动作为企业文化建设重要工作，组织了“迎新年职工环厂”接力赛、

“腾飞杯拔河”比赛、“创新杯篮球”比赛、首届“青工乒羽”比赛。篮球队取得公司篮球比赛三连冠和公司篮球八强赛冠军,乒乓球和拔河比赛均获得公司团体比赛第三名。组织职工参加了太钢“钢花杯”才艺大赛,获公司优秀组织奖。

【职工敬业度】 围绕太钢“以人为本”核心价值观,以科学严谨的态度组织敬业度评估,进行评估结果分析,从组织、制度、队伍建设入手,结合实际情况,围绕关键驱动职工敬业度的因素,提高职工的归属感做工作。不锈冷轧厂敬业度总体调研得分处于稳定地带,高于市场平均水平。

(任春平)

山西太钢不锈钢股份有限公司热连轧厂

【概况】 山西太钢不锈钢股份有限公司热连轧厂是热轧卷板主要生产厂。2013 年末在册职工 1171 人,其中管理岗位 83 人,专业技术岗位 104 人,操作岗位 984 人。有二条热轧生产线、二套平整机组、一套横切机组、一套热轧钢卷表面处理机组和 87 座罩式炉。全厂设 4 个职能科室、10 个作业区。

【运营绩效】 两线总产出量完成 758.43 万吨,比上年增加 20.08 万吨;不锈钢总量完成 283.31万吨,比上年增加 7.74 万吨。其中 400 系不锈钢 123.45 万吨,高纯类不锈钢 14.09 万吨,316、317 系及耐热类不锈钢 17.94 万吨,均比上年有明显增长。硅钢 44.2 万吨,比上年增长5.94%。重点品种量有新增幅,汽车用钢 64.5万吨,比上年增长 56.11%;≤2.0 薄规格生产51.88万吨,比上年增长 20.73%;超薄规格品种不断拓展,全年生产超薄规格 76124.76 吨;2250 线 2040 毫米宽度的 304 系薄化至 4.0 毫米,1549 线花纹板薄化至 1.8 毫米,1549 线 304、430 薄化至 2.0 毫米。2250 线品种率达到 88.47%,比上年增长 1.59%,创历史水平。后部产线的平整量完成 148.72 万吨,比上年增长 28.64%;罩式炉退火量完成 72.23 万吨,比上年增长 17.33%。

【产品质量】 常态化抽查工艺标准化及实物质量,以结果验证过程控制效果;通过汽车、压力容器、核电、出口钢等 15 项专用质保体系外审;对典型质量问题及用户异议整改情况定期进行审核,推进各项管理措施有效闭环;针对重点用户的产品质量控制取得明显实效,SS400－H 缺陷率由上年的 9.7% 降低到了 0.1%;优化硅钢轧线工艺控制,高牌号硅钢轧废比上年降低 78.27%;中低牌号板形显著改善,板形不良品率由 18% 下降到 0.89%。质量异议月均损失比上年水平降低 4.5 万元/月;质量预算完成率 83.33%,比上年提高 1.64%。

【技术创新】 工艺改进取得明显效果,实现超纯铁素体不锈钢 1:1 混轧,满足了市场拓展的需要。品种结构进一步拓宽和优化,进行了超纯铁素体不锈钢 S44735、铁镍基合金 N08800、电热合金 0Cr21Al6 和 0C15Al5、新型双相不锈钢 TDS2102 等新品种的试制;实现热轧双相钢、高钢级管线钢、钛板、磁扼钢等多个品种的稳定生产;高等级管线钢 X90/X100 顺利通过中石油认证;开发拓展高强钢 20 余个极限规格。

【安全生产】 实践“0123”安全管控模式,强化落实安全生产责任制。持续开展对作业区安全管理评审,坚持日检查、周曝光的安全动态管理,不断强化现场作业的监督检查力度;组织开展“标准化之星”、“标准化班组”评选工作,营造标准化作业氛围,提高了职工们的标准化执行意识和执行能力;扎实开展安全生产专项整治工作,组织实施新建和改造项目的消防验收工作。开展消防培训演练 25 次。持续引深全员安全改善提案活动,累计收交提案 1026 项,其中 5

个项目获得公司优秀提案奖。从内外两方面入手，整顿规范了协力安全管理流程，推动了双方安全责任的落实。现场安全管控程度持续提升，安全消防实现各类事故为零目标。

【设备管理】 推行集体点检、A/B 角工作，保证和提高设备管理的总体效果。结合点检仪上线，逐步完善两线点检标准和给油脂标准。抓好检修全过程管理，提高检修效能。对检修项目进行风险辩识，重点风险因素落实责任人，检修时间比上年降低 12.19 小时，故障时间比上年降低 140.74 小时。

【降本增效】 进一步健全和完善能源管理体系，实施煤气配比优化，开展重点节能项目。工序能耗累计完成 89.85 千克标煤/吨钢，比公司预算目标进步 1.15 千克标煤/吨钢，比上年度进步 1.55 千克标煤/吨钢。能源成本累计完成122.15元/吨钢，比上年度进步了 2.56 元/吨钢，实现降低能源总成本 1679 万余元。对成本要素细化分解和责任落实，加强过程监督，全年降成本 3910 万元。

【人力资源】 完成轧线操检合一工作，两线机动作业区四班运行人员减少 38 人，划转轧钢作业区 35 人，回归生产协力 32 人，同时实现人员平稳过渡，现场生产顺行；稳步推进协力回归工作，在保证安全生产的前提下，生产协力回归 68 人，设备协力回归 24 人，合计 92 人，降人工成本 192 万元。顺利完成操作岗位员工标准能力测评试点工作。

【党群工作】 以抓作风、快整改、办实事、谋发展为原则，组织开展党的群众路线教育实践活动。收集群众意见 126 条，查摆“四风”问题 39 项，立整立改 7 项，已完成整改 24 项，建章立制 6 项。开展“承诺一方、凝聚一片”活动，建立了关爱凝聚职工群众的工作机制；成立了爱心互助协会、乒羽协会、摄影书画诗文爱好者协会，搭建了展示才华的平台，活跃了业余文化生活，激发了广大职工的主人翁意识。

（姚　雷）

山西太钢不锈钢股份有限公司物流中心

【概况】 山西太钢不锈钢股份有限公司物流中心（简称物流中心）于2009 年2 月9 日成立，前身为太钢运输部，主要负责公司原燃料进厂、产成品出厂及公司各生产工序之间的物流组织。拥有 46 台内燃机车；车辆 676 辆，电动道岔 512 组；铁路线路 120 公里；微机联锁 7 台套。2013 年末在册职工 1197 人，中心设物流科、设备技术科、安全保卫科、综合科、党群科 5 个科室和路车作业区、炼钢作业区、高炉作业区、机务作业区、车辆作业区、工务作业区、电务作业区、机车检修作业区等 8 个作业区。

【运营绩效】 2013 年完成吨钢发运成本 143.21 元/吨，比预算降低 16.79 元/吨；矿粉运输成本 139.55 元/吨，比预算降低 0.45 元/吨；铁路发运货车平均静载重 58.42 吨/车，高于上年的 58.22 吨/车；钢材发运 838.1 万吨，其中火车发运682.1 万吨，火车发运比例 81.4%，完成 81.15% 的预算目标；汽车长途配送 3.5 万吨，低于上年 4.9 万吨水平；机车台日产量 24188.20 吨公里/台日，超预算目标 388.20 吨公里/台日；机车综合能耗 221.07公斤标煤/万吨公里；工序能耗 0.22 公斤标煤/吨；劳动生产率 37987.24 吨/人・年，超预算目标 987.24 吨/人・年；其他指标也取得了较好成绩。

【物流组织】 针对厂内路车作业过程中各环节配合脱节、作业效率低下等问题，制定下发了《路车作业管理办法》，明确了相关单位的责任与工作标准，细化了考核评价项目，全方位、系统性地提高了钢材装车、发运效率。针对货运检查环节流程不畅、检车效率低下,造成不走车多、倒调作业频增等情况,与太原北站沟通,达成了共识,在热连轧 1549、不锈冷轧新线、不锈冷轧旧线等 3 个装车点实施了铁路商检前移,使发运作业流程得到优化,发运整体效率大幅提升。针对路局 12306 网报计划和"收费一票制"等一系列货运改革措施,积极主动与铁路部门协商,为太钢争取到了独有的工作流程和方法(用太钢 ERP 系统直接网报计划),完全满足了公司内外客户的运输服务需求。

袁家村矿替代进口矿是提升公司竞争力的关键举措,中心按照公司要求,组织用汽车运输袁家村矿进厂,经多方努力,完成了运输任务,并已形成了稳定有序的袁矿物流。

【安全管理】 扎实开展了"分阶段、分层次、全方位"的安全大检查活动,积极推进岗位安全达标工作,设计、印制并运行了新的《班组安全管理记录板》。为从更深层次夯实班组安全管理的基础,试行了"管理人员结对子包班组"工作机制。开展隐患排查治理和安全培训工作,全面引深安全文化建设,制作了"事故亲历回头看"视频教育片,开展了"我的一次险肇经历"主题演讲竞赛活动,通过这些活动的开展,中心的岗位安全达标开展率、进步率均顺利通过了公司评审。此外在开展铁路安全生产专项整治工作中,发挥专业优势,对铁路道口、铁路轨道设施、铁路安全装置、铁路线旁的施工区域等方面进行专项整治,坚持开展铁路安全知识的宣传,消除和控制了一大批影响公司铁路安全的隐患,持续提升了公司铁路本质安全化水平。

【工程建设】 结合厂区工艺技术改造及公司生产需求,组织完成了渣场区域铁路改造的设计和施工,既确保了渣场区域铁路的升级改造,又保证了公司的正常生产;组织完成了二钢北区铁路运输钢坯的方案设计和铁路线路的铺设,具备了二钢北区钢坯的铁路外运条件;配合公司重点工程——硅钢冷连轧项目和不锈钢冷连轧项目,完成了相关铁路施工和信号施工任务;与太原铁路相关部门协调、沟通,在太北五场北咽喉开通了与太钢的接轨线路,从而有了太钢厂区直达太北五场的到发线,提高出入口交接能力。

【设备技术】 完成内燃机车架修 9 台,重点修 7 台,重点组织镟修机车轮对 6 台,检修内燃机车转向架 6 台,检修内燃机车柴油机 6 台(180 柴油机 5 台、240 柴油机 1 台),外委检修 DF10D 电传机车 1 台;新高炉投产后,新增鱼雷罐车架车机 1 台,完成了新增 18 辆鱼雷罐车的组装及调试工作;对 2 号解冻库进行了扩容改造,解冻车数由 30 辆增加至 119 辆,解冻车位增加 89 辆;完成了东山铁路专用线护坡整治,保证了东山铁路的汛期安全。2013 年共申报 29 项专利,受理 16 项专利,授权 18 项专利,完成了公司下达的专利工作计划。

【党群工作】 组织岗位练兵和技术比武活动,促进了职工整体素质的提升;扎实开展了"送清凉、送服务"的防暑降温竞赛活动,防暑降温补贴和用品及时发放到位,为职工的身心健康提供了支持。开展了"金点子杯"合理化建议竞赛活动,收集合理化建议 45 项,先进操作法 9 项,为"节能降耗,降本增效"工作发挥了积极作用;公布了中心领导电话、邮箱以及物流中心在线倾听邮箱,畅通了职工诉求表达渠道;召开职工代表座谈会,收集意见和建议 40 条,并及时答复,保障了职工群众的民主管理权利。职工收入稳步增长,职工生活得到进一步改善。开展送温暖活动,常态化做好困难职工帮扶工作。救助困难职工 205 人次,发放慰问金 16.1 万元。金秋助学 44 人共发放助学金 7.9 万元;不断完善疗休养工作机制,组织安排先进劳模参加了省外荣誉休养,1000 余名职工参加了省内健康疗养;维护女职工权益,为中心女职工办理了特殊疾病互助保险;开展了"中国梦劳动美"为主题的征文活动,广泛开展群众性体育活动,组织职工举办形式多样的文体比赛和活动,职工参与率达到了90%以上。

(郝晓东)

山西太钢不锈钢股份有限公司能源动力总厂

【概况】 山西太钢不锈钢股份有限公司能源动力总厂(简称能源动力总厂)是集能源生产供应、余能余热回收利用等为一体的技术密集型企业。主要承担着为太钢发电、高炉鼓风、蒸汽、软水、除盐水等能源动力产品生产供应以及循环水、生活污水处理,高炉煤气、焦炉煤气和余能余热蒸汽等余能回收与利用任务,同时担负全公司氮气、氧气、氢气、氩气、压缩空气、电力输配、天然气的配送和管网管理等工作,又担负着太原市尖草坪地区居民冬季采暖用气、城市生活废水处理回用和燃气保供等任务,是太钢各类能源生产保供、节能减排、循环经济,并承担社会职能的一个综合性单位。

2013年末职工2145人,其中管理人员129人,工程技术人员70人,操作人员1915人,其他人员31人。下设8个职能部和7个事业部,分发电、燃气、供水、电力4个工序25个作业区。

【生产经营】 持续优化能源转化供应结构,提高余能利用水平。精细化平衡高、焦炉煤气和蒸汽,尽最大能力回收和利用公司高、焦炉煤气和余热蒸汽等大量余热余能,降低外购一次能源成本,减少新水采购量。300兆瓦发电机组利用小时数连续居全省火力发电机组之首。吨钢新水消耗1.45吨/吨。高炉煤气放散率0.39%。深化对标挖潜、降本增效工作,为降低公司能源动力介质成本、综合能耗,实现循环经济做出了突出的贡献。

2013年能源动力总厂生产经营指标完成情况表

指标名称	单位	完成
发电量	亿千瓦时	53.41
供热量	万吉焦	1421.79
供风量	万千立方米	677.9
软水量	万吨	240
稀酸水	万吨	292
除盐水	万吨	950
冷冻水	万吨	3206
工业新水	万吨	3295
大循环水	万吨	3947
焦炉煤气	万吉焦	1427
高炉煤气	万吉焦	2380
转炉煤气	万吉焦	463.6
天然气	万吉焦	587.3

【安全管理】 安全工作实行专业化管理,安全管理职能独立,全年工作强化过程管控、安全管理重心下移,以班组建设为抓手,通过完善制度、强化专业辨识、开展安全绩效评价、加强外协队伍安全管理等,促进总厂本质化安全水平提升。全年完成安全专项计划350项,累计查处各类安全隐患2866项。通过组织安全歌曲大家唱、平安全家福照片赠送活动,丰富了安全文化活动形式,营造出主动、务实、平安、和谐的安全氛围。通过实行消防安全等级管理,强化三级责任落实,实现了消防事故为零的目标。

【设备管理】 设备管理工作稳步推进,以设备点检管理为基础,实施专职、精密点检,全年累计发现处理缺陷2000余项;开展TPM推进活动,全年实施改善提案1780项。通过明确责任、加强基础管理,提升了工建、起重、润滑等专业管理水平。

2013年完成了部分落后装备的淘汰、拆除工作，先后完成了2台旧锅炉的拆除，圆满完成CCPP机组大修、300兆瓦2号发电机组B级检修、管网系统检修及3号、5号、6号气柜中修、10号炉中修等项目，得到了公司上下的一致认可。完成110千伏及以上变压器20台、110千伏及以上线路15条、10千伏及以上线路147条的定检预试工作。全年A、B类设备功能精度项目全部达标。主要设备完好率96.5%，主要设备实际作业率82.3%，指标均优于上年水平。

【技术创新】 技术革新方面，重点完成了300兆瓦机组化学监督、锅炉酸洗、脱硫增效剂等一系列改造。围绕1549、2250电导率和硬度、烟尘、SO_2排放等环保指标开展了重点质量问题攻关。全年共申报专利66项，科技攻关项目6项，公司级科技成果17项，省级科技成果3项。

【技改工程】 1.四高炉大修配套项目供电工程、管网工程已全部投用；鼓风机工程11月7日已正式为高炉供风，满足了高炉生产；TRT工程11月19日完成调试，正式并网发电。

2.300兆瓦发电机组脱硫石膏项目，11月底已完工，该项目是总厂节能减排建设的又一新突破。

3.300兆瓦空冷余热回收项目和高炉冲渣水余热回收项目于10月20日完工投产，为更多的居民家庭提供了冬季取暖热源，较好地履行了社会责任。

4.新建CCPP项目第一台机组单体调试基本完成。

5.新建CDQ 25兆瓦抽背发电机组11月30日正式并网发电。

6.新建工业废水回收膜系统处理工程12月19日投产，每天可多处理工业废水4.8万吨。碱油废水处理和中和站改造工程12月26日已开始分系统进水调试，项目建成后不仅可以提高下工序的污水处理水质，同时还可以产生300吨/时的除盐水用于工业生产。

7.硅钢冷连轧配套的北区综合管网改造、不锈冷连轧配套七泵站改造、二钢南北区中频炉供电工程等已全部按节点完工，满足了主线厂的生产需要。

8.新建高品质除盐水站工程正在进行土建施工。

【和谐发展】 开展党的群众路线教育实践活动，坚持党务、厂务“双公开”，通过不断地查摆问题、梳理流程，提高职工满意度。完善干部绩效考核、专业技术岗位聘任制度，形成良性工作机制。通过开展“素质提升”活动，促进了职工操作技术水平的提高，“师带徒”、“双达标”工作运行效果良好。全年救助慰问困难职工211人次。后勤、保卫、档案、计生工作均取得了一定成绩。现场环境整治、现场管控能力、职工素质都有所提升。全年共接待各类参观、交流78批次6800余人。

（张　丽　霍艳君）

山西太钢不锈钢股份有限公司加工厂

【概况】 山西太钢不锈钢股份有限公司加工厂（废钢铁管理部）（简称加工厂）正式组建于1960年，兼有二级厂和废钢铁管理部的双重职能，主要承担着太钢冶炼用废钢的采购、加工、保供，冶金渣的综合利用及太钢内部各类废钢（含渣钢）、废旧物资的回收、开发、利用任务，是太钢冶炼生产支持流程的关键环节，对太钢建设节能减排和循环经济示范工厂的进程有着重要影响。

加工厂领导班子由5人组成，设置综合科、党群科、生产科、安全科、机动科、经营科、保卫科7个机关科室和渣场事业部、废钢料场作业区、碳素钢加工作业区、不锈钢加工作业区、超细粉作业区、机电维修作业区、炼钢辅料生产作业区、化验作业区等1个事业部7个作业区。至年末，在册全民职工591人，其中管理岗位人员71人、专业技术人员8人,另有联产职工224人。主要专业生产设备包括起重设备53台,公路交通运输设备48台,除尘系统28套,不锈钢渣处理线1条,S3R不锈尾渣深加工处理线1条,普通钢渣处理线2条,固态渣处理线1条,废钢破碎机处理线1条,超细粉生产线2条,鱼雷罐倒渣间1座,门型抓钢机2台,液压打包机1套,落锤架2座,铝丸、铝线、硅钙线生产线一套。

2013年加工厂主要预算指标完成情况

指标名称	单位	实际完成
生产内部利润	万元	33743
销售内部利润	万元	16369
采购内部利润	万元	20425
废钢采购 其中:镍不锈废钢	万吨 万吨	38.45 8.49
废钢供应量	万吨	121.85
废钢回收量	万吨	65.39
破碎机产量	万吨	23.66
各钢渣处理线产品量	万吨	40.61
炼钢辅料	万吨	1.29
废次材销售量	万吨	4.10
超细粉销售量	万吨	98.76
水渣销售量	万吨	126.84

注:废钢采购量、供应量均满足炼钢需求

【关键工序稳定保供】 "准时制"生产在关键工序得以落实。在钢渣处理线推行准时制交库模式,实现钢渣当日进场、当日分选处理、产品及时供应钢厂;充分发挥升级改造后碳钢渣1号线能力,碳钢原渣100%进线处理;S3R不锈尾渣提纯线升级改造后,实现不锈钢渣尾渣全部上线处理,有效杜绝了贵金属流失,全年从尾渣中回收的不锈钢粒品位稳定在48%以上;另外新增设的磁选滚筒,每月多分选铬渣钢1200吨,带来了可观的经济效益。破碎废钢生产方面,及时根据重型废钢及破碎原料效益、废钢库存情况,科学测算外采废钢中破碎原料的比例,月均破碎料增产0.83万吨,满足生产需要并实现利益最大化。炼钢辅料生产线经过一年的稳定运行,有效控制了铝线、铝丸和硅钙线质量,并实现了零采购。

【降本增效】 "回归、整合、优化"促进生产成本大幅降低。外委大型机械业务"回归",减少160吨吊车等外雇机械,充分利用现有机械设备,提高了设备使用效率;废钢分选、加工紫铜(含电缆)、清废钢车底、渣场喷涂等业务取消外协,优化了劳动力资源;"整合"外协运输业务,将原使用汽车运输的部分碳素废钢、不锈钢卷、型材厂切头、炼钢厂马道渣等物料改用火车运输,在节约运输费用的同时为减轻厂区交通压力做出了积极贡献;"优化"渣锅加格栅工艺,在确保排渣任务完成的同时,促进生产费用明显降低。以上措施的落实,实现全年费用比上年降低1131万元。实施"效益优先、择机采购"模式,及时做好库存预警及需求,出具科学的采购周期及价格建议,在公司效益最大化的前提下,以最低价格完成采购。全年实现采购价格比竞争对手低2901万元。

【超细粉二期建成投产】 太钢高炉矿渣超细粉二期项目从2012年5月实施,2013年7月22日热负荷试车成功,标志着太钢具备了世界最大的矿渣超细粉生产能力。该生产线采用了世界最大、最先进的直径6.3米的立磨机,设计能力为年产170万吨矿渣超细粉,全线实现自动化控制,全封闭式生产、输送,各环节配套有一流的环保设施。同时,自主开发和集成了高炉矿渣超细粉处理新工艺技术,其"粒化高炉矿渣立磨工艺生产超细粉技术开发及应用"成果已通过山西省科学技术成果专家委员会的鉴定,被认定为"达到了国内领先水平,具有很好的推广价值"。该项目得到了国家和省市的重点扶持,被列为山西省重点工程。

【环境治理】 积极推进PM2.5减排工作,完成了“渣场生产现场增设喷淋抑尘改造”、“S3R处理线局部封闭增设除尘等改造”、“冷却车间热焖改造”、“不锈钢切割除尘改造”等10个技改项目,渣场扬尘、不锈废钢切割烟尘等污染得到进一步控制。特别是“冷却车间热焖改造”项目,作为加工厂党的群众路线立行立效项目之一,通过自主开发研究,将原来的不锈钢渣带罐冷却工艺,改造为不锈钢渣入池打水热焖冷却工艺,四、五线改造工程顺利完工投入生产。经检验,可有效缩短打水冷却时间,减少渣罐周转量,提高不锈钢渣处理能力,同时明显抑制喷灰扬尘,有效改善了现场作业环境。该项目攻关团队被公司评为2013年优秀科技工作团队。

【优化专业管理】 研究薪酬结构,针对联产职工长期工资较低现状,认真研究增资渠道,积极与公司主管部门协调,通过采取岗位激励的形式,给联产职工人均每月增资450元。探索员工成长渠道,出台《员工激励与成长管理办法》,从职称、技能、奖励荣誉等方面对各层级、岗位人员针对性激励,促进职工向一岗多能、一专多能方向努力。针对新入职大学生,实施孕鹰工程计划,建立三年素质提升通道,有效促进其快速成长。组织开展敬业度评估,调研职工敬业度现状,依据评估结果分析敬业度弱项和差距,有针对性地制定改进提升方案,并向全员反馈。创建“贾宁创新工作室”,开展了不锈钢渣处理能力提升、处理过程扬尘污染控制、碳钢渣热焖工艺改进等课题,其中“不锈钢渣热焖技术的研究与应用”被公司评为职工创新成果一等奖。

【开展教育实践活动】 扎实开展群众路线教育实践活动。严格按照公司党委的部署和要求,坚持以落实中央“八项规定”为切入点,以“反对四风、服务群众”为重点,围绕“学双良、下基层、促整改、求实效”的工作方法,相继完成了“学习教育、听取意见”,“查摆问题、开展批评”和“整改落实、建章立制”三个环节的工作。活动开展以来,共召开各类座谈会13次,个别谈话80余人次,发放调查问卷120份,梳理出其他涉及生产、安全、设备、职工生活等方面问题65条,领导班子和个人四风方面的问题38条,修订完善了30个安全管理制度,建立了“服务工作日”及“民主接待日”制度。教育实践活动的扎实推进,促进了干部作风转变、党员干部素质提升,密切了党群干群关系,进一步完善了制度体系,切实促进了转型发展和各项工作的落实。

（田雅辉）

山西太钢不锈钢股份有限公司
自动化公司

【概况】 山西太钢不锈钢股份有限公司自动化公司是公司的计量检测、自动化控制、计算机应用、电讯和网络技术的专业管理部门,同时也担负全公司信息网络技术、自动控制、计算机应用、通信和计量检测系统设计研发、技术支持及运行维护工作。

太钢自动化公司配置有信息化系统、网络系统、计算机、自动化测控、仪表检定校准、贝尔程控交换机等先进装备,建有太钢最高计量标准(39项)、集成自动化实验室和仪表实验室。

2013年末,员工总数719人,设6个职能管理部门,13个生产运行部门,具有专业技术职称人员225人,特殊工种人员338人,计量检定资格持证人员101人,取得信息系统项目管理师9人,取得六西格玛黑带资格认证人员51人。

2013年11月,太原钢铁(集团)有限公司董事会决议,将山西太钢信息与自动化技术有限公司作为集团公司运作信息与自动化业务平台和实施主体。为高效实现人力资源共享,山西太钢信息与自动化技术有限公司与太钢不锈自动化公司实行两块牌子、一套人马的运行方式。

【年度指标完成情况】 收入预算指标1亿元，实际完成1.037亿元，预算完成率103.7%，比上年增加590万元。降本增效指标2800万元，实际完成4399万元，预算完成率157%。安全管理控制度9.397；标准执行率达到95.77%；危险度下降3.2%。科研攻关课题48项，创效8400万元；技术服务增加值18项，创效1678万元。信息系统月平均故障时间≤3.42小时，重大信息安全事故为零；因自动化控制系统原因发生热停工时间为零小时；通信系统核心设备及主干链路稳定运行。出厂钢材销售计量异议为0.044元/万元；能源数据采集系统数据准确率达99.74%。

【科研开发】 围绕自动化、信息化、计量检测、通信四大专业，快速推进技术创新，产品研发，通过重点项目实施，持续提升研发和自主创新的能力。在新焦炉、新高炉等项目建设中，完成了焦化四大车控制、高炉鱼雷罐液位检测、高炉风口测堵等技术研发项目，实现了各项目功能设计需求，为新焦炉、高炉顺利投产提供技术支持。全年围绕焦化、炼铁、炼钢持续优化系统配置的工艺模型和原料高效匹配、成本最优预测的生产管理模型推进模型开发，共开展二级模型项目6项，创效1600万元。其中“焦化、高炉、炼钢原料高效匹配工艺模型”的开发，实现了从焦化到炼钢全流程物料管理精细化、成本最优化，为管理层提供了最佳原料采购方案。“1800立方米高炉喷煤量优化设定模型开发”、“特钢厂90吨电炉二级系统优化及工艺模型开发”等项目均已顺利投运。

全年完成技术创新、科研攻关课题48项，新技术引进12项，新产品开发12项，技术进步课题95项。专利工作取得新进展，全年专利申报、专有技术达30项。2013年太钢能源环境管控一体化系统研发与应用获山西省科学技术三等奖、冶金行业能源环境管控一体化系统获冶金科学技术三等奖。

【信息化建设】 围绕“数字化”太钢、“精细化”太钢的建设任务高效推进信息化建设，保障信息系统稳定运行。完成了袁家村铁矿信息化、经营绩效标准成本、炼钢厂MES/ERP拓展、调度报表系统等27个信息化项目上线运行。市政府OA、档案管理等9个项目正加紧组织实施。人力资源、电子商务、硅钢冷连轧信息化系统等7个拟建项目，完成方案设计，进入立项阶段。全年完成业务部门提出的核电用钢双经销业务等48项软件深度开发任务，进一步优化了现有信息系统，满足公司管理需求。

强化信息安全体系建设，通过中心机房改造，实现对中心机房环境改善及网络存储扩容；推进系统安全风险评估和加固、系统升级和优化、系统运行和评价，持续提升系统的运行效率。

2013年太钢获国家级信息化和工业化深度融合示范企业、获山西省信息化与工业化深度融合示范企业。

【自动化专业管理】 重点工程项目达产达效，袁家村铁矿工程项目、太钢万邦炉料自动化系统调试、太钢盂县石灰电气及自动化调试、太钢7.63米焦炉及其配套项目四大车控制系统编程安装调试等项目高效完成。比欧西气体公司介质输送、数据采集及远传自动化系统改造软件编程、调试项目、榆次万邦自动化项目正加紧实施，预计2014年上半年将陆续完工。

根据4号高炉、9号焦炉等新项目需要，承担了相应区域的低压电气及自动化设备维护。为确保新旧区域都能够按要求为生产系统保驾护航，从管理上扭转了重故障响应、轻预防维护的思想，加强了点检、巡检和预防性维护工作。通过不断优化运行管理体系，持续提升自动化控制系统运维能力，保证了生产系统的正常运行。

【计量专业管理】 计量体系管理得到加强，全年对16个单位的计量体系管理进行了评价；顺利通过国家中启认证中心对太钢计量体系的年度监督审核，支持了公司管理体系运行和新产品认证的顺利进行和持续改进。

物资计量管理系统进一步完善，加强物资计量过程监控，对衡器的检定、校准、比对及数据分析强化管理；增加了区域内汽车衡日比对，保证计量设备的稳定运行；开展计量数据日分析，有效降低衡器停时故障、数据异议等风险。强化计量设备管理及新建项目能源计量设施配备管理，监控计量结算数据，逐步实现能源计量日结算，推进公司能源计量精细化管理。

【通信专业管理】 积极与联通、移动等运营商业务合作，对标学习，拓展并优化通信经营和有线电视业务，实现了通信营业厅的全业务覆盖，优化了有线电视便捷维护流程，提高了服务水平和创收能力。

完成对冷连轧、硅钢冷连轧、炼钢一厂南区等配套通信设施的改造；配合北中环道路施工，涉及区域线路进行改迁和优化，保证了线路正常使用；加快推进"光进铜退"改造项目，降低了线路故障率。

【安全管理】 坚持"0123"安全管控模式，以落实安全生产责任制为核心，以标准化推进为基础，以班组建设为重点，深化危险、危害因素识别工作，严格安全生产过程控制。以1243项作业活动为中心，以危险辨识风险评价为输入，以各类安全技术标准、公司"三规"标准为依据，动态优化岗位作业指导书159个，组织标准化竞赛和岗位练兵164次，查出并整改隐患1280项，整改率98%；分阶段、滚动式将47个班组全部导入岗位安全达标工作，全年实现安全生产。

【基础管理】 持续对标找差，优化创新管理流程。与宝钢宝信、中钢中冠、首自信等行业内业绩较好公司进行对标，从经营模式、技术能力查找自身差距，制定提升措施。全年梳理管理和工作流程共289个，制度修订41个，部门优化流程10余项。

完善绩效评价体系，改变部门评价方式，加大了对关键绩效指标的评价权重，进一步明确了指标评价主体，在员工绩效评价过程中，加大了对员工行为、职业化素养的考核力度。

围绕职业素质提升，落实各层级培训目标。举办了"全国冶金工业物联网与云计算技术应用高级研修班"。开展了职业技能鉴定、持证上岗、管理者上讲台、导师带徒、作业区专有技术交流、班组管理经验交流、岗位应知应会测评等培训活动。通过实施"自学+培训+考评"机制，营造浓厚的学习氛围，发挥各级部门在培训工作中的职责，职工综合素质得到进一步提升。高级工及以上的持证比例较上年提高7.1%，具有专科以上学历的人数达到职工总数的74.23%，中级职称以上人数占技术人员总数的54.2%。

深度推进现场管理的可视化及物料管理的定容、定置工作，全年实现评优达标率100%，4个作业区被公司评为"四优"作业区。搭建了设备管理软件平台，对新物料实施网络系统集中管理，开发库房库位、库存预警、物料盘点、数据图表分析等功能；通过设备专业安全隐患整治活动，处理安全、消防、治安、环境等大小隐患100余处。

【文化建设】 通过开展企业文化调研、典型案例挖掘、专业理念提炼、安全文化等活动，引导职工忠实履责，积极作为，努力构建以公司大局为重，不畏难，勇承担，不推卸，勇奉献的职工队伍。

通过全员岗位大练兵、标准化操作大比武、职工建议性竞赛、创新工作室等平台，为职工提供素质提升和技能登高舞台。2013年，参加太钢维修电工网上"闯关竞赛"，荣获佳绩；包揽了太钢第34届技术比武计算机工程师前三名，公司内部涌现出23名比武优秀选手，实现了企业和职工共同发展。

运用"制度+科技+监督"手段，开展效能监察立项和专项效能监察，强化效能问责，堵塞管理漏洞。重点围绕门禁系统设备故障、ERP 系统权限管理、物资计量专业管理、通信管理、安全管控等，加大监督检查力度，有效遏制有令不行，有禁不止现象。

分层级组织了羽毛球、乒乓球、游泳、拔河、长跑、跳绳、爬山、看电影、慢骑车等文体活动，丰富了职工精神文化生活。全年救济困难职工 54 人次，发放救济金 7.2 万元；"金秋助学"活动，资助职工子女 19 人，共计 3.4 万元；为全体职工集体缴纳了太原市职工大病医疗互助保险 2.57 万元。

（李　兰）

山西太钢不锈钢钢管有限公司

【概况】 山西太钢不锈钢钢管有限公司（以下简称"不锈钢管公司）成立于2007 年 8 月 6 日，是由山西太钢不锈钢股份有限公司、天津钢管集团股份有限公司、郑州华丰钢铁有限公司共同出资设立的有限责任公司。2008 年 8 月 29 日收购了太原钢铁（集团）不锈钢管制品有限公司的全部股权，隶属山西太钢不锈钢股份有限公司。

2013 年底，员工总数 574 人，其中管理人员 142 人，技术人员 32 人，操作人员 400 人，下设 6 个职能部门和 6 个作业区。

2013 年全年生产无缝管 13251 吨，比上年增加 1419 吨，同比增幅为 10.7%。全年焊管产量 4900 吨，比上年增加 894 吨，同比增幅为 18.2%。

【基础管理】 深化管理改革，从严管理，建立完善的流程制度管理体系，优化劳动组织机构，建立职工绩效考评体系，优化业务流程。

通过从严管理，提升制度和标准执行力，加强对执行情况的检查和诊断。开展流程再造，对已有的制度、流程和标准，从可操作性、合理性、层级的连贯性和职工的认知率、执行力等方面，进行诊断和改进。按照每月安排的诊断计划深入现场调查，进行层级诊断，并明确改进时间和责任人。完善基础管理考核评价细则，提高作业区、班组严格执行制度和标准的自觉性。

为提高运行效率，优化人力资源配置，进一步对全员岗位进行研究策划，并实施竞聘上岗，从而提升整体工作效率。根据现场生产组织运行情况、职工队伍素质、能力和岗位实际需求，对逐个岗位进行编制的确定，对职工履历表进行重新汇编，对组织机构图进行重新绘制，在增加各岗位工作负荷率的同时，初步设计各种岗位职工的晋升、选择通道和条件，鼓励职工的不断进步和发展，提高人岗匹配度。

继续建立以基本工资为基础，以绩效评价考核为主体，以班组竞赛、技术员竞赛、点检员竞赛和安全红旗班组竞赛等方式为辅的薪酬分配体系。运用平衡记分卡的方法，通过逐级指标分解、优化绩效评价细则，完善各层级的薪酬分配办法，逐步形成既有团队激励，又有个人激励的绩效评价管理和薪酬分配体系。努力营造"多劳多得"、"收入比贡献"分配氛围，力争做到公平、公正、公开。

【生产组织】 细化物流管理，规范生产组织，强化过程管控，2013 年合同兑现率由 66.67% 提升至 82.16%；计划执行率由 66.49% 提升至 93.4%，提高了 27 个百分点；产品非计划率下降近 10%。

通过强化产品流通管理，加强内部计划衔接，将原来分散于各作业区的生产计划管理职能进行系统整合，由制造和安全管理部统一编制下发月、周、日以及各机台生产作业计划，实行生产计划的统一、集中、垂直管理，进一步缩短了制造周期。

强力推进 ERP 及 MES 物流管理系统，并建立健全了各工序收拨存日/月报表、金属平衡厂报表等各种生产报表、台账 30 余项，实现了从原料入库到成品出库的全程覆盖，实现了系统与报表对生产、金属平衡及库存的全线监控和管理。建立完善信息反馈渠道，做到生产计划有迹可查，合同执行情况清晰可见，确保信息传达的及时、准确。进一步推进对现场滞留产品及物料的全面清理、清缴，使现场工模具、在产品等现场物料管控有实质性的改观。

抓挖潜降费工作，降低企业生产成本，2013年按照股份公司年初全面预算和降本增效目标，逐级进行分解落实。

科学合理组织生产，实现各道工序稳定运行，围绕“提升产品质量，确保产品交期，降低制造成本”下功夫，生产组织要将“按期、按质、按量”交货作为出发点和落脚点。要强化对各主要工序间的组织和协调及现场物流管理，形成生产计划和合同兑现相统一的管理套路。通过采取措施强化监督，制定针对订单的生产预案，确保生产组织部署有效落实，确保月计划、周计划、日计划有序推进，实现合同兑现，消灭隔月欠产。

从提升现场操作水平入手，进一步提高班组长自主管理能力，使班组长逐渐从“生产型”、“结果型”向“管理型”和“过程型”转变，充分发挥基层班组的工作主动性和积极性，进一步提高班组标准化作业水平和执行力，实现返工率小于1.5%，质量非计划比例小于3%。

【设备管理】 推进全员设备管理，提高设备管控水平，重新修订各作业区自主维修体系文件，细化了自主维修职责并在实施过程中不断地进行验证和完善；持续开展设备可视化、改善提案、六源清除、单点课培训等工作，取得明显效果。

提高设备能源管理水平，为生产稳定运行做保障，围绕杜绝重大事故、大减一般事故、锐减小事故故障及提升功能精度、降低维修成本的总要求。改善和提高点检绩效，强化点检人员责任制，提高点检质量，增加点检频次，减少设备故障时间；积极做好点检人员培训和点检体系完善工作，提高设备管理水平。在能源管理方面强化能源介质管理，做好能源介质平衡工作，提高能源利用率，减少浪费；全面做好能源指标攻关工作，控制能源消耗，降低企业运行成本，全年能耗控制在预算之内。

【质量管理】 通过调整炉膛气氛以及烧嘴功率等参数，花斑质量问题基本得到解决；通过对热挤压、穿孔工艺控制参数的优化以及各冷轧道次变形尺寸控制目标进行细化，锅炉管综合成材率73.16%提高至76.48%，涨幅达3.32%；通过对轧机出口卡爪恢复和引棒应用，强化逐支测量尺寸，成品尺寸超差率由2.02%降至0.66%，降幅达67%；强化了过程控制，通过各工序标准化作业水平的提升，产品的返工率、废品率等指标有了较大幅度的下降。

【产品开发】 加大产品开发力度，增加高附加值产品比例，供中海油、中石油大口径、厚壁双相不锈钢焊管、无缝管顺利交付（无缝管170余吨，焊管260余吨）；供东电集团电站锅炉用高等级不锈钢无缝钢管（SUP304、HR3C）挂炉试验成功，并实现了批量订货；供铁路动车刹车用抛光管顺利通过南车、北车集团评审认证，钛管、铌管、镍合金管的开发，标志着钢管公司生产力进一步提升。

探寻行业需求，开展重点产品营销，加大锅炉管、除尘不锈钢管、细水雾消防用管、城轨及地铁用刹车管、炉管、雷达冷却装置用管等品种开发力度的同时，进一步提升小口径超长换热器管、大口径厚壁管、双相不锈钢管等重点产品市场影响力，初步实现批量生产，形成相对稳定的客户群体。

【成本管理】 加大过程监管，细化成本核算，通过招标竞标、付款措施以及细化验收标准，全力降低采购成本，实现采购成本比上年同比降1000万元以上的目标；二是进一步优化原料规格和工序金属损耗，降低全线生产损耗，提高产品全线成材率和生产效率，最终降低原料采购数量，减少资金投入；三是通过减少水系统泵的空运转，避免挤压机、穿孔机、大功率轧机高峰用电，投入锅炉冷凝水回收系统等措施，从电耗、燃气消耗、机物料、备件、低值易耗品消耗等多方面进行管控，实现降成本3000万元以上。

强化能源管理，实现降本增效。针对采暖期燃气消耗大以及煤燃气价格存在差距等问题，将采暖及酸洗脱脂用天然气改为煤气，锅炉用燃气费用比上年同期节约163万元；通过在现场脱脂槽内加排管加热，减少了由于使用胶管通蒸汽直接加热所造成的蒸汽的跑冒。降低全线库存，减少库占资金。一方面，与股份公司相关部门沟通，以满足订单需求为前提，精确原料采购的数量；另一方面，接到订单首先核对全线库存，力争减少采购量。截至12月末存货数量为8957吨（无缝管6610吨），占用资金29336万元。库存数量比年初降低了2857吨，库存金额比年初降低12921万元。

通过加强日常消耗的控制，优化业务管控办法，严格规范采购流程，严格采购计划的审批，降低各类非生产性费用；通过发挥机组能力，增产增效，降低固定成本，比上年降低4551元/吨。

【安全工作】 严格安全管控，利用各种安全会议全面部署安排落实安全工作，对违章现象加大力度曝光，开展“安全生产月”活动，开展两级职业健康体系内审；落实安全责任制，执行安全生产奖惩条例，规范职工安全行为；通过安全生产过程评价、“安全红旗班组”竞赛、“岗位达标”竞赛，细化安全生产的过程控制；对外协人员通过建立安全生产协议，强化入职岗位培训，完善外协人员安全管理监督检查体系，确保外协人员安全生产。

生产中修实施全程安全管控，确保中修安全；开展受限空间、窒息性气体专项整治；开展挤压机区域危险辨识；开展安全生产大检查活动，消除隐患，确保现场受控。深化逐级责任落实，确保层层管控到位。

建设健康向上的安全文化，全面落实专业安全管理职责，全方位强化安全管控，实现全过程安全稳定。完善两级安全评价。进一步优化安全评价流程，细化安全评价单元，完善安全评价要素，专业部门通过职业健康安全管理体系内部审核、安全生产评价检查和分专业、分系统的合规性评价，推动安全管理绩效的持续提升。

【队伍建设】 坚持德才兼备、以德为先、群众公认的原则，进行人事调整4次，任免干部11人次，其中副科提正科2人，新提拔副科4人，平调2人，免正科1人，免副科2人。全年发展新党员13名，预备党员转正9名，确定党员发展对象10名。健全党员帮扶机制，在春节、“七一”对困难党员开展慰问活动，并为困难党员魏建忠筹得善款29335元。“七一”评比表彰先进党支部2个、先进党小组4个、优秀共产党员标兵6名、优秀共产党员28名。

为了提高职工的技能水平，组织全员标准化操作培训，组织本公司各类培训426项，受培人数8040人次，培训课时共计1376学时。其中现场培训296项，占培训总数的69.4%，与上年相比现场培训增加了7.6%。

同时开展管理者上讲台55期，专有技术交流8期，班组经验交流10期。导师结对共45对。

【党群工作】 结合“安全生产月”、“降本增效”、“道德素养大家谈”、“质量月”等主题开展各类大讨论和征文活动。2013年1月份，公司员工党员韩亮田舍身救落水儿童的事迹在央视频道、山西各大媒体相继报道，钢管公司党委也第一时间对韩亮田进行了慰问并在全体职工中广泛传播其事迹。为了鼓励更多的职工向韩亮田学习，开展了“我身边的好班组好职工”征集活动，并选出优秀案例利用《钢管简报》刊登宣传，共挖掘出以周广利为代表的先进个人11个、以热一生产丙班为代表的先进班组7个。

定期开展领导干部廉洁警示教育活动，规范了领导干部廉洁从政行为。组建由效能监察牵头，专业部门组成的联合督查组，定期进行监控和抽查，形成对优秀重奖，对后进严惩的正气文化氛围。

（郭红亮）

山西太钢不锈钢精密带钢有限公司

【概况】 山西太钢不锈钢精密带钢有限公司，隶属于山西太钢不锈钢股份有限公司，组建于2008年8月，是太原市首批“绿色百强示范项目”企业。设综合（党群）管理部、营销部、用户服务部、设备能源部、安全生产技术部5个职能部门，轧制作业区、精整光亮作业区2个作业区。2013年末在册职工201人，其中管理人员59人、技术人员8人，操作人员134人。

【生产经营】 通过不断开发新用户、新行业，精带销量稳步上升，1～12月累计完成精带销售16575吨，比上年14307吨，增长了15.85%。以药芯焊丝为例，2013年开发了韩国现代、中国台湾广泰、伯合乐、中冶焊接、江苏维特等用户，并根据客户需求开发了410L、316L药芯焊丝。全年完成药芯焊丝销售约2100吨，比上年1117吨增长了88%。

1～12月累计完成精密带钢交库17001吨，比上年14517吨，增长了17.11%。全年销售发运16575吨；当年产销率达97.5%。

【技术质量】 通过轧制板型攻关、性能攻关、精整攻关，细化责任到每个生产流程，对影响质量的作业流程实施工艺改进。全年电子产品表面优级率达到70.03%；综合成材率90%；在表面粗糙度、光洁度、性能以及表面的均匀性等方面均较上年进步明显。

稳步推进质量工作，根据客户质量要求不同建立起客户质量档案，对特殊要求客户以及重点客户建立全线生产质量控制计划，逐步稳定固化特殊客户以及重点客户表面、性能、尺寸各项质量指标的控制。通过专项攻关，顺利通过汽车行业客户的认证，产品进入汽车垫片行业，并形成批量生产，同时拓展特殊钢种321、316Ti等钢种的运用。

【新产品开发】 主动出击市场，走访用户，积极推进用户急需品种的开发。TA土建基础于3月20日开始施工，9月26日开始热负荷调试，10月如期投产运营，12月份形成TA产品订单100余吨。膨胀合金4J42方面，完成了成品厚度0.1毫米的轧制、清洗，正分析理化性能，供用户样品进行相关测试。N8800镍基合金方面，对样品进行测试后，用户对表面及加工焊接性能试验均予以了认可，针对耐腐蚀性的技术召开了专题会议进行研究。在430的环保项目方面，开发满足标杆行业的高端产品，两到三年产品更换一次，市场前景尤为广阔。

【设备管理】 强化设备基础管理工作。年内各机组运行基本稳定，故障频次较上年减少了81次，可开动率均在98%以上。

加强能源管理，进一步降低能耗。加强对各项能源指标的过程控制和措施跟踪，并根据每月的消耗指标采取针对性有效措施，吨钢能耗比上年降低291.98元。

【党群工作】 以“聚焦四风、问症于民、狠抓整改、群众满意、形象提升”为活动主题，开展了领导班子成员和科级领导干部“作风之弊、行为之垢”的大排查大整改。强化了党员干部群众观点教育，引导党员干部增强服务意识。严细开展“四个深入”活动，在党员和职工中进行了“四风”问题的查摆，开展了“学模仿、找不足、建机制、抓整改”的学习教育活动，在直接联系服务群众的岗位开展了“精细履职、提升服务”主题竞赛。党总支组织的“六个一”学习教育活动，使党员干部的群众观点得以强化，宗旨意识得以稳固。另修订完善了如《领导干部诫勉谈话制度》、《绩效百分考核办法》等21项制度，在推进干部作风转变方面起了实质的作用，领导班子成员和科级管理人员“自我净化、自我完善、自我革新、自我提高”意识不断增强，“四个提升”的觉悟也得到强化。

【基础管理】 深化5S管理，巩固和提升现场整治水平。坚持日检查，周通报，月考核制度。强化每周一次专业互动，拉网检查，对点检台账的记录、交接班记录，消防设施、电缆沟和地下油库制度的执行等基础管理进行检查督导。坚持日事日毕、日清日高的工作原则，确保整治成果得到巩固。

本着以持续改进和完善单位职工培训管理体系为目标，进一步优化管理流程，全年围绕“管理者上讲台”、“师带徒”与“安全教育”三部分开展培训工作。使职工技能得到提高，管理干部业务知识得到强化，保证了生产效率的逐步提高。

安全工作贯彻“0123”管理模式，全年轻伤以上人身事故为“零”；设备、环保、消防、交通、综治等责任事故为“零”。

（杨寒琳）

太钢集团临汾钢铁有限公司（山西新临钢钢铁有限公司）

【概况】 太钢集团临汾钢铁有限公司、山西新临钢钢铁有限公司（以下简称临钢）截至2013年底，在岗职工6970人，内退职工2829人，离退休职工6413人。

2013年，面对严峻的市场形势和淘汰落后的双重压力，公司以减亏扭亏和调整转型为重点，着力降成本、提质量、拓市场、控风险，大力压缩各项费用开支；逐步淘汰落后装备和产能，做好以援职协力为主要途径的人员安置分流，推进内部改革、机构精简和业务整合工作，强化干部队伍建设，保障和促进了生产经营和调整转型的稳健运行。

【生产经营】 牢牢抓住双经销这个龙头，加强与股份公司的协同，深入推行准时制生产、精益生产和TPM管理，提高生产运营效率和水平。制定实施了《中板产销研能力提升方案》，成立了产能提升、营销提升和技术支持三个专题小组，推进中板产能提升工作。对中厚板生产、销售业务职责分工进行了调整，将原来职能交叉的业务集中管理，实行责任主体单一，简化了业务流程，提高了工作效率，适应中板能力提升要求。加强合同执行和客户服务管理，明确各环节的责任人和工作目标，定期对双经销合同在各工序的运行情况进行检查，对发现的问题快速处置，努力提升合同兑现率。

针对持续低迷的市场形势，创新营销模式，采取灵活多样的营销策略，开发和占有市场，提高产品的机会效益。加强营销队伍建设，成立区域营销、驻厂营销和技术营销三支营销队伍，明确目标，落实责任，开拓市场，更好地适应客户个性化和多样化需求。进一步细分市场，选择价位较高、机会效益较大的区域作为重点销售区域，提高市场占有率。全年实现营业收入91.6亿元，产中厚板111.4万吨，其中双经销13.5万吨，同比增长13%，创历史最好水平。

【降本增效工作】 进一步强化全员危机意识和忧患意识，通过优化炉料结构、严格控制费用支出和实施技改项目等措施，推进精细化管理和技术攻关，不遗余力开源节流、降本增效，有效遏制了亏损。

加大焦化、炼铁、炼钢工艺炉料结构优化攻关力度，提高气煤配比，改善炉料结构，降低钢铁料消耗，提高工序降本增效能力。炼焦工序调整优化配煤方案，创效1332万元；炼铁工序采用以集团公司支持供应的岚县矿粉和球团为主的炉料结构，并通过技术攻关实现全精粉烧结，累计创效1.49亿元；炼钢工序通过回收利用厂区废钢和优化操作工艺等措施，全年创效3224万元；矿山系统针对矿山后期现状，增加尾矿金属回收量，降低物料消耗，创效492万元；采购系统通过与中标单位二次谈价、备件修复、争取焦煤集团大客户协议价格优惠政策、开展原料替代等措施，降低采购成本2259万元，出售库存积压镍铁盘活资金260万元；营销系统通过加大一单一议销售及资源区域优化力度，增效903万元。

严格各项费用管理。优化物流运输管控，通过提高铸坯热送热装率、优化坯料卸车方案和严格控制台班使用等措施，吨材物流费用同比降低4%。加强与税务、医保和社保部门的沟通协调，争取政策支持，减免土地使用税374万元，减少各项社会保险费用支出281万元。组织机关管理人员和分厂部分职工承担岚县矿粉和球团卸车替代劳务，在中板切割等工序通过整合优化用正式工替代劳务工，节约劳务费用442万元。对机关部室的公务用车实行集中统一管理，拍卖和封存了30%的车辆，有效降低了车辆运行费用。对公司报纸杂志征订和分发实行集中统一管理，征订费用降低29.6%。进一步加强对差旅费、招待费等费用的管控，严格审批权限，规范审批流程，严控各项非生产性费用支出。

【科技质量工作】 面向市场和用户，大力开发新产品，增加产品的创效能力。在巩固和加强现有品种的基础上，利用集团冶炼优势，重点研发生产了高强度结构钢（TQ960）、中高温压力容器用钢（SA515Gr70）、电站锅炉用铬钨钼钢（T92）、无磁钢（20Mn23AIV）和高层建筑结构钢（Q420GJC）等5大类7个牌号的碳钢新产品，开发生产了供ITER计划人造太阳国际项目用的核电钢（TNS304L、316L、316LN）、供美国陶氏化学公司用的304H钢板等不锈钢新产品。

针对存在的质量问题和技术质量指标与标杆的差距，建立了质量改进项目命题承包制及质量改进组织管理体系，加强质量过程控制和工艺技术管理，不断改善产品质量。同时，积极推进QC小组活动，充分调动职工参与质量改进的积极性和创造性。全年有3个QC小组获"冶金行业优秀质量管理小组"，4个QC小组获"临汾市优秀质量管理小组"称号。

【技改工程】 重点实施了焦炉捣固改造、铸铁机改造、中板热处理酸洗线完善等技改项目。其中，焦炉捣固改造项目的投运，使配煤结构更加优化，吨焦成本降低38元；铸铁机改造项目的投运，使铸造铁水能力达到81万吨/年，为生产低成本、高品质铸造生铁创造了条件；中板热处理酸洗线完善工程投运以来，不仅保证了高端产品质量性能稳定，而且使酸洗线工艺流程更加合理，生产节奏更加顺畅。同时，对中板在线控冷、淬火机组、翻板机和钢板表面修磨等关键机组进行了功能提升和改造，为进一步提高产能、改善质量和降低成本奠定了基础。

【安全环保】 坚持"安全工作是第一责任、安全绩效是第一绩效"的理念，本着对企业、对职工负责的态度，从严、从细、从小抓安全工作，扎实推进危险辨识、标准化操作、安全评价、安全培训"四项基础工作，认真贯彻落实"0123"安全管控模式，深入开展矿山、危险化学品、冶金主体设备等专项安全整治活动，不断提升安全工作水平。针对援职协力工作带来的岗位调整变化情况，加强对转岗、并岗人员的安全教育培训，确保安全作业。强化外协人员安全管理，对外协管理中存在的问题进行了整改。深入排查治理各类消防隐患，认真落实消防安全专项整治工作要求，持续提高安全管控水平。

认真落实环境保护责任制，坚持月检查、季度综合检查，加强污染源人工监测、在线监测、视频监控，确保环保设施的正常有效运转，实现污染源和总量全面达标排放。组织相关单位对环境因素进行重新识别，保持环境管理体系有效运行。组织开展环境安全大检查、大气污染防治和环保工作自查自纠等活动，排查治理了环境违法行为，确保环保设施的正常有效运转和污染物达标排放。

【重组业务流程工作】 按照扁平管理和精简高效的原则，重组业务流程，优化、精简机关管理职能，大幅缩减机构和中层干部，努力使机构精简，管理人员精干，适应企业调整转型发展的需要。与2013年年初比，厂部级单位精简了15%，厂部级干部精简了40%。

实行事业部制管理，创新生产组织和运营模式。对产品直接面向市场的中板、炼铁、焦化等三个主体生产单位实行事业部制管理，在原辅料采购、产品研发和销售等方面赋予更多的职责和权利，建立责、权、利相统一的体制机制，实行更加贴近市场的利润核算，并将效益、质量、成本直接同干部、职工收入挂钩，责任到人、指标到人，推动市场压力层层传递，激发活力和创造力。

积极推进援职和协力工作，持续优化配置人力资源。同时，在社会上积极寻找以人力资源利用为主的劳务、检修、技术咨询、项目管理等方面的合作机会，开拓劳动力市场。全年援职协力共1251人。其中，援职574人，协力677人。针对炼钢、加工生产工序关停淘汰实际，制定了停产工序职工安置方案，成立了安置工作组和安置工作监督小组，确保人员安置分流工作有序推进。

【淘汰落后设备与土地规划利用工作】 按照产业政策、城市规划和环保要求，先后关停淘汰了球团竖炉(40万吨)、1号高炉(35万吨)、3座石灰窑(12万吨)和3座转炉(200万吨)等落后装备及产能，烟粉尘和二氧化硫排放量分别减少40%和20%，完成了阶段性节能减排任务，为企业调整转型发展提供了必要的前提。

稳步推进淘汰设备的处置和土地资源的开发利用工作，防止和避免减值损失。按照企业资产处置程序，对落后工序淘汰后的废旧设备、备件等进行有效处置，实现了价值的最大化。加快存量土地开发利用工作步伐。公司成立专门的工作小组，与集团公司成立的专门支持小组实现工作对接，在多次研究国家相关政策和临汾市城市规划要求的基础上，初步拿出了《临钢存量土地开发利用方案》，正抓紧研究论证。同时，主动加强与省市区政府有关部门的沟通交流，协调此项工作有序推进。

【企业文化建设】 继续培育和践行责任文化、忠诚文化、精细文化、执行文化，大力弘扬杨登山“把临钢的事当作自己家的事来做”的主人翁精神和“敢于担当，勇于负责”的高尚品格，发挥企业文化软实力。相继开展了“辛勤劳动创造幸福生活”、“艰苦奋斗、厉行节约”、“以开放式、全球化视野谋发展”主题实践活动，强化理念渗透，促使广大干部职工勤奋敬业，勤俭节约，降本增效，积极参与援职协力工作，适应公司改革创新的新要求，促进公司调整转型顺利进行。

【党群工作】 组织开展党的群众路线教育实践活动。以“照镜子、正衣冠、洗洗澡、治治病”为总要求，以“聚焦四风抓作风改进，凝心聚力促调整转型”为主题，成立了6个督导组，严格按照4个阶段18个步骤的要求，开展了以“为民、务实、清廉”为主要内容的党的群众路线教育实践活动。活动中，公司两级领导班子和班子成员认真组织学习讨论，专题学习79次，专题讨论70次，专题辅导48次，观看各类影视教育片25次。公司领导班子成员深入基层、深入群众，先后组织召开座谈会13次，面对面交谈52次。在广泛听取意见的基础上，公司领导班子汇总整理出10个较为集中的问题，先后5次召开问题剖析会，修订、新建了43项相关的管理制度，推动作风建设常态化、长效化。

加强干部、人才、党员“三支队伍”建设。在干部队伍建设方面，修订了《公司厂部级干部管理办法(暂行)》、《公司科级干部管理办法(暂行)》和《干部选拔任用工作“一报告两评议”实施办法(试行)》，修订了《厂部级干部综合考核办法》。在人才队伍建设方面，修订了《公司优秀人

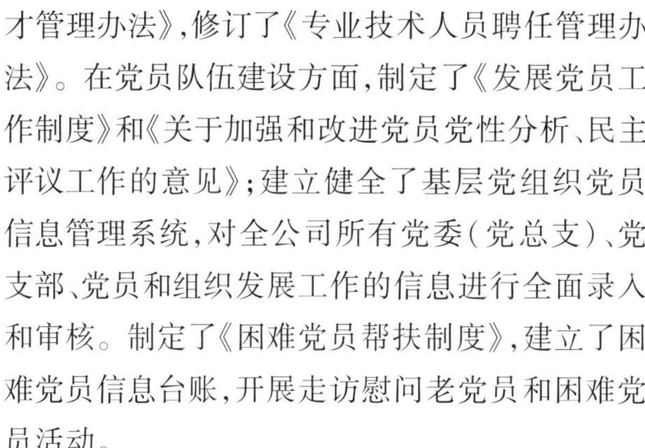

才管理办法》,修订了《专业技术人员聘任管理办法》。在党员队伍建设方面,制定了《发展党员工作制度》和《关于加强和改进党员党性分析、民主评议工作的意见》;建立健全了基层党组织党员信息管理系统,对全公司所有党委(党总支)、党支部、党员和组织发展工作的信息进行全面录入和审核。制定了《困难党员帮扶制度》,建立了困难党员信息台账,开展走访慰问老党员和困难党员活动。

宣传思想工作。发挥政研会在改进和创新思想政治工作中的作用,确定研讨课题,组织基层单位开展研讨活动。全年编辑《学习·创新》2期,刊发理论研讨文章30余篇。《临钢之声》出版143期,临钢有线电视播出新闻187期,《钢城视点》、《职工风采》等栏目合计编播69期,在省、市级媒体和《太钢日报》发表稿件31篇,在太钢电视台及临汾市电视台播出新闻31条。6月,公司荣获2011—2012年度山西省思想政治工作优秀单位。

党风廉政建设。完善"三级责任追究体系",强化各级主要领导干部廉洁从业意识和党风廉政建设责任制的落实。建立健全效能监察工作责任体系,制定(修订)下发《效能监察实施办法》、《公司"三重一大"决策制度实施办法》、《公司管理人员廉洁从业有关规定》等一系列规章制度。全年开展效能诊断64项,立项效能监察36项,专项效能监察26项,整章建制27项,下发监察建议书和决定书65份,堵塞漏洞19个。

工会工作。按规定程序,对四届职代会职工代表进行了调整和补充,组织召开了公司四届三次职工代表大会。组织开展了"安康杯"竞赛活动。完善困难职工帮扶制度,全年救济慰问困难职工346人,发放帮扶慰问金10.58万元;大病互助救助职工688人,救助金额175.89万元;组织职工健康体检6552人次,职业病体检2855人次,女职工专项体检1920人次,社区65岁以上老年人体检1026人次。

共青团工作。深入开展了"转换观念聚力量,岗位建功促发展"论坛、以"青春正能量"为主题的征文活动及"树立健康心态,争做文明职工"教育实践活动,推进青安岗"两位一体"工作机制,通过强化安全技能培训、安全事故案例警示教育活动等措施,进一步提高青工安全技能。按照党建带团建的工作思路,把基层团组织建设纳入基层党组织建设中,加强指导和考评,扎实开展学习型团组织建设,夯实团建基础,进一步增强团组织的凝聚力和战斗力。

(席文丽)

太钢(集团)修建有限责任公司

【概况】 太钢(集团)修建有限责任公司始创于1965年,前身是太钢工程公司,于1990年1月和太原钢城企业公司下属的13个单位联营后成立了太钢修建部,1993年改制为太原钢铁(集团)修建有限责任公司,简称太钢修建公司。2003年11月,修建公司与建设公司重组,504名全民身份职工整建制划转至建设公司。截至2013年末在册职工1260人,其中全民职工11人,集体职工1249人。

2013年,营业收入22033万元,超预算目标33万元。

【工程管理】 按建设单位进度要求完成了北厂区综合管网改造、炼钢二厂南区公辅项目工程、焦化厂7.63米焦炉煤备通廊制安工程、哈斯科主厂房钢结构制安工程、哈斯科化肥线工程、硅钢冷连轧改造工程2区、3区厂房制安工程、新高炉不锈钢挡墙工程、新高炉噪音治理工程、发电厂石膏脱硫工程、袁家村药剂罐制安工程等施工任务;完成榆次万邦30万吨铬铁工程。此外,完成了日常承接的设备维护检修及备件等产品加工任务,得到业主认可。

【安全管理】 根据集团公司《2013年岗位安全达

标工作推进计划》的安排，开展“班组岗位安全达标”工作；加强各作业现场的安全管理，全年共查处各类违章、隐患497项，隐患处理率100%。开展了“百日安全无事故”竞赛活动；对全公司683名在岗职工进行了安全知识培训。全年实现重伤以上事故为零，安全控制度及标准化执行率分别达到9.055及89.99%，完成了集团公司下达的指标。

【质量管理】 年初对技术质量专业管理人员进行了适当的调整，加强了技术质量监督管理力量。重新修订和完善了修建公司质量、职业健康安全管理体系文件，明确了职责，落实了责任。为保证工程顺利完成，在每个工程项目开工前，都召开施工技术交底会，确保单位工程质量评定合格率达到100%。全年完成了10余项工程的竣工验收工作，工程合格率达到了100%。

【基础管理】 强化原材料及废钢管理，降低生产成本。年初公司制定了《修建公司废钢管理办法》，明确了管理职责、原材料计划调拨、材料损耗控制量、废钢铁回收管理、收缴废钢奖励措施等。全年共挖潜消化内部材料约138万元，上缴废钢铁1209.77吨，为公司增效300余万元。

强化预结算管理及资金收支管理。加大对各分公司预结算人员的管理培训，同时针对各个工程项目，制定了结算计划和资金收支计划，每周召开工程预结算会议，促进了相关工作的落实。

强化外协队伍管理。继续执行外协队伍合规准入管理规定；同外协单位签订安全协议；规范外协队伍入厂手续的办理；及时对入厂作业的外协人员进行治安、交通、消防安全培训，提升对外协队伍的安全管控能力。

强化公司生产用设备日常维护检修管理，优化资源配置，保障了生产正常运营。

强化绩效管理。在年初即对各分公司和管理部门明确了目标责任，层层签订责任书，按月制定并下发工作计划，推动了各项工作的落实。

强化“5S”管理和厂容治理，连续三个季度的作业区申报评价，均通过了“集团”公司的评价验收，取得了“三优”区域的称号。8月份自厂容业务回归后，按照厂容回归的工作要求，组建作业人员，并做到厂容维护日常化，绿地养护季节化，在集团公司三季度的评价中取得全公司排名第六名成绩。

【资源配置】 报废了4辆已到报废年限、车况差的生产运输及吊装车辆；完成经改造利旧的龙门吊2台，三厂移装15吨/5吨龙门吊1台、结二移装20吨/5吨龙门吊1台；委托国内起重机专业厂家对二厂、三厂的13号、26号、17号、21号电葫芦、龙门吊进行技术资料的完善和力学验算，并取得起重机安全检验合格证；组织完成JE21－－80吨冲压机曲轴更换任务，保证了榆次万邦不锈钢抑尘冲孔板的供货任务；清查盘点闲置资产并申报至（集团）公司，拟报废11台机具设备，1辆轻型普货，拟出售13台通用设备。

【队伍建设】 为适应公司发展的需求，3月份，对结二分公司、炉窑分公司、经营部、保障部、质量科等单位共计12名管理人员进行了岗位调整。这些管理人员全部进行了上岗前谈话。

【民生建设】 在中秋节、春节前夕开展对困难党员和大病职工救助活动，9月份开展金秋助学活动；对特殊困难职工予以专门关照；为在外地施工的职工增加车辆及生活补贴；进入夏季，给职工发放茶叶、防暑降温药品等共计12.4万余元，给一线职工发放纯净水共计6万余元。给全体在岗职工增加节日补贴、取暖补贴。

按照公开、公平、公正的原则，分两次为符合条件的34名特殊工种职工办理了提前退休手续，为46名职工办理正常退休手续，为6名职工办理病退手续；按时将养老、失业、医疗、公积金每月打入职工个人账户。

（张俊杰）

山西世茂商务中心有限公司

【概况】 山西世茂商务中心有限公司(以下简称世茂公司)隶属于太钢(集团)有限公司,正式成立于1994年10月,地理位置位于山西省省会太原市解放北路83号。世茂公司与太钢厂区相连,规划总占地面积110000平方米,总建筑面积15万平方米,绿化面积超过50%。经营范围包括住宿、餐饮、体育、房屋、车辆租赁等业务。作为新型服务产业的代表,世茂公司有五星级酒店——花园国际大酒店、体育文化中心和贵宾楼三大业务单元。

花园国际大酒店是国际商务会议型酒店。酒店于2013年1月29日通过全国旅游星级饭店评定委员会“五星级旅游饭店”评审,6月25日正式挂牌“五星级饭店”;同年7月,酒店申请成为中国旅游饭店业协会会员;并被太原市烹饪餐饮业协会授予“2012太原餐饮经济突出贡献企业”称号;被太原市食品药品监督管理局评定为2013年度量化A级单位。

花园体育文化中心是太钢倾力打造的集运动、休闲健身和体育文化为一体的国内航母级综合室内体育场馆,也是国内第一家用wellness(全面健康)理念打造多功能运动文化中心,总面积达3.7万平方米。设有国际标准的恒温游泳池和儿童戏水池、顶级健身中心和超大乒羽活动场地,高级会员区域还设有网球场、篮球场、美式台球和室内高尔夫等设施,同时还配套更衣洗浴、运动美食、精品超市、私人教练、文化培训等服务。2013年,体育文化中心获得太原市体育经营先进单位荣誉称号,国家体育总局、太原市人大常委会等上级领导部门多次参观指导;并参与协办第11届“篮球城市”交流活动,以及2013世界旅游小姐大赛山西赛区比赛等大型赛事活动。

贵宾楼位于花园国际大酒店南侧,建筑面积4.2万平方米,分为地上10层、地下1层,其中1~2层出租兴业银行及山西卓凡大酒店有限公司;3层为写字楼出租;4~6层为太钢营销部办公区;7~10层为与酒店配套的行政客房,共计134间,已于2013年投入运营。

世茂商务中心有限公司领导层设董事长1人、总经理1人、副经理1人。机构设置:综合部、经营管理部、采购部、财务部、物业部、工程部6个部门。2013年末有太钢职工24人(包括2013年招聘5名大学生),其中党员15人;具有高级职称人员2人,中级职称6人,初级职称2人。

【经营指标】 2013年营收9879万元,利润-5036万元,酒店GOP为796万元,客房入住率为47%。

(张原源)

山西太钢保险代理有限公司

【概况】 山西太钢保险代理有限公司是2003年8月21日经中国保险监督管理委员会批准设立的专业保险代理机构。2003年11月挂牌。2003年至2005年主要工作是实现太钢保险业务的集中代理;2006年至2009年10月向太钢集团分、子、控及分离改制单位拓展保险业务,降低太钢企财险费率和货运险费率;2009年10月至今工作重点转向为客户设计系统化风险转移保险解决方案,突出保险索赔服务。

机构设置:设置业务管理和综合管理两个管理部门,下设山西太钢保险代理有限公司代县分公司和临汾分公司两个分公司。

2013年年末职工人数:山西太钢保险代理有限公司4人;山西太钢保险代理有限公司代县分公司1人(兼职);山西太钢保险代理有限公司临汾分公司4人(兼职)。

管理权限:代理销售保险产品;代理收取保险费;代理相关保险业务的损失勘察和理赔;中国保监会批准的其他业务。

主要工作内容：负责根据集团计财部统一安排，进行集团公司资产保险的具体业务运作，包括办理投保、招标及出险索赔的手续，对保险费用及保险赔款统一收支；负责扩大非太钢保险代理业务。

【经营业绩】 1. 降低保险费率方面。一是一切险费率由 0.165‰ 降至 0.1402‰，降低了 15.03%，一切险（含扩展地震险）减少保险费支出141.99 万元；机损险费率由 0.245‰ 降至 0.2082‰，降低了 15.02%，机损险减少保险费支出 134.34 万元。两项保险共减少保险费支出 276.33万元。二是物流中心铁路货运险费率由 0.30‰降至 0.28‰，降低了 6.67%，减少保险费支出 23.36 万元。三是进出口货运险费率由 0.40‰降至 0.38‰，降低了 5%，减少保险费支出 30 万元。共为太钢集团公司节约保险费支出 329.69万元。

2. 保险索赔服务方面。太钢集团公司企财险索赔金额达到 1450.32 万元，主要进行了如下保险服务：一是提升全员事故索赔实际操作能力，索赔指标细化到各位员工，明确职责、细化措施。二是借助总调运行图表，密切关注太钢生产运行动态，及时掌握出险信息。三是加大与出险单位、专业管理部门、保险公司的协调沟通，做到事故报案、现场查勘、判定事故责任、损失估计不超过 48 小时。四是全面介入保险公司定责定损流程，缩短理赔周期，提高个案赔付率，个案结案时间不超过 60 天。

2013 年山西太钢保险代理有限公司主要工作完成情况表

项目	单位	实际
营业收入	万元	691
利润总额	万元	110
太钢企财险索赔	万元	1450.32

（闵　龙）

太原钢铁（集团）不锈钢工业园有限公司

【概况】 太原不锈钢产业园区位于尖草坪区 108 国道两侧、新兰路以东区域，紧邻太钢，是省委、省政府调整产业结构，建设“大运经济带”的重要组成部分，是太原市全面实施产业簇群战略、推进工业化进程、振兴老工业基地的重要举措，是 2006 年 4 月经省政府批准、国家发改委备案的省级开发区。2010 年 2 月国家工信部授予“国家新型工业化产业示范基地”称号。规划控制总面积约 14.86 平方公里，已开发建设 3.64 平方公里。

太原钢铁（集团）不锈钢工业园有限公司是太原不锈钢产业园区的核心示范园，于 2003 年 10 月开工建设，2004 年 8 月正式开园，园区占地 53.3 公顷，职工 36 人，工业厂房 30 座，发展到 2013 年已有 40 家海内外企业入驻，其中知名企业有：德国西巴赫、德国福伊特、中国香港天成、中国台湾大成、烟台东方、江苏大明、长城电气等，已形成 50 万吨不锈钢的年加工能力。年末机构：招商发展部、原料保供部、制品开发部、规划建设部、企业服务部、综合管理部（党工部），以及财务室（计财部驻厂）。

【生产经营】 2013 年实现营业收入 4.64 亿元，实现利润 -171.67 万元，不锈钢转化量 11.32 万吨，可利用材开发 2.42 万吨，制品及工程收入 1773.29 万元，全年引进 5 家行业龙头企业或优势企业入园。2013 年工业园加大了制品产业发展步伐，尤其下半年以来，分别从设计研发与品牌管理、销售渠道、制品工程三方面展开工作，在设计研发与品牌管理方面，与国内顶级工业设计公司洛可可、东道公司合作，策划在园区成立创意空间工作室，结合高端商务礼品、旅游纪念品产品定位进行实物设计，并针对工业园不锈钢制品品牌、专卖店店面、产品包装进行设计，已报公司同意立项实施；在销售渠道方面，完善现有专卖店经营同时，积极与五台山、平遥等旅游景点洽谈，即将增设旅游纪念品及高端商务礼品等市场销售门店；在制品工程方面，抢抓太原市环路改造工程良机，主动联系太原市政部门（住建委、城管委等），成功中标公交候车亭、果皮箱和指路牌等城市家具工程，合同额达3000万元，已全部验收完毕。同时，以“不锈钢深加工科技孵化器”建设为载体，积极争取政府政策支持，成立工业园“不锈钢科技创新服务中心”专门机构开展孵化器工作。赴国家科技部火炬中心进行项目申报、答辩，太钢不锈钢工业园被国家科技部正式批准为“国家级科技企业孵化器”。此外，继续对不锈钢工业园内环境进行维修美化，2013年工业园被评为“太原市园林绿化先进单位”。

（太原钢铁（集团）不锈钢工业园有限公司）

山西钢盛房地产开发有限公司

【概况】 山西钢盛房地产开发有限公司（简称钢盛地产公司）成立于2010年3月，是由山西太钢房地产开发有限公司与山西明盛投资有限公司（山西煤炭进出口集团有限公司的全资子公司）共同出资设立的一个房地产合资公司，经营范围包括房地产开发、商品房销售、房屋租赁、物业管理及房屋拆迁。太钢房地产公司占股权比例的80%；明盛投资公司占股权比例的20%。

钢盛地产公司下设综合事务部、项目开发部、计划推广部及工程技术部4个职能部门。2013年末有太钢在册职工8人。

【太钢城郊森林公园项目进展】 太钢城郊森林公园项目总占地面积约1272万平方米，范围内有3个村庄，山上1个：横岭村；山下2个，分别为土堂村、大留村。项目计划在三年内完成绿化景观打造、基础设施建设和配套项目工程，建成高标准的森林公园景区；在五年内完成运动、休闲、旅游、度假等开发项目建设。

完成的主要工作：按照耿市长太钢现场办公会议精神，经过协调太原市各有关部门，确定为钢盛城郊森林公园提供金桥街19.2万平方米建设用地，并享受城郊公园政策（土地出让金60%可返还）；完成了山上横岭村土地租赁和地上附着物补偿；项目控制性详细规划和旅游发展总体规划编制完成并通过市政府审批；绿化专项规划设计和基础设施（供水、供电、道路等）专项设计已启动；山上土地招商引资工作正在与有意向签约的投资商积极协商。

2013年城郊森林公园绿化植树完成情况表

时间	种植区域	绿化株数（万株）
春季	横岭村以南经济林	3.1
秋季	旅游公路两侧	2
合　　计		5.1

（王龙伟）

山西太钢万邦炉料有限公司

【概况】 山西太钢万邦炉料有限公司是太原钢铁（集团）有限公司与山西省晋中万邦工贸有限公司于2011年3月合资成立，由太原钢铁（集团）有限公司控股。主营业务为铬铁及其他相关铁合金材料的技术研发、生产和销售。机构设置包括生产运营部、设备能源部、经营贸易部、计财部和综合部（党群工作部）5个部门；包括焙烧、冶炼、成品、运行和维检5个作业区，截至2013年底员工人数为228人。

【项目进展】 2013年，山西太钢万邦炉料有限公司30万吨铬铁项目建设全面进入设备安装阶段，同时生产准备工作也全面展开。

工程各主要项目逐步完成施工并进入调试阶段：6月1日220千伏变电站完工；6月30日煤

气柜完工;7月25日,焙烧生产线开始单体试车,年底进行了热负荷试车;冶炼工序工程量基本完成,将于2014年3月热负荷试车;同时,配套的原料场、水处理系统、动力介质系统等公辅设施均已完工,随着主体工序全面投用。余能发电、渣处理等工程也相继开工建设。

【项目管理】 在项目建设过程中,对外强化设计、施工和监理单位责任意识和目标意识,推进施工进度。内部强化项目部管理职能,加强施工条件、设备材料供应及资金保障,为项目建设提供保证。

推行工程例会制度,加强项目部与各施工单位、设计单位、监理单位的全方位沟通协调,推进项目建设中安全、质量、进度和投资四大目标。落实工序衔接、场地衔接以及设计、物资、施工间的衔接,注重过程监控和及时纠偏,各项目有序协调推进。

继续推行项目负责人制度,培养了一批项目建设和公司运营所需的骨干员工。

【采购工作】 设计与服务、工程和设备等的采购工作,按照国家相关法律和公司制度,在充分交流、调研和论证的基础上进行。在采购过程中,本着建设精品工程的目标,在行业排名、资质和业绩等方面确定严格的准入和选择标准,确保选择一流的承包商和供货商,完成了设计与服务采购的100%;工程采购完成约95%;设备采购完成90%。

在消化吸收主体工艺装备先进技术的同时,对渣处理系统、发电系统等建设内容不断进行相关技术方案的论证。对余能发电、铸铁机工艺、水渣脱水处理及利用等工艺方案进一步优化完善,并于年内开工建设。

【队伍建设】 针对项目部人员结构复杂、数量少的特点,强化团队意识,抓作风建设和能力建设。继续实行并不断完善岗位技能与绩效考核相结合的薪酬模式,对在项目建设中作出突出贡献的给予奖励,对绩效完成未达标的给予考核。同时,建立纪律严明、廉洁高效的项目建设团队,把纪律和廉洁作为员工工作的红线和员工的基本素养,纳入绩效考评及奖惩制度。为提高员工组织纪律性,两批新入厂员工进行了为期两周的全方位军训。

【规范管理】 逐步规范公司法人治理结构,建立经理办公会制度,明确高管人员职责分工,建立高管人员绩效考核体系。

建立组织机构。完成公司管理、技术岗位编制,并根据编制,公开招聘,配置5个部门及5个作业区的主要管理技术人员。提高人力资源效率,推行岗位"一专多能";岗位设置注重责权利的统一。截至年末,配置员工总数228人。

完善公司生产组织体系、成本控制体系、设备维护体系和营销采购体系,确保项目试生产和投产后的生产、设备安全,保证经济、稳定运行。

【控制各类风险】 采购招投标严格执行公司招投标管理制度、供应商准入制度、资质审查制度,执行审批程序。合同付款实现了专业员、监理、经济部、工程管理部的逐级审批制度,控制了资金支出风险。招投标管理注重对标及设计方案的审查,在钢材采购及工程造价中均执行对标价格。

【项目建设保障】 调动和发挥设计施工单位和监理单位的工作积极性和优势,设计单位深入现场,监理单位全程全方位监督施工过程,保证施工质量。

加强与外方沟通,及时消化吸收外方的先进技术,实现了引进的主体设备与配套的国内设备设施的有效衔接和无缝对接。

在安装调试过程中,集成太钢和外方的技术优势,形成公司的自有技术和专利技术。

【试车工作】 启动生产组织准备工作。从人力资源、文件资料和物料三方面制订详细的准备计划，下发《30万吨铬铁项目生产准备计划书》，为顺利试生产和尽快达产达效提供保障。

根据项目进展情况，合理地配置人力资源。组织关键操作岗位、维检岗位和特殊工种作业人员进行培训和实习，完成两批赴奥图泰焙烧、冶炼培训；完成相关专业的培训实习。

围绕主体工序焙烧试车，各相关工序试车均制订了试车方案，从原料场投用及原料准备、220千伏变电站送电、能源动力介质供应等公辅系统的顺利投用，进行全面准备试运行，保证焙烧工序试车的顺利进行。

【控制项目投资】 在项目投资控制方面，通过优化方案，变更设计，冶炼冲渣池耐磨管的使用量节约100吨，降低费用200余万元；水处理1号、2号辐流池优化设计材料，综合取费节约109万元；水池防腐通过调整原过功能设计，每平方米降低300元，节约330万元。

与太钢计财部共同与银行沟通，争取项目投资贷款利率下浮10%，降低项目投资（资金成本）560万元。

利用国家对节能环保产业项目的政策支持，协调海关和国家发改委，争取项目进口设备减免税，降低100万欧元。

【树立形象】 作为省市重点建设项目，受到各级政府部门的高度关注和支持，10月29日，省长李小鹏等带队观摩，给予好评。同时公司作为园区重点企业，落实"派驻党建专员，双挂职"等活动，加强与地方政府部门的沟通，创建了和谐的社会环境。

（梁建忠）

山西太钢鑫磊资源有限公司

【概况】 山西太钢鑫磊资源有限公司（以下简称太钢鑫磊公司）成立于2011年10月，是太原钢铁（集团）有限公司的控股子公司，由太钢集团公司与山西鑫磊电石有限公司（2013年11月改为山西鑫磊能源有限公司）合作投资建设。

太钢盂县石灰项目是太钢"十二五"规划重点项目之一，于2011年10月18日开工建设，截止2013年底工程项目已全部结束。项目建设主要内容包括：2×1000吨/日活性石灰回转窑及配套石灰石矿山工程。生产规模：石灰石矿山年采剥总量720万吨，处理原矿300万吨，生产成品矿171万吨，年产冶金石灰66万吨。

太钢鑫磊公司设置6个部门：生产技术部、设备能源部、物资采购供应部、安全管理部、综合管理部（含党群）、计财部。3个作业区：回转窑作业区、破碎作业区、能动作业区。2013年末，在册职工179人，其中管理人员36人，专业技术人员15人，操作人员128人。

【工程项目进展】 一季度2×1000吨/日活性石灰回转窑及配套石灰石项目的20项单位工程和36个实体建筑及设施已完成验收，并与生产单位进行了中间实物交接。项目共购置432台/套设备，360台/套功能性验收合格，其余设备正按合同进行功能性测试。

造价咨询单位已完成建安投资审核3.2亿元，占建安总投资的84%。甲供材料已完成核料12类2500项，占甲供量的87%。按项目"三同时"有关的法律手续。回转窑已完成安全预评价报告备案、安全专篇评审备案；采矿职业卫生预评价报告备案、回转窑职业卫生预评价报告备案；回转窑、破碎环评批复、采矿环评报告评审；采矿水土保持方案批复、回转窑水土保持方案批复；地震安全性评价批复；消防已在阳泉市消防支队备案；采矿项目职业危害防护设施专篇已在盂县安监局备案；回转窑项目职业危害防护设施专篇评审会通过；回转窑及破碎筛分安全验收通过评审。

【生产组织】 1号回转窑于4月2日点火,4月23日出灰;2号回转窑于6月17日点火,7月6日出灰,标志着项目全面进入试生产阶段。由于石灰石原料强度低,煅烧过程中容易粉化,产生大量粉尘,导致窑况劣化。通过对系统运行参数的收集、分析、设备运行工况的观察及原料、成品的化验、测定,从原燃料粒级范围、石灰石煅烧特性、工艺操作参数、设备性能等方面入手,找问题、查原因、想对策、做改善,经过反复试验,于12月份实现了回转窑达产达效。全年共完成石灰石原矿103.8万吨、成品矿63.2万吨,冶金石灰27.15万吨,石灰成本430元/吨。

【安全管理】 贯彻集团公司"0123"安全管控模式,以危险辨识、标准化作业为基础,以安全培训、安全评价为手段,加强现场管控、过程管控,实现工亡事故为零,重特大生产事故、设备事故、交通事故、火灾事故、公共安全事故、环境污染事故、急性职业病事故、地质灾害事故、工程安全事故、外协死亡事故为零。

制定下发了《岗位安全生产责任制》、《事故隐患三级管控办法》、《受限空间作业安全管理制度》、《外协安全管理办法》等10余项制度。编制并逐步完善了三大规程、岗位作业指导书等相关制度,并按制度开展各项工作,保障生产安全平稳运行。

加强现场安全防护设施进行排查、整改,共计发现248项现场隐患,整改完成212项,整改率86%。

【党建工作】 以项目建设和试生产达产达效为重点,以推进干部队伍建设、党员队伍建设、职工队伍建设为切入点,以弘扬太钢企业文化、学习民营企业高效务实工作作风导向,完成了两级公司安排的各项工作任务,项目部荣获山西省劳动竞赛集体二等功的称号。

随着公司党员队伍的发展变化,及时对党支部和党小组进行了重新划分设置,成立了回转窑、能动破碎和机关3个党支部,确保了党建工作的全覆盖。

以为民务实清廉为主要内容的党的群众路线教育实践活动是2013年党建工作中的重要任务,公司党总支按照两级公司党委的统一部署,加强领导、迅速行动、积极组织,确保了活动的顺利开展,取得了预期效果。

【和谐矿山建设】 公司从职工最关心、反应最强烈的问题入手,千方百计为职工办实事、办好事,下大力气改善职工的生产生活环境,对厂区及办公区进行了硬化、绿化、美化,完成绿化19万平方米;对生活区环境进行了集中整治。文体活动中心、室外篮球场、健身场所等完工并投入运行,组织参加了"矿山杯"运动会,自主开展了小型文体活动,活跃了职工文化生活。组织食堂人员到兄弟矿山交流学习,饭菜质量有了一定提高。慰问资助困难职工,开展了"慈善一日捐"等活动。

公司注重企业文化建设,着力培养团队精神,真正营造合作氛围,把提高员工的凝聚力作为搞好各项工作的基础,用企业文化来规范员工的行为,用团队精神来激活员工的思维,用真诚氛围来发挥员工的聪明才智,全面提高员工素质,促进员工在企业环境和工作岗位上健康成长,把企业打造成为一个团结拼搏,和谐协作,共同发展的团队。

(刘娟娟)

太钢集团财务有限公司

【概况】 太钢集团财务有限公司(以下简称"太钢财务公司")成立于2013年1月,是中国银行业监督管理委员会批准的,以加强集团资金集中管理和提高集团资金使用效率为目的,为集团成员单位提供财务管理服务的非银行金融机构。公司注册资本金为人民币10亿元,其中太原钢铁(集团)有限公司和山西太钢不锈钢股份有限公司分别持有51%和49%的股份。

太钢财务公司建立了“三会一层”法人治理结构，经营层下设稽核风险部、资金计划部、结算管理部、信贷管理部、财务会计部、综合管理部6个职能部门。2013年末，太钢财务公司在册职工人数27人，其中：硕士研究生7人，所占比例26%；本科学历16人，所占比例59%；专科学历4人，所占比例15%。高级职称员工6人，所占比例22%。

太钢财务公司是集团资金集中管理中心和金融服务中心。基本功能是：加强资金集中管理、提高资金使用效率，优化资源配置，节约财务成本；提供金融服务，拓宽融资渠道，寻求集团公司新的利润增长点；通过资金集中加强对成员单位资金流向的监控；通过产业资本与金融资本融合，为企业集团战略目标服务。

2013年太钢财务公司遵循“规范经营，稳健发展、专业服务”经营方针，在确保存、贷款等基础业务稳定经营的前提下，坚持以创新为动力促进业务发展，加快业务创新和服务改进，积极争取信贷总量，优化调整信贷结构，制订风险管理规划、流程及制度，推进参股、合资公司上线运行，持续完善业务运营系统，增强经营管理的前瞻性和主动性，研究拓展新业务，增强盈利能力。

【经营指标】 太钢财务公司超额完成集团公司下达的全面预算目标，实现利润8218万元，完成预算指标的146.75%，主要行业监管指标均符合银行监管部门要求。

【人民币资金池】 太钢财务公司陆续与14家银行开展业务合作，签订银企直联协议及资金池协议，办理成员单位资金归集、同业存放等业务；制定了成员单位资金归集计划及方案，共完成78家成员单位上线运行，占集团公司可归集范围的88%，日均资金归集率达到80%～90%。通过资金有效归集，搭建人民币资金池，全年累计办理结算业务38061笔，结算量4188.99亿元。

【票据资金池】 为降低集团公司票据管理风险，通过票据实物与信息的集中管理，实现票据增值。太钢财务公司开展了票据池业务，截止年末，已完成票据池12户成员单位的票据收款、代保管、入池、出池的背书转让、托收等业务。累计票据收支123亿元、7509张；全年累计办理票据贴现21亿元，再贴现业务6.1亿元，转贴现业务2.8亿元。

【外币资金池】 为实现外币资金的集中管理，积极推进外币资金池的建立。省外管局已批准太钢财务公司即期结售汇业务经营资格及结售汇综合头寸业务。已完成向国家外汇管理局和外汇交易中心申请人民币外汇即期会员资格和系统接入工作。

【电子商业汇票】 为拓宽成员单位的融资渠道，积极研究并推进电子商业汇票业务。人民银行已批准以直连方式加入电子商业汇票系统，准备进行系统模拟测试和接口验收，12月与招行签订《招商银行同业客户电子商业汇票业务服务协议》，完成代理模式下招行网银电票同业模块的上线配置。12月份开始为太钢不锈办理电票贴现业务13500万元，办理电票承兑业务7360万元。

【基础业务】 建立资金计划和资金头寸管理的体系架构，密切关注货币市场利率，在保障流动性和安全性的前提下，择机开展同业定期存款业务。累计办理同业定期存款276笔、金额累计568亿元。年内向集团母公司和太钢不锈母公司发放流动资金贷款4笔，累计金额16亿元，利率为基准利率下浮10%～20%，有力地支持了集团公司和股份公司的融资需求，降低了集团公司整体财务费用。

【风险管控】 制定了《太钢财务公司全面风险管理规划》及《2013年度风险管理重点工作计划》，

坚持“业务发展,内控先行”的原则,通过培育风险文化、强化制度建设、构建三道防线、防范四大风险、加强内控案防管理、完善信息系统建设等措施,扎实推进财务公司风险管理工作,实现了公司各项业务的安全稳健运营。

【信息管理系统】 根据业务需求,不断完善业务运营系统功能模块并上线运行,提高工作效率;完成了信息系统一期项目交工验收工作;制定电票系统和外汇业务上线计划,稳步推进信息系统建设。

【制度建设】 为保证各项业务的规范运行,加强制度建设。年内共修订下发54项制度、34个流程,涉及公司治理、业务管理、综合行政、信息系统、财务管理、风险管理六大类。

【人力资源管理】 建立绩效考评体系,下发《太钢财务公司绩效考核管理办法》,制定各部门的业绩考核及综合评价指标,按季度实施考评;编制下发2013年培训工作计划和“管理者上讲台培训到现场”培训计划,并组织实施;鼓励并组织员工参加中国银行业从业人员资格认证考试,16名员工(62%的员工)获得了中国银行业从业人员资格证书;通过各种形式,加强金融能力培训,不断提高员工职业素养和风险意识。

(陈曜华)

山西太钢泥屯生态农业有限公司

【概况】 山西太钢泥屯生态农业有限公司位于阳曲县泥屯镇思西村,于2013年10月成立,计划投资2亿元,占地86.67万平方米。该公司是太钢根据省委省政府、市委市政府“百企千村”产业扶贫政策成立的,集种植、养殖、采摘、休闲观光、物流等于一体的——太钢泥屯生态农业园。园区分为六大功能区,分别为现代农业展示区域、日光温室生产区、工厂化育苗区、冷库物流配送区、生态餐厅及采摘区、养殖区。

项目于2013年10月开工建设,年末已投资约1000万元,建设完成50个日光温室,20个拱棚,及配套供电、供水等基础设施。截至2013年底,公司在册正式员工5人。组织机构:董事长、总经理;运营总监;综合部、运营部、保供部。

(武建国)

全资子公司

山西太钢工程技术有限公司

【概况】 山西太钢工程技术有限公司,公司成立于1977年12月,其名称为:太钢设计院,伴随企业改制于2001年11月更名为太原钢铁(集团)设计院(有限公司),2010年5月31日正式更名为山西太钢工程技术有限公司。

2013年末在册职工257人,其中:教授级高工2人、高级职称78人、中级职称108人、各类专业注册执业人员72人;机构设置:专业部门13个、职能管理部门7个、信息自动化事业部和电子产品制造事业部及信息中心。

【生产经营】 全面预算指标超额完成:全年实现收入7.8亿元,比上年增长29%,实现利润5100万元,比上年增长28%,职工人均收入比上年增长9.4%。设计任务目标完成率87%,完成设计合同313项,设计图纸量77516A1,比上年增长179%。电子产品制造实现收入4000万元,比上年增长67%。

集团公司项目:袁家村铁矿普明EPC项目,全面完成,顺利投入生产运营;哈斯科钢渣肥料EPC项目,顺利完成,已投入生产运行,生产出合格产品;晋中万邦30万吨Cr铁项目,设计工作全面完成,所承担的EPC项目正在快速进展;高炉渣制矿棉项目,设计工作基本完成,该项目为新型循环利用的又一亮点项目;高炉冲渣水热能利用项目,在进行调试、试运,该项目属于国际性难题,有着良好的市场潜力,为又一低碳自有技术输出的亮点;不锈钢冷轧项目,经过两年多的努力,设计工作接近尾声,Cr钢专用生产线EP项目,已顺利达产,生产出合格的产品,该项目属于太钢自有技术。

集团公司外部项目:两大支柱项目石灰竖窑和不锈钢生产线完成投产。新疆石灰竖窑项目3年9座5投产,合同额达5.5亿元,进度指标、质量指标均实现目标,目前正在加大推进交工验收。中泰三期、蓝山屯河4座石灰窑的项目建设工作,将在2014年9月底完成试车投产;不锈钢冷轧生产线,3年6条生产线,2条生产线已达产达效,进入质保期,合同额达4.5亿元。节能环保循环利用项目正在积极推动,石灰窑、不锈钢生产线在巩固老用户基础上,不断寻求新的领域,新的用户;电子产品制造在扩大低压盘柜业务的基础上,获得了高压盘柜的生产合格证,为扩大能力和产品规格增强了业务竞争能力。

【新型业务培育】 集团公司为推动多元发展,工程技术公司与北京碧水源公司组建了合资公司——山西太钢碧水源环保科技有限公司,增强和扩大了工程技术公司在水工程、水务运营、膜制造领域的技术输出能力;与住友重工合作开发烧结烟气净化工程;与麦尔兹公司联合开发石灰窑在金属镁业煅烧白云石新型窑型技术;与国际品牌的电子元件生产商加强联盟合作,获取了优惠的电气元器件集成商价格,提高电子盘柜的盈利能力;坚持突出特色,围绕不锈钢生产线、节能环保循环利用工程项目,培育发展新型业务,不断创新模式、创新机制、发展自身。

【技术质量】 结合新版GB/T28001-20011《职业健康安全管理体系 规范》,按照GB/T19001-2008《质量管理体系要求》、GB/T24001-2004《环境管理体系要求及使用指南》、GB/T28001-20011《职业健康安全管理体系 规范》和GB/T50430-2007《工程建设施工企业质量管理规范》标准要求,完成了《山西太钢工程技术有限公司》和《山西太钢信息与自动化技术有限公司》一体化管理体系文件修订和改版工作(含手册、程序文件及第三层次文件),顺利通过中质协组织的质量管理体系、环境管理体系、职业健康安全管理体系年度监督审核,确保资质证书的有效性。

组织公司技术委员会对完成的主要高阶段设计文本进行了公司级评审,保障了高阶段设计文本的质量;累计抽查设计图纸103套,971.375张A1,涉及专业有轧钢、冶炼、燃气、设备、电器、通讯、仪表、土建、暖通、水道、总图等多个专业,有效提升了技术人员的质量意识。

全年订购技术规范、标准、手册等1000多册,编制下发了公司《现行技术标准、规范清单》(第十五期),并在公司内网上建立了国家强制标准规范、法规、太钢集团公司和公司的各项规章制度及质量安全警示网页,全员综合素质不断提高。

全年未发生一起重大质量事故。

【创新成果】 2013年获全国冶金行业优秀勘察、设计及软件成果6项,即:太钢热连轧厂新建30

座全氢煤气罩式炉工程获全国冶金行业优秀工程设计一等奖;天津太钢天管40万吨不锈钢冷轧工程获全国冶金行业优秀工程设计一等奖;太钢5号高炉煤气干式除尘工程获全国冶金行业优秀工程设计一等奖;山西太钢矿粉解冻库烟气余能安全利用项目设计获全国冶金行业优秀工程设计三等奖;太钢加工厂冶金除尘灰资源化工程岩土工程勘察获全国冶金行业优秀工程勘察二等奖;冷轧分条生产过程管理软件获全国冶金行业优秀计算机软件一等奖。获山西省优秀勘察设计成果3项,即:太钢集中供热工程获省优秀工程勘察设计项目优秀冶金设计一等奖;新烧结机烟气脱硫脱硝工程获省优秀工程勘察设计项目优秀冶金设计二等奖;山西太钢不锈钢股份有限公司加工厂21万吨固态渣处理工程获省优秀工程勘察设计项目优秀冶金设计三等奖。获太钢集团公司管理现代化创新成果2项。申报专利3项,即:一种电气快速插头固定装置;一种埋地式煤气排水器;一种高炉冲渣水余热回收利用方法。创新工作室获太钢集团公司创新成果5项。申报太原市第四届职工创新大赛成果9项。申报合理化建议19项。

【基础管理】 制度管理:为适应公司EP、EPC等综合业务的不断拓展,完善了EP、EPC项目实施过程中的设备物资采购管理制度、工程交工验收管理办法、现场项目经理部管理制度、项目招投标管理办法;科室基础管理工作在不断增强,设计进度、工程项目进度完成情况在不断提高。

为实现转型跨越发展,开辟新的经济效益增长点,经太原钢铁(集团)有限公司董事会(钢董发【2013】37号、46号)研究决定:同意山西太钢工程技术有限公司与北京碧水源科技股份有限公司共同出资设立合资公司——山西太钢碧水源环保科技有限公司(公司注册资本金:2亿元,太钢工程技术占注册资本金55%,北京碧水源占注册资本金45%),10月25日举行公司成立签字仪式,年底完成了公司的工商注册和税务登记等手续,已正式运营。

【企业文化】 2013年被评为集团公司先进单位,荣获“山西省勘察设计行业优秀企业”称号,连续多年保持山西省国资委和集团公司“文明和谐单位标兵”。及时帮扶困难职工,发放各种救助和慰问金共10465.7元;组织开展社会公益活动,参加“慈善一日捐”共捐款6320元。

(李富国)

太钢集团岚县矿业有限公司

【概况】 太钢集团岚县矿业有限公司在建项目包括袁家村铁矿项目和普明球团及储运项目。袁家村铁矿位于吕梁市岚县梁家庄乡袁家村。普明球团及储运项目位于岚县普明工业园区。

2013年公司下设16个机关职能科室、6个部、12个作业区。年末有职工1152人,其中临钢援职人员586人。

【经营绩效】 2013年,袁家村铁矿全年累计试生产铁精矿411万吨、球团矿165万吨,实现了年度预算目标和特别贡献目标。

【安全工作】 建立安全管理标准化体系,实现了年度安全环保目标。全矿56个班组全年开展危险预知训练1200余次;通过岗位作业活动跟踪和危险辨识,新增作业标准93个,修订完善作业标准126项;组织84个岗位717人参与了岗位达标活动,达标率为76.7%;开展了电工、起重驾驶、起重指挥3个岗位的标准化竞赛;对17个班组进行了星级班组验收,8个达到一星级标准。公司被评为出席集团公司的“安全生产先进单位”。

【设备能源】 年内出台了17项设备管理制度,编制下发了500多项设备点检标准和给油脂标准、115项设备维护技术标准和作业标准。初步建立了TPM设备管理体系,按季开展设备评价并严格考核,实施工艺设备技改130多项。

采用核心业务和重要生产环节自营、不具备专业优势的业务外包的模式,采矿业务由中铁十九局集团公司承包,首期签订了10年合同。生活后勤业务由山西矿山建设股份有限公司承包。

【工程管理】 供水系统尖山支线工程于11月份完工,正式送水;铁路专用线桥涵工程完成80%,路基工程完成60%;供电系统袁家村220千伏变电站娄袁Ⅰ线、Ⅱ线已完工;110千伏、35千伏接续线工程基本完工。另外,主体工程实物交接、交工验收、资料归档已完成,工程结算完成建安合同总额的50%,"工程创优"工作按2014年6月开始申报的目标推进。

【党群工作】 开展立项效能监察,全年创效3500万元。自办《工程简报》25期,对外投稿108篇。切实维护职工群众的具体利益,分期分批安排职工疗休养,建立健全困难职工档案,"慈善一日捐"捐款26130元,"中秋"、"春节"两节为困难职工发放了6500元救助金。组织"袁矿最强音"歌手大赛、"协同杯"拔河比赛等活动,参加两级公司组织的各项活动,先后获得太钢青年英语大赛第二名、矿业分公司篮球比赛冠军等成绩。

(张　玥)

山西太钢房地产开发有限公司

【概况】 山西太钢房地产开发有限公司是(集团)公司下属全资子公司。2013年末有员工330人,其中管理人员125人,专业技术人员26人,操作人员179人。具有国家注册监理师资质4人,具有高级职称5人,具有中级职称51人。主要从事太钢住宅开发、宿舍区物业管理等方面的工作。管理住宅面积380万平方米,职工住户55166户。

收入指标:预算指标42000万元,实际完成51918万元。其中,房地产开发收入50383万元,底商收入945万元,物业对外收入435万元,其他收入155万元。

【房地产开发项目】 22宿舍改造项目1~5号楼主体结构、二次结构完成,专业安装工程按计划实施,整体工程进度按目标节点要求稳步推进。

线材宿舍改造项目东区1~2号楼、地库,西区1~5号楼,北区1~2号楼、地库提前竣工,并且完成除公租房以外的1000余套住房的分配工作。

新项目手续办理完成金桥街第一批182464.84平方米土地手续办理。协调政府有关部门,正在办理耐火公司土地的规划手续;配合(集团)公司其他单位积极争取金桥街191998.08平方米建设用地,相关手续正在办理中。办理完成赵庄单身、迎红楼宿舍棚户区项目全部规划许可证手续;在享受多项规费减免的前提下,多渠道争取政府财政补贴3337.52万元。

【宿舍区隐患整改】 对历年积存的隐患问题进行认真梳理,分轻重缓急,积极处理。包括建材、苹果苑、迎新街、兴华街等宿舍危房危墙整改496处;各宿舍电气隐患整改10项;东岗小区15号楼整体加固;迎新街青楼4栋危房隐患实施围挡封闭;耐火南梁小二楼整体拆除等。

【改善职工居住环境】 全年下达并安排实施修缮工程计划20项3批次700.3万元,修缮专项工程8项1323.52万元,下达固定资产投资计划5项450.88万元。完成了焦化系统热网改造、各宿舍区采暖改造、同乐苑道路整修、宿舍区屋面防水等各类修缮工程,宿舍区基础设施状况得到进一步改善。

【宿舍区物业管理】 宿舍区环境治理的管控能力不断提升。充分利用网络检查、召开物业现场会、公司周例会通报点评等管理手段，对小区环境管理进行监控和评价，对发现的问题进行跟踪、督促，做到闭环管理，收到了良好的效果。定期召开住户代表大会，重视职工住户的意见和需求。延伸住户代表大会的内涵，拓展参加的成员，充分发挥住户代表大会的作用，使住户满意度持续提升。稳步推进文明单元及文明小区的建设，创建200个文明单元、文明小区4个。

【管理创新工作】 人力资源管理：整合全民职工岗位配置，对基层单位定员进行了重新核定、调整。制定联防队、清扫人员整合方案，优化精简工作人员。根据内退情况和业务需求，补充增加专业外协维修人员。组织参加了2013冬季大学生招聘会，办理了2013年春季招聘大学生的录用手续。组织参加各类培训52项。

专业化管理能力：不断提升专业能力，按照专业化队伍职能管理和属地化管理的模式，提升高压电气、电梯、绿化、治安、消防、庭院保洁、垃圾清运等专业化队伍的技能水平和服务能力，加强各专业基础资料的动态管理，完善相关工作标准和考核办法。

底商管理：成立资产清查专项组对所管辖的商业设施以及各管理站的经营性资产进行了全面清查。理顺了包括定价、合同、收费等商业设施管理的工作程序。通过设立商户专柜，统一由银行收取现金，规范了商户房租收费模式。通过市场询价摸底，进一步缩小了与市场租金的差距，提高了经营资产的收益率。

5S管理：继续深化5S管理工作，加大5S宣传力度，将日常工作与5S紧密结合，推进三优、四优、五优小区的建设，在(集团)公司组织的评价中，锦绣苑小区、单身科技公寓被评为五优小区。

物业市场化拓展：承揽原材料处办公楼及太钢大医院物业项目。盘活现有物业经营性资产，积极推进滨河小区地库车位市场化，携手银行开展社区金融服务等。

【配合太原市城市建设工程】 配合太原市政府北中环项目的建设，针对203、205号院、太钢耐火宿舍、太钢耐火单身宿舍等涉及区域内太钢住户信息进行梳理汇总，为太原市政府拆迁工作的顺利开展提供便利条件。同时，配合北中环建设项目开工，在最短的时间内完成了办公区域整体搬迁工作，在政府组织的拆迁工作中起到了表率作用。

(李　磊)

山西太钢投资有限公司

【概况】 山西太钢投资有限公司于2008年9月经山西省工商局注册正式成立，太钢集团独资，注册资金10亿。目前主要业务：国内证券投资和股权投资(财务投资)。

2013年末公司员工16人。管理人员16人。

【经营管理】 人才培训：组织员工内部培训、外派学习、参加行业论坛等方式，使聘用员工做好本职工作，更好的为公司提供支持与服务。制度管理：完善投研管理办法、实业投资办法、风险投资办法等基本办法。规范流程：对业务流程进行了梳理，通过对决策程序、业务流程、风险控制、差错管理、人员管理、评估、资金账户管理、保密、禁止行为等环节进行规范执行，系统规范了公司流程。

【投资工作】 截至12月31日收盘，投资公司当年证券投资业务兑现投资收益3495万元，当年证券投资实现收益率约5%，基本接近机构的平均收益水平。2013年3月，富奥股份成功借壳上市，股票代码000030，投资公司直接持有富奥股份约3600万股，于2014年3月限售期到期，即可兑现盈利；间接持有1800万股，于2016年3月以后即可退出。按31日收盘股价测算市值约3.29亿。

(投资公司办公室)

山西太钢能源有限公司

【概况】 山西太钢能源有限公司(简称太钢能源),位于桃园北路72号铭鼎国际17层。于2008年8月注册成立。太钢能源注册资本3亿元人民币,经营范围包括:能源产业投资、能源项目开发及利用、能源贸易、能源技术输出。2013年末在册职工10人,其中高级职称4人。

太钢能源的经营宗旨:致力于将本公司打造成为太钢能源战略的核心企业,建立不断满足集团公司需求的、稳定可靠的优质煤炭原料基地。

【整合煤矿进展】 蒲县裕源煤矿:2013年,探矿权转让已完成,并取得新探矿权证。年末,正在办理探矿权转采矿权手续及项目核准审批,煤钢联正智煤化公司承担对已建成矿井巷道等设施的日常维护保养。

晋煤太钢临县煤矿:2013年办理项目核准需行政审批的支持性文件共22项,年末已完成15项;煤矿初步设计已完成;相关准备工作:主工业场地、一、二号风井场地临时用地的相关手续已完成,8个井检孔全部钻探完工,矿井主要大巷和首采盘区三维地震勘探已完成;场地"四通一平"工程:3个场地临时道路已基本修通,临时35千伏供电工程已交付使用,临时供水已完成,临时火药库已完工;矿(土)建工程:一号进风井井筒已完成进尺304米,回风井井筒已完成进尺270米,二号风井进风井进尺已完成32米,回风井进尺已完成30米,主工业场地666700平方米边界丈量工作已完成,拆迁补偿工作已近尾声。项目核准申请报告计划7月份上报发改委,争取在2014年底获得项目国家核准批文。

(能源公司)

太原钢铁(集团)国际经济贸易有限公司

【概况】 太原钢铁(集团)国际经济贸易有限公司(简称国贸公司)成立于1986年,前身为太钢进出口公司,于1999年改制为太原钢铁(集团)有限公司全资子公司,并更名为"太原钢铁(集团)国际经济贸易有限公司"。

国贸公司本部由"原材料贸易部"、"设备贸易部"、"储运部"、"经营管理部"、"综合部"、计财部派驻国贸公司"财务九室"6个业务及管理部门组成,境外拥有"美国公司"、"欧洲公司"、"俄罗斯公司"、"南非公司"4个全资子公司及1个参股公司"中国香港公司"。年末在册职工68人,具有大专以上文化程度的职工占总数的98.53%。

【经营指标】 收入、利润指标均超额完成预算,社会贸易收入同比增加22.1%。

【基础管理】 全年建章立制30项,110项现行规章和通知文件实现OA在线集成统一管理,核心管控流程基本健全。推行业务、盈利模式设计,全面落实"0146"风险管控体系,系统梳理了贸易风险点,编制下发"全面风险库及外部风险防范应对预案",定期发布重大风险提示和专项预警信息,职工风险意识进一步提高,全年实现贸易风险损失为零的目标。通过组织业务、盈利模式设计讲座及业务考试,深化员工对业务模式设计能力,提高风险点的辨识、防控措施制定的能力。实现业务、财务、物流、运营等环节报表的全部覆盖和标准化管理。完成ISO 9001质量体系认证工作,实现了公司管理的体系化运作。完成财务用友系统甩账,实现财务单系统运作,财务管理更加精细化。实施课题、小论文征集活动,《境内外综合法律服务体系》获得集团管理现代化创新成果一等奖,3篇论文在省级、国家级重点期刊发表。境内外联动、小语种并行收集信息,实现每日每周分类、分需求信息发布。走访国内外12家先进贸易同行，获取了行业标杆单位的业务指标和管理经验。全力提升职工职业素养，新进员工以师带徒方式全过程培养，强化试用期淘汰、过程管理等手段，健全人才培养机制；实施分季度培训计划，全年实现自主培训130课时/人；建立太钢国贸网络学院，举办国际贸易系统培训班，启动了与国内知名高校的能力素质模型合作共建机制，为提升员工职业素养营造了更为广阔的平台。积极利用“AA企业”优势，通过优化运输结构、提高净载重等方式，有效降低物流费用。采取银行比价、购汇、结售汇等多种方法实现财务降费。

【业务发展】 镍系业务方面，公司新开发10余家纯镍客户，与优势供应商形成了长期合作，成功将非洲镍豆销往欧洲市场，开展了第三国贸易，贸易竞争力不断增强。铬系业务方面，公司新开发8家铬铁、铬矿企业，贸易铬矿销量同比增长10多倍，贸易队伍得到进一步锻炼。备品备件方面，公司所代理的国际知名品牌工程轮胎成功中标国内重点工程项目，为备件社会贸易开辟了新的渠道。与集团公司成员单位协同，实现了成套设备对外代理输出。

【境外公司】 境外公司不锈钢业务方面，在极度低迷的市场环境中，欧、美公司销售利润大幅超预算完成。美国公司新开发客户4家，客户总数达30家，不锈钢重点品种比例超过80%；欧洲公司不锈钢销量同比增加27.5%。中国香港公司利用贸易融资平台，为集团公司提供了重要的资金支持。

（张　静）

太原钢铁（集团）粉煤灰综合利用有限公司

【概况】 太原钢铁（集团）粉煤灰综合利用有限公司（简称综合利用公司），注册资本3589.5万元。主营业务为蒸压粉煤灰新型墙材产品生产、研制开发及销售；粉煤灰综合利用技术咨询等。

2013年年末正式职工100人，其中管理技术人员25人，操作人员75人。组织机构下设9个部门（作业区），分别为办公室、党工部、生产保障部、技术开发部、项目经理部、营销部、尘泥加工作业区、加气砼作业区、标准砖作业区。

【生产经营】 全年实现营业收入9330万元，比上年增长13.42%，全额利润完成747万元，比上年下降13.34%。加气砼销量44.9万方，比上年增长27.3%；粉煤灰标准砖销量14101万块，比上年增长1.73%；粉煤灰利用率完成79.5%，比上年增长6%。

2013年建材产品产销量创历年最好水平，新产品加气砼板也逐步走向市场，建材产品创同行业销量第一的好成绩。建材产品品种全、质量优，在建筑市场中牢固树立了“太钢”品牌。

【新产品推广】 年初公司成立了专门的板材推广组，先后完成了板材产品防火、隔音、节能及物理性能检验工作，取得了国家相关检测报告；隔音、节能、物理性能检验由山西省建科院出据了合格检测报告；产品质检报告由太原市质量技术监督检验机构出据合格检测报告；由省住建厅节能办牵头组织相关专家召开了新产品鉴定会，取得了各种新产品鉴定证书和节能证，由权威部门出据的检测报告及相关证书为板材在建筑市场的成功推广提供了强有力的支撑。

【重点工程】 为解决粉煤灰供需矛盾、缓解环境保护压力、彻底解决大量粉煤灰储存进行季节性调配并实现再利用的问题，根据集团公司领导决策先建设1座大型储仓罐的安排,一季度开展了项目前期调研考察工作,并于二季度完成了考察结论供集团公司领导决策,之后同太钢工技公司合作开展了项目总图布置、方案确定、项目建议书及初步设计的编制、项目报批等工作;集团公司在三季度下达超细粉新材料一期工程的投资计划,在与钢建公司多次就项目占地问题进行沟通后达成共识,已开始打桩施工,预计2014年9月份竣工。

【挖潜增效】 在生产管理中进一步加强采购管理,建立生石灰战略供货商,强化原料供应,通过招标手段降低原料采购价格,选择供货能力较强的生石灰供应商,签订战略协议,在低价的基础上保证供货质量及时间。备件采购价格与设备物资采购部对标,减少备件、材料库存,采购价格下发作业区,加强点检员的费用意识,修旧利废。开展故障分析,查找设备故障原因,制定改进措施,提高设备管控能力,提升设备性能、降低设备故障,保障生产持续稳定。

【产品质量改善】 持续推进岗位工艺操作标准化工作,抓好工艺参数采集过程和检验过程数据测量的标准化,完成了检验规程的梳理和完善工作。通过重点监控的岗位质量控制点,实现为产品质量波动分析提供有效支撑,为品牌建设提供支持。

完善原料质量控制、过程质量控制、成品质量控制制度,增加检测批次,严把不合格产品不入厂的规定,合理调整配比,通过严格控制生石灰主原料的质量、适当调整工艺参数,增加了加气砼成品的强度及耐久性,全年实现成品合格率99.02%,和上年持平;标砖合格率实现97.56%,比上年提高1.33个百分点;20万加气砼实现93.29%,比上半年提高5个百分点。

【管理技术创新】 利用创新工作室平台,充分发挥技术人员及业务骨干的作用,完成8项公司级技术攻关命题项目和15项创新成果,最大限度地发挥了每个成员的潜能和智慧,达到了技术研究常态化、人才培养梯队化、成果效益最大化的目的,增加效益60余万元。

《绿色建材企业差异化经营管理探索与实践》荣获2013年管理现代化创新成果三等奖;全年共申报2个科技成果项目,其中《粉煤灰高掺量综合利用技术研究及应用》荣获太钢科技成果三等奖;《废砖回收再利用》、《湿灰改干灰输送》获太钢2013年创新创效项目优秀奖;申报专利26项,其中13项已经受理,4项已经授权。

【设备管理】 持续推进以点检定修为主的TPM设备管理体系,在保证检修质量和设备安全运行的前提下延长定检周期,以设备的功能精度保持为基本要求,全面梳理设备管理流程,建立完善的管理体系。以TPM改善提案为载体,鼓励职工针对本岗位存在的缺陷进行持续改进,使工艺更加合理,设备运行更稳定,降低了设备、操作故障率,保障生产持续稳定运行。

【安全管控】 认真落实"0123"安全管控模式,加大职业健康安全管理体系落实力度,狠抓安全班组评价及查违章违制,推动了现场安全隐患的整改,推动了职工标准化作业,调动了全体职工安全生产积极性。大力推进"PDCA + 严格 + 认真"的安全文化,全年无事故发生,获得了集团公司安全生产先进单位称号。

(赵燕萍)

太原钢铁(集团)公司福利总厂

【概况】 太原钢铁(集团)公司福利总厂,是太钢集中安置职工残疾子女就业的残疾人福利工厂,实行自主经营,自负盈亏。福利总厂下设13个分厂,主要从事不锈钢延伸加工、工装生产、吊索具生产、备品备件加工、涂料涂层液、标牌、钢材贸易等项目。截至2013年末,职工在册人数1119人,残疾职工708人。

【生产经营】 2013年,福利总厂生产经营建设步入良性循环,企业净资产由2010年的987万元增加至4110万元,其中固定资产增加1069万元;3年累计实现利税1595万元,弥补以前年度账面亏损后,未分配利润余额为+387.58万元。

坚持发展是第一要务。在巩固发展传统业务的同时,新业务得到长足的进展。以矿用井下不锈钢瓦斯抽采管为代表的新业务,克服种种困难,继西山煤电不锈钢瓦斯抽采管项目之后,又承揽了阳煤新元煤矿竖井瓦斯抽采管项目,完成潞安、晋煤等山西省大型煤矿的不锈钢瓦斯抽采管市场前期调研工作,太钢不锈钢产品延伸山西千里煤海的愿望正在由福利总厂变为现实。

【民生改善】 全厂职工收入26320元/人·年,比上年增长21%。在岗职工收入水平34926元/人·年,比上年增长18%。工间餐、健身福利费、健康体检、交通补贴、独生子女费与公司基本接轨。

【安全工作】 2013年,坚持每周三"安全强化日"活动,深入全厂各个生产作业区对各类设备安全防护装置、人的不安全行为、物的不安全状态以及规章制度的执行情况等进行地毯式的安全大检查,共查处事故隐患269项,均按"三定四不推"的原则进行整改,有效强化了现场安全的管控。

11月8日上午,福利总厂在工装分厂举行残疾职工消防逃生演练。演练中残疾职工仅用几分钟时间就有序撤出了作业区域,腿脚不便的残疾职工直接从二楼滑道迅速滑向地面,到达安全地带。本次演练是对残疾职工消防安全意识和逃生自救能力的一次大检阅。

【宣传教育】 2013年,及时客观宣传企业在两个文明建设中取得的成绩,先后在《山西日报》、《山西工人日报》、《三晋都市报》、《太原日报》、《太原晚报》等媒体上发表稿件102篇。编发厂报《五月风》24期。

(贾振华)

太原钢铁(集团)电气设备修造有限公司

【概况】 太原钢铁(集团)电气设备修造有限公司。2013年末公司在册职工155人。管理部门设:党工部、技术开发科、综合管理科、供应科、安全生产科、运输保卫科;生产经营单元有:变压器分厂、电机分厂、电修分厂、非晶合金分厂。其中公司总部、变压器分厂位于兴华街23号;电机分厂、电修分厂位于太钢厂区内;非晶合金分厂位于太钢不锈钢园区。

2013年实现营业收入5485.6万元,较上年增加了1929.13万元,超过预算485.6万元,完成预算目标的109.71%;实现利润502.13万元,较上年实际增长了85.45万元,完成了预算目标的100.4%。

【业务拓展】 变压器产能得到有效发挥,市场拓展取得新成效。变压器产品应用于钢科碳材料公司、万邦炉料公司等集团公司多元发展、战略部局的重点建设项目;电炉变压器远销云南,企业影响力和知名度进一步提升。在稳定新疆、内蒙和宁夏等地变压器产品原有客户和市场的基础上,积极寻求与太原重工等优质客户的合作,不懈努力增加新的产修品订单,为营业收入增长目标的实现奠定了基础。

研制开发的磁控调压变压器在山西省变压器制造领域属首创,在国内相关技术应用中也属领先。

非晶带材试制工作完成了阶段性任务,在市场调研、项目规划和工艺改良等方面形成重要储备。特别是开展了非晶专用中间合金的制备,熔

炼耗时短，生产费用低，综合经济性好，节省母合金辅料、动力及人工费用近50%。在非晶行业甚至新材料领域内都是一次新突破。

【保障生产】 完成了系统检修及历次高炉休风和设备抢修，以精湛的技术和优质的服务赢得了用户的认可和尊重，取得了可观的效益。

【安全管控】 落实安全生产方针和安全工作思路，持续深化专项整治，开展两级安全评价，加强生产活动过程控制，完成了(集团)公司下达的年度安全预算指标(安全控制度预算9.094，实际完成9.216；标准执行率预算91.6%，实际完成92%)。

【风险防控】 开展企业规章制度的普及性学习培训；进行学法、守法、依法治企的常态化宣传教育；加强合同日常管理，提高资金运作效率，严密监控应收账款；对部分业务单元、重要流程环节以及制度执行与修订开展了专项效能监察和内部审计。整合发布了多个专业的应急预案。风险防控能力逐步提高。

【企业文化】 以“安全生产月”“质量月”“百日安全无事故”活动为契机，组织了“我与企业共成长”征文；进行了电修公司成立10周年“突出贡献人物”的评选与表彰；开展“传递压力，激发动力和活力，提升价值创造能力我们怎么办”大讨论。结合形势任务统一思想、凝心聚力；带领职工运用正确的观念、采取科学的方法、保持健康的心态来落实各项工作。在集团公司业务部门指导下推进满意度敬业度测评及整改提升工作。

(王晓红)

山西钢科碳材料有限公司

【概况】 山西钢科碳材料有限公司(以下简称钢科公司)成立于2012年9月20日，主要从事高性能碳纤维及复合材料的研发制造，承担着创建国内一流的高性能复合材料产业基地、开创太钢转型发展的新局面、培育新的战略新兴产业的重任。截至2013年末，内部组织机构设置为4个部门、5个作业区，职工人数136人，其中管理人员27名，专技人员9名，操作人员100名。

【重点项目】 由钢科公司承担的T800级聚丙烯腈碳纤维产业化项目于2012年9月29日奠基，2012年12月26日聚合车间基础开挖，标志着项目主体工程正式开工。

2013年3月到7月期间，在中科院山西煤化所的协助下，组织完成了土建、监理、设备制造、安装调试等业务的招投标工作，完成了聚合釜、氧化炉、高低温碳化炉、污水处理、焚烧炉、丙烯腈纯化、二甲基亚砜回收等关键设备和进口设备的招投标工作。针对设备中标企业资料不齐全、设计方案不断优化等问题，通过耐心细致的工作完善了初步设计方案，协助工程管理部组织完成初步设计审查会，并对审查会提出的44个问题进行专项整改，下发了审查会议纪要，为项目设计和建设指明了方向。

面对建厂地址与集团公司较远、外部公辅配套设施不齐全等不利条件，积极与当地政府协调，解决了35千伏线路跨镇施工、外部供电、供气条件不足、施工现场内线路迁移、临时电源架设等问题。2013年10月底前公辅系统正式运行，12月碳化车间设备投入试运行，标志着T800级聚丙烯腈碳纤维生产线正式进入试生产阶段。

【公司运营】 通过公开应聘、人员调动、临钢人员援职等方式，2013年4月到11月期间，分批有序完成了机构设立和定岗定员等工作。针对钢科公司的实际情况，创立了部门直接领导作业区的管理新模式，最大程度的减少了管理层级和管理人员。

根据集团公司领导“项目建设与市场开发同

步”的指示，指定专人进行市场开发和调研工作，先后组织了9次专题交流、参加了15个展会，走访了65家企业和单位，明确了目标市场、目标用户、进入路径和方案，为项目投产后的市场开发工作奠定了基础。

在集团公司有关部门的协助下，与中科院山西煤化所联合申报山西省碳纤维及复合材料工程技术研究中心，并于12月31日获得山西省科技厅的同意批复，为钢科公司的持续发展提供了新的平台。

【党建工作】 根据工作程序，完成了全部52名党员的组织关系结转工作和档案的交接审核工作，完成了3名入党申请人的档案交接工作，理顺了党员的组织管理体系。针对3名预备党员学习和工作地点改变的实际情况，重新指定了培养人。

根据钢科公司试生产任务较重、信息化办公条件尚不完善、工作理念和重大事项及时传达有一定困难的现状，通过创立《展望》半月刊的方式，有效沟通了钢科公司内部的决定、意见和建议，创造了和谐的工作氛围。

（王　飞）

太原钢铁（集团）线材制品有限公司

【概况】 太原钢铁（集团）线材制品有限公司，2000年全面停产后，至2013年已有14个年头，年末上岗人员32人，主要担负着保职工生活，保队伍稳定，全力推进平房改造和破产工作任务。

【确保职工队伍家属和谐稳定】 按照（集团）公司的安排，配合（集团）公司系统创新部，做好线材公司破产工作，拆除了厂区333350平方米土地上的构筑物。配合万柏林区政府，妥善解决了4个集体单位400余名职工的隶属管理。完成了23名伤、残、病职工的人事档案、保险档案、计划生育等材料的全部划转、移交太钢劳务市场管理的工作。完成了431名在职、内退、离退休职工的死亡档案全部移交太钢离退部综合科管理的工作。完成了37名内退、离退休职工的材料完善及全部移交离退部内退科管理的工作。对文书档案进行了分类、筛选、整理，并移交太钢档案管理部。

【确保职工生活正常运转】 2013年入冬前，配合系统创新部及时组织维修人员对东、西2个宿舍区采暖管网进行了维修、更换管件，保证了冬季供暖工作的正常运行。组织清运了东、西两个宿舍区生活垃圾2000余吨。及时抢修变压器1次，维修、维护漏雨房屋68户。

【宿舍区平房改造】 积极推进3个宿舍区平房改造，对1140户回迁户进行了审核，开具了入户依据并发放了钥匙。组织做好无房户登记、认定和购房工作。北区3号、4号楼房已经开工。

【后记】 2013年12月23日，根据钢系发【2013】12号文件关于房地产公司成立线材管理服务站的通知文件精神、《太原钢铁（集团）线材制品有限公司职工安置方案》的相关规定，线材公司留守职工选择“维持现状安置方案”的，全部安置到新成立的线材管理站工作，并进行劳动合同用工主体变更，工龄连续计算。成立了房产公司线材管理服务站。

线材公司由于设备陈旧、工艺落后等原因，2000年起全面停产，至2012年年底已严重资不抵债。2013年6月，集团公司董事会决定对该公司实施依法破产，经太原市中级人民法院受理、裁定，太原钢铁（集团）线材制品有限公司依法破产程序已全部终结。集团公司计划在2014年1月27日，根据关于撤销太原钢铁（集团）线材制品有限公司建制的通知文件精神，撤销太原钢铁（集团）线材制品有限公司建制。

（李建民）

相对控股子公司

山西正通钢铁资源有限公司

【概况】 山西正通钢铁资源有限公司位于太原市尖草坪区赵道峪村，于2003年6月26日成立。该公司是由太原钢铁(集团)有限公司控股的股份制企业，经省政府批准的有资质资格的报废汽车回收拆解企业，是中国物资再生协会理事单位。2009年8月公司被商务部、财政部确定为全省报废汽车回收拆解升级改造示范工程试点企业。

公司占地13.2万平方米，通过升级改造，装备和技术水平、废旧资源的利用率得以提升，公司年拆解报废汽车的能力达到20000辆，可直接为太钢提供优质废钢约2万吨，逐步建立起高技术含量的资源性产业链，成为太钢加工废钢炉料的基地和储备仓库。

2013年末，机构设置为：董事会、总经理、业务总监、副总经理、财务总监、综合部、财务部、市场部、炉料部、仓储部、生产设备部、保卫部；职工人数45人。

（张玉珍）

土耳其铬业公司

【概况】 太原钢铁(集团)有限公司与土耳其CVK集团于2008年初开始协商土耳其铬矿项目的合作事宜。2009年太钢集团出资23907万美元参股土耳其CVK集团的三个铬矿公司，与铬矿生产商晋中万邦、CVK集团共同组建合资公司，共同实施土耳其铬矿开发项目。这是中国在土耳其单笔投资最大的项目。

合作股东情况：1).土耳其CVK集团：土耳其CVK集团是土耳其国内最大的铬矿开采和出口商，具有150万吨左右铬矿石生产能力。2).晋中万邦是以铬矿加工为主的企业，是太钢的铬矿供应的主要伙伴。3).CVK集团共有西部(Brusa)、东部(Kop)和南部(Adana)三处铬矿资源，根据已有地质资料显示，铬矿推算储量超过3000万吨，可开采年限达30～40年。

合资的三个公司按以下原则确定管理构架：公司重大事项决策权在董事会，董事会由6名董事组成，其中CVK 2名董事，太钢3名董事，万邦1名董事；在高层管理人员中，由太钢提名总经理、并任命1名副总经理和1名财务总监。

截至2013年累计生产铬矿123万吨。

（太钢土耳其铬业公司）

山西晋非投资有限公司

【概况】 山西晋非投资有限公司于2009年7月由太原钢铁(集团)有限公司、山西焦煤集团有限责任公司及天利集团有限公司三家股东单位出资成立了注册资本为2.6亿人民币的山西晋非投资有限公司，作为毛里求斯晋非经济贸易合作区的投资主体，并于2009年8月13日在毛里求斯正式注册成立了毛里求斯晋非经济贸易合作区有限公司(以下简称合作区)，随后于2009年9月16日进行了合作区开工奠基仪式。

股比构成：在合作区成立初期，由太钢集团、焦煤集团及天利建设共同出资2.6亿人民币作为合作区的初期建设费用,其中太钢集团占50%股份,焦煤集团占30.8%股份,天利集团占19.2%股份。

2012年9月份,在省政府的建议和支持下,太钢集团、焦煤集团及天利集团一致通过了增资扩股协议,决定再出资1.8亿人民币(其中太钢集团出资11139万人民币,焦煤集团出资6861万人民币,天利集团不出资),专门用于合作区的建设。增资后各股东单位的股份比例分别为:太钢集团占54.86%,焦煤集团占33.78%,天利集团占11.36%。

地理位置:合作区的土地面积为211公顷,租赁年限为99年,距离毛里求斯首都路易港仅3.5公里,距离港口仅2公里,合作区的东面有毛里求斯国唯一的一条高速公路相连接,周边的道路也由毛里求斯国政府升级改造,形成完整通畅的交通网,因而园区的交通条件便利,地理位置优越。

营业范围:晋非合作区享受自由港优惠政策,建设期内材料进口免关税、免增值税,制成品出口免关税、免增值税。合作区可提供价格优惠的租赁土地、厂房和办公设施,同时协助解决入园企业在公司注册、银行贷款、资质审批、人员、资产、税收、海关、安全方面遇到的困难和问题,协助投资者办理毛里求斯永久居住权。

历史使命:作为一家在毛里求斯代表中国政府形象的合作区,合作区肩负着"搭建中毛友谊桥梁,促进中非经贸往来"的历史使命。根据市场需要及实际情况,目前将合作区划分为商务商贸、房地产、旅游度假、产品加工及物流、教育培训、绿色能源等6个板块,并确定以商务商贸为产业核心,融合科研、办公、会展、会议、酒店、住宅、休闲、教育培训、医疗等城市空间元素,以多种经营模式和灵活开放的理念,为入园企业提供全方位的产业友好服务平台,从而为中国企业搭建通往非洲乃至全球的桥梁。

机构设置:目前合作区共设立了经营部、工程部及财务部三个部门。

人员配置:截至2013年底,共有正式员工17人,75%的员工具有本科学历,其中经营部10人,工程部5人,财务部2人。中国员工16人,当地员工1人。

截至2013年末由合作区自行投资建设并完成的项目表

项目	概况
园区地界围墙	于2010年1月开始修建,2010年底完工,总长5.4千米。
园区内道路网	于2009年9月分阶段开始修建,截止2013年底,共建成道路总长为7千米,主道宽度为14.5米,支路宽度为8米。
标准厂房	于2011年11月开始修建,于2012年11月完工并对外租赁。该厂房总建筑面积为5860平方米,其中主体建筑面积为5000平方米,附属办公楼面积为860平方米。
入园企业配套基础设施	合作区为入园企业建设完成通水、通电、废水临时配套设施的施工,并且已全部投入使用。

截至2013年末由合作区自行投资的在建项目表

项目	概况
公寓楼	于2012年5月开始建造2栋4层的公寓楼,总占地面积为6892平方米,建筑面积约4322平方米,结构形式采用砖混结构,共有40套单元、120个房间,内部为全装修,配置齐全。计划于2014年6月全面完工并具备运营条件。

截至2013年末由合作区自行投资的在建项目表(续)

项目	概况
商务中心	于2012年8月开始建造,占地面积为2公顷,总建筑面积为1.2万平方米,集展览、会议、办公等功能为一体,计划于2014年7月全面竣工。
合作区公辅配套设施	合作区内供水、供电及通讯基础设施的主干大配套工程仍在进行中,计划于2014年7月完成。

【招商引资】 1.截至2013年底,合作区内4家入园企业分别来自中国、中国香港和伊朗。

截至2013年末合作区入园企业表

企业名称	国籍	土地面积(平方米)	租赁用途
福建胜利经济贸易有限公司	中国	13,320.79	餐饮
Goldox Construction Ltd.	中国	8,202.5	建公司总部
Business Line Company Ltd.	伊朗	10,000.5	建展示中心
Mauri – China Freezone Development Ltd.	中国香港	10,000	建物流加工仓库

2.另有一些有意向的企业已签订了入园意向,园区正在积极跟踪落实。

(山西晋非投资有限公司)

合营·联营公司

中色太钢镍业有限公司

【概况】 由中国有色矿业集团有限公司、太原钢铁(集团)有限公司共同投资建设的中色镍业有限公司缅甸达贡山镍矿项目,位于缅甸曼德勒省北部与实皆省交界处的伊洛瓦底江东岸冲击平原上,南北长12千米,东西宽8千米。项目拥有镍资源量约70万吨,总投资近10亿美元。建成达产后,年设计产8.5万吨镍铁,折合纯镍约2.2万吨。是迄今为止中缅两国矿业领域最大的合作项目之一,也是中国政府“十一五”境外资源开发的五个重点项目之一。

公司下设综合部、人力资源部、财务部、基建(财务)办公室、生产计划部、技术质量部、设备能源部、经营部、后勤部、安全环保部、原料厂、回转窑厂、冶炼厂、动力厂、维检厂、北京代表处共计16个厂部(处)。截至2013年底,在职中方员工为439人,缅方员工为927人。

【项目生产】 2012年10月3日,达贡山镍矿项目产出第一炉粗镍铁,1号生产线全流程贯通。2013年7月,项目环保通过缅甸政府6部委环保联合检查团检查。9月19日,达贡山镍矿项目整体通过缅甸政府正式验收,10月14日,缅甸矿业部正式发文,宣布公司完成《产品分成合同》考核规定。10月31日,缅甸中央投资委员会发文,宣布公司自2013年10月10日起具备商业生产资质。至此,达贡山项目已完成了缅甸政府层面的所有验收程序。

12月,达贡山镍矿项目实现全线月度达产。根据董事会决议,将12月31日定为竣工截止日,公司于其后转入商业生产期。

2013年,公司共生产镍铁25219吨,折合镍金属7532吨,平均品位29.87%。实现全年工亡事故为零、重伤事故为零、千人轻伤率小于3人次、火灾事故为零、环境污染事件为零的目标。取得了贯通工艺、提高品位、突破瓶颈、通过验收、实现销售、全线达产、安全稳定的显著进步,实现由基建期向商业生产期的转型。

【采购销售】 公司达贡山镍矿项目生产所需大宗原燃材料,除部分还原煤从中国及印尼等国进口外,其余燃烧煤、半还原煤及柴油等原燃材料主要从缅甸境内采购,2013年,共采购柴油2683584.417加仑,采购还原煤23553.754吨,采购燃烧煤97693.73吨,采购石灰石52031.72吨。

公司所生产镍铁,是不锈钢冶炼的主要原材料,主要销往太钢,截至年末已实现镍铁销售11717吨,预计2014年初还将签售镍铁5093吨。

【攻关创新】 公司通过攻关创新,突破各种瓶颈,完成试生产任务,顺利进入商业生产。

1. 打通粒化工序,实现全线工艺贯通。3月2日,镍铁粒化试车一次成功,3月5日首次实现整炉粒化,5月份以后实现全部镍铁100%粒化目标。至此,达贡山镍矿项目从矿石开采到冶炼粒化的全流程工艺已完全贯通。同时也标志着国内首次应用镍铁粒化工艺实现。

2. 成功解决泡沫渣问题,实现品位26%以上的镍铁稳定生产,填补了中国采用红土镍矿冶炼高品位镍铁的技术空白。

3. 实现2号炉顺利开炉。在总结1号线试生产经验教训的基础上,对2号炉开炉方案进行了系统优化。6月10日,2号炉点火烘炉;6月15日,2号焙烧窑点火烘窑;6月23日,2号炉送电烘炉;7月23日,正式投料进入试生产阶段。7月29日,顺利生产出第一炉镍铁。

4. 总结1号炉护炉经验,更换2号炉炉底材料,实现两座矿热炉安全高效生产。受长期停电、耐材受潮水解等因素影响,1号炉试生产过程中,炉底与渣铁口区域热流强度逐步升高,同时渣铁口深度下降较快。4月4日炉体北侧4号电极正对方向的拱角处发生渗漏。公司先后采取提高铁口铜水套冷却强度、更换炮泥、加装热电偶监控温度、增设报警装置、改进炉内炉前操作工艺等特护措施保证炉体安全,并于7月27日到8月14日,对1号矿热炉两个渣铁口的大衬套与端部炉衬孔道进行挖补检修处理。从9月份起,1号炉特护措施显现出良好效果,生产正常,为下步操作和维护积累了经验。

5. 全流程提产、达产攻关,实现全线达产。8月份,启动了全流程提产、达产攻关。9月,全线产能达到设计产能的50.7%,达到并超过基本设计规定的投产第一年产能为50%的设计值。12月,其中1号线达到设计产能的103%,2号线达到设计产能109%,全线平均达到设计产能的106%。

【降本增效】 强化管理,降低成本,实现向生产期平稳过渡。按照生产期的要求,公司进一步强化厂部职能管理,完善各项制度,捋顺业务流程,规范分工合作。建立并试行商业生产期公司三级成本分解、核算、考核体系。建立并试行商业生产期各厂、部全面预算管理体系、公司经济责任制和绩效考核责任制。围绕生产、技术、设备瓶颈和节能降耗目标,完善生产、技术、设备管理体系。成立技改办公室,开展公司级责任攻关与厂部技术革新、改造活动,完成提产增效技改攻关项目论证。完善设备点检定修制度,注重外协队伍协同,实现设备自主维检;与国贸密切合作,保证备品备件及时到厂。

(中色镍业有限公司)

山西阿克斯轧辊有限公司

【概况】 山西阿克斯太钢轧辊有限公司(简称阿克斯太钢轧辊,英文ATR)成立于2007年6月,由太原钢铁集团有限公司与瑞典Akers AB共同出资设立。阿克斯太钢轧辊前身为太原钢铁(集团)轧辊制造有限公司,有50余年铸铁轧辊的生产历史。阿克斯太钢轧辊下设6个部门和3个生产车间。2013年末,在册职工人数为263人,其中管理人员55名,操作人员208名。

阿克斯太钢轧辊主要生产热连轧板带钢轧辊、中板轧辊和炉卷轧辊,产品主要供应太原钢铁(集团)不锈钢股份公司下属热连轧厂、不锈热轧厂及国内其他热轧企业。

【生产经营】 2013年阿克斯太钢轧辊逆势增长:全年铸造轧辊8093吨,比上年增加18.16%。全年销售收入9134万元,同比增长了13.98%;出口收入突破500万元,比上年增长54.50%。在市场低迷的困境中成功扭转效益连年持续下滑的颓势后,息税及非生产费前利润9万元,生产经营实现了根本性的转变。

按照职业健康安全管理体系要求,持续提高公司安全生产管理水平,全年继续保持重伤以上事故为零、职业病发生为零的安全生产目标。

【技术创新】 成功攻克大直径高速钢轧辊技术难关,高速钢轧辊收入600余万元,比上年度增长了531%;基本实现规模化生产,成为阿克斯太钢轧辊进一步拓展市场新的经济效益增长点。

(曹子杰)

比欧西气体有限公司

【概况】 太原钢铁(集团)比欧西气体有限公司(简称:太钢BOC)是太原钢铁(集团)有限公司与英国BOC集团有限公司合资经营的中外合资企业。1996年3月31日经国家经贸委、国家外经贸部批准成立,同年6月1日正式投入运营。公司投资总额为5.0912亿元人民币,注册资金为4亿元人民币,中英双方各持股50%。合资期限为30年。2006年9月6日,外方投资人"英国BOC集团"被德国"林德集团"并购。太钢BOC公司是集生产、研究、开发、储存、销售工业气体及相关设备为一体的现代企业,主要产品有:氧气、氮气、氩气、氢气、压缩空气及各种液态气体等,产品广泛应用于冶金、航天、电子、化工、建筑、科技、医疗等领域,是目前山西省大型的中外合资企业之一,截至2013年底在岗员工183名,内退员工231名。

【安全工作】 实现了安全生产7个零的目标(工亡、重伤、轻伤、设备事故、火灾事故、环境事故、公共安全事故);保障了员工的安全健康,消除了公司安全风险,实现了公司在SHEQ方面的目标,与全体员工签订了"安全承诺书",由各部门与班组长签订了安全承包责任书,并实现了年初安全目标;8号空分完成试生产备案;通过了太原市安监局危险化学品企业标准化三级验收工作室;完成了管理体系日常维护工作,通过了外部监督审核。

【生产经营】 2013年公司4台制氧机、6台压缩空气设备和1套制氢机组,满负荷、高效可靠运行,向用户提供了9.58亿立方米氧气、8.52亿立方米氮气、6786万立方米氩气、23.5亿立方米压缩空气和768万立方米氢气,实现销售收入8.8亿元,上缴所得税0.33亿元。

槽车全年安全行驶10.8万公里。运输管理满足林德要求。运输管理符合政府要求,被运管局评为先进企业。运输管理多次受到交管系统好评,成为示范单位。

2013太钢生产检修比较频繁,气体公司基本能及时、准确了解太钢主要用户的生产状况和检修时间,指导工艺人员调控生产,平衡供出量与使用量、保持供应的稳定,降低氧氮放散。太钢用户全年没有大的投诉,未发生影响太钢的保供事件。

【党群工作】 积极参与并制定实施了实现三个转化活动的活动方案,初步形成了一套以超越目标、凝聚人心、关心职工、攻坚克难、双向培养、安全卫士等为主要成果的活动模式。结合合资公司的实际,贯彻落实群众路线教育实践活动的各项工作要求,基本完成了群众路线教育实践活动第一阶段的各项规定工作。在持续提高劳动生产率的前提下,增加薪酬,提高福利水平。在慈善一日捐活动中,捐助资金10900元;继续为公司内退员工的子女办理了集团公司金秋助学奖励。

(王　莹)

山西禄纬堡太钢耐火材料有限公司

【概况】 山西禄纬堡太钢耐火材料有限公司,是中国耐火材料行业大型生产企业之一,是山西省最大的耐火材料企业。

1931年,西北窑厂建成,1935年1月试车投产。厂区占地面积20.79万平方米。随着时代的变迁,先后更名为太钢耐火材料厂、太钢耐火材料公司。为适应改革需要,2006年7月1日,太钢(集团)公司与德国LWB公司在原太钢耐火材料公司的基础上,合资成立了山西禄纬堡太钢耐火材料有限公司。2008年11月,巴西镁业(Magnesita)整体收购德国LWB公司,成为合资公司股东。2013年,由于北中环街的修建,公司发生了许多重大变化:拆除了镁钙砖车间,搬迁了白球生产线和检修作业区,推行了内退政策,进行了机构重组。经双方股东协商达成合意,自7月15日起,外方股东放弃对公司的管理权。由太钢(集团)公司以合资子公司的管理模式进行管理。2013年,广大干部职工团结一心,迎难而上,经受了巨变的考验,生产经营取得了较好的经营业绩。

2013年末,在岗职工287人,其中管理人员39人,操作人员248人。内退职工383人。下设9个部门、2个车间、5个工段、27个班组。

2013年禄纬堡太耐公司生产经营指标完成情况

指标	单位	实际
产量	吨	91589
产值	万元	21597
利税	万元	1724
利润	万元	27

【生产组织】 原有6条主要生产线,分别是白云石砖生产线,炮泥生产线,预制件生产线,不烧砖生产线,不定形材料生产线和镁球生产线。其中白云石生产线装备德国进口搅拌机,德国进口2000吨全自动压砖机,高温隧道窑等先进设备;炮泥生产线与宝钢炮泥生产线基本相同,可以为国内最大高炉生产优质炮泥。预制件生产线可以生产20吨以下,各种规格的大型预制件。2013年,由于北中环街的修建,公司拆除了镁钙砖车间、搬迁了白球生产线和检修作业区,为了稳定镁钙砖市场、保护镁钙砖人才、积累镁钙砖技术、安置富余人员,经用户同意,采取了派出30名员工与东北宝隆公司合作的形式继续生产镁钙砖;在厂内搬迁了白球生产线和检修作业区,保障了60余名员工的工作机会;全年公司共生产耐火材料制品5大类40余种产品,全年共销售产品91589吨。其中:镁钙砖产量23259.648吨,合格率超过92%。

【产品质量】 为适应太钢不锈钢发展战略的要求,围绕用户的需要,进一步提高产品质量和服务质量。镁钙砖在180吨AOD炉的使用炉龄稳步提高,年最高纪录152次,达到国际先进水平。

预制件产品质量稳定,市场反应良好。铁水预处理喷枪,经过技术攻关,寿命大幅提高,脱硫枪最高寿命达到557次,脱磷枪平均达到28次。高炉用炮泥质量相对稳定,较好地满足3个高炉的正常使用。

质量工作制度化、科学化形成体系,坚决做到不合格产品不出厂,执行《招投标细则》,按合同要求检测。在质量管理中实施了ISO 9000质量认证,对确定顾客需求、设计研发、生产、检验、销售、交付之前等各个环节进行管控,稳定产品质量。加强质量管控人员的能力建设,把用户满意作为产品质量评价的唯一标准,健全严格可追溯的产品质量管理保证体系,推进产品标准特色化、岗位操作标准化、过程控制精确化、质量改进数据化,确保产品质量完全受控。实现全年无质量事故。

【安全环保】 制订了《2013年安全、环保及职业卫生工作大纲》,继续实施了安全目标责任管理、开展安全培训、落实标准化作业、组织各项安全活动,有效提升员工安全意识;生产现场隐患排查和治理力度、除尘设备日常点检维护也得到持续加强。

安全管理依靠制度体系,遵循"一高两严"思路和落实"0123"安全管理模式,按五个阶段整体推进、逐步提升。一高两严就是高标准制定安全生产目标,严格安全生产检查,及时发现安全隐患,严格安全问责和考核,实现"一票否决"。"0123"安全管理模式,"0"即以事故为零为目标,"1"即以一把手负责制为核心的安全生产责任制为保证,"2"即以标准化作业,建设标准化安全班组为基础,"3"即以全员教育、全面管理、全线预防为对策。真正形成"横向到边、纵向到底"的安全生产责任体系,形成"齐抓共管、群防群治"的安全生产新格局,形成"关口前移,重心下移"的安全生产管理新机制。

实现了年初制定的安全环保、职业卫生工作目标,实现重伤以上事故为零目标,消除了重大设备事故和险肇事故;烟尘排放浓度、岗位粉尘浓度、林格曼黑度指数均达到国家规定的排放指标要求;没有发生突发环保污染事故,全年环保事件处理率达到100%。职业健康体检率达到了100%,无职业病或疑似职业病例发生。

【降本增效】 严格执行预算制度,加大降成本力度,把降本指标同收入挂钩,与物质奖励结合,从项目提出、确定、组织实施,效果评价全程激励,极大地调动了员工的积极性。在项目实施中,全员参与,以团队管理的模式进行组织,实行项目组长负责制。项目覆盖生产经营各个环节,从资源节约、循环利用、修旧利废、技术改进、提质降本、节能降耗等方面着手,在年度预算基础上,大力开展降本增效工作,全年通过原料结构优化、降低原料采购成本、回收利用废旧物资、提高产品寿命等措施,共增效578万元,完成内部增效目标400万元的145%。全年职工收入取得相对较好的增长。

【设备管理】 以服务生产为中心,严把检修质量关,坚持设备点检、定修制度不动摇,积极开展"降本增效"活动。全年设备完好率达98.65%,完成了2013年质量方针目标要求设备完好率大于98%的奋斗目标。

大力开展降本增效和设备TPM活动,注重现场设备管理,强化三级点检网络功能,全年实施小改小革项目30余项,取得了明显的生产效益和经济效益。

在模具方面,以技术部门牵头,机电能源部配合,对模具的缩放尺寸进行了试验性改进,逐步应用到生产实践当中。在模具的装配使用过程中,实施模具装配跟踪卡,对模具的实际使用情况进行实时跟踪反馈,不断进行改进、完善模具装配作业标准,着重解决模具装配精度,确保生产正常使用。全年模具装配合格率达到99%,为公司顺利完成全年生产任务创造了有利条件。

【文化建设】 召开了公司优秀员工表彰大会，表彰了15名优秀员工，5个优秀班组，1个先进集体，并向全体职工发出倡议，号召全体职工向优秀员工学习。2013年，工会自办《五月》报，编发6期，向职工发放400余份，宣传企业动态，用身边的事教育身边的人。

围绕生产经营建设开展了群众合理化建议活动，收到合理化建议11条，采纳8条。继续围绕节能降耗、修旧利废、技术革新等开展活动，取得了降本增效58.9万元的成绩。

开展困难职工帮扶工作，两节送温暖、专项救助、职工突发意外事故等帮扶职工26人次，发放救助金24000元；开展“金秋助学”工程，资助子女上大学的内退职工71人，发放资助金98000元；组织全体职工参加了太原市职工大病医疗互助工程，30名职工获职工大病互助工程扶助66045元；各基层工会慰问伤病住院职工30余人次。

推动实施全民健身活动，组织开展了乒乓球、跑步、跳绳、踢毽、象棋、跳棋等比赛活动，同时，组织职工参加了(集团)公司工会举办的文体比赛、元宵大型灯展等活动。增强了职工群众团结协作的精神。

(刘劲松)

山西太钢哈斯科科技有限公司

【概况】 山西太钢哈斯科科技有限公司(简称太钢哈斯科)是太钢与美国哈斯科公司共同出资成立的拥有先进钢渣处理与利用技术的合资公司，正式注册成立于2011年5月，公司位于太原市民营经济开发区工业新区侯村乡赵庄村南，占地200010平方米，总投资约5亿元。太钢哈斯科建设的钢渣综合利用项目采用世界上最先进的处理技术，年处理能力150万吨，是山西省引进用于循环经济领域的美国最大商业投资项目，也是中国第一个、全球最大的钢渣综合利用生产厂。已列入省级重点工程项目名录，符合国家环境保护产业技术导向。主要产品有硅肥、草坪肥、钢渣超细粉、路基材料、水泥添加剂、不锈钢金属等。

太钢哈斯科下设综合行政部、财务部、生产运营部、业务拓展部、采购部、销售部、安全部、保卫部8个管理部门和不锈钢尾渣湿选处理线；不锈钢尾渣干燥－肥料生产线；钢渣超细粉生产线；钢渣路基生产线；碳钢破碎生产线等5条生产线。至2013年底，在册员工122人，其中管理岗位人员42人、专业技术人员7人。大型主体设备超过100台，拥有生产不锈钢废钢约2.0万吨，硅肥(包括土壤调理剂、草坪肥、复合肥)约50万吨，路基材料约34万吨，钢渣超细粉约30万吨，水泥熟料掺合料约20万吨的年生产能力。

【项目建设】 钢渣超细粉生产线1月开始进行联动、热负荷试车以及性能测试，7月7日正式投入生产。不锈钢尾渣干燥－肥料生产线7月进行热负荷试车。碳钢破碎线6月主体设备安装完成，10月进行带料试车。

【生产经营】 2013年公司不锈钢尾渣湿选生产线处理不锈钢渣47.9万吨，生产不锈钢金属1.2万吨，实现销售收入5387万元，利润－441万元。

(太钢哈斯科)

文化

WEN HUA

刊　物

《太钢政工》

【概况】　《太钢政工》是太钢职工思想政治工作研究会的会刊和主要宣传舆论阵地，是太钢思想政治工作者研究工作、交流探讨的平台。2013年，《太钢政工》共编辑出版杂志4期，刊登文章122篇，照片158幅。截至2013年末共出版发行159期。版面设计和封面装帧不断创新，刊物质量进一步提高。

【栏目及内容】　2013年，《太钢政工》根据新形势、新任务的要求对封面、版面、栏目进行改革，文风更加朴实，扩大了信息量，增强了可读性。封面突出了人物的介绍，增加了内容导读，更加贴合刊物的性质。内容在保留原有栏目"卷首语"、"本刊特稿"、"党的建设"、"思想政治工作"、"企业文化建设"、"企业文化故事会"、"党风廉政建设"、"探索与研究"、"政工新视点"、"工作集锦"、"企业文化故事会"等栏目的同时，结合当期重点新设置了"提高素养进行时"等栏目。重点刊登了10个方面的文章：一是深入开展群众路线教育实践活动方面的文章；二是学习贯彻公司"两会"精神方面的文章；三是加强学习建设学习型党组织方面的文章；四是结合太钢实际建设具有太钢特色企业文化方面的文章；五是创新开展思想政治工作方面的文章；六是新时期加强党风廉政建设方面的文章；七是立足本职岗位创新工作方式方法方面的文章；八是结合当前形势进行新视点宣传的文章；九是职业道德素养建设方面的文章；十是经典的企业文化故事方面的文章。

在2013年中国冶金政研会组织的全国冶金思想政治工作优秀论文评比中，太钢报送的《以两级中心组学习为抓手 促进理论学习的扎实开展》获一等奖，《着力提升全员思想文化素养，努力实现和谐矿山建设新跨越》、《加强干部作风建设，不断提升思想政治教育的实效性》、《如何做一名合格的纪委书记》等3篇论文获二等奖。在山西省思想政治工作研究会组织的表彰活动中，太钢获得山西省思想政治工作先进单位。在山西省国资委党委举办的"学习贯彻十八大精神，促进企业转型跨越发展"为主题的论文评选活动中，太钢报送的《身居闹市，一尘不染》获得特别奖；《多措并举，实现太钢转型跨越发展》获得二等奖。

【年度特点】　一是紧密结合学习贯彻党的十八大精神，宣传和贯彻公司"两会"精神，积极推进各项活动的落实，反映公司转型跨越发展的新思路、新举措、新进展和新经验。二是紧扣思想政治建设和党的各项建设的先进经验与典型，打好主动仗，努力营造科学发展、共建和谐的浓厚氛围。三是紧扣时代主旋律，传递钢城正能量，推动太钢的物质文明、政治文明和精神文明建设。四是紧扣职工群众的思想动态，深入探讨思想政治工作和企业文化建设的新途径、新方法。五是以图文并茂的形式对公司元宵灯展焰火晚会、"感动太钢"人物、弘扬劳模精神、基层纪念建党系列活动、安全生产、质量攻坚组合出拳、公众参观日、民兵工作创新发展、群众路线在基层、"钢花杯"职工文化艺术节掠影、传递快乐的"大妈团队"等进行了专题宣传报道。六是紧扣公司全年重点工作，不断充实内容、努力创新方法，丰富活动载体，增强刊物的可读性和引导力。

（柴　苹）

《太钢经济与管理》

【概况】《太钢经济与管理》是公司的内部资料性出版物之一，始终坚持“立足太钢、面向太钢、服务太钢”的办刊宗旨。

《太钢经济与管理》以深入研究企业经营方略、管理实务、管理创新经验为基础，是剖析成功管理案例、探索企业经营管理实践、学习国际国内先进管理方法、了解最新管理理念的载体。《太钢经济与管理》与国内各冶金期刊保持着良好的交流关系，宣传与交流的同时，促进太钢管理水平的不断提升和核心竞争力的不断增强。

全年出版4期(每季度末出版)，共刊登文章85篇。

【版面设计】《太钢经济与管理》采用了标准A4幅面，版面设计风格简洁明朗，以突出每期主题内容为基本设计原则。封面展示太钢风貌；内页为三栏式排版，以符合读者的阅读习惯；封二以组照的形式反映公司的重大管理事项；封三首次将版面固化，以“闻新则喜、闻新则动、以新致胜”为题，利用图片形式展示当期公司的新气象、新变化。

【栏目设置】《太钢经济与管理》紧密围绕太钢管理工作实际，为保证其适用性、可读性，设置了视点、管理论坛、创新思维、它山之石、理论视野、前沿、资讯动态等栏目。

视点：刊登行业领军人物及公司领导重要讲话、公司重大工作的相关文章，使读者能够了解行业及公司的发展规划及近期重点工作目标。

管理论坛：刊登有关管理理论、管理方法、管理热点的研究与探讨性文章。如《安全文化引领规范职工日常行为》、《谈企业应收账款的内部控制》、《国有股转持程序及相关问题分析》、《浅谈企业加强网络舆情应对管理的思考与实践》等文章，与时俱进，贴合公司管理实际，为公司管理水平的不断提升提供理论支持。

创新思维：主要刊登各级管理人员在管理实践过程中，积累总结的管理经验、管理案例、遇到的问题及解决的对策等。如《标准化班组星级评价的探索与思考》、《基于贸易风险管控的业务模式创新》、《关于太钢走新型工业化道路的思考》、《关于发展信息与自动化产业的思考》等文章，具有较高的学习借鉴价值。

它山之石：选摘同行业管理领域的先进理念，极具借鉴意义的管理经验。如《鞍钢集团·专项风险管理》、《中国石化采购管理经验》、《宝钢云计算之路》、《划小核算单位、应对市场竞争》等。

前沿：主要介绍先进的管理理论知识、解读经济形势等。如《山西100强企业持续稳定发展之路》、《国外钢企技术创新战略解析》、《2012年中外钢铁上市公司成长能力对比》等。

资讯动态：主要选摘国际、国内钢铁行业经济、管理方面的动态资讯。

(杨雅芹)

《太钢科技》

【概况】《太钢科技》创刊于1963年(季刊)，是一个多学科、多专业、实用性很强的科技期刊。作为冶金行业先进技术传播的平台，刊物以促进太钢科技创新、推广科研成果、服务现场生产为办刊宗旨。

【栏目设置】《太钢科技》设置4个栏目：矿山·耐火·焦化、炼钢·连铸、压力加工·热处理、其他。内容涉及矿山、耐火、焦化、炼铁、炼钢、连铸、轧钢、锻造、热处理、理化检验、能源、机械、土建、计控、自动化、环保和安全等专业。刊登了工艺质量攻关、产品开发、技术开发、技术创新、生产实践等方面的文章。

（马玉姣　谢振亚）

《太钢译文》

【概况】《太钢译文》创刊于1973年（季刊）。主要针对太钢的生产和发展战略，从30多种国外优秀冶金期刊中选择文章并组织翻译、出版。2013年，出版4期，刊登了专业译文49篇。语种分为日文、英文、俄文、德文，其中矿山、耐火、焦化和炼铁部分5篇；炼钢和连铸部分11篇；压力加工和热处理部分20篇；其他部分13篇。主要跟踪国外新产品的开发及先进工艺、先进设备、节能环保的发展动态，帮助科研人员了解国外科研发展的最新进展。

【刊登内容】 2013年，《太钢译文》刊登了以下文章：在矿山、耐火、焦化和炼铁方面，主要刊登了《HIsmelt技术：炼铁的未来》、《铁生产中耐火材料循环利用技术的开发》、《提高混铁车喷补料的使用寿命》等论文；在炼钢和连铸方面刊登了《Arvedi公司首次实现薄铸坯无头连铸及轧制生产带钢》、《日本挡渣技术的进步》、《铁素体不锈钢的宏观组织细化》、《无缝管用空心连铸坯的生产》等论文；在压力加工和热处理方面刊登了《Nb、V合金管线钢的包辛格效应》、《再次加热过程中双相不锈钢氧化皮的生长》、《一种利用Power X－Hi轧机的不锈钢和硅钢冷轧新技术及最新连轧技术应用》、《先进高强钢在车辆结构中的应用进展》、《复合多层钢内部严重变形的铁素体/马氏体界面处微结构的演变》、《经济双相钢UR2202：一个耐蚀性和机械性能更好的304L替代钢种》等论文；在其他方面刊登了《采用高强钢板减轻汽车重量的技术》、《对比采用不锈钢与常用材料的配水管网中生物膜发展的长期研究》、《新材料商业化对扩大热工过程规模要求的早期思考》、《钢铁厂低热值气轮机的设计升级及操作经验》等论文。

（马玉姣　谢振亚）

新闻媒体

太钢新闻中心

【概况】 2013年末，太钢新闻中心下设新闻管理室、总编辑室、总策划室、采编一、二、三、四室，摄影室，主要有《太钢日报》、太钢电视台、《中国冶金报》驻山西记者站、太钢记者站业务。有职工53人，其中38人持有国家新闻出版总署颁发的记者证。

【取得的成绩】 2013年新闻中心紧紧围绕公司党政的重大决策和工作部署，聚焦生产一线，瞄准职工群众，精心策划、准确报道，先后完成了"公司两会"、重点工程、节能环保、产品质量、科技营销、党的群众路线教育实践活动等重大新闻宣传任务。《太钢日报》连续5年进入"山西省一级报纸"行列；太钢电视台被授予"全国最佳企业台"及"冶金企业先进电视台"称号；对外宣传获得太原市宣传先进单位，《中国冶金报》驻太钢记者站被评为全国优秀记者站。

【新闻宣传工作】 公司"十二五"重点工程是2013年宣传的重点，记者深入一线，以不同角度，反映出建设者克服诸多困难，不为人知的幕后故事，全年采写发表此类稿件300余条。

在"质量月"期间，记者行程上万里，实录了上海、常州、南通、揭阳、佛山、北京、长春、滕州、青岛重点客户对太钢产品质量直言不讳的意见和建议，制作了《太钢质量万里行》专题。

群众路线教育实践活动是2013年新闻宣传的一个重头戏，及时开办了"走群众路线、树优良作风"专栏。据统计，此类稿件发表500余篇。

在公司产品成功中标港珠澳大桥的第一时间，及时刊播报道，此后，采用系列报道的方式，多体裁、多角度广为宣传，使广大职工对这个事件有了全方位的了解，起到了提振士气的作用。

2013年，对外宣传在各级新闻媒体上刊播宣传太钢的稿件930余篇，其中《山西日报》刊登92篇，平均3天一条，山西卫视新闻联播播出51条，基本做到周周有太钢的新闻。

【报纸业务】 2013年，《太钢日报》共完成288期、8600多篇稿件的编辑出版任务。《太钢日报》把2013年确定为与《宝钢日报》对标年，从稿件质量到版面编排，均实现了长足的进步，获"山西省一级报纸"荣誉。2013年，着重抓了《太钢日报》的言论和评述性文章的撰写发表。在"钢城时评"、"炉边小议"、"微言杂谈"各版言论栏目基础上，强化编辑做编前、编后、编者按、新闻链接等。全年对公司"两会"、李董事长走访用户、贯彻十八届三中全会等重大事件，及时刊发各类评论员文章30余篇，在头版还增加核心阅读等，提高了报纸的思想性和可读性。2013年，对报纸编校系统实施了改造，报纸信息化程度得到了提高，实现了远程编控。

【电视业务】 2013年电视共制作播出297期新闻，开设栏目记者走基层、厂容整治在行动、党旗引领新跨越、两会、安全月、聚焦"十二五"工程、质量月、党的群众路线教育实践活动等共16个栏目。2013年着重在提升电视画面美感，增强电视新闻报道的深度上下功夫。相继出台了会议报到、主持人出镜、当事人采访等拍摄要求，提升了新闻报道的深度和广度，将在2014年1月1日，进行太钢电视台全新改版。为了确保整个电视网络的安全运行，确保网络出现突发故障时新闻制作及播出不受影响，对整个网络的核心部分做了备份，同时对历史资料进行整理编目，抢救修复2000年以来的珍贵资料2300条。

【稿件质量提升工作】 继续举办了第三届“优秀读者、观众节”活动，广泛征求意见，开门办台办报；调整了稿件评比办法，调动了记者写稿的积极性；聘任10名特约记者，缓解了二级单位稿件少，质量不高的问题；加强培训，全年举办各类培训班9期，提高了新闻记者和二级单位通讯员的业务素质。

（黄传宝）

群众团体

QUN ZHONG TUAN TI

科　协

【概况】 2013年，太钢科协带领广大科技工作者完成了各项任务；经太原市科协第七次代表大会选举，尹德被选为新一届太原市科协副主席。

2013年，太原钢铁（集团）有限公司获太原市2011—2012年度“讲理想、比贡献”竞赛活动先进集体，高晓梅等5人被评为先进个人，王艳被评为优秀组织者。李慧峰获第七届山西省优秀科技工作者称号。太原钢铁（集团）有限公司获山西省科技奉献奖特等奖，张兰获个人二等奖，王俊文获个人三等奖。选送16篇论文参加太原市2011-2012年度优秀论文评选活动，获一等奖4篇、二等奖5篇、三等奖7篇，太钢技术中心被评为报送论文优秀组织单位。

【科协活动】 制作4块展板，参加中国科协与山西省科协合办的全国科普宣传周活动；接待“第四届海峡两岸青年学子科技交流团”20人参观技术中心等4家单位；完成2013年院士工作站建站材料申报工作；参加了山西省科技工作者状况调查研讨会并组织50名工程技术人员参加了统一的答卷调查；参加了省金属学会组织的科技工作者状况调查案例访谈座谈会。

【学术活动】 组织1000人参加了中国科协第15届年会、中国金属学会技术创新发展论坛等70次学术会议及内部的各种培训和技术交流，为全国65个各类学会缴纳会费170万元。

【“讲、比”活动】 围绕技术创新、产品开发、质量改进、节能降耗等内容开展了“讲理想、比贡献”活动，工程技术人员提出了各类合理化建议6000多项，共创效益近亿元。

（太钢科协）

太钢残疾人联合会

【概况】 2013年末，太钢所属的23个有残疾职工的单位设立了残疾人协会；共有残疾职工872人。

【暖人心工程】 继续加强“暖人心工程”的投入。在春节、助残日、中秋节慰问残疾职工1365人次，发放慰问金及物品合计435680元；为20名残疾职工子女发放爱心助学金20000元；为残疾职工免费上了大病保险；为在岗残疾女工进行了妇女病普查；参加“慈善一日捐”，捐款13000元。开展全公司残疾职工状况登记2次。

第23次助残日活动期间，组织残疾职工代表座谈会，征求意见；相关领导看望福利总厂一线职工；太钢总医院到生产现场为残疾职工送来2000元药品；公司残联领导将慰问金送到残疾职工家中。

【获得荣誉】 被市残联评为年度“残疾人工作先进单位”、“残联信息工作先进单位”、贾振华被评为“残联信息工作先进个人”。

【文体活动】 组织11名残疾职工参加了太原市第五届残疾人运动会，获2枚金牌，1枚银牌，5枚铜牌；获团体总分第六名，获“优秀组织奖”和“体育道德风尚奖”。组织16名残疾职工参加了太原市举办的书法、绘画、摄影比赛。残联获“优秀组织奖”，王维平获摄影比赛“二等奖”。

【信访维权工作】 2013年，接待来人、来函、来电32人次，化解矛盾，维护稳定。全年未发生残疾职工群体上访事件。

【宣传信息工作】 2013年接待市残联领导调研检查2次。在《太原残联信息》发表信息19篇。助残日期间在太钢电视台以字幕形式宣传报道助残标语。在《太钢日报》、太钢电视台发表稿件21篇。

（成　钧）

人事与机构

REN SHI YU JI GOU

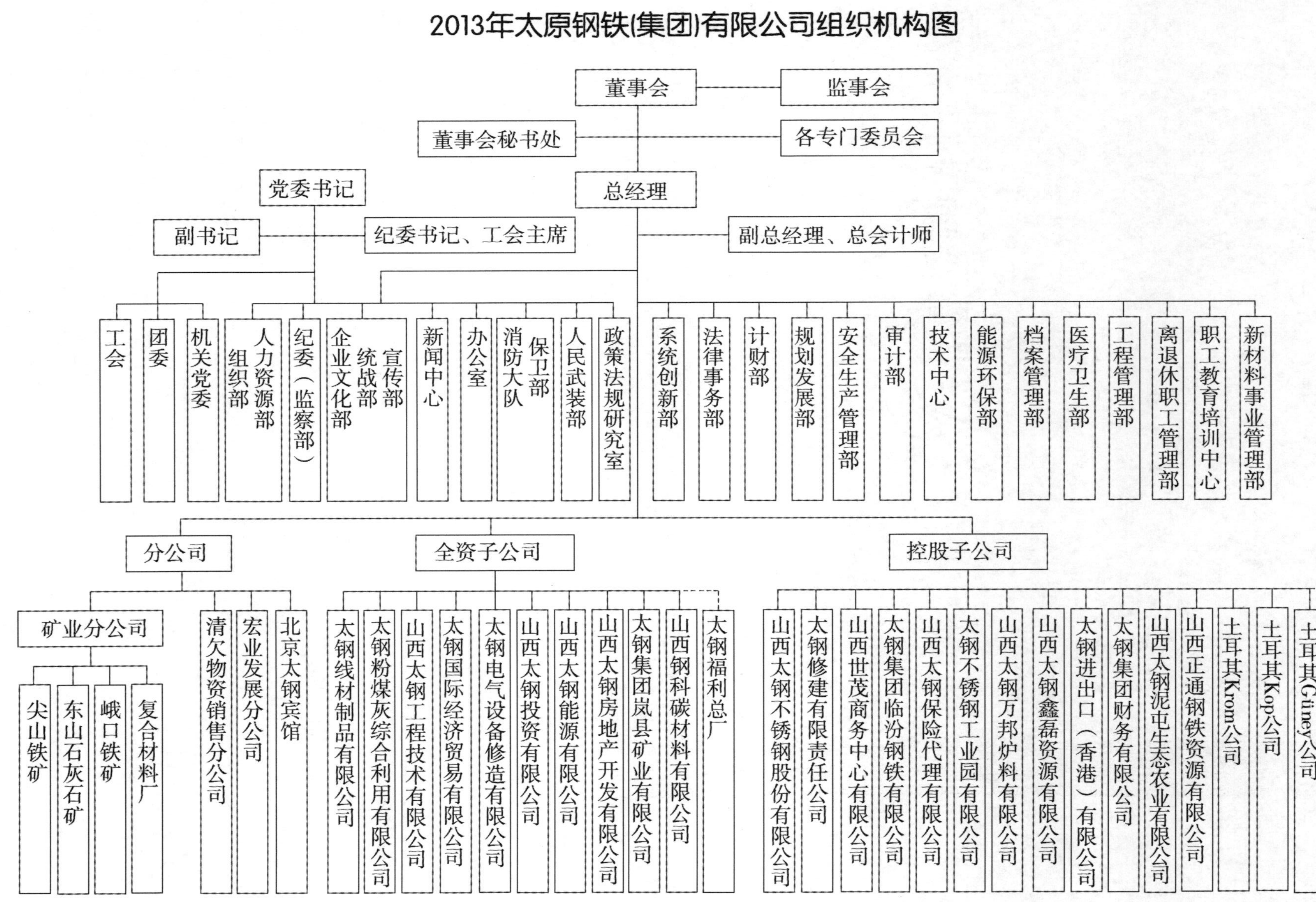
2013年太原钢铁(集团)有限公司组织机构图
董事会
监事会
董事会秘书处
各专门委员会
党委书记
总经理
副书记
纪委书记、工会主席
副总经理、总会计师
工会
团委
机关党委
人力资源部 组织部
纪委（监察部）
宣传部 统战部 企业文化部
新闻中心
办公室
保卫部 消防大队
人民武装部
政策法规研究室
系统创新部
法律事务部
计财部
规划发展部
安全生产管理部
审计部
技术中心
能源环保部
档案管理部
医疗卫生部
工程管理部
离退休职工管理部
职工教育培训中心
新材料事业管理部
分公司
全资子公司
控股子公司
矿业分公司
尖山铁矿
东山石灰石矿
峨口铁矿
复合材料厂
清欠物资销售分公司
宏业发展分公司
北京太钢宾馆
太钢线材制品有限公司
太钢粉煤灰综合利用有限公司
山西太钢工程技术有限公司
太钢国际经济贸易有限公司
太钢电气设备修造有限公司
山西太钢投资有限公司
山西太钢能源有限公司
山西太钢房地产开发有限公司
太钢集团岚县矿业有限公司
山西钢科碳材料有限公司
太钢福利总厂
山西太钢不锈钢股份有限公司
太钢修建有限责任公司
山西世茂商务中心有限公司
太钢集团临汾钢铁有限公司
山西太钢保险代理有限公司
太钢不锈钢工业园有限公司
山西太钢万邦炉料有限公司
山西太钢鑫磊资源有限公司
太钢进出口（香港）有限公司
太钢集团财务有限公司
山西太钢泥屯生态农业有限公司
山西正通钢铁资源有限公司
土耳其Krom公司
土耳其Kop公司
土耳其Güney公司
（系统创新部）

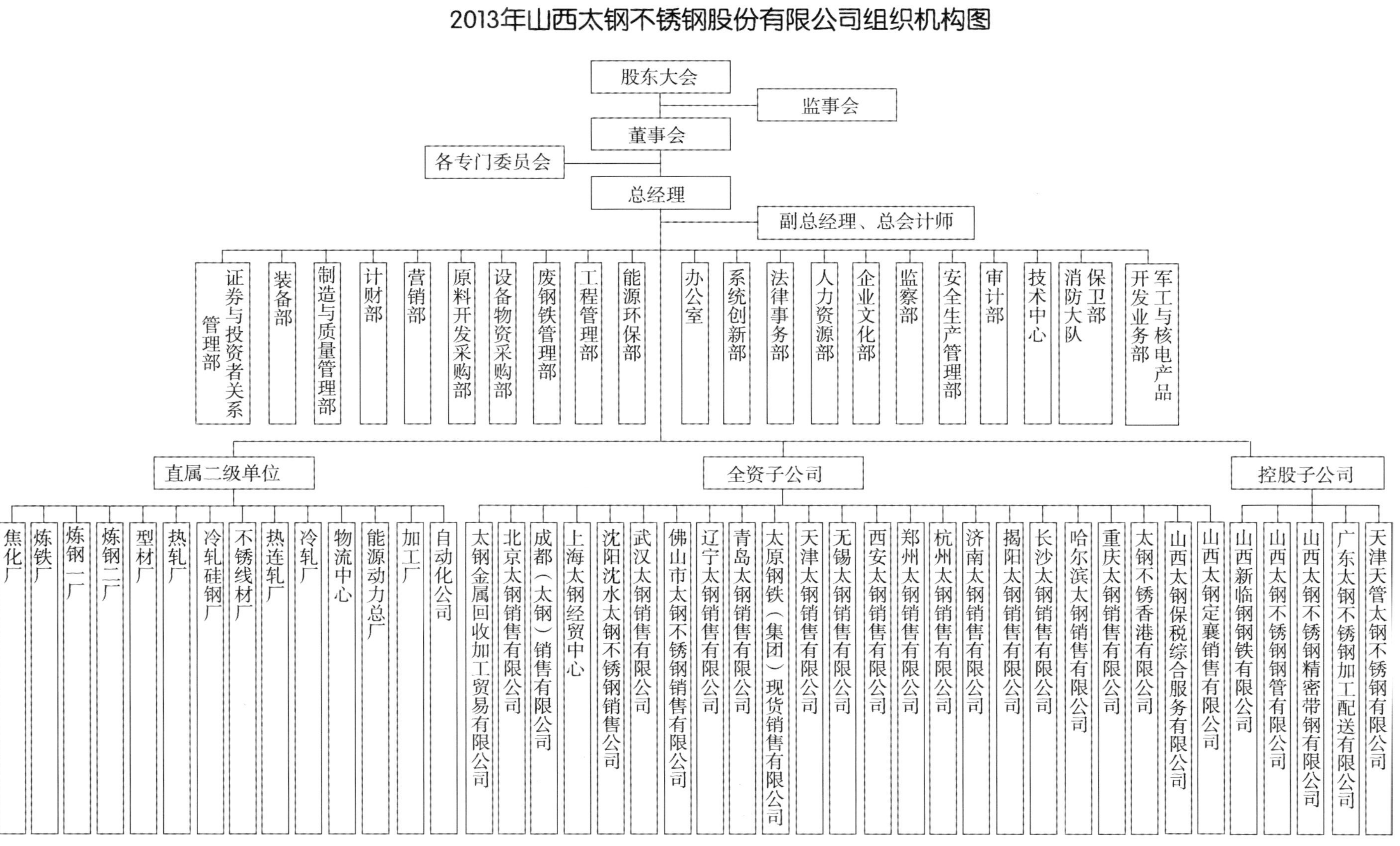
2013年山西太钢不锈钢股份有限公司组织机构图
股东大会
监事会
董事会
各专门委员会
总经理
副总经理、总会计师
证券与投资者关系管理部
装备部
制造与质量管理部
计财部
营销部
原料开发采购部
设备物资采购部
废钢铁管理部
工程管理部
能源环保部
办公室
系统创新部
法律事务部
人力资源部
企业文化部
监察部
安全生产管理部
审计部
技术中心
保卫部 消防大队
军工与核电产品开发业务部
直属二级单位
全资子公司
控股子公司
焦化厂
炼铁厂
炼钢一厂
炼钢二厂
型材厂
热轧厂
冷轧硅钢厂
不锈线材厂
热连轧厂
冷轧厂
物流中心
能源动力总厂
加工厂
自动化公司
太钢金属回收加工贸易有限公司
北京太钢销售有限公司
成都（太钢）销售有限公司
上海太钢经贸中心
沈阳沈水太钢不锈钢销售公司
武汉太钢销售有限公司
佛山市太钢不锈钢销售有限公司
辽宁太钢销售有限公司
青岛太钢销售有限公司
太原钢铁（集团）现货销售有限公司
天津太钢销售有限公司
无锡太钢销售有限公司
西安太钢销售有限公司
郑州太钢销售有限公司
杭州太钢销售有限公司
济南太钢销售有限公司
揭阳太钢销售有限公司
长沙太钢销售有限公司
哈尔滨太钢销售有限公司
重庆太钢销售有限公司
太钢不锈香港有限公司
山西太钢保税综合服务有限公司
山西太钢定襄销售有限公司
山西新临钢钢铁有限公司
山西太钢不锈钢钢管有限公司
山西太钢不锈钢精密带钢有限公司
广东太钢不锈钢加工配送有限公司
天津天管太钢不锈钢有限公司
（系统创新部）

2013年太原钢铁(集团)有限公司参股公司一览表

序号	项　目	投资时间	投资比例
一	合营联营单位		
1	山西禄纬堡太钢耐火材料有限公司	2006年6月	49.00%
2	山西阿克斯太钢轧辊有限公司	2007年6月	40.00%
3	山西晋煤太钢能源有限责任公司	2009年7月	49.00%
4	中色镍业有限公司	2010年7月	40.00%
5	太原太钢大明金属制品有限公司	2011年7月	40.00%
6	山西太钢哈斯科科技有限公司	2011年8月	40.00%
二	参股公司		
1	晋太贸易公司	1984年	2.70%
2	北京钢联咨询公司	1989年	7.69%
3	北京中联钢电子商务有限公司	2001年4月	10.00%
4	山西华康国际信托投资公司	1991年	4.68%
5	中联先进钢铁材料技术有限责任公司	2004年6月	4.55%
6	山西晋祠迎宾馆有限公司	2004年8月	12.20%
7	金川集团有限公司	2004年12月	4.87%
8	山西国瑞投资有限公司	2005年8月	5.31%
9	石太铁路客运专线有限责任公司	2005年10月	4.62%
10	平陆昌鸿不锈钢炉料有限公司	2006年10月	7.50%
11	中国太原煤炭交易中心有限公司	2007年8月	4.11%
12	山西灏鼎能源投资有限公司	2008年4月	14.28%
13	晋商银行股份有限公司	2008年11月	6.12%
14	金堆城钼业股份有限公司	2007年4月	2.12%
15	广深铁路	2006年12月	0.72%
16	光大银行	1996年10月	0.18%
17	交通银行	1990年	0.0037%
18	山西证券	2007年9月	16.97%

（冀彦伟）

2013 年山西太钢不锈钢股份有限公司子公司一览表

—	控股及全资子公司	注册资本(万元)	持股比例
1	山西太钢不锈钢精密带钢有限公司	50,000	92.86%
2	天津太钢天管不锈钢有限公司	186,300	65.00%
3	山西太钢不锈钢钢管有限公司	100,000	60.00%
4	太钢广东不锈钢加工配送有限公司	6,000	60.00%
5	山西新临钢钢铁有限公司	39,216	51.00%
6	太原钢铁(集团)金属回收加工贸易有限公司	200	100.00%
7	成都(太钢)销售有限公司	100	100.00%
8	青岛太钢销售有限公司	100	100.00%
9	北京太钢销售有限公司	100	100.00%
10	西安太钢销售有限公司	200	100.00%
11	太原钢铁(集团)现货销售有限公司	200	100.00%
12	佛山市太钢不锈钢销售有限公司	200	100.00%
13	武汉太钢销售有限公司	100	100.00%
14	天津太钢销售有限公司	100	100.00%
15	上海太钢经贸中心	250	100.00%
16	辽宁太钢销售有限公司	100	100.00%
17	无锡太钢销售有限公司	200	100.00%
18	沈阳沈水太钢不锈钢销售有限公司	500	100.00%
19	郑州太钢销售有限公司	500	100.00%
20	长沙太钢销售有限公司	500	100.00%
21	重庆太钢销售有限公司	500	100.00%
22	哈尔滨太钢销售有限公司	500	100.00%

2013年山西太钢不锈钢股份有限公司子公司一览表（续）

23	杭州太钢销售有限公司	500	100.00%
24	济南太钢销售有限公司	500	100.00%
25	揭阳太钢销售有限公司	500	100.00%
26	山西太钢保税综合服务有限公司	12000	100.00%
27	山西太钢定襄销售有限公司	500	100.00%
一	**控股及全资子公司**	注册资本(万元)	持股比例
28	太钢不锈香港有限公司	18944(人民币) 23276(港币)	100.00%
二	**合营公司**		
1	天津天管太钢焊管有限公司	60,000	50.00%
三	**联营公司**		
1	山西宝太新金属开发有限公司	2,940	49.00%
2	太钢集团财务有限公司	100,000	49.00%
四	**参股公司**		
1	郑州太钢华丰不锈钢加工配送有限公司	5,000	9.00%
2	太钢集团十堰经贸有限公司	1,000	10.00%
3	天津太钢大明金属制品有限公司	3,650 万美元	9.00%
4	青岛太钢华运达集装箱板加工配送有限公司	500	10.00%

（股份计财部）

2013年太原钢铁(集团)有限公司董事会成员名单

姓　名	性别	年龄	职　务	职　称	文化程度
李晓波	男	50	董事长	成绩优异的高级工程师	本科(硕士学位)
杨海贵	男	58	副董事长	正高级政工师	大学普通班
高祥明	男	51	副董事长	高级工程师	硕士研究生
侯进平	男	57	董事	高级经济师	本科(硕士学位)
周宜洲	男	55	董事	高级会计师	专科(硕士学位)
张志方	男	51	董事	成绩优异的高级工程师	本科(硕士学位)
王新平	男	53	董事	高级政工师	本科
韩瑞平	男	50	董事	高级政工师	在职研究生
王继光	男	54	董事	高级会计师	专科(硕士学位)
柴志勇	男	50	董事	工程师	本科(硕士学位)
韩珍堂	男	48	董事	高级会计师	本科(硕士学位)
高建兵	男	37	董事	工程师	本科

(党委组织部)

2013年太原钢铁(集团)有限公司党委常委成员名单

姓　名	性别	年龄	职　务	职　称	文化程度
杨海贵	男	58	党委常委、书记 党校校长	正高级政工师	大学普通班
王新平	男	53	党委常委、副书记	高级政工师	本科
韩瑞平	男	50	党委常委、副书记 纪委书记	高级政工师	在职研究生
李晓波	男	50	党委常委	成绩优异的高级工程师	本科(硕士学位)
高祥明	男	51	党委常委	高级工程师	硕士研究生
侯进平	男	57	党委常委	高级经济师	本科(硕士学位)
周宜洲	男	55	党委常委	高级会计师	专科(硕士学位)
张志方	男	51	党委常委	成绩优异的高级工程师	本科(硕士学位)
王继光	男	54	党委常委 工会主席	高级会计师	专科(硕士学位)

(党委组织部)

2013年太原钢铁(集团)有限公司经理层领导名单

姓　名	性别	年龄	职　务	职　称	文化程度
高祥明	男	51	总经理 公司科协主席	高级工程师	硕士研究生
侯进平	男	57	副总经理	高级经济师	本科(硕士学位)
周宜洲	男	55	副总经理	高级会计师	专科(硕士学位)
韩珍堂	男	48	总会计师	高级会计师	本科(硕士学位)
彭存根	男	51	副总经理	高级经济师	本科(硕士学位)

(党委组织部)

2013年山西太钢不锈钢股份有限公司经理层领导名单

姓　名	性别	年龄	职　务	职　称	文化程度
张志方	男	51	总经理	成绩优异的高级工程师	本科（硕士学位）
柴志勇	男	50	副总经理	工程师	本科（硕士学位）
高建兵	男	37	副总经理	工程师	本科
谢　力	男	53	副总经理	高级工程师	本科（硕士学位）
王百东	男	52	副总经理	高级工程师	本科
杨贵龙	男	48	总会计师兼董事会秘书	会计师	专科

（党委组织部）

2013年太原钢铁（集团）有限公司经理助理级领导名单

姓　名	性别	年龄	职　务	职　称	文化程度
秦同文	男	48	业务总监	成绩优异的高级工程师	本科（硕士学位）
尹　德	男	49	党委组织部部长、人力资源部部长	成绩优异的高级工程师	本科
王发生	男	48	党委宣传部、统战部、企业文化部部长	高级政工师	本科
张平文	男	49	纪委副书记、 监察部部长（2013.05.24任）	高级政工师	本科
刘安民	男	53	总法律顾问（经理助理级） 兼法律事务部部长	高级工程师	硕士研究生（工程硕士）
孙庆锋	男	55	工会副主席	高级工程师	本科
马法成	男	50	总经理助理 矿业分公司经理、党委书记 袁家村铁矿项目管理部经理	高级工程师	本科（硕士学位）
邢德川	男	51	山西太钢不锈钢股份有限公司总经理助理	高级工程师	本科
王立新	男	47	山西太钢不锈钢股份有限公司总经理助理	成绩优异的高级工程师	博士研究生（工学博士）
孟永全	男	47	办公室主任、董事会秘书处主任（经理助理级）	正高级政工师	在职研究生

2013年太原钢铁(集团)有限公司经理助理级领导名单(续)

姓名	性别	年龄	职务	职称	文化程度
曹志福	男	36	纪委副书记(2013.05.24任) 政策法规研究室主任	政工师	本科
李学锋	男	50	临钢、新临钢公司党委书记、纪委书记	成绩优异的高级工程师 高级政工师	博士研究生(工学博士)
梁津原	男	56	中色太钢镍业有限公司总经理(经理助理级)	成绩优异的高级工程师	硕士研究生
武豪杰	男	43	太钢土耳其铬业公司总经理(经理助理级)	高级工程师	本科

(党委组织部)

2013年太原钢铁(集团)有限公司处级领导干部名单(党政合署部门)

单位	职务	姓名	性别	年龄	职称	文化程度
纪委、监察部	信访审理室主任	张恒义	男	50	高级政工师	本科
纪委、监察部	效能监察室主任	宋　华	男	47	高级经济师	本科
纪委、监察部	检查室主任	苏振江	男	49	高级政工师	专科
纪委、监察部	办公室主任	杨庆丰	男	49	高级政工师	本科
纪委、监察部	稽查中心主任	帅长毅	男	51	高级政工师	本科
组织部、人力资源部	副部长	刘永和	男	43	高级政工师 工程师	本科
宣传部、统战部、企业文化部	副部长	苏福斗	男	48	高级政工师	在职研究生
宣传部、统战部、企业文化部	副部长兼新闻中心主任	邓江滔	男	48	高级政工师	本科
宣传部、统战部、企业文化部	新闻中心副主任	任芝杰	女	48	高级政工师 主任记者	本科
办公室	副主任	谢拴有	男	51	经济师	硕士研究生
办公室	副主任	李源广	男	34	经济师	本科

(党委组织部)

2013年太原钢铁(集团)有限公司处级领导干部名单(党群)

单　位	职　务	姓名	性别	年龄	职　称	文化程度
公司工会	权益保障部部长	康利梅	女	46	高级政工师	本科
公司工会	生产保护部部长	裴晓军	男	41	经济师	本科
公司工会	宣教文体部部长	李新立	男	42	高级政工师	本科
公司工会	民主管理部部长	齐军山	男	48	政工师	专科
公司工会	办公室主任	任志强	男	43	经济师	本科
公司团委	团委书记	阎志刚	男	33	政工师	本科 硕士学位
机关党委	党委书记	王春美	女	50	高级政工师 副教授	大专 硕士学位
营销部	党委书记	尚佳君	男	39	经济师	本科
营销部	党委副书记、纪委书记、工会主席	蔡尔恭	男	51	副教授	本科
原料开发采购部	党委书记	高　峰	男	37	工程师	本科
原料开发采购部	党委副书记、纪委书记、工会主席	关　毅	男	44	高级政工师	本科
设备物资采购部	党委书记	王天翔	男	48	高级工程师	本科
设备物资采购部	党委副书记、纪委书记、工会主席	管守红	男	49	高级政工师	本科
技术中心 先进不锈钢材料国家重点实验室	技术中心党委书记	李建民	男	49	成绩优异的 高级工程师	硕士研究生
技术中心	党委副书记、纪委书记、工会主席	鹿俊峰	男	51	高级经济师	本科
教培中心	教培中心党总支书记、党校副校长	毋建贞	男	54	高级工程师	本科
保卫部	党委书记兼消防大队政委	魏碧青	男	51	工程师 政工师	本科
保卫部	党委副书记、纪委书记、工会主席	崔　伟	男	50	政工师	专科
离退休职工管理部	党委书记	陈世清	男	48	高级政工师	本科

2013 年太原钢铁(集团)有限公司处级领导干部名单(党群)(续)

单位	职务	姓名	性别	年龄	职称	文化程度
离退休职工管理部	党委副书记、纪委书记	王克	男	51	高级政工师	本科
焦化厂	党委书记	贺世泽	男	43	成绩优异的高级工程师	本科 硕士学位
焦化厂	党委副书记、纪委书记、工会主席	张全安	男	48	政工师	专科
炼铁厂	党委书记	王红斌	男	48	成绩优异的高级工程师	本科
炼铁厂	党委副书记、纪委书记、工会主席	付东华	男	51	政工师	专科
炼钢一厂	党委书记	杨贞彪	男	48	经济师	专科
炼钢一厂	党委副书记、纪委书记、工会主席	刘孝平	女	43	高级政工师	本科 硕士学位
炼钢二厂	党委书记	刘亮	男	41	高级工程师	硕士研究生
炼钢二厂	党委副书记、纪委书记、工会主席	李保才	男	49	工程师 高级政工师	本科
型材厂	党委书记	郭光宇	男	46	高级工程师	本科
型材厂	党委副书记、纪委书记、工会主席	李红兵	男	51	高级政工师	专科
不锈线材厂	党委书记	朱拥民	男	45	工程师	本科 硕士学位
不锈线材厂	党委副书记、纪委书记、工会主席	郎宏亮	男	50	高级政工师	本科
不锈热轧厂	党委书记	南海	男	43	工程师	本科
不锈热轧厂	党委副书记、纪委书记、工会主席	董毓生	男	48	经济师	专科
冷轧硅钢厂	党委书记	张润国	男	47	高级工程师	本科
冷轧硅钢厂	党委副书记、纪委书记、工会主席	刘爱国	男	45	工程师	硕士研究生

2013 年太原钢铁(集团)有限公司处级领导干部名单(党群)(续)

单　位	职　务	姓名	性别	年龄	职　称	文化程度
不锈冷轧厂	党委书记	王清洁	男	46	成绩优异的高级工程师	本科 硕士学位
不锈冷轧厂	副书记、纪委书记、工会主席	刘千里	男	49	高级政工师	专科
热连轧厂	党委书记	杨连宏	男	43	成绩优异的高级工程师	博士研究生 工学博士
热连轧厂	党委副书记、纪委书记、工会主席	张志东	男	44	高级工程师	本科
物流中心	党委书记	樊洁君	男	49	高级工程师	本科 硕士学位
物流中心	党委副书记、纪委书记、工会主席	刘瑞军	男	44	高级政工师	本科
能源动力总厂	党委书记	石来润	男	47	高级工程师	本科
能源动力总厂	党委副书记、纪委书记、工会主席	张雷苏	男	53	高级政工师	本科
加工厂	党委书记	李永年	男	50	高级工程师	硕士研究生
加工厂	党委副书记、纪委书记、工会主席	李　军	男	36	政工师	本科
自动化公司	党委书记	马　莹	男	43	高级工程师	本科
自动化公司	党委副书记、纪委书记、工会主席	续　哲	男	50	经济师 政工师	专科
山西太钢不锈钢钢管有限公司	党委书记	赵长飞	男	48	高级工程师	本科
山西太钢不锈钢精密带钢有限公司	党总支书记	徐书峰	男	47	高级工程师	本科
山西太钢不锈钢精密带钢有限公司	党总支副书记、工会主席	樊中业	男	47	高级工程师	本科
矿业分公司	党委副书记、纪委书记	王笑天	男	44	高级经济师 高级政工师	本科
矿业分公司	工会主席	雷　霖	女	42	高级政工师	在职研究生 硕士学位

2013年太原钢铁(集团)有限公司处级领导干部名单(党群)(续)

单　位	职　务	姓名	性别	年龄	职　称	文化程度
矿业分公司	组宣人事部部长	任国宏	男	50	高级政工师	专科
矿业分公司	地勘公司党支部书记	杨礼元	男	51	工程师	专科
峨口铁矿	党委书记	衡旭文	男	46	高级工程师 政工师	本科 硕士学位
峨口铁矿	党委副书记、纪委书记、工会代主席	谢卫东	男	42	高级政工师	专科
尖山铁矿	党委书记	曹　阳	男	44	高级政工师	本科 硕士学位
尖山铁矿	党委副书记、纪委书记、工会主席	姜　广	男	44	工程师	本科
复合材料厂	党委副书记(主持工作)	刘建伟	男	41	工程师	本科
复合材料厂	党委副书记、纪委书记、工会代主席	李水清	男	42	政工师	本科
东山矿	党委书记	董武斌	男	44	高级工程师	本科 硕士学位
东山矿	党委副书记、纪委书记、工会代主席	王连生	男	44	工程师	本科
太钢集团岚县矿业有限公司	党委书记	米子军	男	49	高级工程师	本科
太钢集团岚县矿业有限公司	党委副书记、纪委书记、工会主席	闫俊礼	男	49	高级政工师	本科
太钢鑫磊资源有限公司	党总支书记	李绍晋	男	51	高级工程师	本科
医疗卫生部(总医院)	党委书记	南培宏	男	49	主任医师	本科
医疗卫生部(总医院)	党委副书记、纪委书记、工会主席、矿山医院党总支书记	贾宝生	男	50	高级政工师	本科

2013年太原钢铁(集团)有限公司处级领导干部名单(党群)(续)

单位	职务	姓名	性别	年龄	职称	文化程度
医疗卫生部(总医院)	总医院峨口医院党支部书记	郎中俊	男	50	主治医师	本科
医疗卫生部(总医院)	疾病预防控制中心党总支书记	苏有功	男	51	主任医师	本科 硕士学位
山西太钢房地产开发有限公司	代理党委书记	张敏芳	男	49	高级工程师	本科
山西太钢房地产开发有限公司	党委副书记、纪委书记、工会主席	侯全升	男	51	高级政工师	本科
山西钢盛房地产开发有限公司	党支部书记	田晓青	男	55	高级工程师	本科 硕士学位
山西钢盛房地产开发有限公司	党支部副书记(正处级)	武际春	男	43	经济师	硕士研究生 工学硕士
山西太钢投资有限公司 山西太钢能源有限公司	联合党支部书记	闫建明	男	48	高级会计师	本科
线材公司	党委书记	高宏伟	男	49	助理工程师 助理政工师	专科
综合利用公司	党总支书记	王洪兴	男	48	成绩优异的高级工程师	本科
综合利用公司	党总支副书记、工会主席	侯瑞鹏	男	38	工程师	本科
山西太钢工程技术有限公司	党委书记	白灵宝	男	52	高级工程师	本科
山西太钢工程技术有限公司	纪委书记	张建新	男	51	高级工程师	本科
福利总厂	党委书记	贾龙新	男	49	高级政工师	本科
电气设备修造公司	党总支书记	杨 扬	男	49	工程师 高级政工师	本科
电气设备修造公司	党总支副书记、工会主席	丰汉谦	男	48	高级政工师	本科

2013年太原钢铁(集团)有限公司处级领导干部名单(党群)(续)

单位	职务	姓名	性别	年龄	职称	文化程度
修建公司	党委书记	孟步祥	男	50	高级工程师	本科
修建公司	党委副书记、纪委书记	焦登明	男	52	高级政工师	本科
修建公司	工会主席	郭　帅	男	39	工程师	本科 硕士学位
不锈钢工业园有限公司	党支部书记	王喜洪	男	50	高级工程师	本科
山西世贸商务中心有限公司	党支部书记	王永建	男	41	助理工程师	本科
山西太钢万邦炉料有限公司	党支部书记	吴连生	男	52	高级工程师	本科
比欧西公司(中方)	党委书记	米宏民	男	49	高级工程师	本科 硕士学位
比欧西公司(中方)	党委副书记、纪委书记、工会主席	宁喜德	男	50	高级经济师	本科
山西禄纬堡太钢耐火材料有限公司	党委书记、纪委书记、工会主席	范　力	男	51	高级政工师	专科
山西阿克斯太钢轧辊有限公司	党委书记、纪委书记	王宏志	男	51	高级工程师	本科
山西阿克斯太钢轧辊有限公司	工会主席	赵亚林	男	51	高级工程师	本科
太钢土耳其铬业公司	党支部书记	周金晓	男	40	高级会计师	本科
毛里求斯晋非经济合作贸易区有限公司	党支部书记	李晓武	男	43	工程师	本科 硕士学位
钢企公司	党委书记	王斯文	男	51	高级经济师	本科
临钢、新临钢	工会主席	孙铁忠	男	55	高级经济师	本科

(党委组织部)

2013 年太原钢铁(集团)有限公司处级领导干部名单(行政)

单　位	职　务	姓名	性别	年龄	职　称	文化程度
太钢(北京)宾馆 太钢驻京联络处	总经理 兼主任	张　云	男	48	经济师	本科
人民武装部	部长	赵凯凯	男	54	高级政工师 高级经济师	本科
系统创新部	部长	宋迎东	男	51	高级经济师	专科
系统创新部	副部长	陶家晋	男	40	工程师	本科 硕士学位
安全生产管理部	部长	王高峰	男	44	高级工程师	本科 硕士学位
审计部	部长	耿　琳	女	48	高级会计师	本科
审计部	副部长	员红星	男	42	高级会计师	本科 硕士学位
能源环保部	部长	冀　岗	男	44	高级工程师	本科 硕士学位
能源环保部	副部长	张国志	男	49	工程师	本科
规划发展部 新材料事业部	部长 部长	蒋长虹	男	50	成绩优异的 高级工程师	硕士研究生
规划发展部	副部长	李俊章	男	50	高级工程师	本科 硕士学位
规划发展部	副部长	姚未荣	男	52	高级工程师	专科
规划发展部	副部长	任晓东	男	47	高级工程师	本科
新材料事业部	副部长	张　栋	男	50	高级经济师	硕士研究生
集团公司计财部	副部长	侯秀萍	女	45	高级会计师	硕士研究生
集团公司计财部	副部长	米卫兵	男	44	高级会计师	本科 硕士学位
集团公司计财部	驻矿业分公司计财部 部长	高万福	男	49	高级会计师	本科

2013年太原钢铁(集团)有限公司处级领导干部名单(行政)(续)

单　位	职　务	姓名	性别	年龄	职　称	文化程度
集团公司计财部	副部长	卜彦峰	男	41	会计师	本科
档案管理部	部长	张铁根	男	48	成绩优异的高级工程师	本科
证券与投资者关系管理部	部长	安　峰	男	41	高级工程师	本科
制造与质量管理部	副部长(正处级)	孙铭山	男	43	成绩优异的高级工程师	博士研究生 工学博士
制造与质量管理部	副部长	王　刚	男	44	成绩优异的高级工程师	本科 硕士学位
制造与质量管理部	副部长	杨　飞	男	51	高级工程师	本科
装备部	部长	赵恕昆	男	42	工程师	本科 硕士学位
装备部	副部长	彭志田	男	48	高级工程师	本科
装备部	副部长	周庆民	男	50	经济师	专科
股份公司计财部	部长	李　华	男	43	会计师	本科
股份公司计财部	副部长	冯保兴	男	38	高级工程师	本科
股份公司计财部	副部长	郝俊伟	男	42	会计师	本科
工程管理部	部长	张敏芳	男	49	高级工程师	本科
工程管理部	副部长(正处级)	吕云山	男	46	高级工程师	本科
工程管理部	副部长	张人杰	男	52	高级工程师	本科 硕士学位
工程管理部	副部长	李瑜厚	男	50	经济师	本科
营销部	部长	尚佳君	男	39	经济师	本科
营销部	副部长	卢　健	男	39	助理工程师	本科 硕士学位
营销部	副部长	解　浩	男	38	无	本科
营销部	副部长	苏　乐	男	39	助理工程师	硕士研究生

2013年太原钢铁(集团)有限公司处级领导干部名单(行政)(续)

单　位	职　务	姓名	性别	年龄	职　称	文化程度
原料开发采购部	部长	高　峰	男	37	工程师	本科
原料开发采购部	副部长	李　强	男	43	成绩优异的高级工程师	本科 硕士学位
设备物资采购部	部长	王天翔	男	48	高级工程师	本科
设备物资采购部	副部长	孙洪斌	男	45	工程师	本科 硕士学位
设备物资采购部	副部长	刘奇林	男	40	经济师	本科 硕士学位
技术中心 先进不锈钢材料国家重点实验室	主任 主任	李建民	男	49	成绩优异的高级工程师	硕士研究生
技术中心	副主任	冯焕林	男	51	成绩优异的高级工程师	本科
技术中心	副主任	范光伟	男	48	成绩优异的高级工程师	博士研究生 工学博士
技术中心 军工与核电产品开发业务部	副主任 经理	李志斌	男	44	成绩优异的高级工程师	本科 硕士学位
技术中心	副主任	王育田	男	42	高级工程师	本科
先进不锈钢材料国家重点实验室	副主任	徐芳泓	男	47	成绩优异的高级工程师	本科
教培中心	教培中心主任、钢院院长	毋建贞	男	54	高级工程师	本科
教培中心	副主任	孟永刚	男	51	高级政工师	在职研究生
保卫部	部长兼消防大队大队长	魏碧青	男	51	工程师 政工师	本科

2013年太原钢铁(集团)有限公司处级领导干部名单(行政)(续)

单位	职务	姓名	性别	年龄	职称	文化程度
保卫部	副部长兼消防大队副大队长	李海强	男	48	工程师	本科
保卫部	副部长	杨文魁	男	47	助理工程师	本科
离退休职工管理部	部长	陈世清	男	48	高级政工师	本科
离退休职工管理部	副部长	张　斌	男	50	高级政工师	本科
焦化厂	厂长	贺世泽	男	43	成绩优异的高级工程师	本科 硕士学位
焦化厂	副厂长	王　军	男	50	高级工程师	本科
炼铁厂	厂长	王红斌	男	48	成绩优异的高级工程师	本科
炼铁厂	副厂长	李红卫	男	47	工程师	本科
炼铁厂	总工程师	李夯为	男	47	高级工程师	本科
炼钢一厂	厂长	杨贞彪	男	48	经济师	专科
炼钢一厂	副厂长	兰惠明	男	48	工程师	本科
炼钢一厂	副厂长	陈双兵	男	48	工程师	本科
炼钢一厂	副厂长	冯晋宝	男	49	高级工程师	本科
炼钢一厂	总工程师	赵大同	男	41	工程师	本科
炼钢二厂	厂长	刘　亮	男	41	高级工程师	硕士研究生
炼钢二厂	副厂长	王　鹏	男	43	工程师	专科
炼钢二厂	副厂长	王　强	男	40	工程师	本科 硕士学位
炼钢二厂	总工程师	谷　宇	男	34	高级工程师	博士研究生 工学博士
型材厂	厂长	郭光宇	男	46	高级工程师	本科
型材厂	副厂长	李广德	男	50	工程师	中专
型材厂	总工程师	许立伟	男	44	高级工程师	本科

2013年太原钢铁(集团)有限公司处级领导干部名单(行政)(续)

单　位	职　务	姓名	性别	年龄	职　称	文化程度
不锈线材厂	厂长	朱拥民	男	45	工程师	本科 硕士学位
不锈线材厂	副厂长	李　颖	男	48	工程师	本科
不锈线材厂	副厂长	支成勇	男	44	工程师	本科
不锈热轧厂	厂长	南　海	男	43	工程师	本科
不锈热轧厂	副厂长	韩丙宝	男	49	高级工程师	本科
不锈热轧厂	副厂长	李俊生	男	40	工程师	本科
不锈热轧厂	总工程师	杨明永	男	39	高级工程师	本科
冷轧硅钢厂	厂长	张润国	男	47	高级工程师	本科
冷轧硅钢厂	副厂长	罗玉田	男	52	高级工程师	本科
冷轧硅钢厂	副厂长	李　刚	男	42	高级工程师	本科 硕士学位
冷轧硅钢厂	总工程师	张文康	男	48	成绩优异的 高级工程师	博士研究生 理学博士
不锈冷轧厂	厂长	王清洁	男	46	成绩优异的 高级工程师	本科 硕士学位
不锈冷轧厂	副厂长	韩　存	男	47	工程师	本科
不锈冷轧厂	副厂长	赵　诚	男	42	高级工程师	本科
不锈冷轧厂	总工程师	李旭初	男	47	工程师	专科
热连轧厂	厂长	杨连宏	男	43	成绩优异的 高级工程师	博士研究生 工学博士
热连轧厂	副厂长	杨轶博	男	41	工程师	本科
热连轧厂	副厂长	王　忠	男	42	工程师	本科
热连轧厂	总工程师	侯安全	男	41	高级工程师	硕士研究生
物流中心	主任	樊洁君	男	49	高级工程师	本科 硕士学位
物流中心	副主任	范力智	男	49	工程师	本科

2013年太原钢铁(集团)有限公司处级领导干部名单(行政)(续)

单　位	职　务	姓名	性别	年龄	职　称	文化程度
物流中心	副主任	冀爱明	男	44	工程师	本科 硕士学位
能源动力总厂	厂长	石来润	男	47	高级工程师	本科
能源动力总厂	副厂长	李积善	男	52	高级工程师	本科
能源动力总厂	副厂长	郭灵纯	男	51	高级工程师	本科
能源动力总厂	副厂长	刘华平	男	45	高级工程师	本科
能源动力总厂	副厂长	李建廷	男	48	高级工程师	本科
加工厂	厂长	李永年	男	50	高级工程师	硕士研究生
加工厂	副厂长	赵鹏伟	男	41	高级经济师	本科 硕士学位
加工厂	副厂长	赵天祥	男	43	工程师	硕士研究生
加工厂	副厂长	石增辉	男	49	经济师	本科
自动化公司	经理	马　莹	男	43	高级工程师	本科
自动化公司	副经理	郝俊宇	男	49	成绩优异的 高级工程师	硕士研究生
自动化公司	副经理	姜春海	男	42	工程师	本科 硕士学位
山西太钢不锈钢钢管 有限公司	经理	杨成义	男	47	高级工程师	本科
山西太钢不锈钢钢管 有限公司	副经理	赵长飞	男	48	高级工程师	本科
山西太钢不锈钢钢管 有限公司	副经理	卫建仁	男	49	高级工程师	本科
山西太钢不锈钢钢管 有限公司	副经理	王志永	男	42	工程师	本科
山西太钢不锈钢钢管 有限公司	总工程师	康喜唐	男	44	高级工程师	本科 硕士学位

2013年太原钢铁(集团)有限公司处级领导干部名单(行政)(续)

单　位	职　务	姓名	性别	年龄	职　称	文化程度
山西太钢不锈钢精密带钢有限公司	经理	徐书峰	男	47	高级工程师	本科
山西太钢不锈钢精密带钢有限公司	副经理	吕　坚	男	49	高级工程师	本科
山西太钢不锈钢精密带钢有限公司	副经理	武显斌	男	38	工程师	本科
天津太钢天管不锈钢有限公司	经理	赵晋雷	男	37	工程师	本科
天津太钢天管不锈钢有限公司	总工程师	张志强	男	40	工程师	本科
天津太钢天管不锈钢有限公司	副经理	郭树标	男	44	工程师	本科
矿业分公司	副经理	陈箭翔	男	50	高级工程师	本科
矿业分公司	总工程师	赵阳囤	男	50	成绩优异的高级工程师	硕士研究生
矿业分公司	副经理 安全生产管理部部长	雷锦华	男	44	高级工程师	硕士研究生
矿业分公司	组宣人事部部长	任国宏	男	50	高级政工师	专科
矿业分公司	办公室主任	蔡永胜	男	48	助理政工师	专科
矿业分公司	设备部部长	李鹏强	男	44	工程师	本科
矿业分公司	生产技术部部长、地勘公司经理	杨礼元	男	51	工程师	专科
矿业分公司	监察审计部部长	王建明	男	48	政工师	本科
矿业分公司	采购部部长	柴维智	男	47	工程师	本科 硕士学位
峨口铁矿	矿长	衡旭文	男	46	高级工程师 政工师	本科 硕士学位

2013 年太原钢铁(集团)有限公司处级领导干部名单(行政)(续)

单位	职务	姓名	性别	年龄	职称	文化程度
峨口铁矿	副矿长兼总工程师	刘慈光	男	48	工程师	专科
峨口铁矿	副矿长	董隽瑜	男	46	高级工程师	本科
峨口铁矿	副矿长	张耀斌	男	41	助理工程师 助理政工师	本科
尖山铁矿	矿长	曹　阳	男	44	高级政工师	本科 硕士学位
尖山铁矿	副矿长	郭振海	男	46	工程师	本科
尖山铁矿	副矿长	陈建宇	男	43	助理经济师	本科
尖山铁矿	总工程师	杨忠林	男	44	高级工程师	本科
复合材料厂	副厂长(主持工作)	刘建伟	男	41	工程师	本科
复合材料厂	副厂长兼总工程师	牛爱红	男	44	高级工程师	本科 硕士学位
复合材料厂	副厂长	范宇亮	男	48	工程师	专科
复合材料厂	副厂长	孙玉峰	男	39	工程师	专科
东山矿	矿长	董武斌	男	44	高级工程师	本科 硕士学位
东山矿	副矿长	戚连泓	男	45	工程师	本科
东山矿	副矿长	伏庆钢	男	48	工程师	硕士研究生
东山矿	副矿长兼总工程师	田林凯	男	45	工程师	本科
太钢集团岚县矿业有限公司 袁家村铁矿项目管理部	经理 常务副经理	米子军	男	49	高级工程师	本科
太钢集团岚县矿业有限公司 袁家村铁矿项目管理部	总工程师 副经理兼施工技术部部长	王永章	男	48	高级工程师	本科

2013年太原钢铁(集团)有限公司处级领导干部名单(行政)(续)

单　位	职　务	姓名	性别	年龄	职　称	文化程度
太钢集团岚县矿业有限公司 袁家村铁矿项目管理部	副经理 副经理兼工程部部长	王钢平	男	50	高级工程师	本科
太钢集团岚县矿业有限公司 袁家村铁矿项目管理部	副经理 设备物资部部长	董承平	男	44	工程师	本科
太钢集团岚县矿业有限公司	副经理	白　俊	男	45	高级工程师	本科
太钢鑫磊资源有限公司	经理	李绍晋	男	51	高级工程师	本科
太钢鑫磊资源有限公司	副经理	魏建恩	男	50	工程师	专科
医疗卫生部(总医院)	部长(院长)	南培宏	男	49	主任医师	本科
医疗卫生部(总医院)	副部长(副院长)	李学辉	男	50	副主任药师	专科
医疗卫生部(总医院)	副部长(副院长)	邵　泉	男	49	主任医师	本科
医疗卫生部(总医院)	副部长(副院长)	张　铁	男	48	主任医师	本科
医疗卫生部(总医院)	总医院峨口医院院长	郎中俊	男	50	副主任医师	本科
医疗卫生部(总医院)	疾病预防控制中心主任	苏有功	男	51	主任医师	本科 硕士学位
劳务市场 宏业发展分公司	副经理 经理	韩际清	男	45	工程师	本科

2013年太原钢铁(集团)有限公司处级领导干部名单(行政)(续)

单　位	职　务	姓名	性别	年龄	职　称	文化程度
山西太钢房地产开发有限公司	代理经理	张敏芳	男	49	高级工程师	本科
山西太钢房地产开发有限公司	副经理	王春平	男	52	高级工程师	专科
山西太钢房地产开发有限公司	副经理	孟　俊	男	35	工程师	本科 硕士学位
山西钢盛房地产开发有限公司	经理	田晓青	男	55	高级工程师	本科 硕士学位
山西太钢投资有限公司 山西太钢能源有限公司	经理 经理	闫建明	男	48	高级会计师	本科
山西太钢投资有限公司	副经理	郭建东	男	43	高级会计师	本科 硕士学位
山西太钢能源有限公司	董事(专职)	陈晋生	男	51	高级工程师	本科
太钢集团财务有限公司	总经理	张晓东	男	46	高级会计师	本科
太钢集团财务有限公司	副总经理	郭　涌	女	43	高级会计师	本科 硕士学位
线材公司	经理	高宏伟	男	49	助理工程师 助理政工师	专科
综合利用公司	经理	王洪兴	男	48	成绩优异的高级工程师	本科
综合利用公司	副经理	胡荣建	男	38	工程师	本科 硕士学位
山西太钢工程技术有限公司	总经理	白灵宝	男	52	高级工程师	本科

2013年太原钢铁(集团)有限公司处级领导干部名单(行政)(续)

单　位	职　务	姓名	性别	年龄	职　称	文化程度
山西太钢工程技术有限公司	副总经理	彭守经	男	50	高级工程师	本科
山西太钢工程技术有限公司	副总经理	肖小华	女	46	工程师 会计师	本科
山西太钢工程技术有限公司	总工程师	张建新	男	51	高级工程师	本科
福利总厂	厂长	王　海	男	50	高级经济师	本科 硕士学位
福利总厂	副厂长	程晓鸿	男	51	经济师	专科
福利总厂	副厂长	张　龙	男	44	经济师	本科
国贸公司	经理	张国庆	男	46	高级经济师	本科
国贸公司	副经理	刘鹏飞	男	42	会计师	本科 硕士学位
电气设备修造公司	经理	杨　扬	男	49	工程师 高级政工师	本科
修建公司	经理	孟步祥	男	50	高级工程师	本科
修建公司	副经理	祁伟林	男	49	高级工程师	本科
修建公司	副经理	朱文绍	男	39	工程师	本科
不锈钢工业园有限公司	经理	王喜洪	男	50	高级工程师	本科
不锈钢工业园有限公司	副经理	裴　旺	男	51	工程师	大专
不锈钢工业园有限公司	副经理	赵根成	男	46	经济师	大专
山西世贸商务中心有限公司	经理	王永建	男	41	助理工程师	本科

2013年太原钢铁(集团)有限公司处级领导干部名单(行政)(续)

单　位	职　务	姓名	性别	年龄	职　称	文化程度
山西世贸商务中心有限公司	副经理	郑福栓	男	50	会计师	中专
山西太钢万邦炉料有限公司	副经理	党光辉	男	32	工程师	本科 硕士学位
山西钢科碳材料有限公司	总经理	常春报	男	44	工程师	本科 硕士学位
比欧西公司(中方)	副经理	高　凯	男	50	高级工程师	本科 硕士学位
山西阿克斯太钢轧辊有限公司	副总经理	王宏志	男	51	高级工程师	本科
太钢土耳其铬业公司	财务总监	周金晓	男	40	高级会计师	本科
太钢土耳其铬业公司	副总经理	张锦铭	男	49	工程师	大专
山西宝太新金属开发有限公司	经理	李忠新	男	52	工程师	专科
中色太钢镍业有限公司	副经理	刘中秋	男	45	工程师	本科
钢企公司	经理	郭存和	男	49	高级会计师	本科
临钢、新临钢	常务副总经理兼总工程师	沈永耀	男	51	高级工程师	本科
临钢、新临钢	副总经理	范海旺	男	51	高级工程师	本科
临钢、新临钢	总会计师	朱剑勋	男	47	高级会计师	本科
临钢、新临钢	副总经理	张志杰	男	49	工程师	本科

(党委组织部)

表　彰

BIAO ZHANG

太钢获2013年度山西省劳模大会表彰名单

模范单位　　冷轧硅钢厂

模范集体　　炼钢二厂连铸三作业区丁班碳钢浇钢班组

（公司工会）

太钢2013年度劳模大会表彰名单

一、先进集体

(一)先进单位

不锈线材厂

不锈热轧厂

热连轧厂

自动化公司

原料开发采购部

营销部

不锈钢精带公司

广东加工配送公司

医疗卫生部

离退休职工管理部

国际经济贸易公司

财务公司

电气设备修造公司

工程技术公司

峨口铁矿

岚县矿业公司

临钢协力部

(二)先进部室

制造与质量管理部

股份计财部

工程管理部

系统创新部

组织部、人力资源部

纪委监察部

政策法规研究室

宣传部、企业文化部、统战部

(三)先进科室

焦化厂

　　安全科

炼铁厂

　　生产科

不锈线材厂

　　安全生产科

不锈热轧厂

　　设备能源科

不锈冷轧厂

　　技术科

热连轧厂

　　设备能源科

加工厂

　　经营科

自动化公司

　　安全生产科

原料开发采购部

　　合金二室

营销部

　　西南区销售公司

设备物资采购部

　　工程科

技术中心

工艺改善室
硅钢研发室
不锈钢精密带钢有限公司
安全生产技术部
不锈钢钢管有限公司
制造和安全管理部
矿业分公司
尖山铁矿设备能源科
峨口铁矿护矿消防队
东山矿组织人事科
复合材料厂安全管理科
岚县矿业有限公司生产科
临钢公司
职工医院内科
财务有限公司
资金计划部
工程技术有限公司
土建室
计控室
福利总厂
福达工装分厂
建安公司
不锈钢加工中心
国际经济贸易有限公司
经营管理部
电气设备修造有限公司
供应科
不锈钢工业园有限公司
制品开发部
山西世茂商务中心有限公司
物业部
房地产开发有限公司
人力资源(党群)部
工程管理部
医疗卫生部
人力资源室
后勤管理室
总医院普外科
总医院整形外科
总医院超声科
总医院康复医学科
总医院急救中心
总医院尖山铁矿医院
疾病预防控制中心放射卫生科
总医院综合住院楼项目部
离退休职工管理部
内退科
教培中心
培训管理研究室
公司机关
规划发展部项目报审室
人力资源部劳动保险室
系统创新部集团管控室
能源环保部动力调控室
法律事务部合同管理室
档案管理部档案管理室
纪委办公室
工会权益保障部
企业文化部 CI 推进室
新闻中心采编四室
办公室秘书室
集团计财部预算管理室
股份计财部预算管理室
工程管理部经济管理室
制造与质量管理部工艺管理室
制造与质量管理部生产计划室
装备部厂容管理室
劳务市场待岗配置室
进出口(香港)有限公司
财务室
天津太钢天管不锈钢有限公司
销售部
毛里求斯晋非经济贸易合作区有限公司
财务部

(四)先进作业区

炼铁厂

四烧作业区
六高炉作业区
炼钢一厂
动力作业区
炼钢二厂
冶炼二作业区
连铸三作业区
型材厂
轧钢作业区
冷轧硅钢厂
轧钢作业区
不锈冷轧厂
第二轧制作业区
热连轧厂
1549 轧钢作业区
能源动力总厂
变一作业区
30 万作业区
防护站
加工厂
不锈钢加工作业区
物流中心
高炉作业区
自动化公司
公辅作业区
技术中心
探伤站
矿业分公司
尖山铁矿平峒作业区
尖山铁矿运输作业区
尖山铁矿主泵作业区
峨口铁矿采矿部电铲作业区
峨口铁矿选矿部破碎作业区
峨口铁矿球团部过滤作业区
东山矿管带机作业区
复合材料厂采矿作业区
岚县矿业有限公司选矿部磨磁作业区
岚县矿业有限公司球团部储运作业区
岚县矿业有限公司能动部供水作业区
鑫磊资源有限公司破碎作业区
临钢公司
焦化厂事业部炼焦车间
炼铁事业部六高炉车间
炼钢厂连铸车间
中板事业部热处理酸洗作业区
二峰山铁矿采矿一车间
动力总厂制氧车间
检修分公司锻焊车间
粉煤灰综合利用有限公司
加气砼作业区
修建有限责任公司
金结分公司
房地产开发有限公司
能动工段
离退休职工管理部
赵庄管理所
保卫部
护卫支队

(五)工人先锋号

焦化厂
化产作业区粗苯大组
炼铁厂
三高炉作业区值班室
炼钢一厂
冶炼二作业区电炉甲班
炼钢二厂
冶炼二作业区精炼丙班
冷轧硅钢厂
原酸作业区乙班
不锈冷轧厂
成酸作业区 3 号冷线班组
能源动力总厂
电控作业区微机班
加工厂
渣场事业部不锈钢渣打水组

矿业分公司

岚县矿业有限公司采矿部破碎作业区生产丙班

临钢公司

中板事业部热处理酸洗作业区生产丙班

(六)李斌式模范班组

炼铁厂

四烧作业区甲班

炼钢二厂

连铸三作业区碳钢乙班

型材厂

精整作业区乙班

不锈线材厂

轧钢作业区轧钢甲班

不锈热轧厂

热轧作业区丁班

热连轧厂

1549 轧钢作业区炉区甲班

2250 轧钢作业区丙班

能源动力总厂

输配作业区管道盲板组

物流中心

机务作业区丙班

自动化公司

炼钢作业区运维四组

技术中心

炼钢二厂化验站甲班

不锈钢精密带钢有限公司

精整光亮作业区拉矫纵切甲班

矿业分公司

尖山铁矿选矿检修作业区天车班

峨口铁矿采矿部运输作业区运矿大车一班

东山矿回转窑作业区运行丙班

复合材料厂焙烧作业区生产乙班

粉煤灰综合利用有限公司

加气作业区生产甲班

福利总厂

不锈钢加工中心挡圈组

电气设备修造有限公司

变压器分厂绕线组

保卫部

护卫支队西门大队

(七)先进班组

焦化厂

炼焦作业区生产丁班

运焦作业区筛焦乙班

炼铁厂

五高炉作业区看水组

六高炉作业区炉前沟班

竖炉作业区中控组

三烧作业区丙班

四烧作业区乙班

供料作业区六高炉作业组

铸铁机作业区测温跟罐班组

净化作业区三净化组

电气作业区五高炉点检组

炼钢一厂

不锈冶炼作业区电炉丙班

碳钢线冶炼作业区精炼丙班

天车作业区碳钢线乙班

炼钢二厂

冶炼一作业区不锈钢转炉丁班

冶炼二作业区转炉丙班 1 号炉

冶炼三作业区 AOD 丁班

连铸一作业区丙班 2 号机

成品车间北区甲班

原料车间北区乙班

修砌车间北区修包丁班

运转车间北区转炉甲班

第一机械点检站预处理点检组

第二机械点检站 AOD 组

电气车间北区精炼组

型材厂

快锻作业区乙班

均热作业区丁班

电气自动化作业区主电运行班

不锈热轧厂

热处理作业区乙班

保障作业区机械二组

冷轧硅钢厂

2300 作业区轧退丁班

成品作业区联剪丁班

电气作业区专职点检班

不锈冷轧厂

原酸作业区 4 号热线丁班

2 号热线作业区 2 号热线丁班

宽幅光亮作业区 3 号平整甲班

成酸作业区 3 号冷线丁班

第一轧制作业区 9 号轧机甲班

精整作业区拉矫丙班

精整作业区 8 号纵切丙班

成品作业区交库甲班

磨辊作业区 2 号 3 号磨床甲班

天车作业区运行甲班

防腐作业区维护三班

电气作业区 2 号热线维护班

生产科调度甲班

热连轧厂

1549 轧钢作业区精轧乙班

2250 轧钢作业区板加丙班

1549 电气作业区系统班

2250 电气作业区系统组

2250 机动作业区液润点检组

自动化作业区 2250 线 L1 班组

生产保障作业区 2250 磨辊运行丙班

能源动力总厂

余热作业区 TRT 运行班

化学作业区软化班

精密带钢作业区水处理班

电调作业区试验二组

水处理作业区预处理班

酸水处理作业区中和运行二组

环境监测中心环境及油品监测组

加工厂

机电维修作业区检修组

碳素钢加工作业区生产乙班

渣场事业部碳钢渣皮带组

物流中心

路车作业区丙班

机车检修作业区电控组

自动化公司

通信作业区维护二组

工程作业区安装二组

炼钢作业区运维一组

原料开发采购部

镍生铁库库工组

设备物资采购部

仓储中心五组

不锈钢精密带钢有限公司

精整光亮作业区精整丁班

不锈钢钢管有限公司

冷加工一作业区轧机甲班

热加工一作业区挤压乙班

技术与品质管理部无损丁班

矿业分公司

尖山铁矿破碎作业区生产丁班

尖山铁矿筑排作业区 17 号推土机班

尖山铁矿胶排排岩作业区生产丁班

尖山铁矿采矿检修作业区电工班

尖山铁矿选矿检修作业区检修班

尖山铁矿浮选作业区运矿班

尖山铁矿过滤作业区生产丙班

尖山铁矿水电作业区外线班

尖山铁矿护矿消防队救护队

峨口铁矿采矿部运输作业区大车六班

峨口铁矿选矿部平峒作业区运行乙班

峨口铁矿原料作业区运行甲班

峨口铁矿动力部供汽作业区官地锅炉班

峨口铁矿计量检验室官地生产甲班
峨口铁矿铁运站官地站
峨口铁矿供应站总库班
峨口铁矿露天转地下项目部工艺技术部
东山矿破碎作业区中控班组
东山矿气力输送作业区管道巡检预控班
复合材料厂机动部变电班
复合材料厂计量检验室试样班
复合材料厂精整作业区退火班
岚县矿业有限公司计量检验室计量班
岚县矿业有限公司热电部锅炉工序班
鑫磊资源有限公司回转窑作业区丁班

临钢公司
焦化事业部炼焦乙班
炼铁事业部五高炉车间炉前甲班
炼钢厂连铸车间钳工班
中板事业部热轧作业区甲班
二峰山铁矿采矿一车间主井维修班
加工厂机电车间东区钳工班
动力总厂供电车间试验班
运输部车务段矿渣站
检修分公司铸造车间铸造组
新兴实业公司二区管理科收费班
职工医院烧伤科护理组
保卫部门卫一队二小队

粉煤灰综合利用有限公司
标砖作业区生产运行甲班

工程技术有限公司
电子产品事业部电气成套班

福利总厂
机修分厂套筒组
液压密封件分厂胶管班组
建安公司加工厂落锤切割组

电气设备修造有限公司
变压器分厂总装组

修建有限责任公司
结二分公司铆工一组
机装分公司钳工七组
防腐分公司防腐一组
运检分公司吊车班

房地产开发有限公司
赵庄管理服务站
胜利桥管理服务站
单身公寓管理服务站

医疗卫生部
总医院神经内科护理组
综合办公室保卫组

保卫部
治安大队一中队

二、先进个人

(一)特级劳动模范

韩小强　炼钢二厂冶炼三作业区 AOD 丁班班长
李　竹　不锈冷轧厂窄幅轧制作业区 7 号轧机丙班班长
杨朝刚　炼铁厂厂长助理
俞　光　营销部海外业务部经理
白晋钢　技术中心工艺改善室主任
耿德昌　东山矿回转窑作业区主管
崔建春　岚县矿业有限公司球团部主任
薛玲珑　医疗卫生部(总医院)消化内科主任
李战生　临钢公司中板事业部总经理助理
杨连宏　热连轧厂厂长、党委书记

(二)劳动模范

李谊农　焦化厂运保作业区副主管
刘卫平　焦化厂化产项目部经理
刘建勇　炼铁厂项目部副经理

宋志刚　炼钢一厂项目部VOD项目执行经理
王　华　炼钢二厂冶炼一作业区班长
王浩江　型材厂电气自动化作业区点检员
黄昌义　不锈线材厂轧钢作业区主管
朱拥民　不锈线材厂厂长、党委书记
张　涛　不锈热轧厂热轧作业区轧制线班长
耿成刚　冷轧硅钢厂硅钢冷连轧项目部动力部部长
胡进瑞　冷轧硅钢厂项目部副经理
何志强　不锈冷轧厂机动科炉窑及燃气专业员
温　强　不锈冷轧厂项目部炉窑动力部部长
侯建海　热连轧厂1549机动作业区专业主管
梁春寿　能源动力总厂30万作业区副主管
贾　宁　加工厂渣场事业部设备首席工程师
游庆戌　物流中心机务作业区内燃机车司机
郭新平　自动化公司信息管理科信息化项目管理员
马　莹　自动化公司经理、党委书记
屠书琴　原料开发采购部矿石室主任
高　峰　原料开发采购部部长、党委书记
郭　轶　太原钢铁(集团)现货销售有限公司经理
尚佳君　营销部部长、党委书记
彭艳忠　设备物资采购部材料科采购员
王贵平　技术中心不锈钢研究室高级工程师
刘玉栋　不锈钢精密带钢有限公司安全生产技术部部长
李　强　不锈钢钢管有限公司热加工一作业区班长
孟庆亮　尖山铁矿运输作业区大车司机
陈会武　峨口铁矿露天转地下项目部常务副经理
衡旭文　峨口铁矿矿长、党委书记
王永章　岚县矿业有限公司总工程师
张顺元　鑫磊资源有限公司经理助理
杨玉勇　临钢公司二峰山铁矿运输车间主任
李　青　临钢公司焦化事业部炼焦车间主任
郭宏伟　临钢公司炼钢厂厂长、党委书记兼协力部部长、党委书记
张晓东　太钢集团财务有限公司总经理
张建新　工程技术有限公司总工程师兼纪委书记
张国庆　国际经济贸易有限公司经理
刘金海　电气设备修造有限公司电机分厂副厂长
周建国　修建有限责任公司质量技术科科长
渠　震　房地产开发有限公司项目管理部工程师
郭晓军　万邦炉料有限公司三电部部长
贾　京　医疗卫生部(总医院)麻醉科护士长
韩五卫　离退休职工管理部市内外地管理所所长
崔　伟　保卫部党委副书记、纪委书记、工会主席
菅瑞雄　新材料事业部材料二室主任
李瑜厚　工程管理部副部长
张敏芳　工程管理部部长
范　力　禄纬堡太钢耐火材料有限公司党委书记、纪委书记、工会主席
刘中秋　中色镍业有限公司副总经理

(三)先进工作者

焦化厂

李守成　苟晓峰　张治平　郭玉全
张学军　王拥党

炼铁厂

陈树文　卫孝亲　阮根基　郑　伟
赵新民　郭泽琴　王银耀　郑晓峰
王　敏　杨建勇　杜存柱　张　强
孙　智　贺　林　范立伟　梁　健
张育敏　王卫忠　柯善宝　杨志荣
郝永寿　闫雪晨　尚秋丽　李兆华

炼钢一厂

程红波　邢玉贵　李　强　郝玉生
卫学斌　马　崴　金　波　任　龙

炼钢二厂

张宏刚　李耀龙　林仲旻　郭根保
董志义　任维宁　杜国强　高洪涛
贾寅生　荣海虎　谢彦明　陈　钢
刘　杰　索建林　张丕军　李　强
王彦平　王宏业　聂景峰　薄　伟

型材厂

于铁斌　孙红兵　李红兵　陈　钢
崔　俊　郭玉宝

不锈线材厂

闫育强　宁永奎　刘中义

不锈热轧厂

冯春来　董志平　梁金鲲　褚东海
梁　勇　薄　谦　南　海

冷轧硅钢厂

吴大银　韩安伟　王　旭　王晋生
宁玉全　张江波　王小琴

不锈冷轧厂

郑勇峰　张建优　杨继兵　马建兴
陈国光　李美文　杨　旭　梁永亮
张湧明　杨远盛　谢　强　韩永庆
刘文霞　贾妙峰　尚春喜　高培军
郭　伟　唐　攀　赵慧涛

热连轧厂

马红峰　阎龙旺　张二峰　杨红光
刘明春　高子荣　张建恒　张胜利
王永宾　王　彦　陈　欣

能源动力总厂

呼庭荣　张红卫　刘建刚　李保才
田　亮　赵秀文　王文钢　耿　健
樊小龙　王跃如　闫旭栋　薛庆彪
秦毓武　刘　峰　贺占超　李佐明
王瑞红　林　泉　李　琼　高俊飞

加工厂

要步轩　常秀清　王亦红　李晓伟
刘海斌

物流中心

董　飞　梁　斌　孙建跃　张庆杰
李晋忠　杨建忠　王　伟　李　刚
畅爱霞　高泽洪　李志明

自动化公司

金宁林　张　榕　吴　睿　王　强
陈若珩　郭瑞峰　郝俊宇

原料开发采购部

王　亮

营销部

胡振明　武勇刚　侯建军

设备物资采购部

段　军　王新道

技术中心

廉晓洁　李建春　王　珺

不锈钢精密带钢有限公司

张亚军　杜永强　徐书峰

不锈钢钢管有限公司

刘正伟　聂　飞　冀宇翔　李树平
张康鹏

矿业分公司

杨礼元　李煊生　王钢平　闫永军
张海丰　岳建平　韩顺成　辛俊奎
武春光　徐图南　王利文　张振文
刘俊杰　翟东峰　田军伟　吴俊华
武水栓　白海龙　武建生　李万国
杜爱军　王浩宇　王宏文　陈福文
董志坚　张培军　刘云恩　张淑珍
禹金惠　段宇东　王恩盛　乔美任
薛守宝　范永平　孟　帆　郎成功
吕　锐　于建海　张兰宁　马晓军
侯福录　闫正鹏　郝步高　周泽文
董慧文　甄建宏　刘光明　柴润平
崔润元　李建利　刘海波　张承武
姚志云　刘青芳　李宏伟　代晋峨
岳秀萍　康彦萍　梁晓俊　王华冠
周　强　杨旭瑞　范述宁　杜一亮

黄　河　智鹏珍　刘志斌　高　鹏
徐志刚　贺有福　闫伟超　米子军

临钢公司

杜立功　段振中　郑国政　刘晋阳
杨　锐　赵茂生　侯祥娟　杨登山
王天邦　李晓军　杨国强　崔力生
赵俊军　杨海丽　刘素斌　王首忠
郑安年　靳安国

财务有限公司

田俊东

粉煤灰综合利用有限公司

李院高

工程技术有限公司

韩建军　李富国　白灵宝

福利总厂

张朝辉　李　烨

国际经济贸易有限公司

杨汝政

线材制品有限公司

陈国平

电气设备修造有限公司

韩运锋　杨　扬

修建有限责任公司

霍海明

不锈钢工业园有限公司

刘毅君

世茂商务中心有限公司

段志红

投资有限公司

李小琴

能源有限公司

薛　翠

房地产开发有限公司

孙汝成　李晓琴　邓宝成

万邦炉料有限公司

南永涛　朱晋东

钢盛房地产开发有限公司

王龙伟

钢科碳材料有限公司

曹　励　曹晓东

医疗卫生部

薛玉萍　李　娜　田　丽　张继军
倪　兵　石　杰　王巧莲　张　旺
李　刚　巩秀琴　李静国　马俊民
杜勇义　康爱玲　南培宏

离退休职工管理部

陈世清

教培中心

徐新华

保卫部

张　毅　张鹏超　刘　君　安　超
付戎贤　渠　锋

公司机关

宋建鹏　续雅静　李志强　张　博
崔雪梅　李建刚　申秋海　卜彦峰
王振明　周丽红　戴秀东　郝宗权
许治强　石　磊　杨润权　宋迎东
李　华

进出口(香港)有限公司

王治海

太原太钢大明金属制品有限公司

魏天俊

广东太钢不锈钢加工配送有限公司

康劲林

中色镍业有限公司

台毅民　霍　文　吕峰吉

（公司工会）

中共太原钢铁(集团)有限公司委员会2013年度“七一”表彰名单

先进党组织

热连轧厂党委
自动化公司党委
不锈热轧厂党委
物流中心党委
型材厂党委
不锈线材厂党委
医疗卫生部党委
房地产开发公司党委
东山矿党委
峨口铁矿党委
公司机关党委
设备物资采购部党委
营销部党委
禄纬堡太钢耐火公司党委
国贸公司党支部

优秀共产党员标兵

赵阳囤　矿业公司总工程师
吕　涛　炼钢二厂四班作业长
石奇良　不锈线材厂点检员
韩　威　房地产公司垃圾车司机
李姚兵　不锈热轧厂安全生产科工艺技术员
白晋钢　技术中心工艺改善室主任
曹姣婵　营销部不锈型材业务部营销员
孔忠国　焦化厂炼焦作业区副主管
马　良　能源环保部污染控制室主任
徐兴旺　钢企公司金属结构厂厂长、党支部书记

先进党支部

焦化厂
　　运焦作业区党支部
炼铁厂
　　五高炉作业区党支部
　　三烧作业区党支部
炼钢一厂
　　冶炼二作业区党支部
炼钢二厂
　　运转车间党支部
型材厂
　　精整作业区党支部
不锈线材厂
　　电气党支部
不锈热轧厂
　　天车作业区党支部
冷轧硅钢厂
　　轧钢作业区党支部
不锈冷轧厂
　　轧制联合党支部
　　防腐作业区党支部
热连轧厂
　　2250精整作业区党支部
物流中心
　　高炉作业区党支部
能源动力总厂
　　电控作业区党支部
　　水处理作业区党支部
　　变二作业区党支部
　　精密带钢能动作业区党支部
加工厂
　　渣场事业部党支部
自动化公司
　　维护作业区党支部
钢管公司
　　冷加工一作业区党支部
精密带钢公司
　　机关第一党支部
技术中心
　　科研室党支部
原料开发采购部

煤炭存储中心党支部
营销部
业务二党支部
设备物资采购部
综合党支部
矿业分公司
峨口铁矿
采矿部运输作业区党支部
选矿部破碎作业区党支部
矿球团部焙烧作业区党支部
尖山铁矿
采矿部运输作业区党支部
选矿部磨选作业区党支部
成品动力部过滤作业区党支部
岚县矿业有限公司
能源动力部供电作业区党支部
东山矿
管带机作业区党支部
复合材料厂
机动部党支部
电气设备修造公司
电机分厂党支部
粉煤灰综合利用公司
加气砼作业区党支部
线材公司
保卫科党支部
修建公司
金结分公司党支部
福利总厂
东山党支部
房地产开发公司
机关党支部
工程技术公司
第二党支部
教培中心
第三党支部
保卫部
护卫支队党支部
医疗卫生部(总医院)
外科系统党支部
内科系统党支部
离退休职工管理部
离休干部党总支旱西门党支部
市内外地区党总支城北党支部
胜利桥地区党总支胜西宿舍党支部
尖东地区党总支同乐苑宿舍党支部
尖西地区党总支 30 宿舍党支部
尖北地区党总支 16/自建二宿舍党支部
赵庄地区党总支翠馨苑宿舍党支部
迎新街地区党总支 103 宿舍党支部
兴华街地区党总支西区党支部
公司机关
纪委、监察部党支部
党委组织部、人力资源部党支部
党委宣传部党支部
新闻中心党支部
公司办公室党总支
公司工会党总支
集团计财部党总支
工程管理部党支部
气体公司
综合党支部
禄纬堡太钢耐火公司
白云石车间党支部
阿克斯太钢轧辊公司
铸造党支部
钢企公司
金属结构厂党支部
第三金属制品厂党支部
协友钢业有限公司党支部
益钢环保设备修造厂党支部

优秀共产党员

焦化厂
薛　蕊　　李　铭　　雷士光　　李谊农
李　哲

炼铁厂

王银耀 李勇刚 郭 东 王旭永
崔爱群 张 楠 兑关镇 陈 炜
孙志国 段起明 唐长禄 贺 林
刘宏伟 张志工 侯建忠 张政文
程素萍 左先锋 王保胜 侯慧军

炼钢一厂

柴国斌 王 凯 闫晓峰 毛有兴
李庆生 程海龙 郭 栋 郭维盛
张 鹏

炼钢二厂

马骏鹏 张 钊 张宏刚 潘利锋
赵庆荣 柳福寿 刘 峰 吕爱军
靳 娟 王福伟 庞志宏 郭晋虎
王俊鹏 李一力 李建军 赵 敏
孙仁宝

型材厂

许立伟 陈 钢 刘东升 郭 力
张孝柱 马爱文

不锈线材厂

郭恩宝 李 永 金红俊

不锈热轧厂

朱 平 王太栓 李 旭 赵建伟
段晋军 蔡福荣 赵丽峰

冷轧硅钢厂

胡进瑞 张立林 刘 勇 李朝进
刘 收 张晓波 白云健

不锈冷轧厂

杨 旭 郑勇峰 安民伟 孟俊辉
夏建华 王硕江 张建平 孙 帅
张 华 王宏亮 郭 巍 肖剑欣
殷少波 郭小军 白慧巍 王德宏
徐 玮

热连轧厂

赵新刚 王勇敏 古文兴 师军胜
李德清 阎龙旺 魏 巍 杨彦平
郭振刚 杨晓俊 王勇刚

物流中心

王安详 魏晋生 李晓光 魏建勇
吕 锋 薄玉兵 孙小冬 王永明
文江荣

能源动力总厂

李积善 范 杰 张杰良 李鹏飞
侯金虎 赵 俊 孙万恒 贺占超
王小林 庞培德 田 亮 何建昆
尚雪芳 安培晓 薛亚莉 刘 炜
袁永才 林 泉 张 丽 马景源

加工厂

贾 宁 常秀清 田雅辉 徐勇进
周军伟 贾文亮 关峰春 苏 国
马 达

自动化公司

郝俊宇 满宜谦 罗 旭 颜勇刚
李 潮 梁 永 薛强立

不锈钢管公司

曹晋京 高明光 陈晓滨 李增华
李建波 李树伟

精密带钢公司

王卫强 彭润林

技术中心

孟传峰 张 威 苏振平 张友平
白小花

原料开发采购部

李国栋 陆 钢

营销部

王 玮 时进德 杨永庆 白 泓
陈 娟

设备物资采购部

郭志刚 杨 波 宋浩亮

矿业分公司

丰晓东 姚建海 魏 峰 张晓民

峨口铁矿

赵国栋 张淑文 董隽瑜 吴峻峰
赵国泰 王全伟 张俊廷 靳文运
苗润波 张耀斌 柴建国 武玉文

任青云　白敬宇　侯福伟

尖山铁矿

胡秀斌　降俊才　王欣德　王建成
孙俊如　韩建国　赵学勇　侯印刚
王科举　钟利生　吴文清　李瑞峰
张　金

东山矿

耿德昌　段黎生　郭明申　聂新文
杨志勇

复合材料厂

张俊华　申冰雨　李玉平　刘国光
刘　鹏

岚县矿业有限公司

李煊生　白志军　李晋军　康俊礼
康润良　马跃林　慕小宝

鑫磊资源有限公司

张顺元

电气设备修造公司

花俊义　郑向荣

粉煤灰综合利用公司

班　亮

线材公司

方　明

修建公司

孟瑞杰　李伟光　李跃东　郑九祥
赵秀芳

福利总厂

李　烨　李斌生　靳　东　张建明
胡红梅　康建明

房地产开发公司

赵贵华　张　涛　梁红卫　刘建平
黄香龙

工程技术公司

高晔明　曹天勇　程　昭

教培中心

李学平　胡玉琦

保卫部

付戎贤　张映林　李毅宾　王秀忠
陈少杰　刘　峥　郝铁瑛

医疗卫生部(总医院)

薛玲珑　王慧峰　于建军　沈　伟
王巧莲　杨秀梅　解筱娜　张继军
刘庆丽　焦晋燕　周冬梅　任　阳
裴　颂　刘丽军

离退休职工管理部

徐振荣　刘育宏　弓　元　卢生秀
孙占禄　毛定有　王秀兰　崔生金
马　森　张秀槐　王东文　李守业
王雪琴　杜淑英　张丽艳　吕文炳
贾建国　吕明仁　薛秀文　毛勤义
边寿昌　杨　霖　张淑清　刘雅人
郭先存　赵香莲　王　峻　武树元
张选俊　周润宝　韩印华　张振华
董金山　赵　伟　李建纲　张智峰
邢端娥　马玉龙　李晋新　潘仲原
胡建卫　孙玉英　王长生　王秀琴
韩桂香　闫宪华　田旭萍

公司机关

闫咏春　尚文利　王振明　要建军
刘育峰　阎志刚　燕　英　杨润权
陈翠荣　田俊东　陈　勇　渠建平
戴钟晋　贾英姿　苏伟中　王志斌
李　梅　李锦瑞　郑　宇　丰曜宇
周　力　马德荣　王　勇

气体公司

姚小聪　康建宏　沈建温

不锈钢工业园

程　鹏

世茂中心

贾瑞卿

国贸公司

闫　俊

能源公司

薛　翠

投资公司

赵　刚

钢盛房地产公司

杨 棋

万邦炉料公司

梁建忠

哈斯科公司

刘艳秋

土耳其铬业公司

高德剑

晋非投资公司

张育新

禄纬堡太钢耐火公司

王永其 杨德兴 张海军 程俊贤

阿克斯太钢轧辊公司

雷成江 李志坚

钢企公司

王晓红 程 明 雷 雨 贾素斌
王太和 常玺泉 李政明 王 瑾
马元明 田春和 刘文生 刘子健
张秀成 秦永刚 韩 威 张真良
王建国 徐 瑾 张富贵

优秀党务工作者

焦化厂

王拥党 党群科组织、工会、纪检干事

炼铁厂

付东华 党委副书记、纪委书记、工会主席

杨 斌 纪委副书记、党群科科长

炼钢一厂

刘孝平 党委副书记、纪委书记、工会主席

薄丽丽 党群科纪检干事

炼钢二厂

李保才 党委副书记、纪委书记、工会主席

张 谨 党群科副科长

型材厂

李红兵 党委副书记、纪委书记、工会主席

不锈线材厂

郎宏亮 党委副书记、纪委书记、工会主席

不锈热轧厂

南 海 党委书记、厂长

梁英建 党群科组织干事

冷轧硅钢厂

刘爱国 党委副书记、纪委书记、工会主席

不锈冷轧厂

刘千里 党委副书记、纪委书记、工会主席

王 华 党工部部长

热连轧厂

杨连宏 党委书记、厂长

王开胜 机关党支部书记、党政办主任

物流中心

樊洁君 党委书记、主任

安 胜 机务作业区主管、党支部书记

能源动力总厂

张雷苏 党委副书记、纪委书记、工会主席

冯晓冬 纪委副书记、党群工作部部长、机关党支部书记

门庄重 电控作业区党支部书记、主管、余能利用事业部长

加工厂

郭志勇 党群科组织纪检主管

自动化公司

马 莹 党委书记、经理

马 妍 党群科干事

钢管公司

尹新义 党工部、综合管理部副部长、机关党支部书记

精密带钢公司

武晓东 综合管理部党群干事

技术中心

毛冰杰　党群室干事

原料开发采购部

关　毅　党委副书记、纪委书记、工会主席

营销部

丁晓虹　党委组织干事

设备物资采购部

王天翔　党委书记、部长

郭梅和　纪委副书记

矿业分公司

郑焱评　组宣人事部副部长

峨口铁矿

谢卫东　党委副书记、纪委书记、工会代主席

刘秀芳　组织人事科副科长

郎忠勇　机关第三党支部书记、设备能源科科长

郎文林　动力生活部安全综合组副组长

尖山铁矿

姜　广　党委副书记、纪委书记、工会主席

王玉凤　党群管理科组织干事

郝飞鹏　选矿部平峒作业区党支部副书记、副主管

东山矿

钱　丰　宣传文化科科长

复合材料厂

白旭峰　宣传文化科宣传干事

岚县矿业有限公司

闫俊礼　党委副书记、纪委书记、工会主席

电气设备修造公司

贾　汀　党工部部长

粉煤灰综合利用公司

陆阿珍　党工部部长

修建公司

张俊杰　党工部部长、综合办主任

福利总厂

郭俊英　纪委副书记、党工部长、机关支部书记

房地产开发公司

刘　红　人力资源部部长、党工部部长

工程技术公司

安政权　纪委副书记、党工部部长

教培中心

李　刚　第二党支部书记、工程技术培训室主任

保卫部

白永阳　党工科科长、机关第一党支部书记

医疗卫生部(总医院)

南培宏　党委书记、部长

杨向军　纪委副书记、党群室主任

周　斐　党群室组织纪检主管

离退休职工管理部

葛桂琴　党群科组织干事

国贸公司

张国庆　党支部书记、经理

公司机关

张敏芳　工程管理部部长、党支部书记

苏福斗　宣传部(统战部)、企业文化部副部长

杨庆丰　纪委监察部办公室主任

陈　强　新闻中心总编辑室主任

杨　毅　企业文化部 CI 推进室主任

段晋宏　公司办公室综合室主任、小车队队长、总支副书记

杨　伟　机关党委工作部部长

宁武生　政策法规研究室科员

王晓玲　组织部组织工作室主任

刘文宗　纪委监察部效能监察主管

杨文龙　纪委监察部纪检监察主管

气体公司

陈安裕　技术装备部党支部书记、技术装备部经理

禄纬堡太钢耐火公司

王 滨 党工部长、机关党支部书记

阿克斯太钢轧辊公司

曹子杰 党工部干事

钢企公司

石炳元 党工部部长

李中和 平钢综合修补厂党支部书记

王贵生 纪委监察部监察员

王凤翔 第二金属结构厂党支部副书记

（公司党委组织部）

太钢2013年度工会工作模范集体、优秀个人表彰名单

一、模范职工之家标兵单位

焦化厂工会委员会

不锈热轧厂工会委员会

自动化公司工会委员会

热连轧厂工会委员会

保卫部工会委员会

矿业分公司工会委员会

电气设备修造公司工会委员会

公司机关工会委员会

峨口铁矿工会委员会

禄纬堡耐材公司工会委员会

二、模范职工之家

能源动力总厂工会委员会

炼钢二厂工会委员会

不锈冷轧厂工会委员会

冷轧硅钢厂工会委员会

加工厂工会委员会

技术中心工会委员会

医疗卫生部工会委员会

综合利用公司工会委员会

福利总厂工会委员会

岚县矿业公司工会委员会

东山矿工会委员会

房地产开发公司工会委员会

炼钢一厂工会委员会

型材厂工会委员会

尖山铁矿工会委员会

复合材料厂工会委员会

工程技术公司工会委员会

不锈线材厂工会委员会

炼铁厂工会委员会

精密带钢公司工会委员会

不锈钢管公司工会委员会

物流中心工会委员会

离退休职工管理部工会委员会

营销部工会委员会

教培中心工会委员会

修建公司工会委员会

比欧西气体公司工会委员会

三、模范职工小家

焦化厂

运焦作业区工会委员会

炼铁厂

电气作业区工会委员会

喷煤作业区工会委员会

炼钢一厂

点检作业区工会委员会

炼钢二厂

连铸一作业区工会委员会
冶炼二作业区工会委员会

不锈线材厂
成酸作业区工会委员会

不锈热轧厂
天车作业区工会委员会

不锈冷轧厂
成品作业区工会委员会
电气作业区工会委员会

型材厂
快锻作业区工会委员会

冷轧硅钢厂
电气作业区工会委员会

热连轧厂
1549 机动作业区工会委员会

精密带钢公司
轧制作业区工会委员会

不锈钢管公司
热二作业区工会委员会

加工厂
不锈钢加工作业区工会委员会

物流中心
车辆作业区工会委员会

能源动力总厂
热连轧水处理作业区工会委员会
维修作业区工会委员会
变一作业区工会委员会

技术中心
物理室工会委员会

自动化公司
通信作业区工会委员会

公司机关
公司工会工会委员会
审计部工会委员会

尖山铁矿
过滤作业区工会委员会
磨选作业区工会委员会

峨口铁矿
计量检验室工会委员会
供应站工会委员会

复合材料厂
机动部工会委员会

东山石灰石矿
竖窑作业区工会委员会

岚县矿业公司
球团部机关工会委员会
供水作业区工会委员会

医疗卫生部
总医院内科系统工会委员会

保卫部
机关第二工会委员会

房地产开发公司
机关工会委员会

粉煤灰综合利用公司
加气砼作业区工会委员会

电气设备修造公司
电工组工会委员会

福利总厂
东山矿产资源事业部工会委员会
福利大厦工会委员会

修建公司
机装分公司工会委员会
结二分公司工会委员会

禄纬堡耐火材料公司
炉衬车间工会委员会

阿克斯轧辊公司
加工车间工会委员会

比欧西气体公司
技术装备部工会委员会

四、模范工会小组

焦化厂

运保作业区第一工会小组

炼铁厂

五高炉炉前工会小组

化验作业区高检组工会小组

炼钢一厂

铸钢作业区交库组工会小组

炼钢二厂

运转南区连铸乙班工会小组

南连铸电气点检组工会小组

不锈线材厂

轧钢甲班工会小组

不锈热轧厂

保障作业区机械一组工会小组

不锈冷轧厂

磨辊作业区 1 号、4 号磨床间工会小组

机修作业区 2 号热线维护班工会小组

型材厂

轧钢作业区乙班工会小组

冷轧硅钢厂

机械作业区检修班工会小组

热连轧厂

2250 轧钢白班工会小组

不锈钢管公司

热一作业区工会小组

加工厂

化验作业区工会小组

物流中心

炼钢作业区丁班工会小组

能源动力总厂

气柜作业区 7 号煤气柜工会小组

电控作业区电修三工会小组

原料开发采购部

机关工会小组

设备物资采购部

机械科工会小组

营销部

热连轧业务室工会小组

技术中心

炼钢二厂化验站丁班工会小组

自动化公司

维护作业区维修组工会小组

公司机关

人武部直属工会小组

尖山铁矿

采矿检修作业区工会小组

锅炉作业区供热工会小组

峨口铁矿

动力生活部安全综合组工会小组

球团部安全综合组工会小组

复合材料厂

焙烧作业区点检维修班工会小组

东山石灰石矿

机动部工会小组

岚县矿业公司

采矿部破碎作业区维修班工会小组

工程技术公司

电子产品事业部工会小组

医疗卫生部

总医院妇科工会小组

总医院分部妇产科工会小组

保卫部

交通科南区中队工会小组

房地产开发公司

能动工段工会小组

福利总厂

吊索具分厂吊具组工会小组

修建公司

生产保障部工会小组

禄纬堡耐火材料公司

机电能源部管理组工会小组

五、优秀工会工作者

焦化厂	王拥党	峨口铁矿	王洪飞
炼铁厂	闫雪晨	复合材料厂	齐　帅
炼钢一厂	刘　雨	东山石灰石矿	姚大女
炼钢二厂	刘生俊	岚县矿业公司	吴亮俊
不锈线材厂	王绍君	工程技术公司	李慧敏
不锈热轧厂	梁　浩	医疗卫生部	王改丽
不锈冷轧厂	赵明礼	保卫部	霍晓东
型材厂	秦瑞军	离退休职工管理部	王　克
冷轧硅钢厂	王　磊	教培中心	郭长宝
热连轧厂	刘天富	房地产开发公司	孙玉婷
精密带钢公司	武晓东	粉煤灰综合利用公司	李毅峰
不锈钢管公司	张　伟	电气设备修造公司	张　为
加工厂	张彦峰	不锈钢工业园公司	董朝晖
物流中心	贾军军	福利总厂	郭俊英
能源动力总厂	张雷苏	线材公司	韩利明
原料开发采购部	白世华	修建公司	赵秀芳
设备物资采购部	武晓娟	禄纬堡耐火材料公司	程俊贤
营销部	苏晋生	阿克斯轧辊公司	范粉叶
技术中心	刘　欣	比欧西气体公司	闫　巍
自动化公司	侯　凯	公司工会	李超先　马利军
公司机关	崔雪梅		马永强　贾大海
矿业公司	高文力		闫振伟　毕校清
尖山铁矿	张建国		

六、优秀工会积极分子

焦化厂

雷士光　张美英

炼铁厂

郑如全　闫茂荣　程华丽　杨英杰

王银耀　武建军　尹保晋

炼钢一厂

彭　睿　乔卫祥　张颖萍

炼钢二厂

韩　锋　张　鑫　张　谨　刁　谦

贾延龙　刘　一

不锈线材厂

孔祥亮

不锈热轧厂

辛宪龙　陈耀喜

不锈冷轧厂

雒晓龙　孟俊辉　王亮亮　田忠涛

刘士俊　苏希恭

型材厂

王拥民　刘　琳

冷轧硅钢厂

林晓东　张明秀

热连轧厂

冀建峰　王　峰　郑慧霞　刘　强

精密带钢公司

梁欣亮

不锈钢管公司

李建波　田　伟

加工厂

姚　昕　韩连瑞　李　萍

物流中心

张东勇　武卫平　牛宝成　韩　斌

能源动力总厂

辛全根　郭栓虎　余卫平　吕　慧

毋利庆　韩俊平

原料开发采购部

仇露娜

设备物资采购部

张长山

营销部

时进德

技术中心

王俊文

自动化公司

史　斌　尉　燕

公司机关

龚子峰　李　波　张春娟　杨林汇

李　彬　段晋宏　刘旭明　渠桂珍

许树峰　周艳琴　张惠琴　刘卫丹

矿业公司

武永清　李　悦

尖山铁矿

杨志禄　刘　斌　王秀玲　郁俊辉

边晓玫　李眉林　刘　宇

峨口铁矿

张耀萍　杨文远　郎忠勇　张春香

张　垚　姚宏青　王泽歆

复合材料厂

杨波涛　王建军

东山石灰石矿

刘玉昌　马　骏

岚县矿业公司

沈　平　成　涛　郝胜军　郭仲琪

工程技术公司

冯莉君

医疗卫生部

康　平　陈志平　石　杰　谢伟晋

陈松涛

保卫部

金　毅

离退休职工管理部

马　颖

教培中心

郝文广

房地产公司

王保钦

粉煤灰综合利用公司

毕兴文

电气设备修造公司

赵鹏刚

不锈钢工业园

侯首杰

能源投资公司

李小琴

世茂商务中心

张原源

国贸公司

乔　杨

钢盛房地产公司

王龙伟

福利总厂

王建身　邓吉芳　王维平

线材公司

贺庆程

修建公司

潘冬华　迟荣岩　赵　亮

禄纬堡耐火材料公司

王　滨

阿克斯轧辊公司

赵同卫

比欧西气体公司

杜军彤

（公司工会）

太钢2013年度女职工先进集体和先进个人表彰名单

“三八”红旗手标兵

秦　霞　焦化厂党群科科长、纪委副书记

古　娜　炼钢二厂档案管理员

安新宁　能源动力总厂轧钢水处理作业区水处理工

郭晓卫　设备物资采购部仓储中心仓储三组组长

卫争艳　技术中心不锈钢研究室工程师

杨秀芳　峨口铁矿计量检验室副主任

鹿秀娟　尖山铁矿过滤作业区安全员、注册安全工程师

薛玉萍　医疗卫生部总医院心内科护师

“三八”红旗班组

炼钢二厂连铸三作业区主控组

能源动力总厂化学作业区化验监督班

技术中心冷轧硅钢检测站乙班

自动化公司自控研发室研究一室

自动化公司信息网络室研究三组

公司机关股份计财部会计管理室

岚县矿业公司计量检验室计量班

尖山铁矿计量检验室磁选丁班

峨口铁矿动力生活部幼儿园

东山矿生活部炊事班

医疗卫生部总医院神经内科护理组

医疗卫生部总医院急救中心

医疗卫生部总医院消毒供应中心

医疗卫生部经营室

福利总厂福达工装分厂机工组

女职工工作先进组织

焦化厂工会女职工委员会

炼铁厂工会女职工委员会

炼钢一厂工会女职工委员会

炼钢二厂工会女职工委员会

不锈线材厂工会女职工委员会

不锈热轧厂工会女职工委员会

不锈冷轧厂工会女职工委员会

型材厂工会女职工委员会

冷轧硅钢厂工会女职工委员会

热连轧厂工会女职工委员会

不锈钢钢管公司工会女职工委员会

加工厂工会女职工委员会

物流中心工会女职工委员会

能源动力总厂工会女职工委员会

设备物资采购部工会女职工委员会

技术中心工会女职工委员会

自动化公司工会女职工委员会

公司机关工会女职工委员会

矿业分公司工会女职工委员会
岚县矿业公司工会女职工委员会
尖山铁矿工会女职工委员会
峨口铁矿工会女职工委员会
东山矿工会女职工委员会
工程技术公司工会女职工委员会
医疗卫生部工会女职工委员会
房地产开发公司工会女职工委员会
粉煤灰综合利用公司工会女职工委员会
福利总厂工会女职工委员会
禄纬堡耐火材料公司工会女职工委员会

“三八”红旗手

焦化厂

薛　蕊

炼铁厂

安瑞珍　江　晋　范秀珍　殷国萍
李　莉

炼钢一厂

牛慧剑　李晓静

炼钢二厂

柴林娥　李　星　郝咪咪

不锈线材厂

尤　佳　陈　红

不锈热轧厂

范艳霞　戴海燕

不锈冷轧厂

崔丽红　杨晓风　王　华

型材厂

胡丽霞　秦瑞军

冷轧硅钢厂

张文平　李　静

热连轧厂

王津平　袁盛芝

精密带钢公司

吴国华

不锈钢钢管公司

刘美连　冯　茜

加工厂

张彦峰　田雅辉

物流中心

何玉芳　李　娟

能源动力总厂

弓颖晖　高　健　王海蓉　丁　艳
张　丽　薛亚莉

原料开发采购部

张　蕾

设备物资采购部

武晓娟

营销部

袁　珺

技术中心

郑素珍　芦　飞　王　琪

自动化公司

刘秀红　刘巧珍　王媛媛　王　娟

公司机关

刘丽萍　南玫蓉　王爱鱼　陈曜华
李　哲　孟庆芬　崔雪梅

矿业分公司

侯丽琴　郭　丽　张耀萍　卢晋霞
李红梅　郝永秀　李新萍　庞艳玲
宋书霞　张庆莲　韩冬冬　曹金仙
王凤竹　惠喜花　闫彩霞　康丽荣
姚贵梅　穆巧英　徐晓燕　蔺小茹
王玲玲　高文力

工程技术公司

安　源　李慧敏

医疗卫生部

霍爱萍　商惠珍　张　茁　沈　霞
薛玲珑　夏海琴　巩秀琴　张玢玢
康　平　彭　琨　张海蓉　王改丽

李泽娥

保卫部

李奕凡　陈旭峰

离退休职工管理部

孙丽娟　李淑红　马　颖

教培中心

陈岩霞　白宏莉

房地产开发公司

范皓靖　孙玉婷

粉煤灰综合利用公司

赵燕萍　陆阿珍

电气设备修造公司

杨艳红

世茂商务中心

王　敏

福利总厂

程拴琴　李春梅　陈春玉　郝玲珍

梁俊梅　郭俊英

修建公司

杨晓光　田润萍　关长青　刘　静

赵秀芳

禄纬堡耐火材料公司

夏春艳　程俊贤

阿克斯轧辊公司

程蕊红　程晓静

比欧西气体公司

刘晓梅

文明家庭

任　敬（妻子 炼铁厂）

安　毅（丈夫 炼铁厂）

宋玉枝（妻子 炼钢一厂）

王力滨（丈夫 炼钢一厂）

郑晓平（妻子 不锈线材厂）

赵文龙（丈夫 不锈线材厂）

张爱清（妻子 热连轧厂）

王世军（丈夫 热连轧厂）

郭年珍（妻子 能源动力总厂）

左晋生（丈夫 能源动力总厂）

郭燕青（妻子 技术中心）

段　潇（丈夫 军工核电业务部）

张耀华（妻子 峨口铁矿）

郝志刚（丈夫 峨口铁矿）

秦　静（妻子 东山矿）

安召明（丈夫 东山矿）

朱　宏（妻子）

杨志忠（丈夫 炼铁厂）

（公司工会）

太钢第34届职工技术比武表彰名单

（一）技术状元

工种	姓名	单位
干法熄焦工	郝建功	焦化厂
烧结工	杨　媛	炼铁厂
氩氧炉炼钢工	张海飞	炼钢一厂
钢水精炼工	韩永生	炼钢二厂
天车工	殷小俊	冷轧硅钢厂
维修电工	张锦瑞	炼钢二厂
热轧宽带钢轧钢工	伊卫兵	热连轧厂
热轧中板轧钢工	张　涛	不锈热轧厂
冷轧不锈钢轧钢工	张永平	不锈冷轧厂
冷轧带钢剪切工	樊振民	冷轧硅钢厂
冷轧硅钢轧钢工	杨虎安	冷轧硅钢厂
钢管冷轧机操作工	康建军	不锈钢钢管有限公司
汽轮机运行工	方建冬	能源动力总厂
水处理工	董新成	能源动力总厂
计算机工程师	杨　宁	自动化公司
化学分析工	李梦玲	技术中心
内燃机车司机	王文明	物流中心
消防员	渠　锋	保卫部
护理	薛玉萍	医疗卫生部
档案管理员	古　娜	炼钢二厂
电铲司机	赵瑞元	峨口铁矿
钻孔机操作工	孙明伟	峨口铁矿
炊事员面案	曹金仙	东山矿

（二）技术能手

工种及名次	姓名	单位
干法熄焦工		
第二名	郝晋杰	焦化厂
第三名	孔昌鹏	焦化厂
烧结工		
第二名	梁　峰	炼铁厂
第三名	朱雪立	炼铁厂
氩氧炉炼钢工		

第二名	郭　涛	炼钢一厂
第三名	闫　锋	炼钢二厂
钢水精炼工		
第二名	朱　毅	炼钢二厂
第三名	梁进科	炼钢一厂
天车工		
第二名	牛宏祥	不锈热轧厂
第三名	王文举	冷轧硅钢厂
第四名	张建刚	冷轧硅钢厂
第五名	路　峰	炼钢二厂
维修电工		
第二名	高　猛	不锈冷轧厂
第三名	郝国明	不锈热轧厂
第四名	李保刚	不锈热轧厂
第五名	石明珠	自动化公司
热轧宽带钢轧钢工		
第二名	王建明	热连轧厂
第三名	郭志刚	热连轧厂
热轧中板轧钢工		
第二名	张朝瑞	临钢公司
第三名	王寅斌	不锈热轧厂
冷轧不锈钢轧钢工		
第二名	郑　正	不锈冷轧厂
第三名	杨　斌	不锈冷轧厂
冷轧带钢剪切工		
第二名	赵宝刚	不锈冷轧厂
第三名	张　华	冷轧硅钢厂
冷轧硅钢轧钢工		
第二名	张　鹏	冷轧硅钢厂
第三名	王春海	冷轧硅钢厂
钢管冷轧机操作工		
第二名	岳献春	不锈钢钢管有限公司
第三名	赵　宁	不锈钢钢管有限公司
汽轮机运行工		
第二名	于　波	能源动力总厂
第三名	崔范伟	能源动力总厂
水处理工		
第二名	杨　惠	能源动力总厂

第三名	于庆峰	能源动力总厂
计算机工程师		
第二名	李人敬	自动化公司
第三名	张国菊	自动化公司
第四名	杨　辉	炼钢二厂
第五名	张隆飚	自动化公司
化学分析工		
第二名	李小红	技术中心
第三名	王小花	技术中心
内燃机车司机		
第二名	张德生	物流中心
第三名	殷　干	物流中心
消防员		
第二名	金　毅	保卫部
第三名	闫荣华	保卫部
护理		
第二名	李泽娥	医疗卫生部
第三名	陈　静	医疗卫生部
第四名	王金桃	医疗卫生部
第五名	张　瑜	医疗卫生部
档案管理员		
第二名	张　丽	能源动力总厂
第三名	凌　莉	离退休职工管理部
第四名	刘彦清	尖山铁矿
第五名	侯　芳	峨口铁矿
电铲司机		
第二名	陈桂福	峨口铁矿
第三名	刘广林	尖山铁矿
钻孔机操作工		
第二名	王利文	尖山铁矿
第三名	谢建功	尖山铁矿
炊事员面案		
第二名	王艳红	峨口铁矿
第三名	闫　振	东山矿

（三）优胜单位

焦化厂	炼铁厂	不锈热轧厂	冷轧硅钢厂
炼钢一厂	炼钢二厂	不锈冷轧厂	热连轧厂

能源动力总厂　物流中心　峨口铁矿　尖山铁矿
自动化公司　技术中心　东山矿　医疗卫生部
不锈钢钢管有限公司　矿业分公司　保卫部

(四)优秀裁判员

贺淑贞　王旭永　齐洪涛　肖艳波　康喜唐　黎　毅　何建平　杨仁兴
王贵平　谭建兴　刘承志　邹　勇　董嘉宁　孟高明　张炬明　海　滔
薛文广　赵彦峰　刘洪涛　申　帅　姚雅红　杨秀梅　任红梅　张铁根
侯沛江　戴学谦　张瑞霖　王久元　陈战欣　李　宏　马永强　黄万管
王春海　郑震虹　卫永锋　乔聪明　徐新华　何雷利　王　淦　王斌燕
陈晓滨　冀树敏　左晋生　姚红继　于力革　祁树岗　张晨光　刘宝富
赵晋宏　陶　华　杨　东　陈青柱　付红霞
张　露　杨凤毛　王利平　贺占超

(五)优秀组织者

王拥党　闫雪晨　刘　雨　刘生俊　齐　帅　梁永鸿　武亮俊　王明学
崔雪梅　卫大中　王　娟　贾军军　袁爱民　武志强　胡玉琦　郭长宝
郭栓虎　梁　浩　赵明礼　王绍君　张玉龙　石够红　张英霞　胡立人
李　静　王　磊　孟海峰　刘天富　佟绍昕　刘育峰　马永强　闫永胜
秦瑞军　武晓东　王劲飞　张彦峰　王改丽　李慧敏　杜京军　刘　峥
李晓红　刘　欣　高文力　王洪飞　李毅峰
张春香　李国旭　冯　毅　姚大女

(六)优秀师徒

单　位	导　师	徒　弟
焦化厂	高　云	王　磊
	孙迎晖	孔昌鹏
炼铁厂	乔　石	赵雪斌
	张　虹	郭　鑫
	张育敏	王　鹏
炼钢一厂	贾建国	马君君
	侯建军	薛　涛
炼钢二厂	薄培源	李　浩
	李幸子	刘　凯
	郭晋虎	刘国庆
	袁小刚	续　刚
不锈线材厂	李玉清	闫伟亮
不锈热轧厂	刘志国	杨　捷
	张宝莲	麻渊滔
型材厂	光　伟	孟　翔
	韩宏刚	郭　波
冷轧硅钢厂	张玉峰	刘　鑫
	尚克勋	张　俊
	王　峰	徐宝原
不锈冷轧厂	贾晓东	刘彦男
	许颜军	王薛潘

热连轧厂	姚之巍	刘　凯
	樊志勇	吴相卿
	亢官田	李明星
不锈钢精密带钢公司	石东伟	张　浩
	李　鹏	王　潇
不锈钢钢管有限公司	曹向阳	冯　顺
物流中心	郝艳峰	马中凯
	罗补亮	张海瑞
能源动力总厂	韩简金	陈　伟
	贾明辉	张宏宇
	郭　强	李小清
原料开发采购部	屠书琴	侯文婷
技术中心	李　军	李忠基
自动化公司	杨仁兴	贺　锐
	靳　菁	王庆鑫
尖山铁矿	刘鸿雁	张爱军
	李玉林	姬晓伟
峨口铁矿	任继北	张　垚
	卢　焱	张文海
复合材料厂	李　军	刘　帅
东山矿	郭新军	樊寅生
岚县矿业公司	臧　龙	丁　越
	武　伟	沈　平
工程技术公司	王时斌	马晓文
电气设备修造公司	李学利	李　辉
保卫部	王建新	高　健
	任俊华	郑　伟
营销部	俞　光	王雁斌
钢城企业公司	刘林海	高　彭

（公司工会）

共青团太原钢铁(集团)有限公司委员会
2013年度“五四”表彰名单

五四红旗团委标兵

焦化厂	炼钢二厂	保卫部
能源动力总厂	热连轧厂	峨口铁矿
不锈线材厂	尖山铁矿	不锈钢管公司
自动化公司		

五四红旗团委

不锈热轧厂	型材厂	炼铁厂
技术中心	营销部	复合材料厂
物流中心	东山矿	公司机关
房产公司	加工厂	冷轧硅钢厂
炼钢一厂	设备物资采购部	工程技术公司

五四红旗团支部(总支)

炼铁厂	五高炉作业区团支部	峨口铁矿	破碎作业区团支部
炼钢一厂	冶炼二作业区团支部	东山矿	竖窑作业区团支部
炼钢二厂	冶炼三作业区团支部	复合材料厂	精整作业区团支部
型材厂	轧钢团支部	保卫部	护卫支队团支部
不锈热轧厂	热轧作业区团支部	公司机关	太钢不锈计财部团支部

先进团支部

焦化厂	化产团支部	热连轧厂	自动化团支部
炼铁厂	三高炉作业区团支部		2250精整作业区团支部
炼钢一厂	精炼一团支部		1549电气团支部
炼钢二厂	运转车间团支部	能源动力总厂	环境监测中心青年工作小组
	连铸三作业区团支部		变一作业区青年工作小组
	连铸一作业区团支部		机械作业区青年工作小组
型材厂	径锻团支部		
不锈线材厂	电气团支部		
不锈热轧厂	电气自动化作业区团支部		
冷轧硅钢厂	退火作业区团支部	加工厂	渣场作业区团支部
不锈冷轧厂	原酸团支部	自动化公司	信息网络团支部
	电气团支部	不锈钢管公司	冷二作业区团支部

	生产技术团支部	粉煤灰综合利用公司	机关团支部
技术中心	第二团支部	福利总厂	机关团支部
营销部	机关团支部	工程技术公司	第二团支部
设备物资采购部	机关青年工作小组	教培中心	教培中心团支部
尖山铁矿	筑排作业区团支部	保卫部	交通科团支部
	选矿检修作业区团支部	医疗卫生部	总医院内科团支部
	水电作业区团支部		总医院外科团支部
峨口铁矿	原料作业区团支部	公司机关	装备部团支部
	运转作业区团支部	阿克斯轧辊公司	加工车间团支部
东山矿	机关团支部	钢企公司	金属结构厂团支部
复合材料厂	加工作业区团支部		第二金属结构厂团支部

太钢青年文明号

焦化厂	化产作业区脱硫脱氰主控	自动化公司	信息服务台
炼钢二厂	冶炼三作业区 AOD 炉主控岗	不锈精密带钢公司	精整作业区纵切操作岗
		营销部	重庆太钢销售有限公司
型材厂	均热作业区运行丁班青年小组	峨口铁矿	供汽作业区官地锅炉运行班
不锈线材厂	轧钢作业区精轧机操作岗	复合材料厂	计量检验室
不锈热轧厂	热处理作业区甲班酸洗岗	保卫部	护卫支队双良门大队
热连轧厂	生产技术科 2250 质检作业区	医疗卫生部	太钢总医院普外科
		钢企公司	第二金属结构厂机加工车间焊工组
能源动力总厂	余热作业区 CCPP 班组		

青年五四奖章

焦化厂	梁　杰	冷轧硅钢厂	张　镭
炼铁厂	周　昊	能源动力总厂	张宏宇
炼钢二厂	李敏二	自动化公司	杨　宁
型材厂	崔瑞星	尖山铁矿	侯豆豆
不锈热轧厂	高佳春	峨口铁矿	苗　峰

优秀共青团干部标兵

焦化厂	薛　蕊(女)	能源动力总厂	张　磊
炼钢二厂	张　鑫	热连轧厂	樊峻麟
保卫部	闫　洁(女)	峨口铁矿	徐莉莉(女)

不锈线材厂　陈　红(女)
尖山铁矿　韩学娇(女)
不锈钢管公司　吕　茹(女)
自动化公司　崔新亮

优秀共青团干部

焦化厂　易　凯
炼铁厂　张旭东
炼钢一厂　刘　雨　田利国
炼钢二厂　王肖洁　张海涛　张　勇
型材厂　刘　催
不锈线材厂　龙建强
不锈热轧厂　麻渊涛
冷轧硅钢厂　霍　刚
不锈冷轧厂　郭　玮(女)　王　景(女)　郝智兴
热连轧厂　崔旭波　王　峰　康　涛
物流中心　贾军军
能源动力总厂　武海龙　阎　峰　霍艳君(女)
加工厂　周军伟
自动化公司　李　鹏　王　强
不锈钢管公司　马　亮　韩晓冬
不锈精密带钢公司　孟蕾蕾(女)
技术中心　杨　玲(女)
原材料开发采购部　杜慧斌
设备物资采购部　陈　媛(女)
矿业公司　高文力(女)
尖山铁矿　张淑霞(女)　刘鸿燕(女)　申　娜(女)
峨口铁矿　索小英(女)　张晓平
东山矿　张　秀(女)　刘江勇
复合材料厂　郭文龙　杨晓艳(女)
电气设备修造公司　赵鹏刚
粉煤灰综合利用公司　罗清华(女)
修建公司　张俊杰
房产地产开发有限公司　智　勇
工程技术公司　王国鹏
教培中心　许鹏广
保卫部　芦　迪　贾丙生
医疗卫生部　石丽娜(女)　蒋勇刚
公司机关　于晨民
禄纬堡太耐公司　王　滨
钢企公司　张晓洁(女)　刘晓英(女)

优秀共青团员

焦化厂　袁文忠　欧西龔
炼铁厂　赵雪斌　陈　琢(女)
炼钢一厂　姚吕金　赵晋杰
炼钢二厂　朱　毅　魏晓千　刘中华(女)　尹晓庆(女)
型材厂　古　帆　张志斌
不锈线材厂　陈建新
不锈热轧厂　张振华　成旭东
冷轧硅钢厂　李庆龙
不锈冷轧厂　谢丰雨　郭小龙　邹庆华
热连轧厂　田　宏　王建军　李明星
物流中心　王　珍(女)
能源动力总厂　姜小龙　宋　宁

加工厂	魏鹏飞 冯 刚		徐 鑫
自动化公司	胡俊文	复合材料厂	高国峰 智欢欢
不锈钢管公司	王 炜 孙雪峰	电气设备修造公司	吉 凯
	赵 伟	福利总厂	韩贵芳(女)
不锈精密带钢公司	张国星	工程技术公司	雒新杰
技术中心	王 静(女)	保卫部	金 毅 魏 栋
营销部	张 鹏		张 磊
矿业公司	谭富力	医疗卫生部	杨 波 王金桃(女)
尖山铁矿	张腾云 哈斯额尔敦	公司机关	刘 君
	刘晋强	禄纬堡太耐公司	白 冰
峨口铁矿	杜伟利 申峰源	钢企公司	韩骞骞(女)

太钢青年创新岗位能手

生产操作岗位能手

炼铁厂　乔 石
炼钢一厂　陈 杰　李 强
炼钢二厂　李 波
型材厂　贾 勍　郭晓峰
不锈热轧厂　王慧萍(女)　彭太华　张 涛
热连轧厂　王 妍(女)　牛国兵　穆 春　王亚斌
物流中心　张宏志　王双进
不锈钢管公司　李 强　卫文攀
不锈精密带钢公司　李 刚　肖 飞
尖山铁矿　郭家豪　王艳庆　王迎春
峨口铁矿　李眉柱　刘志明
复合材料厂　王 亮　任彦伟
保卫部　高 健　高旭亮　杨 阳

科技创新岗位能手

焦化厂　贺 佳　杜 树　肖艳波　王 磊　张鹏飞　郝婷珺(女)
炼铁厂　何向春
炼钢一厂　童永亮　段 超
炼钢二厂　杜晓建　邢继彬　赵国霖
不锈线材厂　陈 超
不锈热轧厂　陶 华　贾 涛
冷轧硅钢厂　任 凯　蔡亚龙　石秀峰　罗冉杰
不锈冷轧厂　张建优　付金柱　段伟芳　刘俊铭
热连轧厂　田小辉　李 晨　白晓峰　宗子期(女)
能源动力总厂　贺占超　范益春(女)　赵 然　张耀文　李鹏飞
自动化公司　张 榕　刘欢锋
不锈钢管公司　李振华
技术中心　张晶晶(女)
尖山铁矿　相鹏龙　李龙龙
峨口铁矿　白军伟　李雁斌
工程技术公司　尚 乐　李争喜　张 凯

科学管理岗位能手

炼铁厂　郝宇翀
炼钢二厂　朱慧君(女)
峨口铁矿　高太平　刘虎虎

东山矿 高秀忠 康彦萍(女)
张娟霞(女)
复合材料厂 徐建业 杨志军
电气设备修造公司 赵伟伟 付元奎
保卫部 文 玮
公司机关 王 冰 武美子(女)
高 敏 常志强
宋丽强
钢企公司 刘立红(女)
降丽云(女)
郭映坤(女)

市场营销岗位能手

营销部 祝恒立 梁林旺

优质服务岗位能手

医疗卫生部 秦 莉(女)
程 琨(女)

教学岗位能手

教培中心 李 慧(女) 任鹏翔
张 鹏 任变变(女)

太钢共青团良师益友

毋建贞 王春美 王高峰
邓江滔 付东华 白灵宝
刘永和 刘孝平 刘爱国
刘瑞军 宋迎东 张全安
张志东 张铁根 张雷苏
李 军 李红兵 李保才
李新立 苏福斗 陈世清
范宇亮 郎宏亮 侯全昇
侯秀萍 姜 广 赵阳囤
赵凯凯 柴 伟 耿 琳
高建兵 崔 伟 曹志福
续 哲 鹿俊峰 董毓生
雷 霖 管守红 蔡尔恭
裴晓军 冀 岗 衡旭文

(公司团委)

太钢(集团)公司2013年度安全生产先进名单

一、先进单位

岚县矿业有限公司
股份公司热轧厂
股份公司焦化厂
股份公司热连轧厂
临钢公司中板厂
临钢公司炼铁厂
粉煤灰综合利用有限公司
矿业分公司峨口铁矿露天转地下项目经理部

二、先进集体

矿业分公司尖山铁矿 锅炉作业区
股份公司型材厂 精整作业区
股份公司冷轧厂 窄幅精整作业区
临钢公司运输部 工务段
临钢公司焦化厂 炼焦车间维修班
福利总厂 东山矿产资源事业部生产组
修建公司 金属二厂气力输送维护一组
房地产开发有限公司 能动工段
电气设备修造有限公司 变压器分厂
太原钢城企业公司 昌盛金属线材加工厂甲班

三、先进个人

东山矿	董武斌	天津钢管公司	成　龙
福利总厂	程晓鸿	股份公司炼钢二厂	赵勇峰
临钢公司炼钢厂	张小平	股份公司炼铁厂	葛利民
复合材料厂	郅　军	股份公司能源动力总厂	张丽春
峨口铁矿	张宝林	股份公司冷轧硅钢厂	杨虎安

（安全生产管理部）

山西太钢不锈钢股份有限公司2013年度安全生产先进名单

一. 先进单位

焦化厂　　热轧厂　　原料开发采购部　　炼钢一厂项目经理部

热连轧厂　　不锈线材厂

二、先进集体

炼铁厂	四烧作业区	加工厂	废钢料场作业区
炼钢二厂	连铸三作业区	物流中心	高炉作业区
冷轧硅钢厂	原酸作业区	自动化公司	工程作业区
能源动力总厂	电控作业区	精密带钢有限公司	设备能源部
技术中心	化学室	不锈钢钢管有限公司	热加工一作业区

三、先进班组

焦化厂　炼焦作业区生产甲班
　　　　运保作业区供电大组
炼铁厂　三烧作业区丁班
　　　　净化作业区污水处理
　　　　喷煤作业区五喷煤组
　　　　储运作业区主控班
　　　　环保作业区三烧脱硫组
加工厂　碳素钢加工作业区生产甲班
　　　　机电维修作业区维修组
　　　　化验作业区化验组
炼钢一厂　冶炼二作业区电炉乙班
　　　　天车作业区碳钢线丁班
　　　　连铸一作业区生产丙班
炼钢二厂　冶炼二作业区转炉甲班
　　　　运转车间南区转炉乙班
　　　　冶炼三作业区 AOD 丙班
　　　　第一机械点检站除尘班
　　　　冶炼一作业区精炼乙班
　　　　连铸一作业区浇钢甲班3号机
　　　　中冶天工检修分公司二钢南区不锈钢维修班
型材厂　径锻乙班

不锈线材厂	机械作业区天车甲班
	成酸作业区丁班
	机械作业区天车丙班
	轧钢作业区轧钢丁班
	太原钢城昌盛金属线材加工厂甲班
热轧厂	不锈钢作业区甲班
	热轧作业区丁班
	保障作业区机械一组
	保障作业区机械二组
	天车作业区天车乙班
冷轧硅钢厂	电气作业区甲班
	2300 作业区轧退乙班
	电气作业区乙班
冷轧厂	防腐作业区酸再生班组
	机修作业区 2 号热线维护班
	宽幅光亮 12 号轧机班组
	成酸作业区 2 号冷线班组
	2 号热线作业区甲班
	天车作业区运行丙班
热连轧厂	1549 机动粗轧点检组
	1549 电气前区点检班
	生产保障 2250 磨床甲班
	2250 机动管网点检组
物流中心	车辆作业区列检白班
	电务作业区路车信号组
	机务作业区丙班
能源动力总厂	7 号煤气柜
	中水深度处理站
	变二巡操丙班
	300 兆瓦主机
	汽机作业区电风机
	袁家村热电水处理工序
	大热线泵站
不锈钢钢管公司	焊管业务部焊接甲班
	冷加工一作业区退矫丁班
	物流作业区甲班
	热加工二作业区穿孔丁班
不锈钢精密带钢公司	精整光亮作业区清洗甲班
自动化公司	公辅作业区运维二组
	铁前作业区运维二组
技术中心	设备与保障室维修组
设备物资采购部	仓储中心仓储三组
原料开发采购部	合金一库装卸组
公司机关	办公室行车一班

四、安全生产岗位标准化操作标兵

冷轧硅钢厂	杨虎安(轧钢工)
热轧厂	申毓虎(吊运工)
炼钢一厂	王海龙(铸钢工)
能源动力总厂	于　波(主值)
物流中心	王文明(机车司机)
型材厂	史明亮(操作工)
炼钢二厂	芦效增(浇钢工)
热连轧厂	郑伟云(点检员)
自动化公司	胡俊文(专技岗)
不锈线材厂	刘海宏(轧钢工)

五、先进个人

焦化厂

杨兆钢　张美英　张海林

白　胜　国金波

炼铁厂

郑　毅　孙建中　张治国

郝建生　马　丽　侯建瑞

韩军民　崔　龙　田雷鸣

李玉忠　刘　薇　段兴建

郭　捷　葛利民　周金海

赵峰斌

加工厂

孙润生　宋志刚　王瑞宏

张　鹏　杜震寰　边　君

炼钢一厂

孙金波　薄文华　宋玉枝

李井龙　康立春　李　斌

乔学峰

炼钢二厂

张富良　杜国强　崔　凯

耿成刚　马志毅　王　烨

阎宇昌　秦东威　孙　洋

张　华　姬少坤　杨剑林

郑福庆　史彦军

型材厂

刘冬生　闫　东　郝建明

王建峰　李晋椿　白永生

不锈线材厂

李　永　杨宇峰　张红军

辛利强　王春海　陈　剑

陈泽滨　张永林　赵松涛

热轧厂

边卫民　马　超　郭　仁

苏　涛　宋玉泉　王进生

张先平

冷轧硅钢厂

张勇智　李晋春　韩丹军

张文胜　和利明　王克全

杨继忠　王文举

冷轧厂

郑勇峰　罗恩太　高清峰

张春龙　张海生　徐　明

孟俊辉　张　峰　焦　峰

张力军　于晋生　苏　葵

王　刚　王春友

热连轧厂

杨　震　张建兵　何玉明

王智勇　赵　俊　闫宏亮

闫晓勇　张中华　闫小宁

物流中心

韩太生　刘秀军　葛红星

孙建华　郭新元　李俊杰

赵志俊　林　强

能源动力总厂

寇汶坚　张万良　武海龙

费补元　郭红杰　何现忠

李　军　常志忠　王晓东

田　海　司晓勇　李　琼

要　钢　赵勇红　闫　峰

张杰良　张小伟　赵　亮

梁红军

技术中心

张存贵　姚旭东　赵建龙

不锈钢钢管公司

李增光　李耀海　王秀田

谷金广　郭建伟　崔敬德

郑忠义

自动化公司

陈　军　杨　斌　韩东阳

郭　斌　乔　刚　何四新

设备物资采购部

王　军　居勇杰

原料开发采购部

王　钰　　陈玉柱

精密带钢公司

段浩杰　　贺　超

保卫部

项　斌　　王　超

教培中心

王明学

公司机关

张晨光　　胡立人　　马玉龙

卫永锋　　王跃武　　李进国

叶凌峰　　崔雪梅　　高　峰

（安全生产管理部）

媒体看太钢

MEI TI KAN TAI GANG

2013 年部分社会媒体对太钢的报道

发表媒体	文章题目	日期
《中国冶金报》	李晓波:质量决定着市场竞争力	2013 - 01 - 04
《科技日报》	太钢:一流科技创新体系突显“正能量”	2013 - 01 - 04
《山西日报》	太钢成为首个公共自行车入驻企业	2013 - 01 - 05
《山西日报》	太钢不锈钢日产量首次突破万吨	2013 - 01 - 05
《中国质量报》	太钢 3 现场参评一共拿下 13 颗星	2013 - 01 - 09
《中国质量报》	太钢率先在国内实现无磁钻铤产品系列化	2013 - 01 - 15
《中国冶金报》	太钢:一手抓全面预算一手抓科技创新	2013 - 01 - 17
《中国质量报》	太钢不锈钢管走出国门	2013 - 01 - 24
《中国经济时报》	山西太钢业绩逆势飘红	2013 - 01 - 25
《中国质量报》	太钢 2012 年钢产量首破千万吨	2013 - 01 - 28
《山西日报》	太钢获评“山西十大优秀环保企业”	2013 - 01 - 28
《中国冶金报》	太钢双相不锈钢中标港珠澳大桥	2013 - 02 - 01
《山西晚报》	山西太钢去年节能 4.9 万吨标煤	2013 - 02 - 01
《中国冶金报》	太钢:在逆境中实现转型跨越	2013 - 02 - 06
中新网	山西太钢不锈钢产量继续保持全球第一	2013 - 02 - 06

2013 年部分社会媒体对太钢的报道(续)

发表媒体	文章题目	日期
人民网	太钢两项目获国家科学技术进步二等奖	2013－02－07
新华网	太钢不锈钢产量连续四年保持全球第一	2013－02－07
《中国冶金报》	太钢:努力提高以质量为核心的综合竞争力	2013－02－20
《世界金属导报》	太钢财务公司正式揭牌投入运营	2013－02－20
人民网	太钢铝钢复合板打入国际市场	2013－02－25
《山西发展导报》	太钢荣获我省“2012 年度重点工程工作先进企业”称号	2013－02－27
《中国工业报》	攻上 311 万吨 太钢不锈钢产量创新高	2013－02－27
《证券日报》	全国人大代表、太原钢铁(集团)有限公司董事长李晓波:对钢铁企业科技创新需加大财税政策支持力度	2013－03－07
《人民日报》	代表细说 一目了然是亮点	2013－03－07
《中国冶金报》	真正用创新驱动行业转型升级	2013－03－11
《光明日报》	李晓波代表:加快小额货币硬币化改革	2013－03－11
《山西经济日报》	太钢工程技术输出在新疆“开花结果”	2013－03－13
《经济日报》	太原钢铁集团董事长李晓波:以项目建设推动转型	2013－03－13
《中国经济时报》	钢铁业春意不再 创新才是王道	2013－03－14
《中国产经新闻报》	李晓波:建设生态文明打造绿色钢厂	2013－03－14
《中国冶金报》	李晓波代表谈钢铁行业生态文明建设	2013－03－15

2013 年部分社会媒体对太钢的报道(续)

发表媒体	文章题目	日期
《人民日报》	李晓波代表：转型升级靠创新驱动	2013－03－15
《发展导报》	太钢专利申请量连续六年全省第一	2013－03－21
《山西日报》	太钢硅钢冷连轧项目建设正酣	2013－03－22
中国新闻网	山西太钢集团在行业率先启动 PM2.5 减量行动	2013－03－25
《科技日报》	太钢特大型烧结系统优化集成及控制技术国际领先	2013－03－25
人民网	太钢 3000 万重奖科技功臣	2013－03－28
《山西日报》	太钢不锈上中国本土公司榜	2013－03－29
《中国冶金报》	太钢贯彻落实全国两会精神	2013－04－01
人民网	太钢确保大气污染物排放达到新标准要求	2013－04－01
《山西日报》	太钢获评国家级信息化和工业化深度融合示范企业	2013－04－01
《山西经济日报》	太钢今年新增绿地面积 15.7 万平方米	2013－04－03
人民网	太钢热连轧厂 12 个品种薄化攻关取得新突破	2013－04－07
《经济日报》	太钢率先对 PM2.5 说“不”	2013－04－08
《科技日报》	太钢大力发展高端特色产品	2013－04－08
《山西市场导报》	太钢集团:科技创新成为企业跨越发展的“引擎”	2013－04－09
《山西日报》	太钢热连轧厂攻克 12 个品种薄化难关	2013－04－15
人民网	太钢排放指标优于国家“特别排放限值”	2013－04－17

2013 年部分社会媒体对太钢的报道(续)

发表媒体	文章题目	日期
《中国环境报》	太钢启动 PM2.5 减量化	2013-04-17
《山西日报》	太钢精密带钢新产品试轧成功 用于手动剃须刀片	2013-04-17
《山西日报》	太钢一季度不锈钢出口增九成	2013-04-27
人民网	太钢在全国钢铁行业内率先启动 PM2.5 减排	2013-05-07
《中国科学报》	太钢打造全球最大钢渣综合利用基地	2013-05-07
山西卫视	港珠澳大桥“钢筋铁骨”太钢造	2013-05-13
《山西日报》	转型综改访谈录:项目大提速 积聚竞争力——专访太钢集团董事长李晓波	2013-05-15
《中国冶金报》	创新挖潜 绿色发展——太钢转方式、优结构应对困难形势	2013-05-22
人民网	太钢董事长李晓波当选“新晋商十大经济人物”	2013-05-22
《中国科学报》	太钢国家重点实验室通过建设验收	2013-05-23
人民网	太钢锻材产品同时通过三国船级社认证	2013-05-24
《山西日报》	太钢国家重点实验室向公众开放	2013-05-24
《山西日报》	太钢鑫磊 66 万吨冶金灰项目建成试产	2013-05-27
《山西日报》	太钢锻材产品同时通过三个国家船级社认证	2013-05-27
人民网	太钢职工创新工作室引领职工科技创新	2013-06-07
人民网	太钢首发《安全文化手册》	2013-06-13
山西卫视	太钢试水高端碳纤维新材料领域	2013-06-14

2013年部分社会媒体对太钢的报道（续）

发表媒体	文章题目	日期
《中国证券报》	太钢不锈助力“神十”飞入太空	2013－06－19
《山西日报》	10元钱奖励——太钢冷轧硅钢厂职工创新提案小记	2013－06－24
人民网	我国功率密度最大的中频感应炉在太钢热试成功	2013－06－26
人民网	太钢绿色发展成果受到市民关注	2013－06－26
《山西日报》	牛国栋“不锈人生”日常样本	2013－07－02
《中国科学报》	我国功率密度最大中频感应炉热试成功	2013－07－12
《世界金属导报》	太钢首次发布《安全文化手册》	2013－07－15
《中国冶金报》	太钢职工热议群众路线教育实践活动	2013－07－15
《山西日报》	674次炉龄纪录的背后——太钢职工创新工作室解剖	2013－07－16
人民网	国内首条钢卷表面免酸洗处理线在太钢投产	2013－07－18
《证券日报》	太钢不锈依靠自主创新打造“拳头”产品	2013－07－19
《中国冶金报》	太钢铬不锈钢酸洗线试车成功	2013－07－22
《中国冶金报》	为职工创新搭平台——太钢工会创建职工创新工作室纪略	2013－07－22
新华网	太钢不锈钢铬钢专用酸洗线热负荷试车一次成功	2013－07－22
新华网	太钢召开党委常委（扩大）会议研究部署太钢党的群众路线教育实践活动	2013－07－22
《中国冶金报》	太钢如何实现“蓝天”誓言？	2013－07－30
《中国冶金报》	太钢矿渣将全部回收利用	2013－07－30
《证券日报》	钢铁行业转型发展 太钢密织环境监控“网”	2013－07－30

2013年部分社会媒体对太钢的报道(续)

发表媒体	文章题目	日期
《中国质量报》	太钢密织环境监控网节能减排再发力	2013-07-30
《中国冶金报》	李晓波 创新驱动 实现以新制胜	2013-08-05
《中国冶金报》	太钢开展党的群众路线教育实践活动	2013-08-12
《上海证券报》	太钢不锈电站锅炉用钢达标国际先进水平	2013-08-15
《中国质量报》	太钢两种电站锅炉用钢达国际先进水平	2013-08-21
《中国质量报》	太钢工业废水日处理能力将增加4.8万吨	2013-08-29
《山西经济日报》	太钢入选全国重点行业清洁生产示范企业	2013-09-02
《山西日报》	太钢新产品助力"煤钢联动"	2013-09-02
《中国冶金报》	太钢超超临界电站锅炉用钢达国际先进	2013-09-03
《世界金属导报》	太钢工业废水日处理能力将增加4.8万吨	2013-09-03
《中国质量报》	太钢入选全国重点行业清洁生产示范企业	2013-09-04
《企业家日报》	太钢抓住转型综改试验区机遇练内功谋发展	2013-09-05
人民网	网络成太钢群众路线教育实践活动宣传新阵地	2013-09-05
人民网	太钢:弘扬"双良精神" 践行群众路线	2013-09-06
人民网	太钢技术产业化输出发展势头迅猛	2013-09-07
《中国冶金报》	太钢 全方位对标管理打造竞争优势	2013-09-10
《中国冶金报》	太钢转型发展频闪亮点	2013-09-17
《中国冶金报》	太钢炼铁厂流行"今天我当班"	2013-09-17
《世界金属导报》	太钢技术产业化输出发展势头迅猛	2013-09-22

2013年部分社会媒体对太钢的报道(续)

发表媒体	文章题目	日期
山西卫视	太钢成功生产出大厚度铜加不锈钢复合板	2013-09-23
《中国冶金报》	太钢“质量月”重在查摆问题	2013-09-27
《山西工人报》	太钢总医院心脑血管疾病中心暨120急救站成立	2013-09-27
《中国冶金报》	打好质量荣誉之战——太钢不锈钢推进六西格玛管理纪实	2013-09-29
《中国冶金报》	太钢两项成果入围国家科技计划	2013-10-08
人民网	市民环保开放日感受太钢绿色发展成果	2013-10-13
山西卫视	太钢:依靠技术创新 逆势突围	2013-10-14
《山西市场导报》	太钢又一自主创新技术投产突破国外行业设计制造垄断	2013-10-15
中新网	山西太原钢铁集团接受社会监督面向公众公开环保信息	2013-10-15
《山西经济日报》	太钢向社会公开环保信息	2013-10-16
《中国冶金报》	太钢多元产业:围绕主业协同发展	2013-10-17
《山西经济日报》	太钢手机报:两万职工的贴心朋友	2013-10-20
人民网	太钢市区供暖能力可达1400万平方米	2013-10-23
人民网	太钢牵手北京碧水源	2013-10-25
《山西日报》	太钢开启“治水”工程技术输出之路	2013-10-28
《山西日报》	太钢为何瞄准技术产业化输出	2013-10-28
《山西市场导报》	太钢又一自主创新技术投产突破国外行业设计制造垄断	2013-10-28
《经济日报》	太钢输出“治水”工程技术	2013-10-28
《山西日报》	坚持群众路线 力戒四风:太钢集团瞄准靶心破“六症”	2013-10-30
《山西经济日报》	走出“红海”,拥抱“蓝海”	2013-10-31

2013年部分社会媒体对太钢的报道（续）

发表媒体	文章题目	日期
《山西经济日报》	创新驱动成就太钢特色之路——太钢集团董事长李晓波访谈录	2013－10－31
《山西经济日报》	太钢:锤炼打造有价值的“钢”企业	2013－10－31
《山西经济日报》	太钢保税综合服务有限公司 获进出口报关检验证书	2013－11－01
《中国质量报》	太钢校准实验室通过国家认可委复审	2013－11－07
《中国冶金报》	太钢余热“温暖”城市	2013－11－08
《中国冶金报》	造就钢铁业的“中国创造力”———太钢创新驱动发展战略剖析	2013－11－12
《中国质量报》	太钢成为山西省首批大用户直购电企业	2013－11－13
《中国质量报》	太钢成为武宿综合保税区首家具备运营资质企业	2013－11－14
人民网	太钢社会责任发展指数居行业第一	2013－11－22
《中国环境报》	太钢矿渣都可回收利用	2013－11－25
人民网	太钢新增7个市级职工创新工作室	2013－11－29
《山西经济日报》	太钢脱硫石膏处理线投运	2013－11－29
《中国冶金报》	太钢热连轧厂细考严核保安全	2013－12－03
《中国冶金报》	太钢“领跑”钢铁行业	2013－12－03
中国证券网	太钢不锈:不锈钢产品供应嫦娥三号	2013－12－04
中国钢铁企业网	太钢:描画和谐企业“新注脚”	2013－12－04
《中国质量报》	太钢产品成功应用于嫦娥三号多个关键部位	2013－12－06
《科技日报》	太钢产品 助“嫦娥”奔月	2013－12－06

2013年部分社会媒体对太钢的报道(续)

发表媒体	文章题目	日期
《世界金属导报》	太钢产品助“嫦娥”奔月	2013－12－11
《中国冶金报》	太钢淘汰临钢200万吨落后产能	2013－12－12
人民网	以深化改革为动力 加快提升太钢综合竞争力	2013－12－20
《中国证券报》	太钢不锈获首届中国质量奖提名奖	2013－12－24
中央人民广播电台	太原钢铁应诉泰国不锈钢冷轧产品反倾销胜诉	2013－12－24
《中国质量报》	太钢总医院竣工投入使用	2013－12－26
《经济日报》	太钢应诉泰国反倾销案胜诉	2013－12－30
人民网	太钢总医院建新住院楼缓解居民看病难	2013－12－30
山西卫视	太钢淘汰落后产能 推动绿色升级	2013－12－30

(档案管理部)

附　录

FU LU

重要文件索引

2013年国家各部委、山西省、太原市下发有关太钢文件目录索引

文件名称	文号
耿彦波市长赴太钢现场办公会议纪要	会议纪要(2013)第132期
太钢与尖山铁矿安全生产隐患治理工作会议纪要	会议纪要(2013)第59期
太钢不锈钢股份公司炼铁厂“5.4”事故调查组会议纪要	会议纪要(2013)第42期
太原钢铁(集团)线材制品有限公司破产拆迁等事宜协调会议纪要	会议纪要(2013)第38期
关于对太原钢铁(集团)比欧西气体有限公司“3.22”燃爆事故的调查处理决定	并安监二字(2013)219号
关于太原钢铁(集团)有限公司山西太钢不锈钢股份公司炼铁厂竖炉沉淀池清淤作业“5.4”较大事故的通报	晋安监管四字(2013)8号
关于进一步加强太钢营销部治超工作的通知	北城运治函(2013)15号
关于对太钢“3.23”非法超限超载运输案件的督办通知	晋国资综合函(2013)153号
关于太原钢铁(集团)有限公司提供LOGO的函	晋灏发函字(2013)16号

(乔春燕)

2013 年太原钢铁(集团)有限公司部分上呈文件目录索引

文件名称	编号
关于太钢混酸再生和高炉干除尘项目安全设施验收备案的申请	钢呈发[2013]1 号
关于《太钢集团财务有限公司存款准备金管理操作规程》报备的请示	钢呈发[2013]2 号
关于太钢集团财务有限公司会计财务类相关事项报备的请示	钢呈发[2013]3 号
关于太钢集团财务有限公司加入反洗钱金融服务与管理项目的请示	钢呈发[2013]4 号
关于太钢集团财务有限公司加入金融机构信息管理系统的请示	钢呈发[2013]5 号
关于太钢集团财务有限公司报送金融统计类相关报表的请示	钢呈发[2013]6 号
关于太钢集团财务有限公司金融稳定类相关事项报备的请示	钢呈发[2013]7 号
关于太钢集团财务有限公司加入利率监测系统的请示	钢呈发[2013]8 号
关于太钢集团财务有限公司加入金融服务与管理体系的请示	钢呈发[2013]9 号
关于调整太原钢铁(集团)有限公司袁家村铁矿项目投资的请示	钢呈发[2013]10 号
关于山西太钢不锈钢股份有限公司高炉热渣制棉综合利用技术改造项目备案的请示	钢呈发[2013]11 号
关于太原钢铁(集团)有限公司 T800 级聚丙烯腈碳纤维产业化项目备案的请示	钢呈发[2013]12 号
关于太原钢铁(集团)有限公司参与认购山西焦化非公开发行股票的请示	钢呈发[2013]13 号
关于变更太原钢铁(集团)有限公司袁家村铁矿开采方式、生产规模的请示	钢呈发[2013]14 号
关于《盂县石灰回转窑及破碎筛分项目水土保持方案报告书》的报批申请	钢呈发[2013]15 号

2013年太原钢铁(集团)有限公司部分上呈文件目录索引(续)

文件名称	编号
关于呈请审核续签太原钢铁(集团)有限公司2013年度集体合同的报告	钢呈发[2013]16号
关于山西太钢不锈钢股份有限公司焦化厂化产回收技术改造项目备案的请示	钢呈发[2013]17号
关于山西太钢不锈钢股份有限公司2250毫米热连轧新增钢卷表面处理线技术改造项目备案的请示	钢呈发[2013]18号
关于注销太原钢铁(集团)有限公司"并政地国用(2007)第20352号"《国有土地使用证》的请示	钢呈发[2013]19号
关于注销太原钢铁(集团)有限公司"并政地国用(2000)第20176号"《国有土地使用证》的请示	钢呈发[2013]20号
关于注销太原钢铁(集团)有限公司"并政地国用(2006)第20368号"《国有土地使用证》的请示	钢呈发[2013]21号
关于办理太钢线材厂轧制厂用地《国有土地使用证》的请示	钢呈发[2013]22号
关于办理太钢线材厂北宿舍用地中出让部分土地《国有土地使用证》的请示	钢呈发[2013]23号
关于办理太钢线材厂北宿舍用地中划拨部分土地《国有土地使用证》的请示	钢呈发[2013]24号
关于办理太钢线材厂西宿舍地块五用地《国有土地使用证》的请示	钢呈发[2013]25号
关于办理太钢线材厂西宿舍地块四用地《国有土地使用证》的请示	钢呈发[2013]26号
关于办理太钢线材厂西宿舍地块三用地中出让部分土地《国有土地使用证》的请示	钢呈发[2013]27号
关于办理太钢线材厂西宿舍地块二用地中划拨部分土地《国有土地使用证》的请示	钢呈发[2013]30号
关于办理太钢线材厂西宿舍地块一用地《国有土地使用证》的请示	钢呈发[2013]31号
关于太原钢铁(集团)有限公司产业转型项目列入山西省综改标杆项目的请示	钢呈发[2013]34号

2013 年太原钢铁(集团)有限公司部分上呈文件目录索引(续)

文件名称	编号
关于整合后划定太原钢铁(集团)有限公司矿业分公司尖山铁矿矿区范围的申请	钢呈发[2013]36 号
关于申报重点行业清洁生产示范企业的请示	钢呈发[2013]38 号
关于保障太钢线材厂宿舍棚户区改造项目建设进度的请示	钢呈发[2013]39 号
关于太钢棚户区改造项目配套基础设施项目的请示	钢呈发[2013]40 号
关于办理山西太钢不锈钢股份有限公司铬钢专用酸洗线技术改造项目引进设备免税确认的请示	钢呈发[2013]41 号
关于办理山西太钢不锈钢股份有限公司焦化厂焦炉煤气脱硫制酸技术改造项目引进设备免税确认的请示	钢呈发[2013]42 号
关于办理山西太钢不锈钢股份有限公司不锈钢冷连轧技术改造项目引进设备免税确认的请示	钢呈发[2013]43 号
关于变更山西太钢不锈钢股份有限公司高炉煤气高效综合利用项目建设内容及投资的请示	钢呈发[2013]44 号
关于大同路太钢赵庄单身宿舍棚户区改造项目配套基础设施项目的请示	钢呈发[2013]46 号
关于呈请出具太钢 2×300 兆瓦自备电厂脱硫、脱硝设施验收合格文件的请示	钢呈发[2013]50 号
关于太原钢铁(集团)有限公司申请配置岚县草城－曲井矿区铁矿资源的请示	钢呈发[2013]51 号
关于申报太钢 2013 年技术开发项目的请示	钢呈发[2013]56 号
关于北中环建设项目涉及太钢拆迁安置事宜的请示	钢呈发[2013]62 号
关于太钢不锈收购太原钢联持有的广东加工公司 15% 股权的请示	钢呈发[2013]67 号
关于申请国际合作示范项目资金的请示	钢呈发[2013]68 号

2013 年太原钢铁(集团)有限公司部分上呈文件目录索引(续)

文件名称	编号
关于太原钢铁集团自备电厂改扩建工程建设项目安全设施竣工验收的申请	钢呈发[2013]70 号
关于太钢集团与襄汾县星原钢铁有限公司签订合作协议有关事项的请示	钢呈发[2013]71 号
关于将太原市北郊污水厂划拨给太钢集团的请示	钢呈发[2013]72 号
关于太原钢铁(集团)有限公司解除部分土地授权经营手续的请示	钢呈发[2013]73 号
关于太钢产品结构调整优化配置节能减排技术改造工程相关环保事宜的请示(省厅)	钢呈发[2013]78 号
关于注销太原钢铁(集团)有限公司“并政地国用(2009)第 20131 号”《国有土地使用证》的请示	钢呈发[2013]80 号
关于注销太原钢铁(集团)有限公司“并政地国用(2005)第 20194 号”《国有土地使用证》的请示	钢呈发[2013]81 号
关于注销太原钢铁(集团)有限公司“并政地国用(2007)第 20522 号”《国有土地使用证》的请示	钢呈发[2013]82 号
关于办理太钢尖草坪 22 宿舍社区职工活动中心用地《国有土地使用证》的请示	钢呈发[2013]83 号
关于办理太钢尖草坪 22 宿舍住宅用地《国有土地使用证》的请示	钢呈发[2013]84 号
关于办理太钢尖草坪 22 宿舍用地中商业用途土地《国有土地使用证》的请示	钢呈发[2013]85 号
关于办理太钢赵庄住宅用地《国有土地使用证》的请示	钢呈发[2013]86 号
关于办理太钢赵庄新区住宅用地《国有土地使用证》的请示	钢呈发[2013]87 号
关于办理太钢赵庄单身宿舍用地中住宅用途土地《国有土地使用证》的请示	钢呈发[2013]88 号
关于办理太钢迎红楼旧区住宅用地《国有土地使用证》的请示	钢呈发[2013]90 号

2013 年太原钢铁(集团)有限公司部分上呈文件目录索引(续)

文件名称	编号
关于办理太钢迎红楼宿舍用地中商业用途土地《国有土地使用证》的请示	钢呈发[2013]92 号
关于呈请审批太原钢铁(集团)有限公司硅钢冷连轧技术改造项目可行性研究报告的请示	钢呈发[2013]93 号
关于核准太原钢铁(集团)有限公司焦化工序技术改造项目的请示	钢呈发[2013]95 号
太原钢铁(集团)有限公司转型综改重大项目建设实施方案	钢呈发[2013]96 号
关于办理太原钢铁(集团)有限公司矿业分公司东山石灰石矿延续划定矿区范围预留期限的申请	钢呈发[2013]100 号
关于太原钢铁(集团)有限公司袁家村铁矿建设项目用地预审的请示	钢呈发[2013]101 号
关于“5·4”太原钢铁(集团)有限公司山西太钢不锈钢股份公司炼铁厂窒息亡人事故情况的汇报	钢呈发[2013]106 号
关于太钢集团向石楼县人民政府资助建设农业物流园区的请示	钢呈发[2013]112 号
太钢(集团)有限公司重点产业振兴和技术改造中央专项投资项目工程竣工档案资料验收申请报告	钢呈发[2013]113 号
关于太原钢铁(集团)有限公司矿业分公司峨口铁矿露天转地下开采项目开展前期工作的请示	钢呈发[2013]118 号
关于《太原钢铁(集团)有限公司技术中心创新能力建设》项目验收的请示	钢呈发[2013]119 号
关于《微细粒铁矿石选矿综合技术开发及应用》项目验收的请示	钢呈发[2013]120 号
关于申请核准对山西阿克斯太钢轧辊有限公司进行债转股项目评估结果的请示	钢呈发[2013]121 号
关于山西禄纬堡太钢耐材有限公司搬迁补偿的请示	钢呈发[2013]122 号
关于申请办理太钢袁家村铁矿项目取水许可批复延续的请示	钢呈发[2013]124 号

2013年太原钢铁(集团)有限公司部分上呈文件目录索引(续)

文件名称	编号
关于山西太钢不锈钢股份有限公司不锈热轧厂产品优化升级改造项目备案的请示	钢呈发[2013]125号
关于山西太钢不锈钢股份有限公司不锈线材厂不锈棒线材技术改造项目备案的请示	钢呈发[2013]126号
关于核准太原钢铁(集团)有限公司矿业分公司峨口铁矿露天转地下开采项目的请示	钢呈发[2013]127号
关于太钢集团向壶关县五龙头村捐助的请示	钢呈发[2013]128号
关于太钢袁家村铁矿建设项目用地预审补正材料情况的报告	钢呈发[2013]129号
关于太钢集团申请注册发行中票据的请示	钢呈发[2013]131号
关于山西太钢不锈钢股份有限公司不锈钢生产线技术改造项目备案的请示	钢呈发[2013]132号
关于太钢集团投资设立山西太钢泥屯生态农业有限公司的请示	钢呈发[2013]133号
关于山西太钢不锈钢股份有限公司原料场扩建项目备案的请示	钢呈发[2013]134号
关于山西太钢不锈钢股份有限公司含油废水处理回用及中和站改造项目备案的请示	钢呈发[2013]135号
关于呈请组织太原钢铁(集团)有限公司使用料位计、灰分仪及数字减影血管造影机竣工环境保护验收的请示	钢呈发[2013]138号
关于太钢集团通过财务公司开展内部结售汇及银行柜台结售汇业务的请示	钢呈发[2013]139号
关于太钢集团财务有限公司开展结售汇业务、增加信贷及再贴现规模的请示	钢呈发[2013]140号
关于办理太原钢铁(集团)有限公司袁家村低品位难选铁矿资源开发示范项目选址意见书的请示	钢呈发[2013]141号
关于呈请组织太原钢铁(集团)有限公司不锈钢配套服务中心建设项目竣工环境保护验收的请示	钢呈发[2013]142号

2013 年太原钢铁(集团)有限公司部分上呈文件目录索引(续)

文件名称	编号
关于核准太原钢铁(集团)有限公司袁家村铁矿铁路专用线项目的请示	钢呈发[2013]143 号
太原钢铁(集团)有限公司呈报《太钢“晋汾低碳谷”项目建设规划》的报告	钢呈发[2013]144 号
关于评审太原钢铁(集团)有限公司袁家村低品位难选铁矿资源开发示范项目社会稳定风险分析报告的请示	钢呈发[2013]147 号
关于申请核准太钢不锈收购广东太钢不锈钢加工配送有限公司15%股权的评估结果的请示	钢呈发[2013]148 号
关于山西太钢不锈钢股份有限公司申报清洁生产水平计划备选项目的请示	钢呈发[2013]152 号
关于太原钢铁(集团)有限公司电站锅炉用镍基耐热合金高技术产业化项目备案的请示	钢呈发[2013]154 号
关于太原钢铁(集团)有限公司袁家村铁矿建设项目用地预审补正材料情况的报告	钢呈发[2013]156 号
关于将太钢代管的水库、缓洪池移交市政机构管理的请示	钢呈发[2013]157 号
关于太钢不锈设立山西太钢保税综合服务有限公司的请示	钢呈发[2013]158 号
关于太原钢铁(集团)有限公司自备电厂满负荷运行的请示	钢呈发[2013]159 号
关于呈请省人民政府支持太钢集团建设国家不锈钢工程技术研究中心的报告	钢呈发[2013]160 号
太钢关于“十二五”规划中期评估材料的报告	钢呈发[2013]161 号
关于山西太钢不锈钢股份有限公司300兆瓦燃煤发电机组锅炉低氮燃烧技术改造项目备案的请示	钢呈发[2013]162 号
关于太原钢铁(集团)有限公司解除部分土地授权经营手续的请示	钢呈发[2013]163 号
关于太钢集中供热相关事宜的报告	钢呈发[2013]164 号

2013年太原钢铁(集团)有限公司部分上呈文件目录索引(续)

文件名称	编号
关于解决太钢胜西小区及周边区域采暖问题的请示	钢呈发[2013]165号
太钢不锈钢股份有限公司高速铁路用钢技术改造项目重新备案的请示	钢呈发[2013]168号
关于太钢集团对太钢万邦进行增资的请示	钢呈发[2013]173号
关于山西太钢工程技术有限公司与北京碧水源科技股份有限公司设立合资公司的请示	钢呈发[2013]179号
关于呈请审批镍基材料技术改造项目环境影响报告书的请示(市局)	钢呈发[2013]180号
关于太钢集团转让所持山西正通钢铁资源有限公司全部股权的请示	钢呈发[2013]181号
关于太钢集团投资设立山西太钢代县生态农业发展有限公司的请示	钢呈发[2013]189号
关于办理山西太钢不锈钢股份有限公司高炉热渣制棉技术改造项目引进设备免税确认的请示	钢呈发[2013]192号
关于办理山西太钢不锈钢股份有限公司2250毫米热连轧新增钢卷表面处理线技术改造项目引进设备免税确认的请示	钢呈发[2013]193号
太原钢铁(集团)有限公司关于临钢公司淘汰落后和污染治理情况汇报	钢呈发[2013]194号
关于《山西省娄烦县太原钢铁(集团)有限公司矿业分公司尖山铁矿资源储量核实报告》评审备案的申请	钢呈发[2013]197号
关于高速铁路用钢技术改造项目办理变更批复手续请示	钢呈发[2013]200号
关于山西太钢不锈钢股份有限公司冶金除尘灰制砖线改造项目备案的请示	钢呈发[2013]205号
关于山西太钢不锈钢股份有限公司冷轧厂新增修磨机组技术改造项目备案的请示	钢呈发[2013]206号
关于太原钢铁(集团)有限公司工业博物馆项目备案的请示	钢呈发[2013]207号

2013 年太原钢铁(集团)有限公司部分上呈文件目录索引(续)

文件名称	编号
关于山西太钢不锈钢股份有限公司余热回收综合利用供热项目一期工程备案的请示	钢呈发[2013]208 号
关于山西太钢不锈钢股份有限公司加工厂钢渣处理线技术改造项目备案的请示	钢呈发[2013]209 号
关于山西太钢不锈钢股份有限公司供电系统技术改造项目申请备案的请示	钢呈发[2013]212 号
关于山西太钢碧水源环保科技有限公司参与太原市水处理业务并建设再生水厂的报告	钢呈发[2013]213 号
关于退还太原钢铁(集团)有限公司土地出让保证金的请示	钢呈发[2013]215 号
关于太钢集团收购山西太钢信息与自动化技术有限公司 100% 股权的请示	钢呈发[2013]217 号
关于太原钢铁(集团)有限公司申请办理袁家村铁矿采矿许可证的请示	钢呈发[2013]218 号
关于太原钢铁(集团)有限公司申请注册发行超短期融资券的请示	钢呈发[2013]220 号
关于山西新临钢钢铁有限公司出售闲置设备评估结果的备案报告	钢呈发[2013]221 号
关于呈请审批太钢轧钢废水分质处理工程配套氢氧化钙粉生产线项目环境影响报告表的请示	钢呈发[2013]222 号
关于太钢 300 万吨不锈钢配套服务中心项目申请免征行政事业性收费的请示	钢呈发[2013]223 号
关于山西太钢万邦炉料有限公司进行铁合金行业准入的申请	钢呈发[2013]226 号
关于将北郊污水处理厂划拨给太钢相关事宜的请示	钢呈发[2013]229 号
关于太钢城市热源建设及环境治理项目申请环保补助资金的报告	钢呈发[2013]230 号

(张建英)

2013 年太原钢铁(集团)有限公司部分党委文件目录索引

文件名称	编号
关于认真做好领导干部2013年1月集中报告个人事项的通知	钢党发[2013]2号
关于专业技术职务聘任的通知	钢党发[2013]3号
关于印发公司“两会”报告的通知	钢党发[2013]4号
关于同意太原钢铁(集团)有限公司工会第十四届委员会替补委员、常委的批复	钢党发[2013]5号
关于同意太原钢铁(集团)有限公司工会十四届二次全委会选举结果的批复	钢党发[2013]6号
关于印发《太钢组织系统开展“四带头、四过硬”活动方案》的通知	钢党发[2013]7号
关于开展“走群众路线、解百姓忧难、树信访新风”主题活动的实施方案》的通知	钢党发[2013]8号
关于开展“纪念中国共产党成立92周年暨创先争优”评比表彰活动的通知	钢党发[2013]9号
关于成立山西太钢投资有限公司、山西太钢能源有限公司联合党支部的通知	钢党发[2013]10号
中共太原钢铁(集团)有限公司委员会中共山西太钢不锈钢股份有限公司委员会关于表彰先进党组织、优秀共产党员、优秀党务工作者的决定	钢党发[2013]11号
太钢基层单位领导班子考核评价办法	钢党发[2013]12号
太原钢铁(集团)有限公司2013年人才工作要点	钢党发[2013]13号
太钢党委关于成立党的群众路线教育实践活动领导小组及其办公室的通知	钢党发[2013]14号
关于成立中共山西钢科碳材料有限公司总支部委员会的通知	钢党发[2013]17号
关于2013年度基层党建工作“联述联评联考”有关事宜的通知	钢党发[2013]19号
关于认真学习宣传贯彻党的十八届三中全会精神的通知	钢党发[2013]20号
关于做好干部选拔任用“一报告两评议”工作的通知	钢党发[2013]21号

(张建英)

2013 年太原钢铁(集团)有限公司部分行政文件目录索引

文件名称	编号
太原钢铁(集团)有限公司2013年执行内部退养政策的有关规定	钢发[2013]2号
关于下发《太原钢铁(集团)有限公司2013年5S管理工作计划》的通知	钢发[2013]3号
关于下发《太原钢铁(集团)有限公司职工教育培训管理办法》的通知	钢发[2013]5号
太原钢铁(集团)有限公司全面风险管理指导意见	钢发[2013]6号
关于下发《2013年职工培训工作纲要》的通知	钢发[2013]7号
关于对岚县矿业公司实施安全防护认定的通知	钢发[2013]8号
关于下发《太原钢铁(集团)有限公司分(子)公司重点工程项目2013年进度目标》的通知	钢发[2013]10号
关于下发(集团)公司《2013年效能监察工作计划》的通知	钢发[2013]12号
关于调整公务用车价格的通知	钢发[2013]14号
关于学习贯彻公司2013年科技质量工作会议精神的通知	钢发[2013]15号
关于落实国资委对太钢治超工作指示的通知	钢发[2013]16号
关于下发《太原钢铁(集团)有限公司2013年法制工作计划》的通知	钢发[2013]18号
关于下发《大学生单身住房补贴发放管理办法》的通知	钢发[2013]19号
关于执行晋人社厅发[2013]33号文件相关规定的通知	钢发[2013]20号
关于2013年调整内部退养职工生活费的通知	钢发[2013]21号

2013年太原钢铁(集团)有限公司部分行政文件目录索引(续)

文件名称	编号
太钢2013年度防汛工作安排的通知	钢发[2013]23号
太原钢铁(集团)有限公司2013年竞争力对标方案	钢发[2013]26号
关于省政府派太钢监事会实施实地监督检查的通知	钢发[2013]27号
单身公寓管理办法	钢发[2013]28号
关于对2013年管理现代化创新成果的表彰决定	钢发[2013]29号
关于开展矿山系统环境安全大检查的紧急通知	钢发[2013]31号
关于给退休抗美援朝志愿军老战士发放生活补助的通知	钢发[2013]33号
太原钢铁(集团)有限公司关于认真做好第三次全国经济普查工作的通知	钢发[2013]35号
提高职工食堂服务满意度实施方案	钢发[2013]36号
关于开展"敬老活动月"暨评选表彰2013年敬老工作先进的通知	钢发[2013]39号
太钢二十二宿舍拆迁户住房标准审定及安置办法	钢发[2013]40号
关于下发《太原钢铁(集团)有限公司职能部门文件材料归档范围及保管期限规定》的通知	钢发[2013]42号
关于调整太钢粉煤灰综合利用公司业务范围的通知	钢发[2013]48号
关于下发《创新发展公司信息与自动化产业的实施方案》的通知	钢发[2013]49号
关于太钢总医院管理临钢医院的通知	钢发[2013]51号
太原钢铁(集团)有限公司首席师聘任决定	钢发[2013]52号

(张建英)

2013年太原钢铁(集团)有限公司部分党政联发文件目录索引

文件名称	编号
关于下发《太原钢铁(集团)有限公司2013年安全工作大纲》的通知	钢党政联发[2013]1号
关于筹备2012年度劳模大会的通知	钢党政联发[2013]2号
关于下发《关于改进工作作风密切联系群众的实施细则》的通知	钢党政联发[2013]3号
关于对2012年度优秀科技工作者(团队)进行表彰奖励的决定	钢党政联发[2013]4号
关于表彰2012年度先进集体和先进个人的决定	钢党政联发[2013]5号
开展"管理者上讲台,培训到现场"工作实施方案	钢党政联发[2013]6号
关于开展纪念太钢建厂80周年活动的通知	钢党政联发[2013]7号

(张建英)

2013年太原钢铁(集团)有限公司部分办公室文件目录索引

文件名称	编号
关于启用太钢集团财务有限公司印章的通知	钢办发[2013]3号
关于成立"太原钢铁(集团)有限公司职工教育培训委员会"的通知	钢办发[2013]4号
关于调整太原钢铁(集团)有限公司国家安全小组成员的通知	钢办发[2013]5号
关于调整太原钢铁(集团)有限公司610办公室领导组成员的通知	钢办发[2013]6号
关于启用峨口铁矿露天转地下开采工程项目经理部印章的通知	钢办发[2013]7号
太钢线材公司宿舍拆迁户住房标准审定方案及安置办法	钢办发[2013]9号

2013年太原钢铁(集团)有限公司部分办公室文件目录索引(续)

文件名称	编号
关于成立山西省特种钢材料动员中心的通知	钢办发[2013]10号
关于成立公司“双评”工作领导组及办公室的通知	钢办发[2013]12号
关于转发山西省最低工资标准调整的通知	钢办发[2013]13号
关于调整太原钢铁(集团)有限公司保密委员会成员的通知	钢办发[2013]14号
关于下发《太原钢铁(集团)有限公司关于部分场所禁止吸烟规定》的通知	钢办发[2013]15号
关于成立太原钢铁(集团)有限公司2013年防汛总指挥部的通知	钢办发[2013]16号
关于调整集团公司部分领导分管业务的通知	钢办发[2013]17号
关于组织学习讨论《太钢日报》特约评论员文章《职责就是使命》的通知	钢办发[2013]18号
关于开展纪念建军86周年活动的通知	钢办发[2013]19号
关于对离退休人员公费个人通讯费用实行集中管理的通知	钢办发[2013]20号
关于对因公出国团组进行公示的通知	钢办发[2013]21号
关于下发《关于改进工作作风,精简会议活动的实施办法》的通知	钢办发[2013]22号
关于做好2013年中秋、国庆节期间慰问工作的通知	钢办发[2013]23号
关于成立公司直购电业务领导小组的通知	钢办发[2013]25号
关于启用“山西太钢泥屯生态农业有限公司”印章的通知	钢办发[2013]28号

2013 年太原钢铁(集团)有限公司部分办公室文件目录索引(续)

文件名称	编号
关于太原钢铁(集团)有限公司治安综合治理委员会更名为太原钢铁(集团)有限公司社会管理综合治理委员会的通知	钢办发[2013]29 号
关于调整公司双拥领导组、国防教育委员会组成人员的通知	钢办发[2013]30 号
关于启用太原钢铁(集团)有限公司社会管理综合治理委员会印章的通知	钢办发[2013]32 号
关于调整职工冬季取暖补贴标准的通知	钢办发[2013]33 号
关于成立山西禄纬堡太钢耐火材料公司易地搬迁项目部的通知	钢办发[2013]35 号

(张建英)

2013 年山西太钢不锈钢股份有限公司部分上呈文件目录索引

文件名称	编号
关于呈请审批《山西太钢不锈钢股份有限公司铬钢专用酸洗线技术改造项目环境影响报告表》的请示	太钢不锈呈发[2013]1 号
关于山西太钢不锈钢股份有限公司 2×300 兆瓦机组执行脱硫、脱硝上网电价的请示	太钢不锈呈发[2013]2 号
山西太钢不锈钢股份有限公司工业回收废水膜处理扩建工程报批申请	太钢不锈呈发[2013]3 号
关于呈请审核续签山西太钢不锈钢股份有限公司 2013 年度集体合同的报告	太钢不锈呈发[2013]4 号
关于出具山西太钢不锈钢股份有限公司近两年无较大以上事故证明材料的申请	太钢不锈呈发[2013]5 号
关于山西太钢不锈钢股份有限公司高炉热渣制棉综合利用技术改造项目申请污染物排放总量指标的请示	太钢不锈呈发[2013]6 号
关于资源综合利用产品享受增值税优惠政策的申请	太钢不锈呈发[2013]7 号
关于 2012 年度企业所得税减免税事项备案的申请	太钢不锈呈发[2013]8 号

2013 年山西太钢不锈钢股份有限公司部分上呈文件目录索引(续)

文件名称	编号
关于呈请审批《高炉热渣制棉综合利用技术改造项目环境影响报告书》的请示	太钢不锈呈发[2013]9 号
关于呈请评估太钢焦化工序清洁生产审核报告的请示	太钢不锈呈发[2013]10 号
关于呈请出具山西太钢不锈钢股份有限铬钢酸洗线技术改造项目环境影响报告表初审意见的请示	太钢不锈呈发[2013]11 号
关于呈请评估太钢焦化工序清洁生产审核报告的请示(市局)	太钢不锈呈发[2013]12 号
关于呈请审批山西太钢不锈钢股份有限铬钢酸洗线技术改造项目环境影响报告表的请示(省厅)	太钢不锈呈发[2013]13 号
山西太钢不锈钢股份有限公司关于撤回公开增发 A 股申请文件的请示	太钢不锈呈发[2013]14 号
关于呈请批准山西太钢不锈钢股份有限公司热连轧厂产品结构调整技术改造项目试生产的请示	太钢不锈呈发[2013]15 号
关于呈请审批《山西太钢不锈钢股份有限公司 2250 毫米热连轧新增钢卷表面处理线技术改造项目环境影响报告表》的请示	太钢不锈呈发[2013]16 号
关于申请山西省 2013 年度外经贸区域协调发展促进资金的请示	太钢不锈呈发[2013]23 号
关于呈请出具山西太钢不锈钢股份有限公司不锈线材厂、不锈热轧厂技术改造项目环保意见的请示	太钢不锈呈发[2013]32 号
关于申请山西省节约用水奖励资金的请示	太钢不锈呈发[2013]33 号
关于呈请出具山西太钢不锈钢股份有限免酸洗板生产线技术改造项目环境影响报告表初审意见的请示	太钢不锈呈发[2013]34 号
关于呈请审批山西太钢不锈钢股份有限公司免酸洗板生产线技术改造项目环境影响报告表的请示	太钢不锈呈发[2013]35 号
关于呈请审批《山西太钢不锈钢股份有限公司不锈线材厂不锈棒线材技术改造项目环境影响报告表》的请示	太钢不锈呈发[2013]36 号
关于报送太钢工业废水膜处理回收系统取水工程实施方案的报告	太钢不锈呈发[2013]37 号

2013年山西太钢不锈钢股份有限公司部分上呈文件目录索引（续）

文件名称	编号
关于呈请审批山西太钢不锈钢股份有限公司原料场改造项目环境影响报告表的请示	太钢不锈呈发[2013]39号
关于实施太北五场北端至太钢铁路专用线渡线工程的请示	太钢不锈呈发[2013]40号
关于呈请审批太钢2013年节能减排循环经济技术改造项目环境影响报告表的请示	太钢不锈呈发[2013]41号
太钢钢材发运问题的紧急请示	太钢不锈呈发[2013]43号
关于呈请审批《山西太钢不锈钢股份有限公司新增修磨机组技术改造项目环境影响报告表》的请示	太钢不锈呈发[2013]44号

（张建英）

2013年山西太钢不锈钢股份有限公司部分党委文件目录索引

文件名称	编号
关于同意山西太钢不锈钢股份有限公司工会第二届委员会替补委员、常委的批复	太钢不锈党发[2013]1号
关于同意山西太钢不锈钢股份有限公司工会二届二次全委会选举结果的批复	太钢不锈党发[2013]2号
关于同意中共山西太钢不锈钢精密带钢有限公司党员大会和总支部委员会第一次全体会议选举结果的批复	太钢不锈党发[2013]3号

（张建英）

2013 年山西太钢不锈钢股份有限公司部分行政文件目录索引

文件名称	编号
山西太钢不锈钢股份有限公司 2013 年安全工作大纲	太钢不锈发[2013]1 号
山西太钢不锈钢股份有限公司安全生产费用提取和使用实施细则	太钢不锈发[2013]3 号
关于下发《山西太钢不锈钢股份有限公司 2013 年全面预算(草案)》的通知	太钢不锈发[2013]4 号
关于开展外协管理提升专项整治的通知	太钢不锈发[2013]6 号
山西太钢不锈钢股份有限公司 2013 年执行内部退养政策的规定	太钢不锈发[2013]7 号
关于下发流程优化重点推进项目工作安排的通知	太钢不锈发[2013]8 号
关于将加工厂竖炉业务部整建制划转至炼铁厂的通知	太钢不锈发[2013]14 号
太钢不锈 2013 年债权清收目标及政策	太钢不锈发[2013]20 号
关于提报经营绩效分析报告的通知	太钢不锈发[2013]21 号
关于下发《2013 年 304 降成本实施方案》的通知	太钢不锈发[2013]22 号
关于下发股份公司《2013 年效能监察工作计划》的通知	太钢不锈发[2013]23 号
山西太钢不锈钢股份有限公司贸易业务管理规定	太钢不锈发[2013]24 号
关于对山西太钢不锈钢股份有限公司物流中心 3 月 17 日车辆伤害事故相关责任者处理的决定	太钢不锈发[2013]25 号
关于下发《太钢不锈股份有限公司工序间异常产品处置暂行管理办法》的通知	太钢不锈发[2013]27 号
关于开展“强化重大隐患排查和整治提高现场风险防控能力”活动的通知	太钢不锈发[2013]31 号

2013 年山西太钢不锈钢股份有限公司部分行政文件目录索引(续)

文件名称	编号
山西太钢不锈钢股份有限公司关于执行晋人社厅发[2013]33 号文件相关规定的通知	太钢不锈发[2013]34 号
山西太钢不锈钢股份有限公司关于 2013 年调整内部退养职工生活费的通知	太钢不锈发[2013]35 号
关于开展外协安全专项整治工作的通知	太钢不锈发[2013]39 号
营销部门考核评价办法	太钢不锈发[2013]40 号
关于降低应收账款占用的通知	太钢不锈发[2013]41 号
关于调整精密带钢公司产品销售管理模式的通知	太钢不锈发[2013]42 号
关于 2013 年动力介质管线改造暨年检的表彰决定	太钢不锈发[2013]49 号
关于对炼钢一厂 7・2 车轴坯质量问题的通报	太钢不锈发[2013]50 号
关于调整不锈钢钢管有限公司产品销售管理模式的通知	太钢不锈发[2013]52 号
关于下发铁路客车用不锈钢技术服务营销团队绩效评价方案的通知	太钢不锈发[2013]55 号
关于下发 430 冷板技术服务营销团队绩效评价方案的通知	太钢不锈发[2013]56 号
关于下发汽车排气系统用钢技术服务营销团队绩效评价方案的通知	太钢不锈发[2013]57 号
关于下发 EPS 汽车用钢技术服务营销团队绩效评价方案的通知	太钢不锈发[2013]58 号
关于下发罐箱行业用钢技术服务营销团队绩效评价方案的通知	太钢不锈发[2013]59 号
关于下发《技术服务营销团队管理办法(试行)》的通知	太钢不锈发[2013]60 号

2013年山西太钢不锈钢股份有限公司部分行政文件目录索引(续)

文件名称	编号
关于进行体系管理手册、程序文件修订的通知	太钢不锈发[2013]61号
关于下发《山西太钢不锈钢股份有限公司军工与核电产品双经销管理办法》的通知	太钢不锈发[2013]62号
关于下发《2014年标准成本修订工作方案》的通知	太钢不锈发[2013]63号
关于下发《2014年全面预算编制大纲》的通知	太钢不锈发[2013]64号
关于降低应收账款占用的通知	太钢不锈发[2013]65号
关于对炼钢一厂、不锈冷轧厂两起火灾事故的通报	太钢不锈发[2013]66号
关于下发《山西太钢不锈钢股份有限公司2014年竞争力对标实施指导意见》的通知	太钢不锈发[2013]70号
山西太钢不锈钢股份有限公司用户质量信息收集、传递和处置管理办法	太钢不锈发[2013]71号
关于下发《太钢不锈2013年末应收账款占用目标》的通知	太钢不锈发[2013]76号
关于对两起安全事故和一起安全重大问题相关责任单位和责任者处理的决定	太钢不锈发[2013]77号
关于对炼钢二厂12月19日物体打击伤害事故相关责任者处理的决定	太钢不锈发[2013]81号

(张建英)

2013 年山西太钢不锈钢股份有限公司部分办公室文件目录索引

文件名称	编号
关于启用制造与质量管理部印章的通知	太钢不锈办发[2013]1 号
关于启用山西太钢不锈钢股份有限公司加工厂高炉热渣制棉改造项目经理部印章的通知	太钢不锈办发[2013]2 号
关于设立太钢保税综合服务有限公司筹备组的通知	太钢不锈办发[2013]3 号
关于调整山西太钢不锈钢股份有限公司安委会成员的通知	太钢不锈办发[2013]4 号
关于启用山西太钢保税综合服务有限公司印章的通知	太钢不锈办发[2013]5 号

（张建英）

规　章　制　度

太原钢铁(集团)有限公司2013年度集体合同

为了构建和发展和谐、稳定的劳动关系,维护职工的合法权益,促进公司转型跨越发展,依据《劳动法》、《劳动合同法》、《集体合同规定》、《工会法》、《公司法》、《企业工会工作条例》、《企业民主管理规定》等法律法规,由太原钢铁(集团)有限公司(以下简称"公司")和代表公司全体职工的太原钢铁(集团)有限公司工会(以下简称"工会")双方代表在平等自愿的基础上,经协商一致依法签订本合同。

第一章　总　　则

第一条　公司将在省委、省政府、省国资委的领导下,深入贯彻落实党的十八大精神,坚持以科学发展观为指导,以科技创新为支撑,以结构调整为主线,以对标挖潜为方法,以深化改革为动力,全面激发全员的活力和创造力,提升公司综合竞争力。

第二条　公司坚持依靠职工办好企业的方针,尊重和支持职工代表大会行使民主管理权利,扎实推进厂务公开。

公司支持工会依法独立自主开展工作,按月足额拨交工会经费。

第三条　工会支持公司依法行使职权,在维护国家和公司利益的同时,代表和维护职工的合法权益。工会组织职工开展群众性经济技术创新活动,教育职工遵章守纪、爱岗敬业,提高职业素养和职业技能,认真履行劳动合同义务,努力完成生产工作任务。

第四条　本合同对公司和职工双方具有同等约束力。公司制订、修改或者决定各项直接涉及职工切身利益的规章制度或者重大事项时,均应符合本合同的规定。

第二章　公司与职工实现生产经营建设目标的责任和义务

第五条　公司和全体职工从维护国家、企业、职工三者利益出发,共同奋斗,确保实现2013年生产经营建设目标。

第六条　2013年公司主要生产经营目标:

(一)营业收入:1550亿元;

(二)实现利润:10亿元;

(三)从业人员增加值劳动生产率:55.9万元/人·年;

(四)安全:千人死亡率小于0.08;千人重伤率小于0.1;千人负伤率小于1.0。

第七条　公司2013年度重点项目建设按计划完成,并按要求达产达效。

年内完成以下重点工程:

(一)焦化升级改造工程

(二)4 号高炉大修工程

(三)炼钢一厂新增 VOD 工程

(四)炼钢二厂南区硅钢改造工程

(五)炼钢二厂北区不锈钢改造工程

(六)热连轧表面处理线工程

(七)不锈冷轧铬钢酸洗线工程

(八)医疗卫生部综合住院大楼工程

(九)高炉矿渣超细粉二期工程

(十)高炉煤气高效综合利用工程

(十一)太钢哈斯科钢渣综合处理工程

(十二)太钢万邦 30 万吨高碳铬铁工程

(十三)盂县石灰工程

(十四)高端碳纤维工程

抓好以下跨年度的重点工程建设:

(一)袁家村铁矿配套铁路工程

(二)峨口露天转地下开采工程

(三)高速铁路用钢工程

(四)硅钢冷连轧工程

(五)硅钢常化酸洗线工程

(六)不锈钢冷连轧工程

(七)热熔渣生产矿棉工程

(八)不锈热轧技术改造工程

(九)不锈线材技术改造工程

第三章　劳动合同

第八条　职工与公司依法订立的劳动合同,受法律保护。劳动合同的变更、续订、解除或终止,均依《劳动法》、《劳动合同法》、《工会法》的有关规定执行。

第九条　按照公司劳动合同管理办法及其实施细则的规定,职工与公司订立的劳动合同为固定期限劳动合同的,合同期满前一个月,在职工与公司双方协商一致同意续签劳动合同的基础上,可以续订劳动合同,否则合同到期终止劳动合同。

职工与公司订立无固定期限劳动合同依据《劳动合同法》第十四条规定办理。

第十条　公司和职工遵循合法、公平、平等自愿、协商一致、诚实信用的原则签订劳动合同。公司制订和修改劳动合同管理规章制度和劳动合同文本时,应听取工会的意见。

第十一条　公司依法建立和完善劳动合同管理规章制度,保障职工享有劳动权利、履行劳动义务。

第十二条　公司在制订、修改或者决定有关劳动报酬、工作时间、休息休假、劳动安全、职业健康、保险福利、职工培训、绩效评价、职工奖惩、劳动纪律等直接涉及职工切身利益的规章制度或者重大事项时,应当经职工代表大会讨论,提出方案和意见,与工会或职工代表平等协商确定。

第十三条　在规章制度和重大事项决定实施过程中,工会认为不适当的,有权向公司提出,通过协商予以修改完善。

第十四条　公司将直接涉及职工切身利益的规章制度和重大事项决定向职工公示，或者告知职工。

第四章　工作时间和休息休假

第十五条　公司依法实行每日8小时工作制，平均每周工作不超过40小时的标准工作时间制度。

第十六条　公司因生产特点在部分岗位需要实行特殊工作时间制度时，须征得工会同意并经人力资源和社会保障部门批准后实行。

第十七条　公司要科学制定劳动定额，合理安排工作时间，延长工作时间一般每日不得超过一小时；因特殊原因需要延长工作时间的，在保障职工身体健康的条件下延长工作时间每日不得超过3小时，但是每月不得超过36小时。符合《劳动法》第四十二条规定的情况例外。

第十八条　职工要认真遵守公司劳动纪律管理规定和工作时间制度，对违反规定者公司有权按有关规定进行处理。

第十九条　公司按照国家法律和规定，实行各种职工休假制度。

第五章　安全、职业健康、环境保护与消防

第二十条　公司全面贯彻安全法规，依法推进安全生产；依法设立安全生产管理机构，配备安全生产管理人员；进一步落实安全生产主体责任，突出过程管控，严格安全管理，严肃责任追究，层层落实安全主体责任。

第二十一条　公司持续推进职业健康安全管理体系和“0123”安全管控模式，持续推进安全生产标准化企业建设，夯实安全管理的基础，提升安全管理水平。

第二十二条　公司按照《太原钢铁（集团）有限公司安全生产费用提取和使用管理办法》，在年度财务预算中确定安全投入，在生产经营过程中保证安全投入所需资金，积极治理事故隐患、加强重大危险源监控、消除或降低危险因素，为职工创造安全的作业条件。

第二十三条　公司继续深入开展安全生产专项整治，分专业、分层次对安全生产领域的管理问题和事故隐患、职业病危害因素实施排查整治，依法安全生产，提高保障能力。

第二十四条　公司根据国家和省市有关规定，结合实际，完善职业健康安全管理规章制度。工会应参与规章制度的制订，并参与对执行、落实情况的检查、监督。

第二十五条　公司根据工种、岗位的需要，保证按期提供符合国家质量标准的劳动防护用品。因劳动防护用品质量问题或配备不到位造成人身伤害事故的，应追究有关部门领导和相关人员的责任。

第二十六条　公司坚持落实全员安全培训教育制度、主要负责人和安全生产管理人员资格认证制度和特种作业人员持证上岗制度，未经专门培训并取得《安全培训合格（资格）证》、《特种作业操作资格证》者，不得上岗作业。

第二十七条　公司为职工提供符合国家职业安全卫生标准要求的工作环境和劳动条件，积极采取措施降低职业危害程度；公司对从事接触职业病危害作业的职工进行上岗前的职业卫生知识培训，如实告知职工本岗位作业场所存在的危险、危害因素、防范措施及事故应急处理措施，为职工配足合格的职业健康防护用品。

第二十八条　职工所在单位应按国家有关规定，对从事接触职业病危害作业的职工进行上岗前和

离岗时的职业健康检查,在合同期内定期对职工进行职业健康检查,并安排疗养。医疗卫生部门负责对所有在岗职工建立健康档案。

第二十九条　工会依照国家规定对新建、扩建企业和技术改造工程中的劳动条件和安全卫生设施与主体工程同时设计、同时施工、同时投产使用进行监督。对工会提出的意见,公司应当认真处理,并将处理结果书面通知工会。

第三十条　发现违章指挥、强令工人冒险作业,或者生产过程中发现明显重大事故隐患和职业危害,工会有权向公司提出予以解决的建议,公司应当及时研究答复;发现有危及职工生命安全的情况,工会有权向公司提出建议组织职工撤离危险现场,公司必须及时做出处理决定。

第三十一条　职工对管理人员违章指挥、强令冒险作业,有权拒绝执行并及时向工会和安全部门反映。对危害生命安全和健康的行为,有权提出批评、检举和控告。

第三十二条　公司实施安全问责制度,对过程安全管理责任落实不到位的领导干部严肃问责。依据《职工生命保障规则》明确岗位禁止行为,对于违反禁令可能造成自己伤害的职工要离岗学习,对于违反禁令可能伤害他人的职工,给予留用察看、直至解除劳动合同的处理。

第三十三条　发生职工因工伤亡或者其他危及职工安全的重大事故,公司应组织迅速采取措施抢救人员及财产,防止事故扩大,及时通知工会参加事故调查和处理,并按规定程序展开工作。

第三十四条　公司继续实施环境治理和厂区绿化美化工程,实现清洁生产,继续大力推进循环经济、节能减排工作。2013 年重点抓好以下工作:

(一) 推动实施完成轧钢含油废水处理项目,实现对轧钢系统所产生的乳化液、碱油废水进行处理回用。

(二) 推动实施完成 30 万机组脱硫石膏处理线工程,实现对燃煤发电机组脱硫所产生石膏的综合利用。

(三)大力推进新(改)建项目的绿化移植和绿化建设工程,实现环境绿化与工程建设“三同时”。

(四)全面完成原加油站环境整治工程、太钢工业博物馆景观绿化工程等重点环境建设项目。

(五)持续改善厂容维护业务管理模式,推进新技术、新材料、新工艺的引进推广,强化厂容维护机械配置,提高机械化作业覆盖率,实施绿地亮化美化、路灯控制智能化及清雪铲冰机械化等措施,提高作业效率,不断改善厂容环境质量和安全舒适度。

第三十五条　公司在财务预算中安排不少于 807 万元的消防隐患专项整改费用,用于热连轧厂、冷轧厂、消防队等区域增设消防设施以及更新消防装备。

第六章　社会保险和福利

第三十六条　公司按照国家和省、市规定,实行养老、医疗、失业、工伤等社会保险制度。公司应按规定按时足额提取并上缴各项保险费用。职工应积极支持和参加各项保险制度改革,并按规定比例缴纳保险费。

第三十七条　公司按照国家及省、市有关规定,按期调整职工住房公积金交缴基数。

第三十八条　职工享受的各项福利待遇按公司依法制订的规章制度执行。公司职工福利费,主要用于职工的全员健康体检、工间餐、健身、通勤、医疗卫生、疗(休)养、集体福利和困难救济等方面,职工福利费使用情况应向职工代表大会报告。

第三十九条　根据国家《职业病防治法》及《职业健康监护管理办法》等有关规定,公司实行职业健康监护制度。对从事或接触职业危害因素岗位人员,公司每年组织不少于一天的健康疗养,费用从公司职工福利费中统一支出。

第四十条　公司2013年度从以下几方面为职工办理实事:

(一)加快住宅开发建设步伐,22宿舍、线材公司旧区改造项目实现主体完工,并完成50%的配套设施建设。

(二)新建轧钢服务区,满足不锈冷轧厂冷连轧项目等单位职工的就餐、更衣、洗浴、存车等生活需求。

(三)太钢总医院新的住院大楼建成投用,解决住院环境差、床位数紧等不利因素,方便职工就医。

(四)组织协调厂区内及周边小区公共自行车项目的实施,满足职工绿色出行的需求。

(五)随着太钢自管小区网络宽带改造工程的实施,使职工享受到市场同质价优资费的政策并体验到高速的网络带宽。

(六)继续开展好困难职工救助、职工大病医疗互助、金秋助学及送温暖活动,全年筹集安排救助费用不低于2000万元。

第七章　职业培训

第四十一条　公司根据国家有关规定和企业发展需要,提取职工教育培训经费并纳入公司年度财务预算。

第四十二条　根据国家规定和公司发展战略要求,制订年度职工教育培训计划。对新入厂职工进行涵盖企业文化、安全知识、规章制度等教学内容的岗前培训;根据岗位素质要求对管理岗位、专业技术岗位、操作岗位职工进行业务知识和专业技能培训。

第四十三条　职工享有按照生产(工作)岗位和专业需要,参加各类教育培训的权利,职工需履行通过培训掌握岗位技能的义务,以满足岗位工作对职工素质技能的要求,适应公司转型跨越发展的需要。

第八章　合同期限与变更

第四十四条　本合同执行过程中,如因特殊情况致使合同部分内容难以履行,经双方代表协商一致,可作变更修订。双方签字后七日内报送山西省人力资源和社会保障厅审查。

第四十五条　本合同有效期为一年(2013年1月1日起至2013年12月31日止)。

第四十六条　本合同遇下列情况之一时,经双方协商一致,可以解除:(一)不可抗力的情况出现;

(二)合同所依据的国家有关法律、法规和政策发生变化;

(三)公司生产经营发生严重困难或重大变化。

第四十七条　解除本合同需经职代会通过,双方首席代表签字并向山西省人力资源和社会保障厅提交书面说明。

第九章　监督检查

第四十八条　为确保本合同的全面履行,由公司集体合同监督检查小组对合同履行情况进行全面检查,提出书面报告,对未完成事项作出说明,向公司职工代表大会报告。

第四十九条　在履行合同中发生争议,由公司方和工会方平等协商解决。

第十章　违约责任

第五十条　本合同一经生效，签约双方均应严格履行，因一方过错造成集体合同不能履行或不能完全履行，有过错的一方应承担违约责任。

第十一章　附　　则

第五十一条　本合同未尽事宜，按国家现行法律、法规及公司有关规定执行。

第五十二条　本合同草案经平等协商提交职代会审议通过后，由公司法定代表人（或委托人）代表公司，工会主席代表全体职工签字。公司在集体合同签字后七日内将合同文本及相关材料报送山西省人力资源和社会保障厅，工会同时报送上级工会备案。

第五十三条　本合同正本两份，公司和工会各执一份，副本五份，分别报送山西省人力资源和社会保障厅、省、市工会、公司主管部门。正副本具有同等法律效力。

第五十四条　本合同自山西省人力资源和社会保障厅审查核准后生效。生效后十日内向全体职工公布。

太原钢铁（集团）有限公司 2013 年度女职工特殊劳动保护专项集体合同

根据《劳动法》、《妇女权益保障法》、《女职工劳动保护特别规定》、《山西省职工劳动权益保障条例》、《山西省人口与计划生育条例》等有关法律、法规，由太原钢铁（集团）有限公司（以下简称“公司”）和代表公司全体女职工的太原钢铁（集团）有限公司工会（以下简称“工会”）双方代表在平等自愿的基础上，经协商一致依法签订本合同。

第一条　公司依法做好女职工特殊劳动保护工作。不安排女职工从事国家体力劳动强度分级标准中规定的第四级体力劳动强度的作业和其他禁忌的劳动。不安排女职工在经期、孕期、哺乳期从事国家体力劳动强度分级标准中规定的第三级、第四级体力劳动强度的作业和禁忌从事的劳动。

第二条　每年对女职工进行一次妇女病检查，每月发放不低于 20 元卫生费。

第三条　女职工在孕期不能适应原岗位工作的，应当根据医院证明，予以减轻劳动量或者临时变更工作岗位。

第四条　对怀孕七个月以上（含七个月）的女职工，不得延长劳动时间或者安排夜班劳动，并应当在劳动时间内安排一定的休息时间。

第五条　怀孕女职工在劳动时间内进行产前检查，所需时间计入劳动时间。

第六条　女职工产假、计划生育假期间享受与在岗人员同等的待遇（包括岗位工资、绩效工资以及各种津贴、补贴）。

第七条　女职工生育后，满法定假期即上班的，原则上安排原岗位工作。哺乳期胜任原岗位工作有困难的，本人提出申请，由单位临时变更工作岗位。

第八条　女职工在哺乳期内，不得延长劳动时间，一般不得安排从事夜班劳动。

第九条　对哺乳未满 1 周岁婴儿的女职工，其所在单位应当在每班的劳动时间内为哺乳女职工安排 1 小时哺乳时间；女职工生育多胞胎的，每多哺乳 1 个婴儿每天增加 1 小时哺乳时间。

第十条　本合同有效期为一年(2013年1月1日起至2013年12月31日止)。

第十一条　为确保本合同的履行,由公司集体合同监督检查小组对合同履行情况进行一次检查,提出书面通报,全年向公司职工代表大会报告。

第十二条　在履行合同中发生争议,由公司方和工会方平等协商解决。

第十三条　本合同一经生效,公司与工会双方均严格履行,任何一方不得违约。因合同当事人一方的过错造成合同不能履行或者不能完全履行,有过错的一方应承担违约责任。

第十四条　本合同未尽事宜,按国家现行法律、法规及公司有关规定执行。

第十五条　本合同经平等协商提交职工代表大会审议通过后,由公司法定代表人(或委托人)代表公司,工会主席代表女职工签字。公司在合同签字后七日内将合同文本报送山西省人力资源和社会保障厅,工会同时报送市总工会女职工委员会备案。

第十六条　本合同自山西省人力资源和社会保障厅审查核准后生效。生效后十日内向全体职工公布。

太原钢铁(集团)有限公司2013年度工资专项集体合同

第一条　根据《中华人民共和国劳动法》、《中华人民共和国劳动合同法》、《中华人民共和国工会法》、《山西省企业集体合同条例》、《山西省劳动合同条例》、《工资集体协商试行办法》以及有关法律法规和规章规定,为建立健全企业职工工资正常增长机制和工资支付保障机制,构建和谐稳定的劳动关系,太原钢铁(集团)有限公司(以下简称“公司”)和代表公司全体职工的太原钢铁(集团)有限公司工会双方代表在平等自愿、协商一致的基础上,签订本合同,共同遵守执行。

第二条　公司与劳动者订立的劳动合同中劳动报酬等标准不得低于本合同规定的标准。公司规章制度有关条款与本合同不一致的,按照本合同执行。

第三条　公司对各子(分)公司实行工资总额管理,子(分)公司在工资总额范围内对所在单位职工实行二次分配的工资制度。

第四条　按照我省发布的企业工资指导线,参考本地区、本行业相关经济因素,在实现当年职工代表大会确定的公司生产经营目标和各单位完成2013年工效挂钩方案的前提下,在岗职工平均工资比上年增长10%。

第五条　公司月最低工资标准为1625元(高于省政府规定的当地最低工资标准)。

第六条　经双方协商一致,以下情况的支付标准为:

(一)职工依法享受年休假、探亲假、婚丧假等和依法参加社会活动,以上期间的职工工资支付标准按照公司薪酬管理办法执行;

(二)职工因工负伤或者患职业病在停工留薪期内,公司支付的原工资福利待遇不变;

(三)职工患病或非因工负伤治疗期间,公司支付职工病假工资或者生活费的标准按照公司薪酬管理办法执行;

(四)职工事假期间的工资待遇,按照公司薪酬管理办法执行;

(五)内部退养职工以及其他不在岗职工生活费执行公司有关规定;

(六)公司与职工中止履行劳动合同期间,暂停支付职工工资和福利。

第七条　公司依法安排职工在日法定标准工作时间以外延长工作时间的,按照公司薪酬管理办法规定的职工本人小时工资标准的150%支付职工工资;安排职工在休息日工作,而又不能安排补休的,按照公司薪酬管理办法规定的职工本人日或小时工资标准的200%支付职工工资;安排职工在法定休假日工作的,按照公司薪酬管理办法规定的职工本人日或小时工资标准的300%另外支付职工工资。

第八条　公司经职工同意不安排年休假或者安排职工年休假天数少于应休年休假天数,应当在本年度内,按照职工应休未休年休假天数乘以其日工资标准的300%支付,其中包含用人单位支付职工正常工作期间的工资收入。

第九条　公司每月19-21日(遇节假日、休息日提前至最近的工作日)以法定货币形式通过银行(或者直接)支付职工工资、生活费、病假工资等,不得克扣和无故拖欠。

公司要按月书面记录职工工资的数额、项目、时间并由职工本人签字,同时向职工提供个人工资清单。

第十条　有下列情形之一的,经双方协商一致,可对本合同予以变更或解除:

(一)因不可抗力等原因致使本合同无法履行或部分无法履行的;

(二)国家法律、法规、政策发生重大变化的;

（三）公司生产经营发生重大变化，致使本合同履行发生困难的；

（四）本地区或同行业职工平均工资水平发生较大变化的；

（五）城镇居民消费价格指数发生重大变化，影响公司职工实际工资较大的；

（六）法律、法规、规章规定的其他情形。

第十一条　变更或解除合同提议一方，应以书面形式说明理由，并提供相关依据。双方应在七日内进行协商。协商一致进行变更或解除的合同应在变更或解除后的七日内由公司报山西省人力资源和社会保障厅进行审查。未经双方协商同意，任何一方不得变更合同。

第十二条　双方认为应当协商约定的其他事项：

经双方对公司 2013 年度生产经营状况的分析及预测，一致认为：公司和全体职工从维护国家、企业、职工三者利益出发，共同奋斗，确保实现 2013 年生产经营目标。

第十三条　双方协商达成的本合同草案，2013 年 1 月 21 日经职工代表大会讨论通过。

第十四条　本合同经职工代表大会审议通过后，由双方首席代表签字。双方首席代表签字后七日内，公司将本合同正式文本一式三份，送山西省人力资源和社会保障厅审查，自通过审查之日起生效；山西省人力资源和社会保障厅自收到本合同文本之日起十五日内未提出异议的，本合同即行生效。

山西省人力资源和社会保障厅提出异议的事项，双方协商代表应对有异议的事项进行协商，修改合同文本后重新送审。

第十五条　本合同有效期一年，从 2013 年 1 月 1 日至 2013 年 12 月 31 日。合同期满前六十日内，双方均可向对方提出重新签订或续订的要求。

第十六条　本合同未尽事宜，或与国家法律、法规相抵触的，按国家法律、法规执行。法律、法规无规定的，由双方协商解决。